地方档案与社会治理

第二辑

西华师范大学中华档案文献研究院 编

执行主编 苟德仪

巴蜀书社

图书在版编目(CIP)数据

地方档案与社会治理．第二辑 / 西华师范大学中华档案文献研究院编.—成都 ：巴蜀书社，2023.4

ISBN 978－7－5531－1938－0

Ⅰ.①地… Ⅱ.①西… Ⅲ.①地方档案—中国—文集 ②地方政府—社会管理—中国—文集 Ⅳ.①G279.27－53 ②D625－53

中国国家版本馆 CIP 数据核字(2023)第 044570 号

地方档案与社会治理(第二辑)

DIFANG DANGAN YU SHEHUI ZHILI DIERJI　　西华师范大学中华档案文献研究院　编

责任编辑	谢正强
封面设计	编悦文化
出　　版	巴蜀书社 成都市锦江区三色路 238 号新华之星 A 座 36 层 邮政编码：610023 总编室电话：(028)86361843
网　　址	www.bsbook.com
发　　行	巴蜀书社 发行科电话：(028)86361852
经　　销	新华书店
照　　排	成都完美科技有限责任公司
印　　刷	成都新恒川印务有限公司
版　　次	2023 年 6 月第 1 版
印　　次	2023 年 6 月第 1 次印刷
成品尺寸	185mm×260mm
印　　张	21.25
字　　数	520 千
书　　号	ISBN 978－7－5531－1938－0
定　　价	98.00 元

目　录

历史文献与社会治理

其他

前　言

当前，地方档案的整理与研究正如火如荼，无论从国家社科基金的立项数，还是从全国各地冠之以“地方档案”为题的会议、讲座等已成井喷之势的学术资讯看，都可以得出这样的印象。这是令人振奋和欣慰的好现象，对推动学术研究的发展也必将起到重要作用。

众所周知，我国各地档案馆、博物馆、科研机构等所收藏的清代、民国时期的地方档案数量众多，内容丰富，研究价值极大，是我国档案文献遗产的重要组成部分，是存史、资政、育人的重要凭借。深入研究这些地方档案，挖掘对于现实有利的因素，是专家学者们义不容辞的责任，也是学界服务百年未有之大变局和中华民族伟大复兴战略全局的重要抓手。

很多学者认为，地方档案是地方传统文化的代表，是研究地方社会风貌、政治、经济等的重要文献资源。这句话其实不完全对，其中还有误解，所谓的“地方档案”更多是从档案文书的形成地或者说档案文书的原始保存地、收藏地相对于“中央”是处在“地方”而言的。像现在大家所熟知的清代巴县档案、清代南部县衙档案、清代获鹿县档案、清代宝坻档案、清代冕宁司法档案、清代淡新档案、清代紫阳档案、清代黄岩档案、清代循化厅档案，都是在各“地方”形成并保存在各“地方”档案馆的。当然，由于历史的变迁，原保存在地方的部分地方档案也被中国第一历史档案馆收藏，比如清代顺天府、山东巡抚衙门、黑龙江将军衙门、宁古塔副都统衙门、珲春副都统衙门等的档案都收藏在中国第一历史档案馆，这些档案仍然是“地方档案”。

很显然，这些地方档案并非仅仅是地方传统文化的代表，也不是在研究地方社会风貌、政治、经济等问题的时候才有价值，不然中国第一历史档案馆也不会收藏。兹以清代南部县衙档案为例，对此再赘述几句。清代南部县衙档案是“地方档案”的典型代表，此宗档案不仅是研究南部县这个“小地方”的政治、历史、文化、民俗等的宝库，而且也是研究清代四川省、川北道、保宁府（这些大地方）乃至中央一些重大问题的文献宝库。南部县衙档案中保留了四川省督抚司道转发的皇帝的诰命文书如制、诏、诰、谕等，皇太后发布的懿旨，官员向皇帝奏报的题本、奏折等，还保留了四川省总督、布政使、按察使、学政、川北道、保宁府下发给南部县的札文、信牌、宪牌等文书。[①] 换句话说，清代南部县衙档案是整个清王朝的统治在一个县的缩影，这些资料是研究清代南部县、川北、四川省，乃至中央很多问题的重要参考文献。

---

① 详见蔡东洲等：《清代南部县衙档案研究》，北京：中华书局，2012年，第34页。

在历史学界和档案学界，关于档案与地方档案的定义仍然众说纷纭，争议较大，迄今尚无统一说法，以至于近年来，沈艾娣[①]、赵世瑜[②]、吴佩林[③]等学者，还在不断探讨与解释广义的档案、狭义的档案、明确档案的边界等诸多尚未彻底厘清的学术问题，提出了很多有价值的思考。最近，陈海玉在《中国地方档案专题研究》中甚至提出了“地方档案学”的概念以及有关理论和前景问题。[④]

西华师范大学历来重视地方档案与文献的整理与研究，积淀深厚，特色鲜明，成果丰硕，形成了比较稳定的研究团队。2021年，在整合原有科研平台的基础上，以区域文化研究中心、地方档案与文献研究中心、写本学研究中心、落下闳研究中心为主干，在北湖校区西三楼组建了中华档案文献研究院，旨在继承学校传统，继续深入挖掘中华档案文献所蕴含的文化思想精华、道德精髓、时代价值，努力推出更多优秀研究成果，并通过转化发展，更好地咨政建言、为社会服务。我们相信，假以时日，该研究院必将成为中华优秀传统文化传承与发展的高水平科研平台。

现在推出的《地方档案与社会治理》第二辑，是中华档案文献研究院主办的辑刊，该辑刊是2020年11月在西华师范大学召开的第二届地方档案与社会治理学术研讨会的论文集基础上精选而成的。这个会议由西华师范大学历史文化学院、地方档案与文献研究中心、区域文化研究中心共同举办，收到来自全国各地学者的论文近70篇，论文主题主要集中在社会治理。

本辑刊精选了30篇论文结集出版（书末附录的会议综述除外），按照论文讨论的主题大体上分为“档案整理与文化”“地方档案与社会治理”“历史文献与社会治理”“其他”四个板块，这样简单分类主要基于两方面思考：一方面是基于编辑的方便；另一方面是基于作者使用的核心材料和主题。实际上任何一位研究者都不可能仅仅依靠单一的文献就开始做研究，要完成一篇高质量的学术论文，必须综合利用各种文献。就属性来讲，地方档案也是历史文献的一类，本辑刊中将二者分开，主要是为了强调地方档案的重要性，这也是我们研究的重点，也是这个辑刊内容的重点。

由于版面的限制，学者们的高质量论文无法全选，只能忍痛割爱，对此我们表示歉意！对于收录在本辑刊中这些论文的作者，我们深表敬意和感谢！为了存史和了解会议整体全貌，我们将会议综述附录于后。

苟德仪

2021年11月28日于西华师范大学

---

① 沈艾娣：《关于如何阅读当代史档案的一些想法》，《社会科学》2015年第11期。

② 2018年11月17日，在曲阜召开的“第四届地方档案与文献学术研讨会”开幕式上，北京大学的赵世瑜教授做了题为《何为档案与档案何为》的主题报告，对档案的概念提出了新的解释，笔者现场聆听了赵先生的高论，很受启发。2020年11月3日，赵世瑜教授在华东师范大学第三届地方文史研修班上做了题为《何为档案与档案何为》的学术讲座，网上有很多报道，可以参阅。

③ 吴佩林：《明确边界：清代地方档案研究的若干问题》，《南京社会科学》2021年第4期。

④ 详见陈海玉：《中国地方档案专题研究》，北京：社会科学文献出版社，2021年，第四章。

档案整理与文化

敦煌所出北宋归义军节度使官告档案解读

王使臻

一、档案的基本情况

目前收藏于法国巴黎国家图书馆的敦煌文献 P. 3438V《沙州官告、国信判官将仕郎、试大理评事王鼎启状》，是一卷与北宋中央朝廷经营敦煌地区有关的重要历史档案案卷。但由于档案案卷的前部有残缺，导致学术界对其具体的年代判断与历史文献价值的认识还有许多不清楚的地方。该档案案卷现由四件书状粘连而成一个长卷子的形制而保存，如下所示（见图 1）。

（前缺）

本自知器狭（下缺）

琼醪。盖以蔡腹草肠不称

中山之酎。今则见拘□蕭犹未

醒醒，强起扶持罄写丹诚于赤

素，其于感佩罔尽铺舒。谨修状

启

闻，代伸陈

谢。伏惟

照察。谨状。

十二月六日沙州官告、国信判官将仕郎、试大理评事王　鼎　状

……………………………………………………………………………（纸缝）

鼎启：早者出于非次，辄贡刍荛

只希

钧慈详鉴，岂敢忘于

沾救。今则伏蒙

太保迴开　府库，特惠

琼瑶，睹美玉而如窥秋月，视润

色而室内生光。谅兹皎洁实谓

---

* 基金项目：西华师范大学地方档案研究中心重点项目“敦煌所出五代宋初孔目官档案整理”（DAWXB1904）。

［作者简介］王使臻：博士，西华师范大学历史文化学院副教授。

国珍。辞让既以不敢，即当捧当而合
惧。寻依
台旨□（跪）授讫。谨修状启
闻陈
谢。伏惟
照察。谨状。
十二月六日沙州官告、国信判官将仕郎、试大理评事王　鼎　状
……………………………………………………………………………………（纸缝）
鼎启：自违
钧念，早换月华，空积
攀缘。莫谐卑抱，今则叠劳
翰诲，令再赴
筵兼从打颙，倍增欣惬。来日守门
趋赴
台阶。谨修状启
闻陈
谢。伏惟
照察。谨状。
十二月四日沙州官告、国信判官将仕郎、试大理评事王　鼎　状
……………………………………………………………………………………（纸缝）
鼎启：昨日伏蒙
支借打颙　玉一团，当时于
郊外分付　客都宋仆射
讫。谨修状启
闻陈
谢。伏惟
照察。谨状。
十二月六日沙州官告、国信判官将仕郎、试大理评事王　鼎　状①

① 法国国家图书馆、上海古籍出版社编：《法藏敦煌文献》，上海：上海古籍出版社，2002年，第24册，第206—208页。

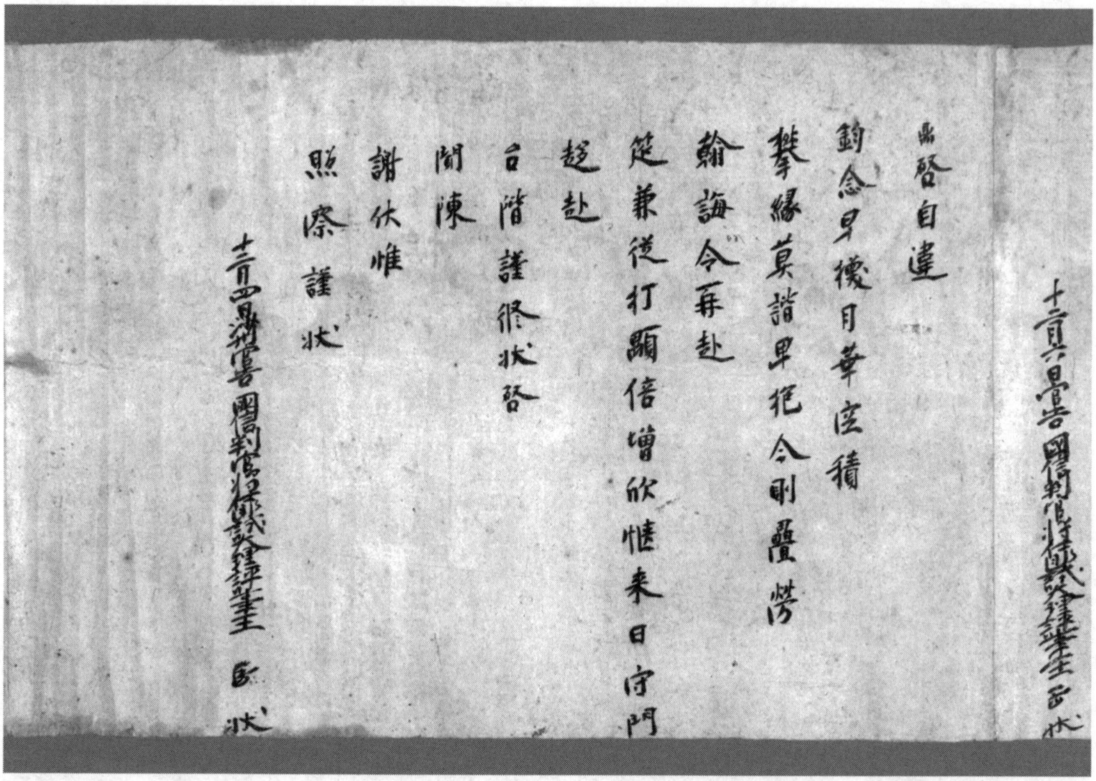

图 1　P. 3438V《沙州官告、国信判官将仕郎、试大理评事王鼎启状》后部

如上图文所示，P. 3438V《沙州官告国信判官王鼎上归义军节度使太保启状》一共有四件，第一件前部略有缺损，后三件保存完好。每件书札之间互相粘连，纸缝清晰可辨，可以从书写时间上推断，原本四件书札都是各自独立的，是后人出于某种特殊的目的将它们粘连到了一起。根据四件启状的书写特征，肯定是书札原件，且是经过了传递之后的实用书状，是某年十二月四日和十二月六日从中原朝廷前来到沙州（今甘肃敦煌）授予敦煌地方长官官告、国信的使臣王鼎上给敦煌地方长官某位“太保”的。这四件启状在上给归义军节度使太保之后，作为特殊的、重要的历史档案，曾被地方官府精心地将四件启文粘连成一个长卷保护起来，且在背面卷首处题署“辛巳年三月封”（见图 2），表明这个档案案卷应当是敦煌地方政府内封存的重要的历史档案，可知其最初原被卷成一个长卷后封缄保存，见此件档案案卷实物，可以对北宋时期官方档案保存制度有感性认识。

图 2　P. 3438V《沙州官告国信判官将仕郎试大理评事王鼎启状》背面卷首的封题标志

值得一提的是，P. 3438V《沙州官告国信判官王鼎上太保启状》四件中某一件启状的封皮纸在其他敦煌文献中也被发现了，它就是被保存于中国国家图书馆所藏敦煌遗书中、编号为 BD09522V 的封皮纸。这件原书札封皮纸的发现，证实了笔者在前文中所论四件书札原本各自独立、分别送达的推论是正确的。笔者对 BD09522V 封皮纸进行了封缄复原，复原后的封题写作“沙州官告国信判官将仕郎试大理评事王鼎状谨封”（见图 3），无论发信人的官衔、姓名，还是书法笔迹，BD09522V 和 P. 3438V 二者均高度符合，都是由同一人（王鼎）所写。

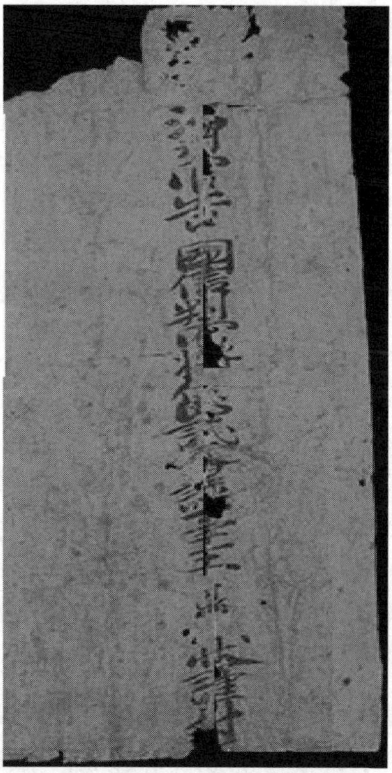

图 3　BD09522V 直封皮纸原貌（左）及复原后的封题内容及笔迹（右）

以上文书书写特征证实 BD09522V 直封皮纸正是 P. 3438V 四件启状中的某一件启状的封皮纸，二者原本是一套，后来却被人为分隔开来，将四件启状粘贴为档案长卷保存，封皮纸却被废弃，又被重新利用，在其背面抄写了《礼记》的目录。粘连并封存这个档案长卷的是归义军节度使曹延禄的心腹孔目官杨洞芊。文献资料证实，地方官府内的孔目官除了亲自起草、稽核公文之外，使府外文书的接受、开拆、保管，也是孔目官的日常基本职责。如《八琼室金石补正》卷 80《乾亭寺钟款》题名中有“读示孔目官钟全交”“表奏孔目官费沆”①。《唐韦君靖碑》中刻有厅头开拆书状孔目官、书状孔目官、开拆孔目官等名目②，证实唐宋地方藩镇内有主管使府外书状文书开拆、读示的孔目官。所以，王鼎的启状，先被上司孔目官杨洞芊所接受、开拆，向节度使曹延禄读示之后，再粘连成档案、盖章封缄保存。

综观整个案卷的内外部写本特征，我们可以得到以下三点重要认识：第一，四件书札之间互相粘连，纸缝清晰可辨，可以从书写时间上推断，原本四件书札都是各自独立的，是后人出于某种特殊的目的将它们粘连到了一起。第二，作为特殊的、重要的历史

① 资料来源可参阅李锦绣：《隋唐审计史略》，北京：昆仑出版社，2009 年；（清）陆增祥：《八琼室金石补正》卷 80《乾亭寺钟款》，北京：文物出版社，1985 年。

② 李文才、祁强：《〈唐韦君靖碑研究〉——兼论晚唐藩镇幕职的阶官化》，《中华历史与传统文化研究论丛》，2016 年，第 155 页。

文书，此案卷曾被敦煌地方官府精心地将四件书札粘连成一个长卷子保护起来，且在背面卷首处题署“辛巳年三月封”并盖印章封缄，表明这个卷子应当是敦煌地方政府内封存的重要的历史档案。第三，由于保存于官府中的档案都有一定的时间期限，当档案过了一定的保存期限之后，这个档案案卷后来被敦煌地方官府废弃了。但是由于当时纸张的有用性，废弃的档案作为废纸其背面的空白处被重新书写使用。使用它的人用此卷背面来抄写《大般涅槃经》中的难字音义，从书法遒劲工整来看，与敦煌文献中一般学士郎的书迹不同，经与979—996年任归义军上司孔目官杨洞芊的书迹来对比，确证是杨洞芊所使用。

二、档案案卷的研究价值

从前文所述，我们可以推断这件档案案卷正面启状的书写时间：某年的十二月，应当是背面封题标志“辛巳年三月封”之前的“庚辰年十二月”。通过唐宋敦煌地方史的研究常识，我们可以基本判断出背面题署的“辛巳年三月”有可能是宋太平兴国六年（981）、五代后梁龙德元年（921）、唐咸通二年（861）中的某一年。

根据学界对归义军历任节度使称号年代的研究成果[①]，唐代咸通二年时归义军节度使张议潮尚无“太保”称号，当其死后（咸通十三年，872）才被追赠为太保；后梁龙德元年时归义军节度使曹仁贵（议金）称尚书、仆射，也无太保称号，因此都可以排除。只有宋太平兴国五年（980）归义军节度使曹延禄获得宋太宗制授归义军节度使时，可以称太保，与史实最为相符。传世史书记载：太平兴国五年（980）闰三月辛未日，归义军进贡使臣经过了约十一个月的跋涉到达宋廷东京汴梁（开封）。这在出土的敦煌文献里也得到了很好的验证：安徽省博物馆藏敦煌文献《二娘子家书》中记载“至今年闰三月七日，平善与天使司空一行到东京”，李正宇先生据唐宋时期的置闰特征，推断“闰三月”即为宋太平兴国五年（980），恰恰与正史资料记载的归义军使人于本年闰三月辛未（二十八日）入朝纳贡非常契合[②]。于是，在980年四月，宋廷制授曹延禄归义军节度使、检校太保、归义军节度瓜沙等州观察处置营田押蕃落等使。在《宋会要·蕃夷志》中明确记录曹延禄的检校官衔为“太保”：“制：权归义军节度兵马留后金紫光禄大夫检校司空兼御史大夫上柱国谯县［开国］男曹延禄，可检校太保、归义军节度瓜沙等州观察处置营田押蕃落等使。”[③] 在980年四月，宋朝中央授予敦煌地方长官曹延禄“检校太保”之后，还专门派出了沙州官告使王鼎，携带朝廷官告及信物与归义军使团一同返回敦煌，当北宋中央的使团于980年十二月终于来到了敦煌，在授予敦煌地方长官官告时，敦煌地方长官专门举行了盛大的欢迎宴会，于是就在敦煌文书档案中留下了印迹。

---

① 荣新江：《归义军史研究》，上海：上海古籍出版社，1994年，第60—147页。

② 李正宇：《安徽省博物馆藏敦煌遗书〈二娘子家书〉》，《敦煌研究》2001年第3期，第94页。

③ （清）徐松辑：《宋会要辑稿》卷198《蕃夷五·瓜沙二州》，北京：中华书局，1957年，第8册，第7767页上。

根据以上史料的验证，证明宋代档案案卷 P. 3438V《沙州官告国信判官王鼎上归义军节度使太保启状》书写于北宋太平兴国五年（庚辰年，980）十二月四日和六日。为什么 980 年四月宋朝在开封授予沙州官告，到了本年十二月才到达沙州呢？这是因为宋京师汴京距离沙州路途遥远，敦煌与开封之间相距 5000 里（数据见唐《通典》及《元和郡县志》），李正宇先生按唐代法定驿马行程每日 70 里计算，推算出从开封到敦煌需要每日不停地连续走 72 天（将近两个半月），往返一次需时 144 天[①]。而据安徽省博物馆藏敦煌文献《二娘子家书》所载，980 年六月二十一日时敦煌归义军使团还在汴京未返回沙州。因此，大约在 980 年七月之后，宋朝派出的官告、国信判官王鼎等中原使团大约花费了数个月的时间才在庚辰年（980）十二月初抵达沙州。王鼎使团到达沙州后受到归义军节度使曹延禄的酒宴招待（第一件、第三件），并赐予美玉作为礼物（第二件）。第二件启状是王鼎在收到归义军节度使曹延禄于宋太平兴国五年十二月六日所赏赐的美玉之后，给曹延禄所上的陈谢启状，第四件则是归还美玉上给曹延禄的启状。

整个档案案卷反映了北宋中央朝廷意图经营敦煌地区的有关重要历史事实：敦煌文献显示北宋太平兴国四年（979）四月以后，权知归义军留后曹延禄派出使者携带奏状进贡宋朝，太平兴国五年（980）闰三月沙州朝贡使人跟随宋朝使人顺利到达宋廷，四月宋太宗制授曹延禄归义军节度使、检校太保官告，980 年十二月初，沙州官告、国信使王鼎使团抵达沙州，授曹延禄太保官告及旌节，宋朝铸赐的“归义军节度使之印”也传入沙州，河西走廊内的地方政权朝贡北宋中央政府的道路再次开通。敦煌归义军这次成功的朝贡还促成了西域的于阗政权主动提出和敦煌归义军节度使曹延禄进行政治联姻，下嫁于阗公主给归义军节度使曹延禄，使沙州与于阗之间结成了更紧密的关系[②]。

本卷档案案卷，对于研究归义军节度孔目官杨洞芊的个人历史也有重要价值。敦煌文书显示，宋太平兴国元年（976）之前，杨洞芊似乎是敦煌官府内的低级书手或是一般孔目。到曹延禄主政敦煌的 976 年七月之后，杨洞芊被曹延禄任命为节度孔目官［P. 3721V（4）感谢状］，幕职升迁。他以节度孔目官身份不仅草拟有 P. 3827《曹延禄奏状》、使牒、使帖等公文，还掌管使府内田地赋税簿计、劳役征发名单、牧群物资的支给、衙内酒纸料物资的支给、屋舍地基的会计、官员军将的轮值名单，以及为节度使主起草祭文、发愿文并掌管节度使主的官印和私印，成为使主曹延禄最为信任的心腹属吏。他还笃信佛教，抄写了一些佛经，雕印了普贤菩萨像，是敦煌藏经洞封闭之前敦煌地方社会上较为活跃的文士。敦煌文书中杨洞芊书写的文书最晚止于宋太宗至道二年丙申岁（996），在 976—996 这 20 年间，孔目官杨洞芊书写的写本却集中在 980 年前后为最多，这其中是什么原因？将是笔者进一步进行研究的问题。

---

① 李正宇：《安徽省博物馆藏敦煌遗书〈二娘子家书〉》，《敦煌研究》2001 年第 3 期，第 96 页。

② 王使臻：《曹元忠、曹延禄父子两代与于阗政权的联姻》，《敦煌学辑刊》，2015 年第 2 期，第 27—42 页。

清代《南部档案》“兵房”资料整理概言

吕兴邦

一、关于“兵房”档案整理数据

现存南部档案是国内少有可以分房方式查阅的清代州县政府原始文件。① 其中兵房档案通有23个目录、1238卷共4842件，所涉内容始于雍正四年七月初九日的一宗殴凶案，止于宣统三年正月二十三日的一份县衙点卯告示。本次整理②精选了23个目录中较有代表性的案件，共选档362卷计1603件，经整理后合362卷共1597件。其中雍正朝6卷计24件、乾隆朝21卷计106件、嘉庆朝21卷计70件、道光朝14卷计71件、咸丰朝8卷计32件、同治朝18卷计61件、光绪朝221卷计953件、宣统朝53卷计280件（兹统计如下表1）。表中“原档件数”“选档件数”是以档案馆最后一次著录产生的数据（原件上的“四川省南充市档案馆”蓝色戳记标号③）为底本的。经过本次以内容为核心指向的整理后产生的数据差异主要体现在档案件数上，综合考察，有如下几种情况需要说明：

1. 原著录时将内容相异的档案未分开标号而本次分件重新编号导致件数增加

如2—56—7④上将“乾隆五十七年九月初十南部县衙为陶尔惠事词批”与“乾隆五十七年九月二十二日南部县衙为差唤陶尔惠违章办差案内人证赴县候讯事的票”同件，而内容相异，故整理时予以分件，将上揭“词批”重新标号为2—56—J1；3—33卷中将同一卷面上南部县正堂陈“将自军兴起安设各站折报马匹全数裁撤事饬各在站号书马夫人等知悉”的谕文与同日草拟的“为马站裁撤嗣后分文到铺各项登簿飞递前进事饬铺司

* 基金项目：国家社会科学基金重大招标项目（11ZD&0093）；四川省社会科学重点研究基地区域文化研究中心重点项目（批号：QYYJB1801）。西华师范大学历史文化学院黎春林副教授对本文贡献宝贵意见，特此致谢！

［作者简介］吕兴邦：博士，西华师范大学历史文化学院副教授，专业方向为地方档案整理与研究、社会经济史、环境史等。

① 吴佩林：《有序与无序之间：清代州县衙门的分房与串房》，《四川大学学报》（哲学社会科学版）2018年第2期；吴佩林：《地方档案整理向何处去——基于清代地方档案整理现状的反思》，《光明日报》2016年4月19日；吴佩林：《地方文献整理与研究的若干问题：以清代地方档案的整理与研究为中心》，《西华师范大学学报（哲学社会科学版）》2011年第6期。

② 清代南部县衙档案曾经多轮内部整理，本次是课题组在原始八万余件档案的基础上进行精选、释读、提要等操作，有别于档案收藏单位南充市档案馆与黄山书社联合于2015年对该套史料的全文影印出版。参见四川省南充市档案局（馆）编：《清代四川南部县衙门档案》，合肥：黄山书社，2015年。

③ 现存档案原件上一般有两种档案馆著录的戳记，一为红色宽框式，一为蓝色窄长式，本次整理统计是根据后者的信息。

④ 此为南充市档案馆所藏该件档案卷宗号，下文相应处皆为各卷、件卷宗号，兹不赘录。

人等”谕令通一标号为第7件，本次整理时将前一条“谕令”分列，标号为3—33—J1；5—22卷亦将其中的“移文”与另一“札文”残件通一标号为第1件，整理时将南部县正堂顾“为通饬遵办四川铺兵裁汰仿照山西办法改为马递役事饬巡检”的札文残件分列，标号为5—22—J1；又如7—471卷著录时将不同的两个“通知”标号为同一件档案7—471—3，此次亦予分列，将后一件“通知”标为7—471—J1。等等。此类原因导致总件数共增加4件。

2. 原著录中标号为多件整理时据实合件导致件数减少

如16—9—2为“光绪二十九年七月五日南部县知县张景旭为具禀整顿驿步站情形事呈保宁府红白禀”划行草稿。16—9—3为该禀的正式公文卷面上的预制红批。根据事由及档案保存实态，此两件应合为一件；16—28—6为“光绪二十九年一月八日南部县正堂张为支应学宪按考速差役来领马匹事致南充县移文”草稿，16—28—8则为同纸附后“脚店夫头姓名单”，理属同件；16—546—6与16—546—11两件为“光绪三十年十月五日南部县正堂王为移知拨调递送光绪三十年十月份公文差役事”分致保宁府、阆中县的“验折”“移文”及同时派差的“票”，据内容及卷内类似文书书写范式，应合为一件；18—37—1与18—37—2则分别为“光绪三十三年九月二十六日南部县正堂章仪庆为申造卑县额设民壮捕役人数及工食事呈保宁府”验文主文及清册，理属同件；18—43—1与18—43—8分别为“光绪三十三年二月二十九日武举鲜于光国为具告鲜洪武等私开烟馆窝藏惯贼陈秋儿致其窃去洋烟衣饰事”告状及失物清单，应合件；18—45—3为“光绪三十三年五月八日武生马名声为具诉马超常盗去借约重索钱财事诉状”正文，而18—45—4为附呈文契，据档案保存实态及内容应合件；18—1459—2为“光绪三十三年四月二十八日南部县正堂章庆仪为严催西南北三路田产各户应完佃租银两事”的签文，18—1459—3则为其尾附清册，应同件；20—93—8与20—93—2分别为“宣统元年九月二十日敬长清等为武生敬长清等具禀罗玉玺等放筏毁桥抗赔行凶事”供状的前后两部分，应合为一件；21—83—2与21—83—1分别为“宣统二年五月十日罗仕武等具告敬炳奎借公私抽鲸吞事”告状的两部分，亦应合件；21—89—26与21—89—27分别为“宣统二年九月初十日戴有龙为再叩辩诉戴于邦霸业逐妻掳拿事”辩诉状的两部分，理应合件，等等。此类原因导致总件数共减少10件。

原档案中与本次整理核心案件内容无关者，另案处理，但统计时仍计入总件数。如10—263卷、14—7卷、15—35卷、16—559卷，等等。

表1　兵房选档统计表

目录号	原档卷数	原档件数	选档卷数	选档件数	整理后卷数	整理后件数	朝代
1	6	24	6	24	6	24	雍正
2	55	301	21	105	21	106	乾隆
3	56	255	21	69	21	70	嘉庆
4	55	275	14	71	14	71	道光

目录号	原档卷数	原档件数	选档卷数	选档件数	整理后卷数	整理后件数	朝代
5	33	95	8	31	8	32	咸丰
6	44	125	18	61	18	61	同治
7	90	213	21	70	21	71	光绪
8	100	226	29	65	29	65	光绪
9	58	165	16	61	16	61	光绪
10	36	131	16	72	16	72	光绪
11	34	80	11	25	11	25	光绪
12	46	134	11	24	11	24	光绪
13	87	259	20	104	20	104	光绪
14	84	282	15	68	15	68	光绪
15	95	351	21	116	21	116	光绪
16	80	393	23	142	23	139	光绪
17	67	341	17	145	17	145	光绪
18	61	456	16	60	16	56	光绪
19	16	23	5	7	5	7	光绪
20	34	265	13	70	13	69	宣统
21	54	261	21	112	21	110	宣统
22	36	166	12	85	12	85	宣统
23	11	21	7	16	7	16	宣统
总计	1238	4842	362	1603	362	1597	

二、关于选档的文种

从文书种类看，本次兵房选档大致涵盖了南部档案的主要类别。对于目前学界研究较少的一些文种，亦特别加以呈现。如乾隆朝以后在下级州县广泛运用的红白禀，[①]由于存世形态多为一纸被上级发还的红色批语，整理、研究者常将其与“禀文”“批文”“抄批”“批”“批回”“详批”等混同。标号16—9—2的档案显示：光绪二十九年七月五日或之前，兵房书吏根据实际情由拟写南部县整顿驿步站情形的红白禀文，七月五日知县张景旭审阅签署日期划行，书吏缮清用印后将正式公文交与差役上呈保宁府。七月初七日保宁府收到，十一日保宁府审阅批示，正文存档，发还红批，十六日南部县奉到。书吏将原禀草稿与发还的红批粘连存档备查。此档案中即可看出红白禀从书写草稿、知县划行发出、上级收文、审阅、批示返回的整个运作流程。清末，随着现代化的进程，红白禀的官制样式也逐步规范化、统一化，22—835—2的档案中清晰地体现出该特点，具体内容，兹不赘述。借助其他文类，阅者也可窥视清代南部县公文运作系统的某些细节或大致情形。

① 黎春林：《清代“红禀”研究》，《西南交通大学学报》（社会科学版）2017年第5期。

通常情况下，阅者可能对于原文件中的文字信息关注较多，而对于作为实体对象的档案本身蕴涵的各种历史内涵较少顾及。如档案的纸张成色、书写字体、用印、戳记、特有符号等等，这些细节无不是历史的见证和进一步深入研究相关论题的出发点。本次即将整理出版的兵房档案，都为原始文献的影印件，可以为研究者提供相关条件。

三、“兵房”的职责范围

兵房档案蕴涵的丰富且具体的历史事相，是围绕该房的职责功能及变迁而紧密展开的。作为协助知县治理全县的重要机构之一，兵房的职权范围主要包括以下方面：

1. 办理各类军事事务

第一，供应军需。传统时代，各地方对王朝中枢最大的义务之一就是遇有战事时提供军事上的后勤服务。主要为相关物质的供应与力役的支持。如1—11卷呈现了雍正十一年正月间二千川籍官兵至西宁起程返乡过境，南部县如何先行准备、垫支粮草银钱的细致过程。透过2—20卷档案，阅者亦能对乾隆三十七年正月起至六月底所有通过县境南路口内化林坪站支给的长夫盘费、夫役口粮并夫头押差工食银两等项的详细账目有明确了解。从2—19卷中则可看出南部县在朝廷第二次征剿金川之乱时的多次应役行为。乾隆三十九年正月，川北镇官兵奉派出师金川，至四十年，随带锅帐、镰斧、弓箭等项亟需制备更换。除申请原营赶制外，迭次移文南部等县雇夫转解。另有火药等军需亦然。5—6、5—11卷档案显示出南部县兵房在太平天国起事不久，奉令备办口粮船只人夫等以支应三千川兵过境及运送火药铅弹等军器中的关键作用。5—15卷中则揭示出咸丰元年出师广西协剿粤匪因水土不服患病羸弱裁汰归伍者共五百一十三名过境，南部县需要提供一应需用的史实。相关公文中并附有详细名单。在和平年代，兵房还要奉令为临近驻军提供军需。如17—512卷中，光绪三十二年三月二十日至十二月十三日，保宁府先后饬令南部县将本年春夏秋冬四季川北镇巡兵口食银两迅速措齐专役申解来府，南部县相应据文备办解送。有清一代，南部县兵房在供应军需方面的职能几乎未有太多变化。

第二，协助相涉营汛。如1—8卷中：光绪六年九月六日，川北中营南部汛部厅谭移文南部县称，南部汛署官价名目甚多，已奉文将官价一切概行裁革，查照民价给发。又查汛署历来向有陋规，每年四、七、十三个月查场三次，每次收受各场夫马钱文三百余千文，每年约千串。此事自其到任查档后，即刻令行禁止，同时愿将此陋规进行裁革，上报南部县正堂，并附汛署每年收受夫马及官价单，望其代转督宪批示立案，永远裁革。同时称该汛到任以来并未擅受民间一词。同日，南部县正堂刘禀呈督宪，称已按要求将本县官价进行裁革，并将川北中营南部汛部厅谭所递移文及所开单附于其中。1—20卷则体现了清末新政期间州县在涉军事宜中权力的扩张。宣统元年十二月十日，四川总督赵札饬南部县称嗣后防营兵丁有犯应即比照陆军章程分其轻重由何处惩罚之各条规定办理。章程第七条云：“目兵犯事于应受惩罚之后仍当斥革者，即与齐民无异。凡在军籍应享之利益，概予消除云云。此项条文即系专为军人斥革后复犯他事而设。盖因本事斥革既须送兵备处，是以仍以军人看待，若斥革后复犯他事，方与齐民无异，得由地方行政长官办理矣。”各上级官员对营汛系统的常规检查，也需要兵房的直接支持。如 9—626 卷档案显示：光绪十三年四月间，督宪不日起将巡阅川北过境。南部县必须集齐保甲护送，以壮观瞻。知县知各保正、甲长、牌头、场头、客总等，雇募精壮人夫，以伺候督宪过境，所有夫价钱文均由县衙照价给发，不累民间分文。13—50 卷中则展现了兵房在先期准备迎接督宪巡阅营伍的详细片段。光绪二十二年九月十一至二十三日，盘龙驿站客总严作肃等先后在南部县衙具认状、保状，以明确其承办巡阅过境期间所需一切物资、费用等相关事宜，并承诺不致违误。20—68 卷中则显示出南部县兵房协助辖区营汛进行公产丈量、武器清查登记的情况。

第三，协助招募兵丁。如 8—724 卷中可见光绪九年三月八日，保宁府转饬南部县称年届比丁之年，要求将应比壮丁之三代细数缮册限期送部以备查核。17—514 卷所见，光绪三十二年九月二十三日，崇教乡清平保清平团胡保升称团丁胡有良三代清白，平日执务农生业，身无暗疾，亦不吸食洋烟，愿入营充当兵丁，入营后自当恪守营规，倘有拐带军装私自脱逃等事，惟保是问。该保状得到县衙准许。又如 18—30 卷，光绪三十三年四月三十日四川全省兵备处札致南部县称：该处已委托下属标统周道刚、徐孝刚前往保顺潼三府会同地方官查照上年章程选募官兵。希望南部县将有关告示张贴，令民众周知，并予重视配合。

第四，管控县境军火器具。为预防潜在的叛乱和社会秩序扰乱，朝廷对军火利器的管控极端重视，县衙所属的兵房是这一职责的直接承担者。兹以较为典型的硝磺案为例加以介绍。在光绪中叶以前，朝廷在法令上严禁民间私产、私运、私销硝磺。此后，随着各地矿业开发的兴起，中枢在处置硝磺问题时采取了权变之策。标号 13—42—3 的档案即反映了这一转折：

> 奏署保宁府事即补正堂加五级纪录十次记大功一次李　为札饬事
>
> 光绪二十二年九月十三日奉
>
> 总督部堂鹿　札开，照得本部堂据丁忧知县张继条陈，拟办官磺。饬令官运局王　道确查，详议章程禀复核夺，兹据查议禀覆，前来已经本部堂刊刻关防，发给承领饬令设局委员试办。惟开办之初，事事均极费手，且既办官磺，官磺原为杜私除弊，则私犯更应严禁。即武营每年所用之磺，本部堂均已通饬各营查明数目先行禀请立案，俟用磺时再行具文赴局请领，按照本价发给领回应用。各地方官务须帮同委员认真经理，并出示严禁私贩。除通饬各营外，合行札饬。为此札仰该府即便通饬各属将发下告示照抄多张遍贴晓谕，一体遵照办理，嗣后如遇有私贩及出票采磺，无论何营查出，即行禀请从严究办。切切！仍将奉到告示日期申报查考毋违此札。

计发告示一张

右札南部县

准此

光绪二十二年九月十八日

本次整理关于硝磺案的卷宗还有13—537、13—541等十数卷，读者可深入探查。[①]对于私造枪炮等行为，朝廷也态度明确：如1—23卷中显示，大致在宣统二年，四川布政使司衙门向南部县发布禁令，要求当局严格控制、查明铁匠数量并严禁民间私造枪炮。

第五，追缉涉军人犯及物资。如1—12卷案涉轰动一时的岳钟琪事件：雍正十一年九月廿九日至十二年二月十七日间，保宁府先后奉旨饬催南部县搜查原任大将军岳钟琪在川一切宦资。经南部县及西河口巡检挨户搜查，县属并无其宦资事。又如2—3卷中显示，乾隆七年六月至七月十七日间，保宁府奉令转饬南部县，要求协助缉拿逃脱旗人福生布等。2—34卷中可窥见第二次金川之役中清廷对各地方协助追查逃兵的详备措施。标号2—34—10档案“保宁府正堂赵为准咨奉批详查督缉金川逃兵案各职名并造册事致南部县”札文后附抄册一本，对四川各“承缉一年以上之州县”“承缉半年以上之州县”“承缉未及一月之州县”“接缉半年以上之州县”“再接缉半年以上州县”“接缉知府直隶州”“接任督缉半年以上之知府”等逐一类分，以凭赏罚。追逃也是兵房的常规职责，有相关内容的档案较为常见。

第六，优抚、安置军兵。一方面是协助军队优叙，如3—37卷中四川龙安营都阃府于嘉庆十年闰六月初三前及八月二十四日先后两次移文南部县，仰其确认外委李正龙是否治内载粮民籍，以便为其颁发二等功伤银二十五两。后经南部知县票唤李正龙亲属里邻，具结确认无误。又如4—36卷中，南部县在道光十一年二月为因五次带伤，伤痕齐发，辞休归里之苏贵请领步粮以资赡养而出具印结。另如11—232卷中内容：光绪十八年四月十三日，贵州安义镇标都督府移知南部县，该营练军李茂林于光绪十一年三月进剿越南洋匪在事出力，案内赏保捌品军功顶戴，蒙发功牌，并无虚冒，隶籍贵治，故移明以资备案。对于原籍南部有功亡故军官恤荫管理，兵房也有协助上级之责。如7—280卷中就包括从光绪三年正月二十七日至十二月初十日保宁府饬南部县要求协助办理的札文七件，内容都为朝廷各部关于抚恤、荫袭政策的通令。另外，安置退伍兵丁也是兵房的日常工作。3—34卷中嘉庆十年二月初一日与三月初四日，四川按察使司按察使总办川东粮饷刘某先后饬文南部县衙即将第五起、第六起贵州军功乡勇南部县人赵钟誉、夏世芳遣散回籍。请妥为安排，毋任失所滋事，并亲身交给固封赏给银两。对于遣散官兵私自所带幼丁自愿回籍者，州县亦有安排之责。如7—467卷中光绪四年九月二十四日，保宁府转发南部县朝廷关于遣散幼丁回籍安置的系列政策：“酌给川资，出给路照以便遣

① 吕兴邦：《“化私为官”：〈南部档案〉所见清末硝磺政策转变及其在地效应》，《中国经济史研究》2019年第1期。

令回籍。路途遥远者，各驿站每六名给车一辆，每名日给口粮银四分，出派官兵分起解送，按省由驿接替递送各该原籍亲属认领，免致流离。”并于十月二十四日再度札饬南部县，令其将杨富胜年岁、籍贯等造具清册备文咨送，并传知相干亲属认领回家安业。

2. 非军事领域的应役

兵房也负责给日常状态下相关各级各类官员、各项公干提供后勤服务。包括：

第一，支应科举活动。科举为国之大事，应试的举人也受到各州县的优待。7－10卷中可以看到南部县其时的措置。光绪元年十一月十七日，保宁府正堂札饬南部县，称奉总督部堂令，川省应仿云贵两省沿途一体给予进京会试之举人骑马一匹，以坚其进身之志。各级地方日常的科考活动中，州县也须接洽。如7－146卷中展现了四川学宪于光绪二年闰五月至六月间按临保宁府考棚，开试前后南部县预备夫马轿乘及与前站西充县交涉帮贴夫马银的具体过程。略举7－146－4件之移文如下：

> 特用府正堂署理保宁府南部县事即补军粮府加五级纪录五次记大功二次沈　为再行移明以符旧章事，学宪　按考保棚所需夫马轿乘等项，向由　贵县所雇夫马值送敝县城内交替禀请回销，止帮银六十两，历年办理在案，从无交界更换之说。今值科试，移送帮贴夫马银六十两移还，核与旧章歧异，拟合仍将应帮贴夫马银六十两如数弹兑封固，备文专差移送，拟合备文移明，为此合移　贵县烦请查照来移事理，希即查照旧章办理，望切望切！须至移者
>
> 计移送帮贴夫马银六十两
>
> 右　移
>
> 南充县正堂全衔
>
> 光绪二年六月初七日兵房呈
>
> 稿　行

第二，服务官员过境。如4－6卷中的四份传单就较完整地呈现出道光二十年三至六月间，原任川北道台改任成绵龙茂道至省赴任过程中南部县提供后勤服务的概况。该年三月二十七日之前，前站阆中县即传知南部县，称川北道台委派之县右堂姜前往顺庆府属西充等地公干，沿途需用骑马一匹，背夫一名，凡经过州县须一体应付。五月间，阆中县又传知南部县称离任之川北道台将于该月十七日正式起程，要求准备“大轿长班十六名，大班头一名，师爷轿夫二十名，杠夫三十二名，牵夫二十八名，骑马二十三匹，灯笼夫二名，伞夫一名，背夫二名，挑夫二名”。在预计经过成都、华阳等县时，“又添杠夫十五名”。六月间，阆中县继续传知南部县，称该月二十六日，离任之川北道官眷也将由保宁府起程，需用“骑马十三匹轿夫九十五名杠夫二十八名”。南部县都一一承应并转传知前方。又如6－38卷，同治十二年三月二十日顺庆府蓬州正堂李移文南部县称记名提督军门达春巴图鲁于正月二十四日由湖南起行，随带员弁并新募勇夫四百余名，现

抵湖北利川，拟取道渠县保郡等处，径赴广元防所，请烦查照、希即转移前途。南部县也一一执行。

第三，护解官银。7—30卷中就为一份光绪三十二年九月二十三日上级札令南部县派差沿途护送官银的札文。其大致内容为保宁府转奉川北道、四川全省营务处、四川总督等令，要求以后商号银两过境在五千两及以下者，由县派差练护送。数在五千两以上者，由营派勇丁护送；其道路较远之处，凡经过地方有防勇驻扎者，无论何营何哨，挨次交替护送，不必由起解之勇径送到地，以资周转而期兼顾。惟各商号银两，应当于起运之先互相约会联帮，同日开行，不得零星发寄，以便营县分派差勇按期汇送，更属官民两益。又如20—74卷中，宣统元年十二月二十日，仪陇县经征分局提举徐及仪陇县正堂张移文南部县，希派役护解须交付省府之宣统元年秋季征收田房税契正杂各款银及光绪三十四年津贴等银数千两。

3. 维持县境治安

第一，防匪缉匪是知县的重要职责，因而也是兵房要务。在防匪方面，如7—269卷中光绪三年间南部县配合提督军门颁发“严纪律明赏罚肃军容示威信”十二字暗号稽查营兵路票，以防匪徒冒充乘机抢掠。又如光绪二十四年九月二十七日，保宁府转饬南部县，称大足县民余栋臣借嫉教为名，群集党羽骚扰地方，急宜预防（14—23卷）。对于经常聚集于川陕楚三省交界区域的匪徒，南部县更有预防重任。光绪二十九年闰五月二十九日，保宁府札饬南部县要求即刻派人密查川陕交界地是否存在会匪勾结闹事情形，速禀结果。六月三日，兵房即根据调查情况拟稿称：“自到任以来，于团保一事曾经迭加整饬，兹奉前因遵即不露风色认真整练兵团，暗中加意防范，俾不使匪徒生心聚集潜藏。”（16—38卷）缉匪方面，兵房主要负责给予协助。光绪十八年一月十四日，川北镇标中营游击移文南部县，称“时值隆冬，诚恐乡场市镇有匪滋扰为害闾阎，除捡派中营属外委费伟臣带兵前往所属一带地方暗密查拿，送交贵县惩办外”。南部县则须拨差协缉（11—237卷）。不过，在拿获匪徒后的处理程序上，州县政府还需考虑与军事系统的权界。22—51卷中即有州县官对于处决土匪必遵军法程序，“应录供禀候核示不得擅行权宜”的通令。

第二，管控团保。如6—24卷中可以看到平定太平天国起义后，清廷要求州县裁抑团练整顿保甲的情况。至光绪三年，地方扰动，团练又兴。7—265卷中即有保宁府要求南部县整顿团练，将散勇中属本地者编入保甲，严加管束的谕令。光绪六年，保宁府又通令地方整顿保甲，以防不虞（8—16卷）。日常状态下，兵房更是通过派差应役、防匪防盗、诉讼等情事保持对团保系统的控驭。

第三，预防散勇滋事。战事之后，常有不少散兵游勇流落地方，易生事端。处于军事、治安方面承接上下位置的兵房自然成为这类事务的当管机构。同治二年三月初三日，保宁府即转发四川总督谕令称“自军兴以来，川省每有游勇闲亡籍投效为名，假称奉札指调，结伙成群，冒充营弁，去来自由，骚扰地方”。要求南部县“如遇此类人过境，各地方官应缴其军械，遣散归籍，不准放行，不得擅自招勇”（见档案 6—16—1）。光绪六年十二月二十一日，南部县根据过境勇丁在广元借饷滋事情形请示总督。得到“仰即示谕城乡市镇，保甲人等，严密稽查。若有强抢等行为，即刻将其围捕，并交由地方官办理”的批复（8—17 卷）。

第四，监控社会动向。有守土之责的州县衙门往往对民间社会情势的某些变化特别留意。如 6—6 卷中，同治八年湖北补用参将周有全禀称武当山在周边省份拥有广大的进香信众，且用抬游朝廷庆典朝贺之万寿龙亭招摇于市，为确保地方治安，防患于未然，故恳请咨明他省转饬所属一体示禁。该年五月二十日，保宁府转饬南部县要求一体遵守。对于可能引发地方骚动的细故，县衙亦不放过。又如光绪二十一年一月二十五日，南部县发告示称有县民于夜静深更，施放大炮仗、骇人听闻，殊甚痛恨。要求城厢内外约保牌甲铺户居民等知悉，自示之后，不得无故乱放大炮，惊惑人心。如有敬神酬愿、迎娶安葬放炮，亦需禀明。倘敢不遵，立即拘案重惩不怠（12—396 卷）。

4. 对驿递系统的经营与管控

驿递系统关乎军政物资、信息的递送，勾连上下，是南部全县行政得以运作的关键所在，属于兵房最重要的职掌之一。其职责具体包括：

第一，经理驿产。在房产方面，如咸丰十一年六月十七日，寨垭铺司利瓦伊善等具禀公土所建铺房十五间并各动用器物、五谷杂粮等被贼匪尽行烧毁。希县衙拨款重建。知县命兵房“查勘估计确查，候筹款修理”。七月二十三日，兵书王清平具禀，寨垭铺铺司号房二间被烧毁属实，估计花费竹木工作钱四千文即可完备（5—1 卷）。对于铺户违反规制，私拆私建，兵房直接干涉，如光绪七年五月十四日，兵书王正邦具禀称金鞍铺铺户张其富等将铺司瓦房三间一厦拆至金峰寺场另地修建。南部县批示要求查勘（8—728 卷）。类似情事在多卷档案中可见。在出佃田地的管理方面，可从如 10—600 卷看见概貌：光绪十六年三月二十四日，南部县正堂签差要求将县属三路催收本年佃租银两、措齐赴县呈缴。十一月二十七日，兵书宋单国等上缴状，称本年四季佃租银共计三十六两四钱，除去藩宪官役册使费银二两、臬宪会典局使费银四两、书纸笔饭食银二两外，还剩二十八两肆钱，当堂如数缴明。其中标号为 10—600—2 的档案中有南部县西北南三路共计十四铺司地佃租银的详细记录。

第二，剖断纠纷。如光绪二十二年六月九日，南部县金峰站书役蒲先藻、张秀等禀称张元清等将金鞍铺房撤毁，移修金峰寺改作站房，佃与左光汉希图获利，概不退还。六月十六日，县衙派兵书蒲耀宗等踏勘禀称：经凭金峰站保正董元才等勘查属实。有保正董元才等集齐人证，命张元清等即刻将铺土退取，店房宗祠仍归公业，再毋藐公。南部县正堂袁用宾批令张元清等既将铺土店祠退取归公，从宽姑免唤究（13—16 卷）。

第三，调配经费。如 15—10 卷中可见光绪二十三年四月十五日至二十六年间，南部县将该年捐帮驿站册费银申解至四川按察使司衙门的申文与及批回。对于传递公文的专差经费，一般先由该差役垫支然后领取。光绪三十四年七月十日，差役何洲等禀称多年垫帮相关费用，已入不敷出。希望县衙酌情每次筹备添四五十文钱不等。后者允诺每次递送公文由二十文改为一百文定案。

第四，整顿驿务。清末，由于系统腐败及管理不善，南部县辖的驿递系统常常发生公文延迟（16－528卷）、丢失（8－721卷）甚至蒙混公文（20－69卷）等不经之案。在各级上官及县衙催责下，整顿驿务成为常举。如8－5卷中光绪六年四月二十九日，四川等处按察使司按察使黎札饬南部县，即刻将所发下律例条款十张，全部用木板装裱后悬挂在相关下属铺司、驿站门首，希望相关人员对公文延迟引起重视。光绪二十九年六月二十五日、三十二年闰四月保宁府迭次札饬南部县要求整顿驿务（16－9、17－500卷）。类似的案件出现频率颇高，兵房亦为处理这一问题疲于奔命。

第五，驿递改革。在持续的系统低效与政府要求渐高的煎迫下，驿递成为一个持续改革的领域。5－22卷中即可见咸丰四年南部县要求仿山西例裁撤铺兵改为马递的情况。同治九年，南部县又奉令将往返省城的文件不再交由铺司而直接派专差递送（6－10卷）。至清末新政时期，大兴邮政，与驿站竞争。如14－531卷中可见光绪二十五年的邮政章程详文。16－75卷中则有“民间向邮局寄递包件均须先赴厘局纳厘”的记载。当然，对于一些有碍军国大事的改革，政府也严厉禁止。如17－23卷中，光绪三十一年九月二十日，保宁府转饬南部县要求禁止设无线电报。

5. 对衙役系统的管控

衙役是州县行政在实际运作中的直接承办者，由于更切近于“力役”层面，故对其管控多经兵房。衙役名目繁多且常有变化，如4－48卷道光十九年八月二十九日兵房书吏承写的李姓知县正月二十二日至八月二十九日任内经管各役的清册稿中即可见有“铺司兵三十二名、衙役十七名、伞扇轮夫七名、件作二名、门役二名、皂役四名、壮丁八名、捕役四名”。而巡检、典史（4－54卷）、儒学（15－13卷）等衙亦有数量不等的差役。在具体管理上，大致可分为：

第一，录用、革补与开复。对于上级官府调用，兵房出具甘结。如光绪十一年十二月十四日，川北兵备道正堂黄札南部县，称该道衙门二班承差总役刘荣升、保充散役王永升为南部县载粮民籍，请取具该役供甘各结一套，申赍来辕以凭注册入卯，并免其里役差徭（9－8卷）。14－21卷中光绪二十四年七月十三日，阆中县正堂移文南部县。告知在川北道办差的南部县民曾寿办事勤慎，应准长期服务。其缴压案银一百两作为衙神祠公用，倘后遇有更替，仍令接顶之人照数缴银。要求南部县存案备查。南部县衙录用的情形档案中常见，如宣统二年八月至三年二月五日间李洪等总役、差役愿担保温富等人入衙为吏，先后向县衙提供证明（22－54卷）。对于不合格的衙役，也会适时斥革。上级官府相涉衙役的斥革也会经由南部县办理，10－3卷中即可见光绪十四年六月二十一日，四川分巡川北兵备道札饬南部县，称三班承差散役薛喜龙系南部县载粮民籍，现因误卯旷班除出，望将其编入里甲，其差徭赋税与民一体。18－703卷则呈现了南部本县衙役退补过程。光绪三十四年八月十七日，差役王全禀恳县衙准许自己退役归家养母。

并恩准何伸入卯办公。得到县衙准许。一些犯错的衙役在得到保举后，也可申请开复入衙办公（如15—11、16—549等卷）。

第二，日常管理。10—257卷中可以窥见衙役的点卯情形，进入卯册是正式衙役的标志。衙役又分有正式名分的总役、头役和身份较为模糊的散役（帮役）、白役，数量綦多，良莠不齐，常生流弊。光绪二十一年八月二十九日，知县袁用宾即就此发出通知。称各班总役逢传唤缉拿案件时往往另拨散役、白役办理。以致狐假虎威，任意牵评，坐地分肥，酿出事端。今后遇有公干，必须由总役亲身同往。总役亦须将相关要求转发所管散役，严切督行（12—387卷）。对于差役借机扰民，官府屡次谕令从严惩办（15—661卷）。衙役干涉词讼向被视为大忌，处罚极为严厉。宣统元年门役吴顺当班时突来一妇人，宣称其子程举被敖姓扳在命案，恳求吴顺替其到门房探问。九月十八日，南部知县提讯判得：差役吴顺理应守分供役，实属胆玩，将其责惩革黜仍行锁押候再提案研讯（23—8卷）。

第三，调处衙役纠纷。衙役种类、班次和职掌各有析分，且牵涉各自切身利益，所以时常混争，县衙不得不妥为调处。光绪十三年十二月二十六日至十四年二月初二日，总役刘洪、蔡贵等与总役张彪等在接管案件时因届次问题发生纠纷，迭次互控（9—630卷）。光绪十四年四月二十九日、六月二十六日，壮班总役刘刚与民班总役江林又就承接民间词讼的里程范围问题互控（10—606卷）。在县衙的多次努力下，光绪十八年闰六月八日，南部县春夏两班及壮三班，因宋廷贵与宋李氏互控争差案，壮班李林与民班李坤等约集茶馆，终于永定规矩合同（11—234卷）。县衙存案备查。

第四，执行改革。针对衙役系统的腐败问题，从朝廷至地方都有批评、补救的举措。光绪元年十二月二十八日，保宁府及转饬南部县称奉按察使司札，称“衙门差役本有额数，不容滥行添设，有违定制，然自莅任以来访闻各属，缺冲事繁之处，正役白役竟有多致数千者，即事简之缺亦不下数百。思此辈皆无业游民，平素已无恶不作，一经入衙充役，更觉狐假虎威，倚势虐民”。限半月内即便查明本衙门经制衙役若干名额、增帮役若干名，开列姓名，造具清册径报臬宪并报府查考（7—11卷）。光绪八年五月二十一日，保宁府继续就裁革散役白役问题要求南部县速办册报（8—525卷）。清末，朝廷新措不断。相关记载也在档案中常见。如18—37卷中光绪三十三年九月二十六日，南部县向保宁府申称已将该县裁革后的额设民壮捕役人数及工食等事查明造册，并积极募练巡警。又如宣统二年九月十二日，保宁府札饬南部县，要求效仿新宁县裁革差役改设传事衙丁（21—74卷）。

6. 管制里排、场头、夫头等地方代理人

县衙差人在基层社会征解赋税、分派夫役时，都需与相应的代理人系统对接方可成事。而因乡村的里排、场镇、码头的场头、夫头、客总等人员引发的纠纷，自然也就归兵房处理。乾隆五十七年九月初五至十月十九日间，南部县就因不满富村驿大桥场之往来差务苦乐不均而越级上控的陶尔惠应否开释一案进行调查、审理。后经神坝场场头赵仕茂、皂角垭场头杜仕德、元山场场头向天吏等先后具认状愿帮给富春驿差钱并定章程结案（2—56卷）。里排催收赋税时，因杂项折色等问题常与征收对象产生矛盾。道光三十年六月十七日至七月初五日间，南部县就李学甫具控永丰乡里排杨维贤等违示蹭索一案调查审理。判李得学甫不应细故滋讼，杨维贤等亦不应索取滋事，各自掌责。并对夫马费征收额度做出规定（4—21卷）。对于里排私自为应差订立合同，县衙乐观其成。如8—534卷中，南部县宣化乡六甲里排杜长华、杜宗田等于光绪八年十一月十五日禀称，杜、刘两家合伙支付学宪过境应摊轿、马、人夫数目已立合约，永远遵办。兵房即存案备查。里排抗差的事件也时有所见。光绪十一年四月三十日，金兴乡总管张林等具禀里排李白东等拖欠钱粮约五十三千文，催收无给，反出恶言云云。县衙很快对此案提讯（9—12卷）。码头的夫头也是民间应役的关键人群。在出现利益纠纷时，也需要兵房居间调解。光绪十三年三月，城外下码头夫头黄元盛等状告文天福等在其轮值充当夫头后，抗不把水牌轿行交出，使交接无法顺利进行。要求县衙审断（9—622卷）。

7. 管理武科各事

在重文轻武的传统影响下，针对武科事项南部县也没有专门的管理机构，而是由兵房协助知县经营。

第一，日常管理。对武生情事的稽核，如1—8卷中雍正六年三月间，兵房、里排与儒学共同为武生邓钤、王仁爵丁忧起复具结。4—38卷中可窥见对武生管束的概况：道光十一年十二月二十日，保宁府转饬南部县，希将红案内武生逐名查实，如有业被营弁开除名粮，并未在营操习者，即传唤到学，严加训课，毋使恃符滋事，规避岁考。6—26卷中则可见对不合格者予以斥革的情况。

第二，武科考试。考试是县衙管理相关人员的核心架构。不同层级武科考试的情况档案中皆有呈现。如光绪十二年三月二十七日，南部县正堂李葆芳就该年武童岁试发出系列通知，从考试基础设施修整、武童应遵事项、考试纪律、周边治安管理乃至武童“须用九八制钱严禁搀和私钱”等项，都有详细规定（9—298卷）。从中不难看出南部县武童考试的全景。光绪八年、十五年及二十一年的南部县武童考试的概况亦可分别在8—523卷、10—253与13—32卷中窥见。1—10卷的档案则给我们提供了一个武生参与乡试的侧影：雍正七年八月二十三日，护理保宁府事阆中县正堂致南部县称乙酉科乡试文场已竣，所有科举遗才武生及改入武场文生年貌册结应即提取，希南部县予以报备。晚清捐输一度大开，武监生复考乡试亦纳入常轨。光绪十七年五月二十日，武监生龚作铭禀称已在顺直赈捐局捐银一百零八两，准作实成武监生，今逢辛卯科乡试，呈请赐文录送，赴局呈缴实收，换领部监二照，就省操习。同月二十六日，南部知县即将该武监生年貌三代、马步弓刀清册一本，供甘印结一套等具文申赉提督学院（11—4卷）。6—40卷则透露出会试层级州县的措置。同治十三年二月初一日，四川承宣布政司衙门饬南部县武举杜雨霖务于八月十五日以前赴兵部投递缴奉，并催令其迅速起程依期会试。九月初七日，南部县派差役速饬武举杜雨霖，将其入学中试各年分名数及三代姓氏存殁、里邻供甘各结等信息逐一开明，以凭申报。档案中还有特准考试方面的记载，如光绪二十七年为皇帝三旬万寿，例开恩科。二十六年六月间，保宁府两次转饬南部县。称“兵部据此恭查，定文武乡试事同一律于本年十月内举行，庚子恩科武乡试照例预期具题”。希南部县做好准备（15—17 卷）。清末新政迭兴，武科考试方面也有动作。光绪二十三年三月十四日，保宁府正堂转饬南部县，称御史孙赋谦等奏请武场考试应变通旧制，改试枪炮。但朝廷要求此后“营勇武进士及落第武举之投标者练习枪炮”，其余“考试则仍沿定式。不必变通旧制”（13—550 卷）。南部县存案备查并予以执行。

第三，武职叙用。对在籍已获各项武途功名的人员，县衙还参与到朝廷对其叙用优奖等环节中。光绪二十六年十一月，四川等处承宣布政使司布政使转饬南部县，称本省驻京提塘汤辅清及驻陕提塘李元吉等三年期满，应即刻拣员更换。希望于“后补、候选守备，武进士及曾经拣选之二三等武举、并未经期满之世职云骑尉内，如有身家殷实，愿充京陕两塘者，刻日取具年貌三代、科分名次并里邻供甘各结，加结赍司，以凭详送考充咨部顶补”。同年十二月八日，南部县回复称该并无武举进士守备愿充京陕提塘之人（15—31）。此前，同治十三年亦有类似案例（6—42 卷）。又如 17—20 卷中，至光绪三十一年止，已实行十余年的武职捐输政策，因“原属权益之计，流弊甚多，且十余年入款不过十余万，于国帑全无裨益，而于营务已大有关系”，被勒令停止。南部县被饬即行遵办。

8. 审处相关讼案

各房在运作过程中，难免发生人、事的牵扯纠纷，其中的民事案件，基于职掌分野及便利起见，多经本房解决。兵房协助知县处理讼案的范围主要包括：

第一，武生、武举涉案。由于两者在民间社会拥有优势性地位或资源，有能力参与诉讼行为，所以该类案件较为常见。如光绪三年六月二十五日，积上乡教习张怀贤因其所教武童张鹤亭等操习弓箭时与开盐店之“恶棍”何仕俊产生矛盾，将其具告在案。经过双方互控及兵书查勘，最终赔和结案（7—270 卷）。武生作为原告的事例还可见 15—408 卷中的周伯荣具告严芝坤等串交巡丁勒措一案。等等。作为被告的“武生”案亦时常可见。如光绪十一年七月十八日，黄宗礼等告称同治五年族人黄太元冒充广元武生黄宗绣，四次帮银二十两，钱九十串；其子武生黄金山入学后，迭搕族邻，估伐风水树株，族众畏恶莫何。在其冒充黄太元后，又使族邻帮钱百串，宗祠祭产获钱五十千，同时其办酒会客害及祭祖，乃至废祠。被训斥后，时常纠人行凶，幸被劝阻。南部县正堂李葆芳要求对此事进行彻查。光绪十一年八月二十二日，黄恩寿等上禀状，称黄金山父子在被处罚后仍然向族内要钱，并宣称之会对族人实施报复。在县衙准备审断的过程中，黄金山父子逃脱（9—3 卷）。又如 14—13 卷中，光绪二十四年三月四日，教习邓树昌禀称，本城武童王双林，李吉安，王三元，李松林等疑其在考较弓力时以多报少。后被王双林等纠众殴骂，幸遇胡名扬拖救。县衙接状后迅速介入。邻县西充的讼案有时也会牵涉到南部在籍的武生，如光绪二十九年四月二十九日，西充县移文南部县称：因黄文甫具告李联芳仗欺透拐一案，希添差协唤被告李联芳等到西充县候审。同年闰五月二日，差役王昭等禀称确查李联芳并未在南部县佃业耕种，当地并无此人（16－33卷）。已有功名在身的武举涉案，也须经过兵房审处。如16－100、23－13卷中陈富年与武举宋作宾因霸毁纠伐的互控事件。

第二，书吏、衙役涉案。作为当管部门，兵房对衙役涉案的审处负有直接责任。如乾隆四十一年九月十六日，长夫邓宗圣等因累讨无果，至藩台大人台前告状，称南部县兵科贾先生伙同王廷和等人暗中侵吞其安家银五两，请求审断。宪台即将该案批给南部县办理（2－50卷）。又如13－45卷中，光绪二十二年十一月十六日至二十三年一月二十五日间，丰英乡堡民赵正贵先后禀称向朝礼等分赃越界并占其铺司地土，并暗串兵书宋绍礼等自写无名红禀，装入文内诬告其暗害，图累泄忿。又贿原差梁富、张林奉签不拘。县衙批示候质。南部档案中各类衙涉案也在在皆有。如6－37卷中，同治十一年十一月十七日之前，南部县武生鲜于门等以蠹捕殃民等情上控捕役周兴等人，得到县衙将周兴立即禁革的谕令。

第三，营兵涉案。光绪三年七月初三日，大桥场头褚应炳等向南部县禀称该年七月初二日中衡过境，应支食物照常支清，惟夫役二十四名折钱无钱，遵示已免。但跟汛接差兵丁王金元不服，声称若无钱折，定要人头缴官，于是发生口角，王持刀行凶，并称此次即免，以后遇差补出方休。七月三日，南部县将该案移南部县汛部厅，得到“将该丁王金元办差不慎，责惩记过”的结果（7－271卷）。在县境外供职的营兵卷入案件者也有。如20－92卷中，宣统元年四月二十日至二年一月二十三日间，金兴乡民韩相因其女与远在云南军中效力之目兵梁国海婚聘逾期退还红庚、聘金纠纷迭次互控，经族内多次集理与县衙审验，判韩相将聘礼四十两退回梁国海，令其女另择佳偶。证人韩富忠待韩相缴清聘礼后开释。

第四，买卖马匹案。由于马匹关乎军事、驿递等项，县衙对其买卖纠纷亦特别对待，一般经由兵房处置。光绪十五年十月二十一日，成都县民陈紫明状告孙联芳，称孙联芳五月买其青马一匹后，谋定价银十五两，钱两串。当无银给，伊托以李雅三等兑票作为交易凭据，六月初六日付清。不料到期时孙联芳百般推脱，分厘无给。请求传唤讯究。二十五日，南部县提讯此案（标号10－264－4）。类似的马匹买卖案件还可见10－266、11－538卷等等。

第五，在雍正乾隆朝，一些与兵房职权关涉不大的民事案件，也曾归其经办。如1－7卷中“雍正四年乡民刘赵氏具告李玉林酒后行凶殴伤刘玉龙一案”、2－51卷中“乾隆四十五年五月南部县罗文佑骗窃银物一案”。不过，随着各房职能分野不断规范固定化，这种情况慢慢趋于消失。即使对于分配时模棱两可的案件，在各房力争下，也都能归齐。如16－31卷中光绪二十九年二月，兵书陈万文等禀称前令袁用宾曾立定规：但凡涉武举、武生、武监官世袭，除涉命、盗、抢窃钱粮、仓谷外，均归兵房办理。而承发房迭次将本该由兵房办理的案件纳入他房，请求县衙支持并得到肯定。宣统元年九月一日，兵书宋绍濂等又禀称应将该年八月初四日发生的敬长清一案发归兵房处理，也得到县衙支持。

9. 房内管控

兵房内部的管控主要是针对数量不等的典吏、经书、清书等人员。从15－658卷中兵书宋荣国于光绪二十八年三月五日至十二月三十日给知县的五件禀文中可窥见：作为成员之首的兵书受到知县直接管制。其余经书等人则受兵书（典吏）管制。兵房也是州县连接上下各级的重要信息交流场所，所以其对重要军政信息须悉心收储。如5－29卷中可见咸丰八年正月，兵房上呈自咸丰七年正月二十四起至咸丰八年正月初六止各案呈稿簿清册。又如光绪六年七月二十二日，保宁府正堂向南部县通告，总理各国事务衙门与德国巴大臣商定续修条约十款、章程九款，业已批准。并将刊刻成本发下以供收存（8－273卷）。19－15卷中则保存了光绪三十二年南部知县抄发号召各省府州县文武官员、缙绅士人等共举义师，一同抵御洋教侵蚀的告示。

综而观之，不难发现兵房的职能发挥主要通过文书书写、收发、批阅等步骤与知县发生直接联系，继而影响知县的判断与决策。从职责范围而言，兵房在经营自身的同时，主要以驿递系统为平台，通过对信息传达、道路管理、衙役、民壮系统的直接掌控，完成对各级军政公干的后勤支持。借助在应役排差过程中与里排、保甲系统形成的权力关联，兵房亦可发挥防匪缉私等维持社会治安功能。管理武生是军事领域权责的逻辑衍生，除了为国选将征兵之外，对于地方社会之武生及与其有千丝万缕之关系的在籍优抚人员，兵房还拥有监控、应诉断案之责。当然，任何历史事项都不能简单地以某一标准被清晰划分，每件档案蕴涵的历史信息是多元多面的，上述关于兵房职权简单的分类仅是编者为介绍时方便起见，请阅者在研读时自行判断。

清代南部县衙七房档案俗语词考释七则

杨小平

清代南部县衙档案（以下简称《南部档案》）产生于清顺治十三年（1656）至宣统三年（1911）的256年间，内容涉及政治、经济、军事、司法、宗教、文化、教育、外交等方面，按吏房、户房、礼房、兵房、刑房、工房、盐房、承发房八房分列，其中承发房档案数量极少，可以忽略不计。档案共有近两万卷，八万多件。现存于四川省南充市档案馆一号库房，共使用96柜进行收藏，共计5排。这些档案多为手写，真实记录了当时南部县衙处理的各种事务，直接反映了当时的社会生活状况，在语言学、文字学、文献学、档案学、历史学、管理学、法学等学科领域都有极其重要的价值。

档案共84010件，数量巨大，其中的俗语词较多。而截至目前，针对南部档案中的俗语词进行研究的文章只有苟德仪《清代〈南部县档案〉中“虫月”等名称考释》①，杨小平《清代南部县衙档案俗语考释》②，杨小平、潘文倩《清代南部县衙档案俗语词考释五则》③，杨小平、潘文倩《清代南部县衙档案俗语词考证四则》④，杨小平、潘文倩《清代南部县衙礼房档案俗语词例考》⑤，共计五篇。同时，相当数量的俗语词未被大中型辞书、近代汉语论著等关注或提及。据此可知，针对南部档案中俗语词的研究还很不充分，更缺乏全面系统研究。

清代写本近年来大量影印出版，除南部档案（84010件），其他还有巴县档案（11.6万卷）、龙泉驿文书（293件）、清水江文书（30万件）、淡新档案（19281件）、徽州文书（50万件）、归化城文书（2600件）、天门文书（1778件）、太行山文书（128件）、石仓契约（8000件）、龙泉司法档案（17333件）、云南博物馆藏文书（3000件）、婺源县文书（3722件）、长芦盐务档案（33713卷）、冕宁档案（406卷）、北京大觉寺文书（128件）、吉昌文书（438件）、厦门文书（1117件）、福建民间文书（3000件）、广东文书（300件）、道真文书（374件）、田涛藏契约（950件）等，其中时间明确、书写清晰的清代写本数量约在30万件，这些也是我们考释俗语词的重要参考。

---

* 基金项目：2020年国家社科项目“清代写本之俗语词研究”（20BYY176）。

［作者简介］杨小平：四川南充人，西华师范大学文学院教授，文学博士，历史文献学博士后，主要从事俗语言、训诂、敦煌文献研究。

① 苟德仪：《清代〈南部县档案〉中“虫月”等名称考释》，《历史档案》2008年第2期。

② 杨小平：《清代南部县衙档案俗语考释》，《中国训诂学报》第3辑，2018年。

③ 杨小平、潘文倩：《清代南部县衙档案俗语词考释五则》，《绵阳师范学院学报》2020年第7期。

④ 杨小平、潘文倩：《清代南部县衙档案俗语词考证四则》，《四川文理学院学报》2020年第4期。

⑤ 杨小平、潘文倩：《清代南部县衙礼房档案俗语词例考》，《贺州学院学报》2020年第3期。

俗语词为俗的语词，与雅的语词相对，双音节居多，复合构词的比例较大，字面普通而义别。清代写本俗语词往往随意借用同音字，容易使人望文生义；或者十分生僻，意思令人费解；或者看似普通，实则容易误解。

清代南部档案真实保存了清代顺治到宣统的语言文字情况，是研究俗语词的绝佳新材料，在历史学、法学、政治学、档案学、文献学、语言学、文字学等学科领域都有极其重要的价值。

本文拟对清代南部县衙七房档案中出现的俗语词进行考释，希望能对《汉语大词典》《汉语方言大词典》等大中型辞书的编纂修订有所帮助。其中多有不足，还望方家指正。

一、礼房档案俗语词

膝衣

《李长贤具告石洲文允婚悔盟事》："约至去九月初二日肘酒，丝带、膝衣、花粉，下拜为订，系伊请王兴仁执笔开写红庚。"（《南部档案》3—68—2，嘉庆九年五月十九日）

按："膝衣"一词费解，《汉语大词典》《辞源》《近代汉语词典》等大型辞书均未收录。

清代的其他传世文献中也有"膝衣"一词的用例。

（1）清代周锺瑄《（康熙）诸罗县志》卷八《风俗志·婚姻丧祭》："庙见日，新妇献茶于先祖毕，献茶舅姑；被袜、靴履、膝衣之属以为贽，皆拜。次拜诸父、诸母，长亲卑幼以次答之；分致履袜膝衣，卑幼以荷包，名曰拜茶。"①

（2）清代王瑛曾编纂《（乾隆）重修凤山县志》卷三《风俗·婚礼》："庙见日，新妇献茶于先祖毕，献舅姑，靴袜履膝衣之属以为贽，皆拜。次拜诸父诸母，长亲卑幼，以次答之，分致靴袜膝衣，卑幼以荷包，名曰拜茶。"②

（3）清代陈瑞生《再生缘》："绣袄花裙俱已备，膝衣鞋履也须装。"③

（4）清代花月痴人《红楼幻梦》第四回："晚饭后，大众将黛玉扶入新装的洞房内，开脸梳头，戴着家传的赤金装珠嵌宝一品凤冠，穿着大红五色刻丝云龙卧海夹时花的蟒服，系着西湖水洋绉满绣五色云龙夹花片金镶边蝉裙，外罩翠蓝地三色金刻丝云鹤霞帔，挂着羊脂玉赤金镶围带，披着天青缎三蓝蟠金菊花瓣云肩，尖小平直周正大红缎彩绣鞋，娇黄绣三翠膝衣。"④

（5）清代邹弢《三借庐赘谭》卷七《跣足俗》："四川妇女多殊色，冶妆而跣其胫，无膝衣，无行缠素足，如霜行广市中，粤中风俗亦然。而乘以木屐，屐虽敝，犹蹩蹩然

① （清）周锺瑄：《诸罗县志》，康熙五十六年（1717）刻本，卷八。
② （清）王瑛曾编纂：《重修凤山县志》，乾隆二十九年（1764）刻本，卷三。
③ （清）陈瑞生：《再生缘》，郑州：中州书画社，1982年，第134页。
④ （清）花月痴人：《红楼幻梦》，北京：中国戏剧出版社，2000年，第27页。

着以行，惟士大夫历官南北者归而变其制，竞习弓鞋，粤妇女亦多不袜。”①

（6）清代林纾《京华碧血录》第二章：“匪十余众执刀，加红兜肚，裹红巾，复以红布为膝衣，逐队高呼而过。”②

据上所言，“肘酒丝带，膝衣花粉”应是婚约之聘礼。清代传世文献对此有记载。

清代范祖述《杭俗遗风》：“男家行聘之物，造首饰板二块，将黄冠笄、簪环儿、金花、珠花、翠花、金如意、匾方玉如意、匾方金镯、玉钏之类分钉两板，裙袄彩币多少不等，有职分者，凤冠元领霞佩、束带朝裙朝珠补褂，再有衬冠裙袄小棉袄裤各一副，其余胭脂花粉红绳彩线，其喜蛋鲜干各果如传红。女家回靴帽、袍套、鞋袜、鞋膝，如有公婆者，加堂上鞋袜、鞋膝各一副……”③

清代小说在叙述鞋、履、裙等服饰时常出现“膝裤”。

（1）清代曹雪芹《红楼梦》第六十二回：“宝玉道：‘你快休动，只站着方好，不然连小衣儿膝裤鞋面都要拖脏。’”④

（2）清代随缘下士《林兰香》第九回：“丽人亦起，结抹胸，拴膝裤，兜凤履，整鸳裳，大有去意。”⑤

（3）清代文康《儿女英雄传》第二十七回：“姑娘一看，原来里面小袄、中衣、汗衫儿、汗巾儿，以至抹胸、膝裤、裹脚、襻带一分都有，连舅太太亲自给他作的那双凤头鞋也在里头。”⑥

（4）清代西周生《醒世姻缘传》第八十五回：“内衬松花色秋罗大袖衫，外穿大红绉纱麒麟袍，雪白的素板银带，裙腰里挂着七事合包。下穿百蝶绣罗裙，花膝裤，高底鞋。”⑦

“膝衣”似即“膝裤”。清代赵翼《陔余丛考》卷三十三：“俗以男子足衣为袜，女子足衣为膝裤。”⑧ 清代陈元龙《格致镜原》卷十八：“留青日札袜足衣今之膝裤。笔丛自昔人以罗袜咏女子，六代相承，唐诗尤众，至杨妃马嵬所遗，足征唐世妇人皆着袜无疑也，然今妇人缠足，其上亦有半袜罩之，谓之膝裤。”⑨ 清代李渔《闲情偶寄》卷七《妇人鞋袜辨》：“袜一名膝裤。宋高宗闻秦桧死，喜曰：‘今后免膝裤中插匕首矣。’则袜也，膝裤也，乃男女之通称，原无分别。但古有底，今无底耳。”⑩

---

① （清）邹弢：《三借庐赘谭》，光绪申报馆丛书余集本，卷七。按：“跣其胫，无膝衣”，据此，“膝衣”当乃覆于胫之物。

② （清）林纾：《京华碧血录》，上海：商务印书馆，1923 年，第 51 页。

③ （清）范祖述：《杭俗遗风》，上海：上海文艺出版社，1989 年，第 61 页。“鞋膝”二字，上海文艺出版社 1989 年版《杭俗遗风》写成“鞋舄”。“膝”容易误判为“舄”的音近通假字，实际上并非如此。

④ （清）曹雪芹：《红楼梦》，北京：人民文学出版社，1996 年，第 861 页。

⑤ （清）随缘下士：《林兰香》，北京：华夏出版社，1995 年，第 34 页。

⑥ （清）文康：《儿女英雄传》，上海：上海古籍出版社，2001 年，第 411 页。

⑦ （清）西周生：《醒世姻缘传》，济南：齐鲁书社，第 1118 页。

⑧ （清）赵翼：《陔余丛考》，北京：商务印书馆，1957 年，第 704 页。

⑨ （清）陈元龙：《格致镜原》，清文渊阁四库全书本，卷十八。

⑩ （清）李渔：《闲情偶寄》，清康熙十年（1671）刻本，卷七。

清代王初桐《奁史》卷六十七《袜履门》："旧时妇人皆穿袜，即窅娘亦着素袜，而舞袜制与男子相同，有底但瘦小耳。自缠足之后，女子所穿有弓鞋、绣鞋、凤头鞋，又往往用高底，遂不用有底之袜，易以无底直桶，名曰褶衣，亦曰膝衣，亦曰绫波小袜，以罩其上，盖妇人多以布缠足，而上口未免参差不齐，故须以褶衣覆之，今称褶衣为膝裤也。"① 书中明确指出"膝衣"的多种说法，包括"绫波小袜""褶衣""膝裤"等。

西南官话方言有称"裤子"为"小衣"，疑似为"膝裤"称"膝衣"之由。

综上所述，"膝衣"即"膝裤"无疑，是胫足之间用于罩住鞋面以覆盖缠足布的一种无底直筒物。

二、工房档案俗语词

战哨

《南部县知县张光旭为禀复无修造河务等工程事呈保宁府》："凡动项修造河务、江工、桥道、堤防并江塘、海塘，及修造战哨船只等项工程，行令年终造册送部核等。"（《南部档案》16－94－2，光绪二十九年八月十一日）

按："战哨"一词费解，《汉语大词典》未收。

"战哨"一词在传世文献中多见。

（1）明代佚名《安南奏议》："先奉军门行委副参、添注副使等官，统督惠州、韶州卫所上班官军二哨，神电、海朗等卫所备倭官军一千员名，战哨等船三十只，前去廉、钦，分投水陆防御，及摘调镇安、田州、向武等处目兵，屯压龙州、凭祥，联络声势。"②

（2）明代崇祯平露堂刻本《明经世文编》卷三五五："城池堡镇，关系最重；战哨船只，需用正急。"③

（3）《浙江近代海洋文明史（晚清卷）》："兵 2575 名，战哨船 25 只。"（康熙九年）④

（4）周远廉、孙文良《中国通史》17 册第 10 卷："现存清朝《闽省水师各标镇协营战哨船只图说》的手抄本，就是这种依照较详细的船舶设计图纸建造船只的例证。"⑤

根据以上文献用例，"战哨"一词似是"战斗哨戒"的意思。

三、户房档案俗语词

压佃

《南部县知县侯昌镇详复阜县民孙元培以贿骗纠掳等情上控向西山等事呈保宁府》：

---

① （清）王初桐：《奁史》，清嘉庆二年（1797）刻本，卷六十七。

② （明）佚名：《安南奏议》，明钞国朝典故本，第 5 页。

③ （明）明陈子龙、徐孚远、宋徵璧等选辑：《明经世文编》，明崇祯十一年（1638）刻本，卷三五五。

④ 陈君静：《浙江近代海洋文明史（晚清卷）》，北京：商务印书馆，2017 年，第 39 页。

⑤ 周远廉、孙文良：《中国通史》17 册第 10 卷，上海：上海人民出版社，2015 年，第 462 页。

"缘孙天培系卑县已革刑书，光绪五年，其父孙喜林以钱三百五十钏，压佃萧树煊田业耕种。每年纳租钱六十五钏，先于光绪十四年，因另案涉讼，供明在卷。"（《南部档案》23－216－1，宣统二年）①

按："压佃"一词费解，《汉语大词典》未收。

南部档案该件有相关表达。

《南部县知县侯昌镇详复卑县民孙元培以贿骗纠掳等情上控向西山等事呈保宁府》："肆因孙天培欠缴三年租钱一百九十五钏，屡讨无给，萧树煊退佃扣压。"（《南部档案》23－216－1，宣统二年）

"压佃"一词传世文献多见。

（1）清代李调元《卖田说》："据王泽润说，如果卖去田产，计值每亩五十千缗，十亩可得五百千缗，可作压佃。"②

（2）中共南阳市委党史研究室编《红军征战南阳》："一家老小受熬煎，种田一天忙到晚，锅里无米受饥寒，地主还加顶首钱。"注释：顶首钱，又名压佃金，即租种土地者除交付租金外，另再交付的压金。③

（3）王松龄主编《实用中国历史知识辞典》："押租钱，清朝地主为增加剥削收入，借口防止佃农不交或无能力交租，在出租土地之前勒令佃户交押金，即押租钱，依地区之不同又有批佃银、根租、顶手稻，系脚钱、规礼钱、压佃等名称。尤其流行于南方各省。其内容不一，数额不等。一般在秋收后交租时并不扣除。"④

按：根据例（2）的注释，"压佃"就是压佃金，顶首钱，类似于租佃的押金。即租种土地者除交付租金外，另再交付的押金。根据王松龄主编《实用中国历史知识辞典》，"压佃"就是佃户交押金，即押租钱。

四、吏房档案俗语词

试用期

《代理南部县典史申报到任日期及年贯履历一案详折》："二十四年四月试用期满。"（《南部档案》21－5－1，宣统二年四月二十六日）

按："试用期"一词，《汉语大词典》未收。该件档案前言"二十三年正月奉委帮办全胆善后事宜"，可见试用期在一年左右。

《代理南部县典史申报到任日期及年贯履历一案详折》："奉此窃典史现年三十五岁，系甘肃秦州直隶州人，由附贡生，遵新海防例，报捐县丞，指分四川试用。光绪二十二

① 本件题名，中华书局2011年出版的《清代南部县衙门档案目录》将"南部县"误作"南县"。

② 李调元：《卖田说》，载《童山文集补遗（一）》，《丛书集成初编》本，第11516册。葛金芳：《中国近世农村经济制度史论》，北京：商务印书馆，2013年，第217页。

③ 中共南阳市委党史研究室编：《红军征战南阳》，北京：中国党史出版社，2016年，第536页。

④ 王松龄主编：《实用中国历史知识辞典》，长春：吉林文史出版社，1991年，第294页。

年五月二十八日验看，遵即领照。”（《南部档案》21－5－1，宣统二年四月二十六日）

按：《汉语大词典》收录“试用”一词，解释为“在正式使用之前，先试一个时期，看其效果”。例证为明代胡广《〈卫生宝鉴〉序》：“今观谦甫是书，备诸证疗，盖斟酌古方，而参以己意，且一一经试用之，无不神应。”徐特立《卫生展览会的重要意义》：“但是许多中药为中医的经验试用有效，尚未被西医采用的还很多。”

五、兵房档案俗语词

冒饷

《南部县知县黄昆申赍光绪十六年四季分监散兵饷银两印结事呈保宁府》：“今于与印结，为请严将弁冒饷之禁，而收实用事。”（《南部档案》11－3－1，光绪十七年五月十六日）

按：“冒饷”一词，《汉语大词典》收录，解释为“贪污军饷”。例证只有《二十年目睹之怪现状》第五四回回目：“告冒饷把弟卖把兄。”

吴趼人《二十年目睹之怪现状》第五四回：“告冒饷把弟卖把兄　戕委员乃侄陷乃叔。”①

除此回目例证之外，清代还有其他文献用例。

清代左宗棠《查获顶名冒饷营弁分别惩办折》2299，光绪三年十一月二十二日：“其冒领银票二千一百余两，已行知省局、陕局、鄂台一律停给矣。此案屈相清、徐厚德二犯主谋冒饷，供证确凿，法无可宽。”②

按：上文有“冒领饷银”“冒领银票”等表达，可见“冒饷”一词即“冒领饷银”的意思。

六、刑房档案俗语词

母老虎

《宋志林、宋志平等具诉李胡氏等欺践民妹逐外无踪事》：“母遵父故遗嘱，与妹厚置嫁奁，并送黄牸产小牛一条，赔慰生怨，殊春发之妻，绰号母老虎，悍泼异常。”（《南部档案》17－153－4，光绪三十一年七月十四日）

按：“母老虎”一词，《汉语大词典》收录，解释为“比喻凶悍的妇女”。例证只有一个。《白玫瑰》第三回：“（她）出门子不到二年就守了寡，有个好婆婆，知道疼你也还可说呀，偏偏又遇上母老虎，光懂得拿自己闺女当心尖子；守节立志的儿媳妇，一时一刻

① （清）吴趼人：《二十年目睹之怪现状》，北京：华文出版社，2018年，第361页。

② （清）左宗棠撰，刘泱泱等校点：《左宗棠全集·奏稿六》，长沙：岳麓书社，2014年，第730页。

都容不下。”①

《白玫瑰》为现代文学作品，作者不详，佚名。《白玫瑰》容易误判为张爱玲《白玫瑰与红玫瑰》。《汉语大词典》现代文学作品不标发表年份，对读者使用不便。

“母老虎”比喻凶悍的妇女。该词明清就已经出现。除南部档案的用例外，其他明清文献也多有出现。《汉语大词典》可以利用现在的古籍数字资源，补充书证，提前滞后的书证。

（1）明代冯梦龙编《广笑府·捶碎夜壶》：“两位老兄别说了，我那母老虎，不但不容婢仆，更厉害的是连我买夜壶都不许，买了必捶碎方休。”②

（2）清代刘省三《跻春台》卷四《活无常》：“你才知饶家女，不是好惹母老虎！”③

（3）清代张杰鑫《三剑侠》第五回：“且说王七见公子打完了拳，复又来到擂台前，对台下说道：‘台下这些位可称人山人海，你们众人就连一位会武术的都没有吗？难道你们练会了把势，就会关上门，等到夜晚当着老婆子练吗？’金头虎说道：‘三哥，这小子太傲慢无礼。我到擂台上打他一个大嘴巴子，要不将他脖子抽歪了，我就叫母老虎。’”④

（4）清代坑余生《续济公传》第二一三回：“铁珊仔细一看，方知是西湖帮里的母老虎王阿嫂。”⑤

（5）清代石玉昆《七侠五义》第一一九回：“恩公还不知道呢！这老婆子也是个杀人不眨眼的母老虎。”⑥

（6）清代苏同《无耻奴》第十五回：“无奈这位宣大小姐的名声，实在太坏了，竟是出名的母老虎、雌夜叉，谁敢去招惹着她，自寻苦吃？”⑦

七、盐房档案俗语词

车煎

《封焕章、王应良等为封焕章具告雍邓氏等挟仇藐断骗债凶索事》：“因何姓早将盐井出佃与贡生车煎，议定年限六载佃银二百两，交清无欠。贡生接井煎烧二载，有范清第添银夺佃。”（《南部档案》19－304－1，［光绪十二年］十二月二十三日）

按：“车煎”一词费解，《汉语大词典》未收。

---

① 罗竹风：《汉语大词典》（第七卷），上海：汉语大词典出版社，1991年，第818页。

② 章亭晖主编：《数典忘祖》，北京：长城出版社，1999年，第197页。

③ （清）省三子编，金藏、常夜笛校点：《跻春台》，北京：群众出版社，1999年，第402页。作者署名省三子，即刘省三，四川中江人。

④ （清）张杰鑫：《三侠剑》，西安：三秦出版社，2004年，第482页。

⑤ （清）坑余生：《续济公传》，长沙：岳麓书社，1998年，第912页。

⑥ 国学经典文库编委会编：《七侠五义》，成都：四川美术出版社，2018年，第315页。又载石玉昆著：《中国古典侠义小说丛书·三侠五义》，北京：团结出版社，2017年，第842页。清代石玉昆著古典名著《三侠五义》，由清末学者俞樾改编修订为《七侠五义》。

⑦ （清）苏同《无耻奴》，载《中国近代孤本小说精品大系·无耻奴　烈女惊魂传　新纪元》，呼和浩特：内蒙古人民出版社，1998年，第114页。

“车煎”一词，在南部档案本件档案中还有一处用例。

《封焕章、王应良等为封焕章具告雍邓氏等挟仇藐断骗债凶索事》：“查雍邓氏故夫雍万顺前与何国成买卖锣镐，该欠万顺七十两，无还，始将所煎盐井出佃封焕章车煎，议定佃价银二百两。内与雍万顺七十两，肯允二十两，下欠五十两，井煎烧二载，焕章甫煎两载，将井转佃范清第煎烧。”（《南部档案》19－304－1，[光绪十二年] 十二月二十三日）

前言“车煎”，后言“煎烧”，两者密切相关，“车”应该是限制“煎”，“煎”当是“煎烧”，“车”则似是盐车，即采盐车井。据此上下文，我们可以推断，“车煎”一词当是用采盐车井进行煎烧。

城建档案数字化外包服务的实践与发展对策研究

陈琦　孙永华　马莉

档案之于人类，是真实的生活记录，是宝贵的文化遗产；城建档案之于城市，是城市建设发展轨迹的记录者，是城市建设文化得以源远流长的传承者。

成立于1993年6月的常州市新北区档案馆，担负着辖区内包括城建档案在内的各类档案的接收、保管和利用的重要职能。随着新北区经济建设的飞速发展，区内大批重点（重大）项目的开工建设，城建档案数量日益增多，城建档案在社会发展、经济建设、城市建设及人民生活中所起到的作用也越来越突出。2013年，江苏省住房和城乡建设厅印发的《关于做好全省建设工程电子档案编报工作的通知》要求："凡2013年1月1日以后开工建设的工程，均应建立建设工程电子档案。"新北区根据实际情况，也相应出台了《关于移交建设工程电子和声像档案的通知》（常新政办［2013］58号），通知要求："建设单位在提请档案馆对建设工程纸质档案进行验收时，应同时提请对建设工程电子和声像档案进行验收。"2014年，中共中央办公厅、国务院办公厅印发的《关于加强和改进新形势下档案工作的意见》提出"推广政府购买服务，凡属事务性管理服务，引入竞争机制，通过合同、委托等方式向社会购买"。不仅倡导了政府购买档案服务，更是首次明确了社会力量参与档案服务外包的地位和作用。鉴于此，为进一步提高新北区城建档案工作效率，我馆拟将纸质档案的数字化工作通过购买服务的方式外包给专业的档案数字化公司来实施。

本文将以常州市新北区档案馆近几年对城建档案工作的实际改进与加强为主线，以运用信息技术对城建档案进行数字化建设，从而提高城建档案管理水平、提高服务效率为主题内容，进而研究阐述并探讨在新时代实现创新发展的背景下，城建档案数字化外包服务的重要性。

一、城建档案管理现状

自2004年6月22日，住房和城乡建设部发布《关于印发〈全国城建档案信息化建

*　［作者简介］陈琦：江苏省常州市新北区党政办公室副主任。孙永华：江苏省常州市新北区档案馆馆长、文件档案中心主任。马莉：现任常州市新北区档案馆城建档案科科长，副研究馆员。

设规划与实施纲要〉的通知》以来，我馆积极加强城建档案信息化的建设，截止到2019年，馆藏城建档案已有21万多卷，内容涉及土地规划、市政基础设施、房屋建筑工程竣工档案等多个方面。时间从1995—2019年，历史跨度近25年，目前已有13万余条城建档案目录可以在我馆通过电子目录进行查询，38745万卷馆藏城建档案完成了数字化工作。目前，馆藏档案基本可以反映各个时期本区城市建设和城市建筑情况，同时也能较真实全面地记录全区城市建设发展历史和地理文化情况。主要做法是：

（一）确保档案种类齐全

住建部把城建档案划分为18大类，要求各单位在接收移交档案时必须做到种类齐全、分类准确。常州市新北区档案馆成立27年来，始终注重城建档案的收集与管理。

第一是严格遵守并执行“两书一证”制度。该制度的落实保证了新北区城建档案的进馆率，有力地促进了城建档案工作的有序开展。通过接收、征集等多种渠道，馆藏档案逐渐丰富，目前馆藏城建档案已有21万余卷。

第二是健全管理制度，提高管理水平。为切实加强新北区城建档案的管理工作，确保我区城建档案的完整、准确及系统，我馆经过多年的工作实践，把工程竣工应归档的内容进行归纳整理，编制了《常州市新北区建设工程竣工档案工作手册》（以下简称“工作手册”），并在建设单位办理施工许可证，与建设单位签订《建设工程档案报送责任书》时发放“工作手册”，以宣传城建档案相关法律法规、明确城建档案归档与移交内容、质量要求及报送时限；明确建设、施工、勘察、设计、监理等单位在城建档案编制中的业务工作职责，并详细介绍了业务指导及服务内容，这样确保了我区各项目从工程施工初期就能进入档案收集的业务指导范围，为在建设过程中不定期的业务指导奠定了基础，受到了建设单位一致好评。

第三是加强业务指导，实施动态管理。我们始终坚持高标准、严要求的原则，对城建档案进行标准化、规范化整理立卷和审查验收。此外，为了使社会各界多了解城建档案工作，使建设单位按时移交竣工档案，我们对建设单位采取开工前宣传、施工中指导、竣工后督导三者相结合的办法，为城建档案的完整、准确、规范提供了技术保障。

（二）确保档案规范利用

按照《城市建设档案业务管理规范》（CJJ/T158—2011）、《城市建设档案著录规范》（GB/T50323—2001）要求，在城建档案整理上做到标准化、规范化。随着城市建设的快速发展和公民档案意识的不断增强，城建档案的社会关注度和群众需求度越来越高，城建档案利用工作蓬勃发展。据统计，近五年（2015—2019年），新北区档案馆共接待城建档案利用者4364人次，调阅档案17378卷。城建档案利用工作越来越丰富深入，并逐渐走入日常工作与生活中，社会服务功能也得到了越来越有效地发挥。

第一是服务于城市的规划、建设与管理。城建档案是城市规划、建设及其管理活动中形成的，同时又服务于城市的规划、建设及其管理活动。例如，在常州地铁工程项目规划审批阶段，设计单位多次通过查阅周边工程的城建档案以分析本工程与周边工程的相互影响。此外，工程改扩建、城市亮化改造、停车场普查、老旧小区普查等也都需要城建档案。

第二是服务于日常社会工作查考。在日常社会工作中，城建档案同样发挥着重要的参考价值和凭证价值。随着时代的发展，城建档案逐渐进入大众视野，社会价值越来越突出，包括参建、权属、使用的许多单位纷纷到馆查询与本单位有关的城建档案以用于本单位的建档存档工作。在建筑业资质申报、业绩录入、工程评优、工程审计、工程纠纷、招投标等工作中，建设、施工、监理、设计等参建单位均需利用城建档案以提交相关佐证材料；在案件审理中，司法机关、公安机关、纪律监察机关等也需要调取相关档案以辅助案件办理。

第三是服务于百姓日常社会生活。城市发展离不开百姓的参与，城建档案较其他档案与人们的日常生活联系得更为紧密，更能体现“档案为民所用”的宗旨。例如，随着公民法律意识和维权意识的不断提高，各业主委员会纷纷通过查阅城建档案来向物业管理公司维权；在既有住宅加装电梯工程开工前，电梯加装公司就需先查阅城建档案以制定合理的施工方案；当居民面临下水管道、排烟管道拥堵的情况时，也需要查阅城建档案来确定管道的具体位置以进行维修。另外，房屋的装修维修、房屋的拆迁补偿等都离不开城建档案的支持与佐证。

第四是服务于学术研究与文化宣传。城建档案作为城市发展的原始记录，蕴涵着丰富的历史、文化和科技信息，是学术研究和文化宣传的有力支撑。新北区档案馆编制的《高新区重点项目简介》《高新区重点项目图集》等编研材料中许多展现新北区城市建设的素材都来源于城建档案。此外，专家学者撰写学术论文、历史建筑爱好者开展学术研究、工程参建者撰写回忆录、社会团体举办展览等也都需要城建档案的支持。

（三）确保归档工作规范

依据《建设项目档案管理规范》（GB/T50328－2014）规定，认真做好工程档案的归档管理工作。

第一是把经过立卷整理且符合规范、齐全入库的档案，利用城建档案管理系统录入工程项目有关信息，实现对档案管理的各个环节：案卷、卷内目录的著录、封面、脊背打印、上架入库等整理编目的管理与控制，并打印、输出有关信息。

第二是实现对电子文件以及实体档案的案卷级、文件级的集成化著录与管理。上传电子文件格式采用双层 PDF 格式，除后台保存外还需统一转为一份利用格式副本，使利用文件与原档案电子文件分离管理，保证电子档案的查阅安全，可控制电子文件的在线打印、浏览。

第三是著录工作完成后系统自动生成卷内目录、脊背、备考表等；提供规定的必备目录打印以及任意目录汇编、打印功能；提供入库审核功能，能够进行总登记号的分配，并能进行相关的信息自动生成。

二、归档管理中存在的问题

根据国家有关规定，各工程项目在竣工备案前必须向档案馆移交的数字化范围包含但不限于：项目立项、勘察设计、征地移民、合同协议、项目管理文件，重要隐蔽工程验收、缺陷处理文件、竣工图、单位工程验收、合同验收、竣工验收文件，重要设备文件等。对照这一规范，目前城建档案归档管理工作中存在的问题主要有：

（一）目前“先扫后交”难以满足归档要求

由于城建档案数量的不断增加、利用率的不断提高，传统的做法已无法适应形势的变化。我馆目前的做法是：首先对建设单位报送的建设工程纸质档案资料进行验收，并提出整改意见，督促建设、施工、监理等单位进行整改直至符合规范，而后由建设单位自行或委托第三方服务公司进行数字化扫描，数字化扫描后建设单位把纸质材料提交至我馆进行立卷，电子档文件拷贝至我馆进行审核，即归档工作所要求的“先扫后交”。但是由于各建设、施工单位极少配备专职档案员，加之城建档案整理、立卷和数字化扫描的技术规范相对严格复杂，所以由各建设、施工单位自行加工很难达到入库的质量标准，归档后的材料常常需要重新拆装、返工，先前扫描完成的电子档案也不得不重新扫描，这不仅会对档案造成二次伤害，同时也浪费了大量时间精力，更延误了工程项目建设的正常进度。

（二）档案服务外包质量参差不齐

为缓解上述压力，市场上出现了一些为移交单位提供城建档案整理、立卷和数字化扫描服务的档案服务公司，但由于这类公司资质、能力参差不齐，加工后的档案材料不全、加工质量不符要求等问题依然突出。同时，在竞争越来越激烈的市场环境下，一些档案服务公司容易出现恶意竞价等现象，如故意压低服务报价。但是过低的服务价格却难以保证优质的服务质量，易出现诸如档案数字化工作场所不达标、档案著录内容出错率高、图像扫描处理偷工减料等问题。

（三）档案数字化专业发展薄弱，高精专人员缺口较大。

档案数字化在档案管理过程中具有重要的地位，其工作一方面需要专业素质较高、责任心较强的工作人员进行，另一方面由于工作量较大、工作内容枯燥等客观容易造成档案数字化专业人员缺乏，现有人员专业水平不足、人员流动性大等问题。因此，各外包公司在承接项目时往往临时招聘员工组建团队，虽然通过短时间业务培训员工对档案整理的基本规范、数字化流程有所掌握，但由于缺乏实战经验，时常对开工过程中出现的各类问题无法正确处置，从而影响了档案数字化外包服务质量。

（四）档案服务公司业务独立，监管工作难以实施。

由于市场上的档案服务公司在档案馆外办公，在其为建设单位提供档案数字化外包服务过程中，档案部门对外包服务公司的项目质量和项目进度难以把控，加之外包服务公司人员素质和专业水平参差不齐，公司缺乏严格的监管制度，因此容易出现各种问题：一是档案原件损坏、丢失。在档案搬运过程中如果管理不善或者搬运人员责任心不强等，极易发生档案损坏丢失等现象。此外，由于在整理过程中需要对原有档案进行拆分，也有可能对档案造成破坏。而档案数字化过程中，需要对档案进行逐页扫描，涉及对档案的开盒、取出、装入等诸多环节，极易发生丢失。二是档案信息泄露。工程档案包括诸多建设单位合同、土地报批等重要资料，有一定的保密要求。实行外包后，外包公司工作人员需全程参与档案的整理、扫描、录入等环节，在工作人员保密意识不强的情况下，如若没有相关规定约束，极有可能造成信息内容泄露。

三、发展对策

针对现存的问题，我们将对标国内先进地区和城市，积极开展优化档案服务外包市场环境的相关工作，充分做好相关考察调研，加强与其他城市兄弟馆的交流和学习，学习他们的先进管理理念与技术。同时我们还将结合新的国家标准，对我区城建档案归档、验收规范进行调整，进一步探索城建档案数字化外包服务发展路径，全面提升档案接收、利用服务水平，为社会各界提供更好的服务保障。

（一）对标先进，择优入馆

常州市新北区档案馆在着手开展城建档案数字化工作前，先对苏州吴中区城建档案馆和苏州工业园区档案管理中心进行了实地考察和调研。调研中我们发现，在苏州6区4县中，除常熟市城建档案馆外，其余9家城建档案馆均引入了档案服务公司驻馆提供工程档案服务。结合新北区实际情况，我们在选择档案服务公司时，侧重考察了候选公司的资质、信誉、规模、服务能力和员工专业素质，从而优选了一家符合规范要求的档案服务公司入驻我馆，并与其签订了入馆服务管理协议，限定其服务价格上限，明确服务质量标准，同时引入监理机制监督其服务全过程。

（二）积极探索，“先交后扫”

改变现有的“先扫后交”的归档模式，在立档单位将整理合格的纸质档案移交进馆后再由档案馆统一数字化，可有效避免由于外包服务机构工作人员能力参差不齐而造成的返工重扫、二次审核等费时、费力、费财的问题。

自2019年下半年以来，我馆在接收工程档案移交时便采取了“先交后扫”的模式，档案馆在审核确认移交的档案资料内容符合标准且齐全，组卷装盒后即向移交单位开具“建设工程档案验收合格证”，该“合格证”是建设单位办理竣工备案手续的必备资料，后续的整理、打印目录和数字化扫描等工作委托给入驻档案馆内的第三方档案服务公司来完成。第三方档案服务公司在接受移交单位的委托后在档案馆监控之下完成后续的整理加工流程，结束后由档案馆工作人员抽查验收，确保档案不再流出馆外。这种引入第三方服务公司的“先交后扫”归档模式，实施效果良好，获得了各建设、施工单位的一致认可。相比较“先扫后交”模式，既提高了工程档案移交工作的效率，加快了建设单位办理竣工备案的进度，充分利用了社会资源，今后不必再投入资金进行扫描，又解决了档案馆自身人力不足而导致的库存积压，保障了城建档案工作的可持续发展。由于人力和财政所限，目前档案馆无法为各移交单位无偿提供入馆前的档案整理和数字化服务，在大多数移交单位自身能力有限的情况下，由移交单位出资购买服务，以市场化方式改变工程档案移交瓶颈问题，规避重复扫描所造成的浪费，是切实可行的对策。档案数字化是外包公司的强项，借助外包公司的专业设备、专门人员，可以保证档案数字化的质量和速度。同时档案目录的录入和全文数字化的完成，也为今后的数字档案馆奠定了基础，方便了今后的档案查阅。

（三）培训先行，加强联络，跟踪服务

为确保我区建设工程项目档案完整、及时接收入库，加强对重大（重点）工程项目档案的业务指导及验收工作，我们本着服务基层的根本宗旨，克服人手少工作量大的困难，企业的需求就是服务的方向，在服务企业、服务重点项目工作上，该馆通过电话咨询、现场指导等方式助力企业发展、项目建设，并保证业务指导检查工作的到位。业务人员积极主动对建设、施工、监理等有关单位人员进行业务指导，重点针对其施工技术资料和工程建设进度是否同步，资料收集是否齐全规范、收集的资料是否真实等进行专业指导和归档。并组织建设单位、施工单位相关人员开展现场培训，近三年来，该馆先后举办新开工工程项目档案人员及全区城建档案人员业务培训班 6 期，参训人数达 1500 多人，并对常州市恒力机械厂等 100 多个重点竣工项目档案的编制工作进行了现场指导和电话咨询服务。我们同样高度重视各竣工工程档案的验收工作，严格把关、灵活安排。一是对报送的工程档案及时审核，不堆积；二是审核组卷过程中做到认真、仔细，并经二次审查；三是特事特办，急事急办，确保工程档案资料及时验收。

（四）“高精专”领航，制度体系保驾护航

一是重视档案数字化人员专业素质水平。档案数字化外包服务企业在人员聘用过程中需要设置一定的门槛，保证档案数字化工作人员具备基本的档案意识，具有档案专业技能，持有上岗证书，并受过专业培训。二是规范外包流程。档案整理扫描是档案服务机构的强项，借助外包公司的专业设备、专门人员，并辅以科学规范的监督管理手段，可以保证档案数字化的质量和速度，为今后的数字档案馆建设奠定扎实基础。项目外包前，应依据《档案服务外包工作规范》等行业规范以及相关评价性标准制定合适的档案数字化外包流程和外包实施方案，再根据实际情况选择合适的档案数字化外包服务企业。三是引入监理体系保证档案数字化外包服务质量。通过在档案部门与档案数字化外包服务企业之间引入第三方监理机构来行使监理服务，对整个档案数字化外包服务过程，包括质量控制、进度控制等进行监督以确保档案部门的利益。制定严格的服务规范和成品验收标准，并成立由本单位、外包公司、监理机构共同组成的验收小组，定期依照服务规范和成品标准对服务质量进行验收。做到专人抽检、科学验收。发现不合格的成品应及时进行整改，直至完全达标。四是加强安全管理，确保档案安全。可以从以下几个方面来加强档案服务外包工作的安全管理：第一，与档案外包服务公司签订安全保密协议，明确保密要求以及承包方的安全管理责任及失泄密的处罚措施；第二，加强日常工作的监督管理工作，确保档案实体和信息安全；第三，强化参与档案外包服务公司的工作人员安全意识，与所有人员签订安全保密责任书，强调保密意识和保密责任，以保证档案实体和信息内容的绝对安全。

（五）便民于行，提优档案公共服务效能

随着社会进步、档案事业逐步发展，群众的档案意识也在不断加强，档案查阅利用这项公共服务功能逐渐为人所重视。我馆也一直秉持着以人为本，便捷为民的服务理念，基于公共服务的视角，面向社会各界提供优质的档案查阅利用服务。此后为了更好地做好档案查阅利用工作，让档案的公共服务效能得到充分的发挥，给每一位档案查阅利用者提供一个舒心高效的档案查阅利用环境，我馆将从以下两方面着手改进：一是强化馆内工作人员的公共服务意识、服务理念以及业务水平。对于前来有档案查阅利用需求的每一位市民都要做到耐心、细心、贴心，同时加强工作人员的业务培训，打造一支有温度有实力的城建档案工作团队。在严格遵守档案查阅利用规章制度的前提下，尽可能满足群众所需。二是进一步推进城建档案数字化扫描工作。数字化后的档案利用所带来的不仅仅是档案保管的更安全、查档工作的更快捷高效，还能提升群众对政府工作的满意度。城建档案由于专业性较强，数字化要求也较其他门类档案更高，我馆将不断加强城建档案数据的数字化管理，更加完整、准确，高效地调取群众所需档案，切实为党和国家的现实工作服务，为最广大人民群众服务。

档案源于群众，服务群众，做好档案管理利用服务工作，是我们的根本目的和宗旨。城建档案的价值更是在于利用，开展城建档案数字化外包是为社会各界更好地利用档案，为档案管理利用工作提优提质的有益探索。城建档案工作要上质量、上水平，必须不断开拓创新，不断拓展城建档案管理服务工作的广度和深度，通过不断的探索、突破、创新，为社会各界营造更好的服务环境，努力把“死档案”变成“活资料”。

对标服务高标准　勇立潮头敢争先

——常州市档案馆创新利用服务工作的实践与思考

张步东

窗口单位是一个城市的脸面，窗口的服务水平状况能够展现一座城市的文明程度。近年来，常州市档案馆窗口服务单位牢固树立机关“第一窗口”意识，坚持以“弘扬时代新风、文明行业在行动”为主题、以“四优四心四一样”为主要内容，紧紧围绕提升窗口面貌、改进工作方法、增强服务意识、维护合法权益等方面，深入推进档案服务工作创新创优，从用心接待好每一次查档着手，通过提方案、定计划、找问题，把优质服务落在实处。全市各级档案查阅服务中心年均接待查档人数2万余人次、提供档案案卷3万余卷次，查档满意率达96%以上，先后获得了常州市“学雷锋示范点”“巾帼文明岗”等称号，多次被评为机关“优秀处室”，多名窗口工作人员被省、市相关部门评为先进个人，向全社会展示了档案窗口多元化服务功能和风采。

一、树立高质量发展理念，增强服务动力

随着高质量发展理念深入人心，民生服务质量要求也越来越高。常州市档案系统着眼新形势新要求，以查阅窗口对标高质量服务为突破点，以新姿态、新面貌、新奋斗争创为民查档新作为。

1. 服务理念渐入人心。档案服务窗口是档案部门直接服务大局、服务社会、服务群众的重要途径，也是国家档案馆和地方政府形象的重要体现。面对高质量发展的新要求，档案部门明确“为民、便民、利民”目标，建立健全方便人民群众的档案利用体系，更好地满足社会不断发展的档案需求，加强和完善档案服务窗口的建设就显得尤为重要。金坛区档案馆和常州市档案馆分别为多户家庭提供上门查档服务。金坛区农民王大爷的儿子受到婚姻失败的打击，一蹶不振，严重酗酒至酒精中毒、不能自理。王大爷为了帮儿子办事需要查离婚档案，可是根据规定婚姻档案需要本人查阅。为了不违反规定，又兼顾实情，该区档案利用窗口同志主动开车下乡，现场核实、送档上门，来回花了整整半天时间。

2. 服务流程逐步优化。一是服务配套进一步完善。为高质量推进窗口建设，2018年

---

* ［作者简介］张步东：常州市档案馆副馆长。

常州市档案馆组织开展了《常州市民生档案分布及查阅指南》编制工作。二是服务态度明显改善，群众满意度显著提高。全市统一制作并发放了“查档情况意见反馈表”和“意见箱”，市档案馆还设计、印制了“服务卡”。坚持“四优四心四一样”（创造优美环境、建立优良秩序、倡导优雅言行、推行优质服务；接待群众热心、解答询问耐心、接受意见虚心、工作认真细心；干部、群众一样尊重，生人、熟人一样和气，忙时、闲时一样有心，份内、份外一样用心）的要求，查阅服务流程得到不断规范和优化，特别是2018年10月份经历的退役士兵查档高峰，各级档案馆克服困难、不厌其烦，真正做到了热情、耐心、周到，认真做好退伍军人查档接待工作。该年10月26日至12月30日，市档案馆共接待退伍查档近3000人次，调阅档案2000余卷，实现率为90％（未查到的大部分情况为退伍时不在常州市民政局登记或是外省退伍军人），查档满意率95％。

3. 服务品牌初步形成。全市各查档窗口始终以“四优四心四一样”、以查档群众满意不满意为衡量标准，切实树立服务理念，提高服务质量和服务水平，以“用我们的真心、爱心、细心、热心换来你的放心、称心、舒心”为口号，要求全体职工努力做到“三不怕”（不怕累、不怕难、不怕烦）、“四美”（心灵美、语言美、行为美、形象美）、“五个一点”（“微笑多一点，服务好一点，质量高一点，速度快一点，满意率升一点”）。围绕人民群众需求，积极通过最多跑一次、开展异地（远程）查档服务，提供工作人员微笑、耐心、细心服务，努力从服务源头上提升服务水平和服务质量。这些人性化、全方位服务品牌的倡导和服务行为的进一步规范，极大地改变了档案服务窗口的工作风貌，切实得到了群众的广泛好评。

4. 服务成效日益明显。全市各级档案馆积极投入，提升能力，强化服务，经得起突发查档高峰的考验，涌现出一批用心服务的感人事例，提升了各级档案部门的整体服务水平和服务质量，具体表现在：意见反馈表中真正提意见的很少，不理解的人就更少，金坛馆和博览中心还分别获得查档群众赠予的锦旗。工作有小结，服务无止境，全市档案服务窗口在市文明办的指导下持续上下协力，把优质档案服务融入全市文明行业建设体系之中，使规范档案服务进一步常态化，将档案为民、便民、利民的服务导向落到实处。

二、围绕优质服务目标，提升服务能力

档案部门为社会服务的途径、手段、内容是多种多样的。档案利用服务完全可以突破原有思路，不拘一格，根据社会需求和自身条件，因地制宜地开展相应的服务，把档案部门的潜能充分地发挥出来，把档案工作者积极性充分调动起来。1. 组织有力，领导重视是优质服务的关键。一是将优质服务作为一项中心工作来抓，各个领导班子均统一了认识，形成了共识。二是领导亲自抓，带头抓。在日常查档服务工作中，各单位体现了一级做给一级看，一级带着一级干的表率作用。武进区档案馆建立馆长接待日制度。

每周二、四的上午，由馆领导班子成员及其他区管干部，轮流驻守档案服务大厅，“零距离”接待查档群众，现场协调解决问题。三是形成了优质服务的长效机制。通过组织开展学习交流活动，收集了解各单位在开展优质服务过程中存在的问题，及时进行探讨、整改，确保了利用服务工作的时效、进度和效果。2. 有的放矢，凝聚共识是优质服务的根本保障。一是以“便民、高效、廉洁、规范”为出发点和落脚点，全力践行“马上就办、办就办好”“最多跑一次”服务承诺活动，把计划落实转化为自觉行为和行动准则，讲清优质服务的目的和意义，解决思想问题，确保窗口工作人员对创优专项活动正确理解，增强对开展活动的认同感。二是通过情况交流、征求意见等多种方式，提高窗口人员的思想认识，将创优理念在窗口工作人员中入脑入心。三是创新举措，围绕人民群众需求，积极通过“最多跑一次”“就近办”查档服务，切实解决群众的查档现实需求。3. 多措并举，长效推进是优质服务的前提条件。一是借鉴成功经验，将优质服务制度化、常态化、品牌化，形成良性循环，常州市档案馆“四优四心四一样”、金坛区档案馆的三个“五个一”、武进区档案馆的“五声”服务品牌渐成雏形。二是及时座谈交流心得体会，让大家明白存在的问题，确保优质服务工作保质保量、落到实处。三是及时总结，大力推广好做法、好经验。通过自查、现场考察及点评等形式及时将优质服务中的好做法固化下来，并及时进行推广。4. 总结交流，表彰先进是确保优质服务持续的必要措施。及时开展情况交流和活动点评，根据各单位活动总结、评议反馈情况等进行综合评定，2019 年初由市文明办、市档案局在全市档案系统首次评选出 1 个“示范服务窗口”、5 个“优质服务窗口”和 2 个“文明服务窗口”，该市金坛区档案局（馆）荣获“示范服务窗口”称号，围绕“创新、融合、常态”的要求，引导全系统人员树立“服务永远在路上”的意识，踊跃向先进学习，形成跟着先进和优秀学、照着先进和优秀做的浓厚氛围，推动全市档案利用服务水平不断迈上新台阶。

三、寻找提速增效空间，深化服务内涵

随着社会经济的高质量发展，档案与群众的关系日益密切，社会各界人士利用档案解决个人问题的意识越来越强，查档人数不断攀升。在查档利用过程中难免出现这样或者那样的问题，虽影响不大，也能得到妥善解决，但却是新形势下各级档案馆必须面对和解决的一些倾向性、苗头性问题。一是由期望与现实不协调引发的问题。部分人员在遇到个人工龄、房产纠纷、合同纠纷、户口办理等涉及个人利益的问题时，满怀希望来馆查询，一旦不能如愿，就怨天尤人，从而引发矛盾纠纷。二是由制度与需求不协调引发的问题。查档者相关证明材料携带不齐全却坚持要查阅，档案馆工作人员按照相关规定不能为其提供利用服务，从而引发矛盾纠纷。三是由误解引发的问题。由于历史原因，档案历史归集不齐全，造成档案遗漏、散失现象屡见不鲜，一些查档者满怀期望来、却达不到查档目的就不满意、言语急躁，或者由于缺乏档案常识，到档案馆查询本应在其

他职能部门查阅的档案资料，从而引发矛盾纠纷。

接下来，具体到我们从事的档案利用工作怎么办？

1. 进一步加强业务学习。一是适应高质量发展的需要。跟上时代步伐，服从大局，服务全局，自觉担当，创新服务。另外，档案工作自身也要在这个变革中主动体现前瞻性和预见性。对于保管利用工作来说，下一步围绕坚持群众路线，牢固树立以人民为中心的工作理念，不断提高查档利用服务水平，尽可能满足广大人民群众的实际需要，集思广益，将以往好的经验、好的做法进行总结固化、推广，不断创新服务理念和服务举措，为优质服务窗口建设注入新的内涵，为优质服务品牌的打造加力加劲，实现“树立一种理念、打造一个品牌、锻炼一支队伍、形成一套机制”的目标。二是找准档案工作的最佳切入点。采取积极的态度，巩固“学雷锋示范点”创建成果，主动向先进单位学习、看齐，积极联系，与省级示范点开展挂钩结对共建活动，做实、做新窗口服务新举措，进一步深化“四优四心四一样”档案服务品牌建设工作，充分发挥档案工作的优势，找准档案服务工作切入点，拓展服务功能，把做好档案工作和服务社会发展、服务人民群众有机地结合起来，更好的发挥档案工作存史资政、服务社会、服务民生的特殊作用。

2. 进一步适应利用需求。档案开放是国家综合档案馆开展档案利用服务的手段之一，也是社会开放进步和文明程度的重要标志。一是确立主动作为、“有为才有位”的指导思想。进行查档优质服务和《常州市民生档案分布及查阅指南》编制工作就是一次有益的尝试。针对机构改革后行政职能的转移，档案馆面临的诸如：如何解决联系不畅、协调乏力、发展失衡等新问题新情况新矛盾，围绕“建立覆盖人民群众的档案资源体系和建立方便人民群众的档案利用体系”的要求，发扬优良传统，坚定档案政治自信、工作自信，坚持“冷部门热作为、小部门大作为、边缘部门一线作为、弱势部门主动作为”，努力开创新业绩、展现新作为、树立新形象，以对党、对历史、对未来高度负责的态度，在新起点上依法依规做好档案馆各项工作。二是积极探索利用服务工作的新思路、新机制、新方法、新领域。“爱岗敬业、优质服务”面临很多新问题，这就要求我们以民生需求为导向，积极开展长三角地区民生档案“异地查档、便民服务”，重点加大与群众利益息息相关的建房、登记、诉讼等民生档案的利用力度；通过“常州档案”微信公众号开通“预约服务”“留言咨询”等小程序，探索“一证通查”实现路径，变“让利用者跑路”为“让信息跑路”，助推“最多跑一次”等改革走向深入，努力推进档案服务创新、跨越发展。

3. 进一步夯实服务基础。为各项事业高质量发展和全面深化改革服务，档案部门必须具备一定的服务条件。这些条件包括档案基础、档案资源、档案技术等。一是强化档案基础工作。档案基础工作是档案馆各项工作的根本，是发挥档案信息库服务的前提条件。档案保管部门要以与时俱进的精神，认真分析档案基础工作的现状，针对薄弱环节，下大决心、花大气力，扎扎实实做好档案基础工作，目前，常州市档案馆馆藏档案划控开放完成到 1986 年，少部分民生档案划控开放完成到 1990 年。根据档案划控要求，尚有 1986—1990 年之间约两万余卷档案亟待划控。对此，将探索举全馆、全市档案系统之力，统筹安排，核定工作量，制定工作计划，集中时间、集中人力，力争在有限时间内完成所有到开放期限档案的划控、鉴定工作。二是要努力提高档案技术水平。档案技术水平高低直接影响档案服务能力。档案部门要积极争取资金，不断更新档案技术设备和其他服务设施，加强档案现代化装备，使档案服务水平更先进，技术水平更高超，服务手段更现代化，以实现快捷、便利、共享服务。三是要完善窗口应对紧急突发事件处置。凡事预则立，不预则废。认真总结 2018 年退役军人查档人群骤增的事由，制定《常州市档案馆查档服务窗口紧急情况应急预案》，建立“人防、物防、技防、联防”机制，建立严密的预防体系，巩固优质服务窗口创建成果，提高窗口应对紧急突发事件的处置能力，做到早发现、早报告、早处置，把突发事件影响程度降至最低。

档案工作范围的广泛性、信息的丰富性、效果的潜在性、人才的高文化性，表明了档案馆工作包括利用服务工作有着美好的前景。通过档案人对档案服务的创新，着力增强档案服务能力，切实掌握档案服务工作话语权，彰显服务大局的应有价值，新的档案馆工作必定能得到各级领导、各个单位和社会各个方面的重视和支持，档案馆工作的新局面就能顺利地打开，档案馆工作的前景就会越来越好。

关于大型体育场馆建设档案管理工作的研究

——以成都东安湖体育中心为例

朱成文

2003年5月26日，习近平同志考察浙江省档案局馆时指出："档案工作是一项非常重要的工作，经验得以总结，规律得以认识，历史得以延续，各项事业得以发展，都离不开档案。"档案工作真实地记录历史，保存历史，是一项"功在当代，利在千秋"的工作。因此，作为基层档案馆，认真做好档案的基础工作，是非常有必要的。档案的基础工作包括以下六个环节，即收集、整理、鉴定、保管、统计、利用。如果再简化一下，就是三个环节，即收集、保管、利用。其中，收集档案资料是重中之重，只有努力收集档案资料，才谈得上保管、利用。中国人民大学徐拥军教授指出："无论是正面的还是负面的重大社会事件，各地区、各系统、各单位和社会公众都会在事件全过程中产生各种各样的文件材料。这些文件材料作为原始记录，可为当前和今后工作提供重要的信息和知识参考，成为我们民族宝贵的精神财富和集体记忆。因此，加强重大社会事件档案管理与研究，具有重大的社会价值和现实意义。"①

2021年成都大运会，是继2001年北京大运会、2011年深圳大运会之后，我国第三次举办世界大学生夏季运动会，是第一个百年奋斗目标"全面建成小康社会"全面实现后举办的第一个世界综合性运动会，也是新时代四川成都第一次举办世界级综合体育赛事，对于进一步推动青年体育发展，提升我国国际地位，促进新时代西部开发开放和经济高质量发展具有重要意义。成都市龙泉驿区承担着开幕式和赛事主场馆、大运村建设的重要任务，其档案收集及管理工作更是重中之重，现就龙泉驿区大运会档案管理工作思考如下。

一、第31届成都世界大学生夏季运动会相关情况

（一）大运会落户成都

2018年12月13日，在葡萄牙举行的国际大体联常委会上，国际大体联主席奥列格·马迪钦与中国大体协、成都市共同签署了2021年世界大学生夏季运动会举办权意向

---

* ［作者简介］朱成文：成都市龙泉驿区档案馆馆员。

① 徐拥军：《应加强重大社会事件档案管理与研究》，《中国档案报》2020年3月13日。

协议。2019 年 1 月 16 日至 20 日，奥列格·马迪钦在中国大体协主席薛彦青的陪同下率团抵达成都，对成都的场馆、交通、竞赛、食宿等方面开展了全面评估。2019 年 3 月 1 日，国际大学生体育联合会执委会会议在俄罗斯克拉斯诺亚尔斯克举行，成都市市长罗强代表成都市在此会议上与国际大体联、中国大学生体育协会正式签署了 2021 年第 31 届世界大学生夏季运动会主办合同。2019 年 7 月 15 日，那不勒斯世界大学生夏季运动会闭幕式在圣保罗体育场举行。罗强市长从国际大学生体育联合会主席奥列格·马迪钦手中接过国际大体联会旗。这标志着成都将接力意大利那不勒斯，举办第 31 届世界大学生夏季运动会，届时将有来自约 170 个国家和地区的 1 万余名运动员及官员汇聚成都参赛。从此时此刻起，大运会正式进入“成都时间”。

（二）大运主场馆及大运村落户龙泉驿区情况

2019 年 4 月 3 日，龙泉驿区正式成立了以区委书记、区长为组长的 2021 年第 31 届世界大学生夏季运动会成都经开区（龙泉驿区）筹备工作领导小组，下设一个办公室、九个工作组，每个工作组搭建专班，各司其职。2019 年 4 月 29 日，2021 年第 31 届世界大学生夏季运动会新闻发布会正式召开，确定将大运会开幕式场地和主要赛事确定在龙泉驿区东安湖体育中心进行，东安湖体育中心的主要建筑物有“一场三馆”，即体育场、多功能体育馆、游泳跳水馆、小球馆。净地面积约 688 亩，其中体育场用地约 460 亩，三馆用地约 228 亩。一场三馆建好后，周围的道路和绿化会同步搞好。此外，东安湖体育中心周围还会形成了一个很大的人工湖，引入东风渠的水，继而形成一个几千亩的东安湖公园。该体育场馆计划在 2021 年 4 月建成。同时大运村选址成都大学，于 2019 年 4 月 18 日正式启动建设，预计于 2021 年 6 月底前完成大运村运营测试，建立 42 个项目服务中心，届时将为 1 万多名运动员和代表团工作人员提供 24 小时不间断服务。

（三）各级领导关于大运会筹备指示

2019 年 10 月 24 日下午，国务院副总理孙春兰对大运会筹备工作作出重要指示，强调要坚持“绿色、节俭、必须”的原则，充分体现“让青春拥抱世界、让青春创造未来”的理念，充分展现国际标准、中国风格和巴蜀特色。教育部陈宝生部长强调，一是办赛认识要力求“高”，二是赛事准备要力求“精”，三是赛事活动力求“新”，四是任务完成力求“准”。要把好时间节点，做到准时到位，强化及时协调，绘好作战图，全力以赴，确保按时完成大运会各项筹备任务。2019 年 12 月 20 日下午，成都第 31 届世界大学生夏季运动会全省动员大会在成都召开。四川省委书记彭清华强调，全省上下要坚定以习近平新时代中国特色社会主义思想为指导，深入学习贯彻习近平总书记关于体育的重要论述，以高度的使命担当精神，高质量高标准做好成都大运会各方面筹备工作，把成都大运会这件大事要事办实办好，确保以一届精彩圆满的盛会呈现给世界。2019 年 11 月 2 日，四川省委常委、成都市委书记范锐平主持召开市委常委会会议。他强调，办好一次精彩的大运会，向建党一百周年献礼，既是一项重大的政治任务，也是一次重大的发展机遇。全市上下要切实增强使命感、责任感、紧迫感，高标准高效率推进筹备工作，努力办出一场让全国人民满意、国际社会高度评价的体育盛会。要坚持谋赛、谋城、谋业相统一，促进城市提能、经济升级，要加强统筹协调，增强大局意识，确保各项工作高效、有序推进。

二、龙泉驿区大运会档案管理工作存在的问题

（一）档案工作体系不健全

档案工作，对很多单位来说，都是“说起来重要，做起来次要，忙起来不要”。龙泉驿区有很多参与大运会筹备工作的单位没有意识到档案工作的重要性、严峻性。部分单位没有建立档案管理网络，没有明确分管领导和科室，也没有固定工作人员做档案工作。有的单位明确了分管领导和档案员，但是他们太忙，对档案工作顾不过来。还有相当一部分单位对档案工作漠不关心，一问三不知。

（二）档案工作重视度不高

部分单位对区大运办发出的档案移交通知重视不够。有的单位参与了大运会筹备的相关工作，至今未移交档案资料；有的单位接到档案资料移交通知后，只是转交给某个科室办理，其他科室有相关档案资料，并未移交；有的单位移交资料不全，如只移交了2019年的资料，缺2018年的前期资料。

部分单位没有做到档案工作与项目建设同步进行。部分单位认为，只要把大运项目建设工作搞好了就行，资料不是很重要，所以没有做好项目前期、中期、后期档案资料的规范整理，往往是项目工程结束后，追补档案资料。

（三）档案资料不规范

缺乏专人管理，照片档案较少。很多单位没有指定专人收集整理各类档案资料，没有跟拍项目工地照片，严重缺乏照片和视频资料。有的单位有相关照片，但没有及时配上文字说明，导致很多照片成了不明不白的“废照片”。

档案资料保存不完整。东安湖体育中心是从2017年开始规划、动工（最初叫区体育公园）。至今为止，非常缺乏2017年、2018年的档案资料（含照片资料）。缺规划条件与规划方案说明、项目建议书及批复文件、可行性研究报告及批复文件、专家论证意见、项目评估文件，有关立项的会议纪要、领导批示，建设用地批准书、国土证、国有土地使用权出让合同，建设用地钉桩通知书等等。

（四）档案室硬件环境设施不齐全

随着档案资料的逐渐增多，许多单位面临场地狭小问题，档案库房“八防”设施不齐全，防火防盗等方面存在较大的问题。大部分单位没有规范的档案室和档案整理室，档案整理经费和档案工作人员也不足。

三、龙泉驿区做好大运会档案工作的经验

（一）区委区政府高度重视档案工作

2018 年 10 月 25 日，根据华润置地和龙泉驿区政府签订的协议，华润置地作为代建业主，开始入场东安湖体育中心的地盘，准备施工。区委区政府赓即成立东安湖体育中心现场指挥部，选派区内各单位优秀人员进入指挥部开展工作。现场指挥部由区住建局、区发改局、区审计局等人员组成，办公地点就在东安湖体育公园项目工地板房，与华润置地员工共同办公。2018 年 11 月，区委区政府就通知区档案馆，必须选派一名业务骨干到现场指挥部工作，工作期间，原则上不再兼任档案馆的任何工作。区档案馆随即派出一名业务骨干到现场指挥部工作，全程做好指挥部的档案工作，指导华润置地（包括后来进场的中建三局、中建八局、监理单位）的档案工作，同时还要指导区内各单位涉及大运项目的档案工作。据笔者所知，这在国内属于首创。笔者出差到过苏州、郑州、西安等体育中心，均没有看到在场馆建设过程中，有档案局的工作人员驻扎在工地，全天候指导各参建单位做好档案工作，足见成都龙泉驿区对档案工作的重视。后来，体育中心现场指挥部演变为区大运会筹备工作领导小组办公室（简称区大运办），档案馆这名业务骨干一直在区大运办，继续全程负责大运会筹备期间的档案工作。

（二）现场指挥部档案工作人员迅速开展工作

2018 年 11 月，区档案馆工作人员到位后，迅速开展工作，建立档案工作制度，档案管理办法等等，把指挥部的文书档案、照片档案等收集整理好，同时主动出击，去工地周围拍摄照片并保存好。该工作人员还主动帮助华润置地东安湖体育中心项目公司建立档案工作网络，明确了档案分管领导、专职人员和兼职人员。特别是，该工作人员督促华润置地东安湖体育中心项目公司尽快招到综合部档案员，对该企业帮助很大。2018 年 12 月，华润置地东安湖体育中心项目综合部档案员到位后，档案工作就迅速有了起色，结束了档案工作群龙无首的状态。此外，该工作人员还每月定期召集工地所有档案员、资料员开会，提高大家的档案意识，一起讨论档案工作中遇到的困难和问题。会后，该工作人员还深入到各建设单位档案库房实地检查档案资料。随着档案资料的增多，该工作人员还邀请成都市档案局、成都市城建档案馆、华润置地华西大区的档案老师一起到东安湖体育中心项目公司指导档案工作，并督促各参建单位做好档案资料的保存工作。该工作人员还告诉各参建单位，至少准备 5 套原始档案资料，工程完工后，其中一套要移交给区档案馆。

（三）区大运办主动作为，搞好档案工作

2019 年 3 月底，区大运办成立后，立即重视档案工作，在每次召集区级部门来开会的时候，都会强调档案工作。区大运办还专门开过两次档案工作培训会，由区大运办档案人员主讲，成都市城建档案馆老师补充相关档案知识。区大运办带头收集整理“一场

三馆”（即体育场、综合体育馆、小球馆、游泳跳水馆）及其配套项目的相关档案资料，努力做到能收尽收、能归尽归，规范整理，妥善保存。区大运办带头编写《大运周报》《大运月报》《大运战报》《大事记》《大运简报》《大运相册》《大运会筹备工作实录》《新闻集》等资料，充分发挥了档案的作用，也调动了全体大运会筹备工作者收集档案的积极性。以印发的《大运会筹备工作实录（2019 年卷）》为例，全书共 127 页（每页纸张大小约为 A4 纸大小），包括十一个篇章，即：申办过程、领导关怀、组织架构、重要会议、规划编制、项目工作、宣传工作、群众发动、工作交流、自身建设、信息及档案。区大运办还定期发出档案资料移交通知，要求区级部门、乡镇、区属平台公司定期移交大运会筹备工作档案资料，发现资料不完整或者签章手续不完备等情况，立即责令他们改正，及时补交过来。这样，东安湖体育中心的前期资料就越来越完整，并做到了项目进展到哪里，档案资料就催收到哪里。此外，区大运办档案工作人员还经常上门去区级部门、乡镇、区属平台公司指导档案工作，告诉他们该收集些什么资料、如何整理归档等。为有效搞好档案工作，区大运办还建立了一个区级部门大运会档案工作交流群，在 QQ 群里指导档案工作。区大运办还对各单位档案资料的移交情况定期正式发文进行通报，该表扬的表扬，该批评的批评。年底还将档案移交情况纳入区委区政府的目标考核，与绩效挂钩。

四、关于做好大运会档案管理工作的几点建议

广西壮族自治区档案馆回顾近年开展重大活动档案工作的历程，总结出 4 点经验，即：“1. 增强档案意识是做好重大活动档案工作的基础；2. 争取领导重视是做好重大活动档案工作的关键；3. 创新工作思路是推动重大活动档案工作取得新突破的动力；4. 选好业务骨干是做好重大活动档案工作的重要因素。”① 成都市龙泉驿区也应该做好以上四个方面的工作，特别是争取领导重视和创新工作思路非常重要。领导重视档案工作，才能保证档案工作的所需要的人力物力财力。创新工作思路，如制表督战、主动采集、强化沟通，才能保证档案收集工作做得扎实到位。目前大运会筹备工作正如火如荼地开展，如何扎实做好档案管理工作，建议如下：

（一）领导小组办公室要抓好统筹协调工作

区大运办作为整个大运会筹备工作的统筹协调机构，一是抓好对各建设单位、施工单位、监理单位和项目主管部门的指导工作，定期召开档案工作会议，建立档案工作交流群，帮助他们健全档案工作管理体制，建立档案工作网络，完善档案收集范围；二是抓好档案资料的清点检查工作，定期对涉及东安湖体育中心建设的相关单位的档案工作开展检查，确保档案资料完整、准确、安全，对各单位移交的档案资料进行认真清点，

① 蒋宏灵、陆倩媛、朱耿雨：《聚焦重大活动档案工作　加强档案资源体系建设》，《中国档案》2020 年第 1 期。

规范整理，妥善保存；三是抓好上联下达工作，主动联系上级档案部门，如市档案局、市城建档案馆，加强对东安湖体育中心项目的指导、培训、档案资料预验收工作

（二）施工单位要抓好项目档案管理工作

东安湖体育中心项目施工单位，如中建三局、中建八局、中国五冶等，一是建立一支高素质的档案管理队伍，定期开展档案工作培训，以不断适应新的工作需要；二是制定工程资料管理制度及工程资料标准化细则，对施工资料的收集、编制、整理、备案、移交等具体工作内容进行标准化要求；三是加强施工过程的资料收集管理工作。施工前公司技术人员及资料管理人员应在项目开工前对项目部资料相关人员进行资料交底，编制切实可行的工程资料实施计划、工程施工检测试验计划，施工过程中，要建立台账，及时记录，确保资料的及时性和有效性，竣工后要及时对接相关部门做好资料移交工作。

（三）项目主管部门要抓好监督管理工作

相关区级部门、街道办作为项目主管部门，要及时与施工单位进行沟通，不定期对档案管理工作进行督查。一是制定项目档案监督管理办法，督促施工单位档案工作不断规范化、标准化；二是组织相关单位参观学习部分示范工程档案管理的经验，发挥典型带动作用；三是强化建设项目档案工作政策法规宣传，定期对施工单位相关人员进行培训。

（四）区大运办要严肃问责追究，推动项目档案工作落实

区大运办虽然只是大运会筹备工作的统筹协调机构，但这个部门责任重大，事关大运会筹备工作的成与败。区大运办的每位同志必须踏踏实实做好每一件事情，才能圆满完成区委区政府布置的任务，档案工作也不例外。区大运办要高度重视项目档案工作，认真履行主体责任，积极协助代建业主单位（华润置地）做好档案工作，抓好总包单位中建三局、中建八局等单位的档案工作，并帮助他们建立奖惩制度，确保他们把档案工作做好，能圆满完成档案工作任务。对区级部门、乡镇和区属平台公司，区大运办要全力以赴抓好整改工作，针对存在问题进行细化、分解，逐项逐条查缺补漏，一项一项抓好整改落实，补齐完善关键环节档案资料，确保整改工作落地、落实、到位。区大运办对整改工作不力、未按时完成任务、不按时按要求整改的单位，将纳入年度目标绩效考核。

地方档案与社会治理

地方历史档案助推社会治理话语权构建

任国征

2017年1月25日中共中央办公厅和国务院办公厅联合印发的《关于实施中华优秀传统文化传承发展工程的意见》是我国实施中华优秀传统文化传承发展工程的纲领性指导性文件。其中明确指出"加强党史国史及相关档案编修，做好地方史志编纂工作，巩固中华文明探源成果，正确反映中华民族文明史，推出一批研究成果"。深入挖掘以南部档案、巴县档案、川陕革命文献等为代表的地方历史档案在社会治理方面尤其是社会治理话语权的推动作用，具有重要的学理价值和现实意义。深入研究地方历史档案、社会治理话语权以及二者之间的关系，必须深入挖掘、系统分析地方历史档案的文化内涵和当代价值，学习其崇高理想信念和革命精神，对于新时代构建社会治理话语权均具有重要的学理价值和当代启示意义。

一、社会治理话语权的文献梳理

社会治理话语权问题非常重要，直接关系到我国在世界范围内的综合国力的竞争，关系到中国特色社会主义的建设，关系到中华民族的伟大复兴①。社会治理话语权的建构正是因应此一问题提出来的，这彰显出社会治理话语权建构的现实意义。现将话语体系研究的学术文献作以梳理。

（一）从学理角度看，卢凯、卢国琪认为"话语，包括口头表达的话语和文字表达的话语，表达出一定思想、观念、情感、理论、知识、文化等。话语是形式，它所表达的思想是内容、是本质。话语体系就是系统化、理论化了的话语群"②。周宇豪认为"话语体系是一个国家或民族思想理论体系和文化知识体系外在的表达形式，它受支配作用的文化思想理论体系和知识体系制约。话语体系的逻辑结构由相关的概念、术语、判断、规律、范畴所形成的思想理论体系所决定"③。杨鲜兰认为"话语体系是一个民族国家的文化密码，蕴含着一个民族国家特定的思想文化、价值观念，乃至意识形态，是国家软实力的重要组成部分，也是一个国家的国际话语权的前提和基础"④。邱柏生认为对"话

* ［作者简介］任国征：中央财经大学绿色金融国际研究院研究员，健康金融实验室主任。

① 任国征：《关于方志敏遗书的补遗》，《光明日报·理论·党史版》2011年2月23日。

② 卢凯、卢国琪：《论打造马克思主义中国化话语体系的路径》，《探索》2013年第5期。

③ 周宇豪：《马克思主义中国化话语体系变迁的政治学考察》，《新闻学》2013年第19期。

④ 杨鲜兰：《构建当代中国话语体系的难点与对策》，《马克思主义研究》2015年第2期。

语体系”内涵的解读可从“术语、意义、言说”三个方面进行理解，话语体系的中心功能是“通过一系列的符号（概念、词句、图形、数字等）和言说方式，有效传布和分享各种信息和意义，以便确定用以指导人们言行的价值体系和行为规范结构”①。与话语、话语体系对应是对话语权的争夺，“话语权是一个国家在经济、政治、文化发展中，自主地提出、表达、传播、交流的话语体系，它包括话语的创造权、话语的表达权、话语的传播权、话语的设置权和话语的自主权，本质上是一个国家的文化主导权”②。综合以上观点可以发现以下几点特征：其一，“话语”的工具解读，也即话语是一种传播特定思想、观念的工具载体；其二，“话语”是内容与形式的统一体，话语的口头或文字表达为其外在形式，受其内容制约，而形式又限定着内容的发挥；其三，“话语体系”的价值特殊性，也即区别于“话语”的工具性，“话语体系”是特定价值的逻辑建构体系；其四，话语和话语体系构成了一种“话语权”，是国家综合实力的重要组成部分。

（二）从历史角度看，社会治理话语权从来不是一个新生事物，在历史维度中一直存在着一个东方或中华话语，它的奠基人是老子、孔子，他们构造出具有独特东方思维的思想、观念，并发展出一套区别于其他文明体的话语体系。人类学家认为上古人类普遍具有一种与现代人很不一样的思维方式：“神秘力量的存在”“对事物采取按照观察和体验进行相似性分类和主观联想式理解”“当这种思维与话语的权力从大众转向少量精英时，思想史就开始了”③。人类学家基于对“未开化民族”的研究得出的以上结论是否具有科学性是令人生疑的，但具体到中国来说，葛兆光指出“至少我们相信中国的上古思想世界并不是世界其他地区早期思想的复制品，它有它自己的起源、自己的背景、自己的知识与技术的密码”④。从中国古人的“天地”观念出发构造出后来的“天下中心观”，这也决定了中国古人从来未曾意识到“东方”“西方”的话语对立，而只有中心——边缘的话语对立，而其实质乃是文明——野蛮的话语对立。张传民将远古至现代的中国话语体系分为四个阶段：其一，独立发展阶段（远古至10世纪）；其二，交共荣阶段（11—16世纪）；其三，西学东渐阶段（16—20世纪），其四，复兴发展阶段（21世纪后）。⑤本文认为中国话语体系可以分为三大阶段：第一，萌芽及形成阶段（远古至春秋战国）；第二，完善阶段（秦至近代）；第三，重构阶段（近代以来）。社会治理话语权的建构必须被归置于近代以来西方文化冲击、中华文化解钮的大背景下考察，当前，提出社会治理话语权相比于传统社会来说，一个根本性的差异在于中华文化的核心价值观念在近代遭遇了解构，因此，建构社会治理话语权的核心点是建构中国精神。

（三）从现实角度看，关于社会治理话语权的内涵建设，学者们从不同的角度提出了

① 邱柏生：《试论开展社会主义核心价值体系教育的话语体系支撑》，《思想理论教育导刊》2010年第11期。
② 安文华：《传承优秀文化，构建中国特色社会主义话语体系》，《甘肃社会科学》2015年第2期。
③ 葛兆光：《中国思想史》（第一卷），上海：复旦大学出版社，2001年，第13—14页。
④ 葛兆光：《中国思想史》（第一卷），上海：复旦大学出版社，2001年，第14页。
⑤ 张传民：《文化自觉、理论自觉与中国话语体系的建构》，《山东社会科学》2012年第10期。

多种构想，比如：徐庆超认为在理念上应该淡化意识形态色彩，增强国家利益意识。[①] 安文华认为应该从以下几个方面着力：坚持地方历史档案最新理论成果的基础地位、扎根于中国特色社会主义的伟大实践、继承中华优秀传统文化精华、吸收西方先进思想理念。[②] 针对马克思主义的话语体系的建构，胡馨月认为必须古为今用、洋为中用，不丢老祖宗、敢讲新话，坚持科学精神、体现人文关怀，集体智慧、尊重群众创造。[③] 卢凯、卢国琪认为必须秉持理论自觉和理论自信、提升理论创新和学术创新能力、从研究和解答中国实践问题出发、推进中国模式话语体系研究、推进社会主义核心价值观话语体系建设，等。[④] 肖行认为必须坚持回归与超越结合、理论和实践结合。[⑤] 杜飞进认为“构建社会治理话语权，必须坚持以中国特色社会主义理论体系为指导，坚持以实践为源泉，以解答实践课题为指向，以实现好、维护好、发展好最广大人民根本利益为价值追求，不断概括出理论联系实际的、科学的、开放融通的新概念、新范畴、新表述，不断升华中国特色社会主义的实践成果、理论成果、制度成果”。[⑥] 综合以上观点来看，社会治理话语权的内涵建设呈现出以下几个特点：第一，坚持地方历史档案最新理论成果的指导地位，其实质是形成地方历史档案的话语体系；第二，坚持实践的源头活水作用，社会治理话语权是附着于中国特色社会主义实践之上的；第三，兼容并蓄，以扬弃的态度审视中国传统文化和西方现代文化，必须秉持开放的心态，“中国话语体系能否更好地与世界沟通交流，融通中外是关键”；[⑦] 第四，创新能力的培育，当前社会治理话语权建构的关键弱势在于学术创新能力和理论提炼能力的低下，也即无法提炼出具有中国特色，同时又能与世界交流的概念、理论，往往流于转述西方理论或阐释领导人讲话。

二、地方历史档案对于社会治理话语权建构的机遇

社会治理话语权的提出背景是中国经过三十多年发展后的硬实力提升、软实力不足，二者不搭配问题。在建构社会治理话语权的过程中，面临着重重难题。徐庆超认为中国国际传播弱势表现于信息传播层面的主流媒体信息源缺失、知识传播层面的关门做研究、价值传播层面的中西不兼容；对外话语困扰则表现于说什么、怎么说、谁来说的能力不

---

① 徐庆超：《“学术外宣”与中国对外话语体系建设——关于“世界中国学论坛”的案例研究》，《中共中央党校学报》2015年第2期。

② 安文华：《传承优秀文化，构建中国特色社会主义话语体系》，《甘肃社会科学》2015年第2期。

③ 胡馨月：《从整体上打造马克思主义的话语体系》，《河北学刊》2013年第1期。

④ 卢凯、卢国琪：《论打造马克思主义中国化话语体系的路径》，《探索》2013年第5期。

⑤ 肖行：《论马克思主义话语权面临的挑战及当代建构》，《理论月刊》2015年第2期。

⑥ 杜飞进：《积极构建中国学术话语权》，《光明日报》2012年10月30日。http：//news. xinhuanet. com/politics/2012－10/30/c__123887715. htm。

⑦ 朱薇、朱瑞卿：《中国以包容姿态构建对外话语体系》，《新华网》2015年6月12日。http：//news. ifeng. com/a/20150612/43964868__0. shtml。

足。[①] 杨鲜兰则认为构建社会治理话语权的难题在于国人缺乏民族自信、混乱多元的话语格局、文风学风不良、西方的话语霸权。[②] 李凌燕认为在传统媒体语境下，政治功能、社会功能、资本功能三位一体从而为话语权提供了保障，而新媒体语境下，话语权被解构与重构，话语空间扩容，大众文化盛行，而大众文化又具有草根化与弱意识形态、低俗化与娱乐至上、人性异化与信仰缺失等特点。[③] 王桂菊、刘爱玲认为当前马克思主义话语体系存在着话语逻辑上的工具理性主导、话语主题和素材上的学术化和外来化、话语权弱化等问题。[④] 综合来看，社会治理话语权的建构难题具有两个方面的原因：其一，历史遗留与转换，近代以来中华文明遭遇西方文明后的解构使得建构现代中国话语体系的历史基石被抽离，在此背景下，出现了价值真空，不得不引入西方现代价值进行填补，但在此过程中又出现了器物、制度、价值三者之间的不相协调难题。马克思主义传入中国以后，经过早期及第一代共产党领导集体的创造实现了马克思主义的中国化话语，并基于辩证唯物主义正确解决了如何对待马克思主义、中国传统文化、西方思想文化三个重要问题。[⑤] 在此基础上形成了以马克思主义为主导，其他文化为辅的中国话语体系，其本质是一套“革命话语体系”或“经典马克思主义”，在现代社会中，伴随着中国共产党由革命党向执政党的身份转换，马克思主义也面临着由“革命话语体系”向“建设话语体系”或“现代马克思主义”的转变难题。[⑥] 其二，外部环境变迁与中国的社会主义实践。世界一体化、多极化、信息化等现代社会变迁对现实国家形成了多种冲击，总体来看是普遍化与特殊化的对立，也即不断融入全球之中但又如何确保自身特色的矛盾。中国在20世纪70年代末开启的社会主义改革对理论界提出了很多新要求，也即如何用现有理论正确阐释中国特色社会主义实践的难题。从具体的角度来看，当前社会治理话语权的建构必须破解以下几个方面的难题约束：

首先，中国传统文化、马克思主义、西方思想文化的关系重构难题迫切需要地方历史档案为其突破。近代以来的中国文化磨难的根源在于中国传统文化崩解后的文化重构难题，金观涛、刘青峰认为中国传统社会的整合建立在儒家意识形态之上，[⑦] 其他学者，余英时指出中国传统政治是建立在文化的基础之上的，[⑧] 钱穆指出“中国政治的终极责任

---

① 徐庆超：《“学术外宣”与中国对外话语体系建设——关于“世界中国学论坛”的案例研究》，《中共中央党校学报》2015年第2期。

② 杨鲜兰：《构建当代中国话语体系的难点与对策》，《马克思主义研究》2015年第2期。

③ 李凌燕：《新媒体语境下社会主义核心价值话语体系建构策略》，《社会科学辑刊》2015年第1期。

④ 王桂菊、刘爱玲：《增强理论自信　构建中国特色的话语体系——基于马克思主义中国化视角的分析》，《理论与现代化》2013年第5期。

⑤ 严书翰：《打造中国特色　中国风格　中国气派的话语体系》，《红旗文稿》2012年8月9日。http：//news.xinhuanet. com/politics/2012－08/09/c_123556661_2. htm。

⑥ 王学荣：《马克思主义：从“经典”到“现代”——两大“话语体系”下的马克思主义》，《中共成都市委党校学报》2011年第5期。

⑦ 金观涛、刘青峰：《开放中的变迁：再论中国社会超稳定结构》，北京：法律出版社，2011年，第11页。

⑧ 余英时：《试论中国文化的重建问题》，姜义华、吴根梁、马学新：《港台与海外学者论传统文化与现代化》，重庆：重庆出版社，1988年，第125页。

在教，中国政治之基础条件，亦在教”[①]。金耀基亦指出“中国传统社会是一个以文化为基底的‘天下性’的结构，不是说一个以政治为基底的‘国家性’的结构”[②]。中国传统社会的基础在于文化、观念、思想的观点的另一种表述方式是“伦理政治”或“政治伦理化”，政治、经济、社会等都是由道德、伦理观念中延伸出来的。当近代中国传统文化在西方文化冲击下崩解后，其后续效应是社会整合的崩解与重构。此外，中国传统文化与西方思想文化的立论起点、逻辑演进、价值关怀、制度设计等有着多层次的冲突，这也就决定了二者的融合困境。马克思主义源于西方但又超越了西方文化，如何重构三者之间的关系是近代以来的难题，也决定着中国话语体系的建构特质。

其次，精英文化与世俗文化的区隔迫切需要地方历史档案为其融通。中国特色话语根植于中国特色社会主义实践，人民群众作为实践的主体，也是中国特色话语的生产者。但作为人民群众主体的物质资料生产者的劳动群众大多时候只是观念的制造者，却非加工者，一种具有普遍效应的语言是有待于思想观念加工者的整理、提升的。这也就决定了在社会治理话语权的建构过程中存在着两大主体：中国特色话语的生产者——以劳动群众为主体和中国特色话语的加工者——以知识分子、领导人物为主体，二者之间并不是完全契合的关系，而是存在着理解的差异与观念的脱节，“当前的中国话语，还没有形成全体国民的共同话语基色，生活化话语的一致性就更不用说了”[③]。此外，近代以来的中国社会变革并不是铁板一块，而是存在着差异化，比如姜义华在探究中国近代以来的社会运动时指出：“一种是和现代大工业、通过商品经济的发展而产生的社会化大生产联系在一起的现代化运动；另一种则是和传统的小生产、以一家一户为社会细胞的自给自足的自然经济联系在一起的农民运动。”[④]

再次，理论与实践的不恰切迫切需要地方历史档案为其准确表达。理论的生命力源于实践，实践在各个方面为认识的产生与发展提供了动力支撑，此外，理论的正确与否也有待于实践的检验，但是实践在产生认识的过程中，又面临着感性认识与理性认识的区分，而且认识与实践的关系也不是一次性完成的，而是一个螺旋状上升的过程，因此，理论只是一定条件下的实践成果，它对事物内部规律的把握具有相对性，但理论作为事物内部规律的某一个方面的呈现，又具有绝对性，由此可见，实践与理论之间并不是完全一致的[⑤]。除此而外，理论对实践具有一定的反作用，理论能够作为实践的先导，指导实践的实施。社会治理话语权的建构必须立足于中国特色社会主义实践之上，而当前的情况则是出现了两种极端：其一，理论滞后于实践，用过时的理论、观念去解读当前的社会实践；其二，理论超越实践，尤其是完全借用西方的现代性理论解读中国社会实践。

① 钱穆：《中国传统政治与儒家思想》，王曰美：《儒家政治思想研究》，北京：中华书局，2003年，第143页。

② 金耀基：《现代化与中国现代历史——提供一个理解中国百年来现代史的概念架构》，《中国现代化的终极愿景——金耀基自选集》，上海：上海人民出版社，2013年，第36页。

③ 杨鲜兰：《构建当代中国话语体系的难点与对策》，《马克思主义研究》2015年第2期。

④ 姜义华：《理性缺位的启蒙》，上海：上海三联书店，2000年，第3页。

⑤ 任国征：《汲取传统文化之精华》，《人民日报》海外版1996年1月12日。

二者的共同结果是理论无法正确反映实践，要么认为实践太过超前，要么认为实践太过落后，其理论也是似是而非。

总体来看，以上各种观点对社会治理话语权现状的描述反映出两个方面的问题：第一，社会治理话语权的内涵建设不足；第二，社会治理话语权的形式建设不足。从哲学的角度来看，内容与形式一对辩证统一的关系，内容决定形式，形式反作用于内容，过分关注内容或形式都无法有效实现其效果，对于当前的社会治理话语权来说，核心问题则是如何建构起具有现代性的话语内涵与话语表达形式。所以，不论是西方文化、马克思主义和中国传统文化三者关系的处理，精英文化与世俗文化的区隔，还是实践与理论的关系难题，核心点在于提炼出具有中国特色的现代理念，而社会治理话语权正是此一理念的阐述与表达形式。总体来看，社会治理话语权建构必须破解内涵薄弱和形式薄弱的难题。打破西方话语垄断和话语霸权，有力回应大多基于事实歪曲和价值偏见的西方话语特别是以理论学术面目出现的概念范畴和话语体系，必然要求构建以马克思主义为指导的具有中国特色、中国风格、中国气派的哲学社会科学话语体系。

三、地方历史档案助推社会治理话语权构建

立足中国实践、总结中国经验、解决中国问题，是实现中国哲学社会科学话语体系创新的关键。当前社会治理话语权、话语传播方面存在着以下几个方面的问题：（1）未能建立起一套系统完整的当代中国话语学理论，未能阐明当代中国话语的基本性质和规律。（2）政治、传媒等诸多领域的“国家话语体系”研究多是“喻化式”的，还停留在“国家话语体系”等概念的阐释层面，缺少实质性的“话语”层面的研究，谈不上一贯性、系统性。（3）简单的政治口号式的重复研究多，有许多是对领导讲话、政策文件的应景解析，缺乏语言学、话语学等具有学理性的真正学术研究，政治性界定多于学术性阐发。（4）缺乏对国家话语能力特别是国家修辞能力的深入系统研究。[①] 针对以上问题，地方历史档案应在从三个层面推进社会治理话语权影响力建设。

其一，内容层面，地方历史档案将对社会治理话语权在内容层面进行转换，从而使其更容易被民众理解、接受，并内化于行为之中。传播内容是传统传播体系和地方历史档案的立足基点，但相对于传统传播体系内容的说教性、刻板性、自上而下性，地方历史档案的内容设计更加强调平等性、交互性、平面性。一切理论都是在实践基础上提炼出来的，中国近三十多年来的社会主义实践向既有理论提出了挑战，也提供了机遇，因此，只有在正确认知和客观评价的基础上才能发展社会主义理论。姜义华认为今天的中国正进行着三个转变：“从自然经济半自然经济转向市场经济”“从原始积累时代及自由竞争时代的市场经济向现代市场经济转变”“从原先已形成严密体系的产品经济、计划经

① 陈汝东：《论国家话语体系建构》，《江淮论坛》2015 年第 2 期。

济向既合乎经济通则又体现社会主义精神的新经济体系转变”。[①] 中国所进行的转变从大的时空背景来看从属于中国的现代化历程，中国的现代化具有典型的后发外源型特点，因此，中国无法照抄照搬西方发达国家的现代化道路，也没有照搬照抄苏联式现代化道路和威权型现代化道路，而是走出一条具有中国特色的社会主义改革道路，被以“北京共识”和“中国模式”所概括。

其二，载体层面，社会治理话语权的传布可以依赖于多元、高效的现代传媒载体，使其时时、处处都可被接触到，嵌入民众的日常生活之中，从而增强其影响力。相对于传统的纸媒体，依赖于网络建设，现代信息的传布载体更加多元化、便捷化，人们接触信息的时效性在提高，接触信息的渠道更加多元化。理顺中国传统文化、西方思想文化、马克思主义三者之间的关系。金耀基在评述中国现代化时指出“中国的现代化，本质上说是‘寻找一个中国现代文明的政治秩序’”[②]，中国现代化运动的“文化再造”是一项理性的“抉择”，主要是通过文化分子个体与团体的“创新”“批判”的过程，最终达成一成功的“选择性的变迁”[③]。王尔敏认为“晚清政治思想的形式，不是单纯的西化问题，而是传统文化新生延续的问题，不光是求新而且也有复古。它是以传统学识为基础，并吸收西方新知，融会贯通，而后产生属于这个时代的新观念”[④]。陈寅恪指出“其真能于思想上自成系统，有所创获者，必须一方面吸收输入外来之学说，一方面不忘本来民族之地位”[⑤]。金耀基、王尔敏和陈寅恪等人对于中国传统文化在中国现代理论建构中的地位认知存在着差异，但一个不可回避的问题则是以儒家为核心的传统文化在近代解体了，它与现代文化存在着一定的内在冲突，这也就决定了在文化交融的过程中不再是简单的儒家文化同化西方文化或马克思主义儒家化，而是以具有现代价值取向的理论为核心去剪取儒家文化。

其三，系统层面，对应于社会治理话语权的多层面性，地方历史档案建构也将呈现出一种系统性。社会治理话语权是一个多层面体系：核心价值是其中心层，以稳固为特征；文化体制、政治体制、经济体制、社会体制是其中间层，它们服务于核心价值，体现出稳定性，又呈现出善变性；娱乐、行政、法律、经济规则等是外显层，直接作用于民众的生活，是民众感受某种价值，形成某种规范的直接因素。建设话语体系不是封闭的概念推演和逻辑论证，不是毫不费力的“拿来主义”，而是与社会实践的发展息息相关的思想表达活动。正确认知和客观评价中国特色的社会主义改革道路，必须秉持以下几点原则：其一，历史维度，也即必须把社会主义改革植根于近代以来的中国历史，唯有

① 姜义华：《理性缺位的启蒙》，上海：上海三联书店，2000 年，第 461 页。

② 金耀基：《论中国的“现代化”与“现代性”——中国现代的文明秩序的建构》，《中国现代化的终极愿景——金耀基自选集》，上海：上海人民出版社，2013 年，第 65 页。

③ 金耀基：《中国的现代化》，《中国现代化的终极愿景——金耀基自选集》，上海：上海人民出版社，2013 年，第 29 页。

④ 王尔敏：《晚清政治思想史论》，桂林：广西师范大学出版社，2007 年，第 19 页。

⑤ 陈寅恪：《冯友兰〈中国哲学史〉下册审查报告》，王曰美：《儒家政治思想研究》，北京：中华书局，2003 年，第 76 页。

从此一维度才能探究出其巨大的现实和历史价值，否则就会犯历史虚无主义的弊病。其二，空间维度，社会主义作为一种优越于资本主义的社会形态，它的优越性体现在能更快地推进社会生产力的发展，为人的自由全面发展创造更加完备的社会条件，但不可否认的一点是近代以来的社会主义制度无不是建立在贫穷落后的国家基础之上，这就限定了它在与发达资本主义国家相比时往往呈现出一定的“落后性”，而这种落后性并不是由社会主义制度造成的，而是由历史发展的前提条件限定的。

总之，社会治理话语权的认知评价和中国特色社会主义理论的建设无不依赖于中国思想界、学术界、理论界的创新能力的提升，这要求地方历史档案的弘扬，必须用现代话语阐释中国实践，凝炼中国理论，最终将形成具有世界影响力的社会治理话语权。

利用地方档案开展清代改土归流研究

郗玉松

雍正时期，清政府对西南民族地区开展大规模的改土归流，废除土司的统治，改派流官管理民族地方。对于改土归流的研究，不同研究领域的学者对改土归流不断研讨，从改土归流的背景、目的、措施、进程、影响、地位等几个方面开展研究。对改土归流的研究所用资料多为正史资料，缺少了对地方档案史料的挖掘和利用，因而对改土归流后民族地区的社会变迁研究不够，从而在一定程度上降低了对改土归流价值的认识。

研究改土归流后民族地方社会的发展和变迁，《清代武定彝族那氏土司档案史料校编》就是非常实用的资料，这些档案原藏于那氏土司官署，1943 年由北京图书馆从那安和卿手中购得，1993 年由楚雄彝族文化研究所编辑，中央民族学院出版社出版。这些档案史料上自顺治十八年，下至同治八年，书名虽为土司档案史料校编，但其内容多涉及改土归流后民族地方社会发展，是研究改土归流后地方社会的珍贵资料。通过这些档案，我们可以较为深入地研究改土归流后原土司地区民族社会的政治军事、经济发展、司法治理等情况。

一、改土归流与地方政治军事

改土归流后，原土司地区基层管理体系被废除，清政府在土司地区推行保甲制度。在编甲的过程中，地方官员要依靠原土司的势力。在原土司地区，土司实行文化垄断的政策，土民被剥夺了读书受教育的权利。编制保甲，要求登记在册，地方官派慕连乡土司那德发的弟弟那德洪到地方上办理保甲事宜。在原土司地区，编甲并非易事，“彝民住居零星，往来莫定，其村内户口皆寥寥无几”，为此，那德洪“逐村逐户并男女人口造册呈报，不敢遗落，依样塞责”，并且禀明，少数民族从事农耕为业，“以耕种为事，不习贸易”①。在民族基层社会的管理中，地方官任用土目编制保甲。

康熙五十三年，武定彝族那氏土司改土归流。雍正二年六月，慕连乡监生那德洪禀复地方官《禀明改土（归流）事》，一再禀称原土司地方改土归流后，土舍尽革，他们已

* 基金项目：国家社科基金项目“边疆内地一体化视野下的清代改土归流与国家治理研究”（20XZS015）、贵州省社科重点项目“贵州土司史料整理与研究”。

［作者简介］郗玉松：遵义师范学院土司文化研究院副教授。

① 楚雄彝族文化研究所编著：《清代武定彝族那氏土司档案史料校编》，北京：中央民族学院出版社，1993 年，第 6 页。

经没有土司特权，与土民、汉民无异。“情因监生慕连地方自（康熙）五十三年奉文编甲，将所辖村庄改土入流，各管各业，已无土舍之名，一切差徭俱照汉民办理，并非各土司可比。”七月，那德洪禀复《始终救援事》载，“况慕连地方自（康熙）五十三年割去土舍，编甲入流，与汉民一体当差。非有职权土司可比”。同月，那德洪再次禀复《追缴委牌事》，提及改土归流的原因，“（康熙）五十三年因撒甸，环洲与兄彼此构衅，署府刘总爷平城抄家，房屋尽行烧毁，难瞒合府耳目。后署州李宗师详明各宪，革去土舍，编甲入流。一切差徭俱照汉方一体办纳”①。土司被裁撤后，土目那德洪多次禀复地方官，称其与汉民一样，一体当差，一样纳赋。

以上档案表明，康熙五十三年，那德洪之兄那德发与周边土司构衅，被改土归流。改土归流后，其所辖村庄全部编入保甲，“编甲入流”，土司家族与汉民一体当差服役，该地区改土归流。改土归流后，土司家族在当地仍有势力，自康熙五十三年改土归流，到雍正二年，地方官仍要追查土司的委牌。委牌是朝廷颁发给土司的执照，收缴土司委牌，清除土司权利，目的就是防止土司家族在地方上发号施令，寻衅滋事。改土归流后，土司家族仍有较强势力，那德发被废，其弟那德洪为监生，地方官府要控制该地区，需要监生那德洪等人的配合，那德洪为土目，是民族基层社会中的代表，经常禀复地方官员，他在地方上仍有较大权力。

为防止土司及其残余势力在地方兴风作浪，清政府将土司及其家属异地安插，对势力较大的土司，采取异省安插，往往安插到边远地区。对于势力较小的土司，往往安插到当地的府州县治所，目的是调虎离山，便于对原土司地区的管理。改土归流后，土司那德洪一家被安插府城。雍正二年六月初五，那德洪再次禀复地方官，请求发回原土司地方住居，原因为“安插府城八载，颠连困苦”且“身染痿疾”，此前，其母因年老已经回原籍居住，他请求发回原籍，赡养老母。同时，那德洪做出保证，回到原土司地区后“安分守己，耕种纳赋”。康熙五十三年，慕连乡那氏土司改土归流，雍正二年，那德洪等已经在府城安插八年，请求回原籍。地方官批准了那德洪的请求，把那德洪发回原籍。之后，那德洪为地方事务多次禀复府县官员，在官府和民族地方之间充当了桥梁和纽带的作用。

为维护民族社会稳定，清政府收缴少数民族的鸟枪，茂连乡土目那振兴禀复知州，“迅即传知各村里长逐细稽查，凡有收存鸟枪之家，催令作速赴州呈缴”，地方官根据枪支完好情况，给予收购补贴，“残废完好秤收计斤，分别给价，务限一月内收缴净”。地方官下令，让土目做出甘结保证，“于茂连乡各村庄内逐一搜查明确，并无私藏鸟枪，情愿出具甘结存案”②。收缴武器，有利于维护民族地方社会的稳定。

地方官员开展基层社会村庄、民族等调查，也要依靠土目和里甲长，“饬查该管夷寨

① 楚雄彝族文化研究所编著：《清代武定彝族那氏土司档案史料校编》，北京：中央民族学院出版社，1993 年，第 8 页。

② 楚雄彝族文化研究所编著：《清代武定彝族那氏土司档案史料校编》，北京：中央民族学院出版社，1993 年，第 16 页。

村庄数目，夷人几种，现在可否安静，有无窝藏匪类以及私渡私铸等弊”，土目那振兴联合里甲陈继元等人，“逐一前往土目所管各村庄挨户严查”，认为“并无私渡私铸等事”，查明“村庄五十八村，夷人四种以及汉民等，俱各安静”，渡口“降里界内有四川姓黄之人在彼开渡”①。

根据以上档案可知，改土归流后，流官和土目合作，开展地方社会治理，“惟土职领有印信，似此地方公务应宜禀详”。在基层社会中推行保甲制度，依靠土目和保甲长，维护地方社会稳定。改土归流后，地方社会治理的实质是流官控制下的流土并治。

改土归流后，慕连乡那德洪、那德厚先后于雍正五年、雍正八年和雍正十年三次奉调，率领土目、土练出征东川、法戛、乌蒙、普洱等地，每次出征率土目、土练一百余名至四五百名不等，战后，清政府论功行赏，如“杨仁杰，系土目，带领土练南本等在元江地方阿墨江打仗一次、在普洱地方斑鸠坡打仗一次、在官平打仗一次……十月内在攸乐漫海地方染瘴，撤回均前。督部院高［其倬］赏银牌一面、红绸一匹，折银一两六钱。”对于普通土目、土练，每次出征归来，官府一般赏银五钱，对于病故和阵亡的土目、土练，每名给予恤殓银六两到九两不等。对于领兵出力较多的土目、土舍，地方官为其请功，如“查环洲带练族舍文生李中衡、慕连乡土目那振兴等带练出力，业经本镇据情转禀督宪，俯准赏给六品顶戴在案”②。发放赏银和恤殓银，并为带兵出力较多的土目、土舍请功，激发了少数民族地区土目、土练等人从军的热情。从效果来看，官府出资不多，不用调动大军，即可平定地方叛乱。

二、改土归流与民族经济发展

改土归流后，地方官在民族地方发展经济，内容涉及盐务、财税、设街（市场）、公田、林业、养蚕等方面，《清代武定彝族那氏土司档案史料校编》共收录经济类档案31件。

茂连乡等地主要生产方式为刀耕火种，“茂连山多田少，地瘠民贫，无所出产，人皆刀耕火种，半菽不饱”，因而“大都食盐者少，不食盐者多。且彝方土俗有经年累月可以不盐而食”，汉族商人偶尔从府城贩盐而来，多采用以物易物的方式经营，“间或有汉方商人自府城而至，由龙街而来，鬻贩官盐到村通易鸡、猪，或换麻布、火草及羊毛等项者”，因此“要而论之，彝民虽不能赴店领食官盐，而以所有易所无”，“大半穷彝不食盐者多，即有食盐之人不过货物相换。”改土归流后，地方官从外地运盐，要“雇脚驼运省盐”，根据山地民族特点，“夷民之肩挑背负乃系久于习练”，农闲时节，加添脚价，“宜

① 楚雄彝族文化研究所编著：《清代武定彝族那氏土司档案史料校编》，北京：中央民族学院出版社，1993年，第19页。

② 楚雄彝族文化研究所编著：《清代武定彝族那氏土司档案史料校编》，北京：中央民族学院出版社，1993年，第62页。

多催脚力辗运，小民既可获利，闲时又不空过。”[①]

改土归流，裁撤土司，原土司地区的土目、土舍要纳税服役。康熙五十四年，“详文编甲，革去土舍，一切差徭俱照汉方应办”。土司那氏家族同样要纳税服役，“那门兄弟及境内有粮者皆拨去亲身各完各款，各当各差”。土司感叹，“昔日则有茂连土舍之名，而今无土舍之实”。当时彝民多不懂汉语，经常被胥吏蒙蔽而多纳赋税，土目那德洪禀呈地方官员，请求减免赋税，“当日彝民不通汉语，不晓书字，屡被毒役滑吏，以愚柔可欺，将九厂南校场之条银飞洒诡计害累穷民年年赔纳，苦不可言”。因而请求“准照旧豁免赔荒之银条，庶彝民免遭偏累”[②]。

改土归流后，大量的汉商进入少数民族地区，他们要求设置街场，开展贸易，与当地的土目土舍发生冲突。土目、土舍为维护自身的利益，他们借口土地被侵占、汉商纷至影响社会稳定等，禀明地方官禁止开设街场，“川匪梅洪科等串同五方岁棍四路贴起设街书信，每逢牛羊日赶。被伊传约在小的地上连赶三街。窃思小的粮地，上供赋税，下赖全家衣食。兼之系属土练之产，不能设街”。土目那振兴因设街侵占自己的田地，不愿设街赶场。除此之外，他担心赶场带来的麻烦，引起地方混乱，“茂连乡地方尽属愚民，距州穹远，界连川省，彝多汉少，断无不受其盘剥扰攘情事。兼又深山密阱易藏奸匪”[③]。那振兴作为土目，有“约束夷众之责”。那联第等纠集客商在杨正春练产等处设置了牛、羊、鼠、马四个街场，但遭到杨正春等人控告，外来的四川客商彭集贤、魏世珍等人被迫拆毁街场的房屋，不再设立市场，另择地谋生。这场斗争反映了土目、土舍势力与外来客商势力的碰撞，改土归流后，客商进入土司地区贸易，妨碍了土目、土舍的利益，土目、土舍控告客商，驱逐客商。这场斗争一方面反映了少数民族地区的土目、土舍维护自身权利的诉求，另一方面反映出改土归流后，原土司地区少数民族经济发展缓慢，以“刀耕火种”的生产方式为主，不太需要设街场贸易，外来的客商被迫撤离。

三、改土归流与地方司法

土司统治时期，土司专制独裁，对土民生杀任意。改土归流后，由流官裁决诉讼案件。《清代武定彝族那氏土司档案史料校编》收集了司法类档案四十五件，内容包含清代刑律规定和“验尸场所用各项什物”的要求，有死因不明的凶杀案、讹诈钱财、贩卖假货、偷盗马匹的刑事案，有那氏土司成员之间以及佃农、农奴与领主间争夺土地财产、村庄山场等引起的民事纠纷案。这些档案反映了改土归流后，原土司地区的司法逐步与

① 楚雄彝族文化研究所编著：《清代武定彝族那氏土司档案史料校编》，北京：中央民族学院出版社，1993年，第73页。

② 楚雄彝族文化研究所编著：《清代武定彝族那氏土司档案史料校编》，北京：中央民族学院出版社，1993年，第76页。

③ 楚雄彝族文化研究所编著：《清代武定彝族那氏土司档案史料校编》，北京：中央民族学院出版社，1993年，第80页。

内地一体化的过程。

流官公布刑律数条，规定“十三不准”，如“事在恩赦以前者不准；斗殴不开明伤痕凶器见证年月者不准；非奸盗不孝牵连妇女者不准；彼告过三者不准；事在远年无据者不准”等等，并对罪名及罪责的法律条文公布，常见的罪名都一一列出，如“犯抢夺、窃盗及三犯窃盗罪，应军流徒者。果有父母，应侍与例相符，准留养一次。照例析枷刺字，详记档案”。对诬告罪“除被诬罪名，应准留养者仍照定例遵行外，如诬告人谋故杀及为强盗等罪，依律问发，不准留养”。妇女犯罪，设置女监，录口供后“交亲属保令听候发落，不得一概羁禁”①。

官府依靠土目、土舍等人，维护民族地方社会稳定，民族基层社会中发生的案件，由土目等人禀报知府，土目率人将案犯抓获，押送府城。嘉庆十九年，茂连乡土目那振兴“十一月二十日，土目盘获铁厂民人刘荣，其子小思近城境，张世杰等执朱标二张在密折各村吓诈夷民银两什物等项，是以拿解赴州等情。除将张世杰等吓诈银两另行开粘外，所在盘获刘荣等三人一并押解送辕”，除将人犯押解之外，土目那振兴还将赃物一一清列，便于地方官员审讯，“羊毛二斤，布一尺。银二两，鸡二只”② 等等。这件档案反映了改土归流后，民族地方的社会治理为土流并治，流官掌控官府，审判案件，基层社会中依靠土目、土舍等人，他们负责抓获疑犯，清查赃物，并押送疑犯到堂候审。

田产类的民事纠纷案件，反映了改土归流后，大量的汉民进入到少数民族地区，大量的土地被开垦，争夺田产的案件日益增多。原茂连那氏土司的世袭土地所有权遭到冲击，新兴地主出现。为此，茂连乡土目那德洪多次禀报官府，请求划分田粮地界，以防外人谋占田产。那德洪与鲁甫多次争田产未果，情愿要求将土地变卖，“情愿出银一百两变值此田，以绝争端”③。有钱人购买原属土司的田地，成为新兴地主。

四、结语

《清代武定彝族那氏土司档案史料校编》所存档案根据清代那氏土司的原稿整理，所存史料为武定慕连土目那德洪、那振兴等人的禀复呈文稿、民间诉讼文书、土目及土舍等率领土练出征记录、土司衙内行号簿等文献。通过研究这些档案，我们可以深入地探讨改土归流后民族地方社会政治军事概况，民族社会经济发展及存在的问题，改土归流后司法案件及其办理等情形。总之，研究改土归流后民族地方社会的发展，除利用正史资料、地方志资料外，民族地区保存的土司档案资料不可或缺。

① 楚雄彝族文化研究所编著：《清代武定彝族那氏土司档案史料校编》，北京：中央民族学院出版社，1993年，第98页。

② 楚雄彝族文化研究所编著：《清代武定彝族那氏土司档案史料校编》，北京：中央民族学院出版社，1993年，第108页。

③ 楚雄彝族文化研究所编著：《清代武定彝族那氏土司档案史料校编》，北京：中央民族学院出版社，1993年，第122页。

清代州县承发房职能考辨

——以清代《南部档案》为中心

苟德仪

承发房（科）是明清时期地方各级衙门普遍设立的房（科），是衙门内部行政运作中不可或缺的组成部分，但承发房到底干什么工作，有什么具体职能，迄今尚无专门而系统的研究。

前辈学者缪全吉在《明代胥吏》中已指出过学界对六房之制研究的不足。房科本承州县官旨意，乃具体处理地方政务的中枢，但既有研究还很薄弱，也存在不少问题，其中史料的分散与发掘不够是影响学界研究不深入的重要原因。清代州县档案的发掘利用，为解决房科相关问题提供了可能。比如《南部档案》延续了清代以来按房归档的传统，这种分房保存是迄今所发现的清代州县档案中独一无二的，为研究州县内部房科的职能、分工、运作等问题，提供了不可多得的资料。基于此，本文以《南部档案》为中心，辅以方志、官箴书等文献，对承发房的相关职能问题进行重新梳理，以就教于方家。

一、问题的提出

在既有研究中，承发房的职能是论述重点，概括起来主要有三种观点：

第一，承发房往往被当作文书收发机构（收发室）来描述。郑秦在《清代司法审判制度研究》一书中认为，承发房是管“收发文件”的机构。[①]《中国古代职官大辞典》解释曰：“承发科，清朝中央各部、院、寺之司务厅（或经历厅、主簿厅）的下属机构。置有经承一、二人，负责收发文书。”[②] 而《历代官制概略》说：“承发司，官署名。金代设置，属兵卫。长官有管勾，从七品，同管勾，从八品，掌受发省卫及外路文字。”[③]《文秘辞典》也称：“承发房，清代地方机构中设立的文书机关，专掌文书收发之事，相当于现

* 基金项目：国家社科基金项目（20XZS018）；四川省社科规划项目（SC18B123）。

[作者简介] 苟德仪（1979—），男，四川峨边人，博士，西华师范大学历史文化学院教授，地方档案与文献研究中心副主任，主要从事地方档案的整理与研究。

① 郑秦：《清代司法审判制度研究》，长沙：湖南教育出版社，1988 年，第 112 页。

② 张政烺：《中国古代职官大辞典》，郑州：河南人民出版社，1990 年，第 722 页。

③ 俞鹿年：《历代官制概略》，哈尔滨：黑龙江人民出版社，1978 年，第 462 页；陈文清：《文秘辞典》，沈阳：辽宁人民出版社，1987 年，第 461 页。

在的收发室。”[①]《彭山县志》介绍新中国成立前的知县署时，称承发房主管文件收发。[②]类似例子甚多，兹不赘举。

第二，很多论著将承发房当作秘书处来介绍。《武定府史话》称：“承发司是清代五府六部，以及地方各级衙门的通设机构。衙署里分管文书的上承下发，各房文书、簿册须上交的，都通过承发司来处理。上司下发的各类文书，也是通过他转交各房办理。相当于现在的秘书处。”[③] 把承发房当秘书工作机构的还有《秘书学概论》等书。[④] 郭建注意到挂号师爷与承发房间分工的不同。他指出主簿、典史之类的官员都是地方官府的秘书长，负责文件的制作、分发、归类、汇总。而明清时把这些官职都指定了具体的事务，一切文件的汇总分发都由承发房书吏负责。长官对于书吏总觉得不放心，所以都要自己私人聘请一位掌管文件书札汇总分发的“挂号”幕友。挂号师爷也称号友，号件。首要职责是登记、汇总、分发出入内衙的公文、书札。县衙的普通公文依旧由承发房负责汇总分发。后来内衙越来越庞大，进入内衙的公文也越来越多，几乎所有的公文都是由内衙处理，挂号师爷的事务也就越来越繁杂。[⑤] 衙门的分工真如郭建所述吗？

第三，笔者指导研究生汪秀平利用《南部档案》完成并发表了《清代州县衙署中的承发房初探》一文，这是迄今对承发房进行系统梳理的第一篇文章。该文对承发房的渊源、内部组织、职能、弊端等进行了全面的讨论。该文总结出承发房的职能包括：收发各类文件、参与案件办理、参与规范诉讼、监督各房办公、办理地租收支事宜等五部分。[⑥]

通过对大量文献资料的重新梳理，我们发现这些结论还显得比较片面，也不完整，对承发房如何涉讼等问题的论述还比较肤浅，鉴于《南部档案》中有33卷涉及承发房的诉讼案卷，笔者已另文详述，本文不再探讨。接下来通过爬梳《南部档案》与其他文献，对承发房的职能问题进行重新考辨，借此管窥清代州县衙门的内部运作，并加深对州县房科与清代基层行政的认识。

二、承发房的职能

承发房的部分职能，鉴于汪秀平的《清代州县衙署中的承发房初探》一文已有初步探讨，本文在此基础上，综合各种文献资料，对其进行修正和补充完善。

（一）处理文件

综合多种资料的记载，处理（非简单的收发）文件是承发房的核心职能，包括收发、

① 陈文清《文秘辞典》，沈阳：辽宁人民出版社，1987年，第461页。另见潘瑞新《中国秘书词典》，深圳：海天出版社，1988年，第29页。

② 四川省彭山县志编纂委员会编：《彭山县志》，成都：巴蜀书社，1991年，第382页。

③ 王剑等编：《武定府史话》，北京：方志出版社，2012年，第135—136页。

④ 上海大学文学院中文系编著：《秘书学概论》（内部资料），1983年，第20页。

⑤ 郭建：《中国古代县衙小史》，北京：中国长安出版社，2015年，第164页。

⑥ 汪秀平：《清代州县衙署中的承发房初探——以〈南部档案〉为中心的考察》，收于吴佩林主编：《地方档案与文献研究》第一辑，第358—362页。

登记、挂号、分发、签押、封发、誊批等，而不是既有研究以现代的收发室或者秘书处之类机构的职能所能涵盖。现代的收发室，基本职能就是收发文件、信函等。而秘书处的职能相对复杂一些，与清代的承发房不能完全等同。

先以蔡申之《清代州县故事》的记载为例。该书通过摘录《公门要略》《长随论》《各行事件》等为官手册，较完整地呈现了清代衙门内部的运作情形，这些当时的记录显示，衙门的内部运作是有规矩的，也比较复杂。先摘录与承发房有关的资料于下：

> 宅门启闭有时，每于黎明内宅击点七声，外传头梆，如系院司道衙门，外系传鼓，即开宅门，两廊该班胥役人等，到衙门办事，听候传唤差遣。迨至辰刻，宅门击点五声，外传二梆，即将日行核判签稿逐件检点汇齐，发交承发房值日登记，号讫分各房经承接办，不得假手，以防抽匿延阁（搁）之弊，仍令值日书姓名，填于号簿内，以备稽查。如有紧要公事，嘱令各经管，每于签稿上粘一红签，写明传稿、传签字样，以便醒目，随到随送，不致延误。如附入签稿箱内汇发汇送，势必迟误公事，或系紧要卷宗，内有契银期票保领限报，以及审拟供看等件，即传该承赴宅门承领，不致遗失，亦不致被人抽匿抄传关节，须当留意。直至申刻，内宅击点三声，外传晚梆，各房汇送日行签稿，由承发房送进，即时查点件数无错，即送签押房分送，惟有各役禀到人犯，及紧要时间，即时登记，以便稽查，或应回禀之件，随即转回上人核夺，如系控禀搪塞事件，着令该役赍禀堂回，如代具传禀，辗转批示，又需时日，挨延公事，反为承催不力之咎。迨至一炮以后，查点上宿胥役，查守仓库监狱民壮兵丁人等，以重防范，如果齐集，即将头二门及宅门封锁，倘有外来紧要文檄，令由转桶传进，即时拆看，不可延搁。①

该书还说："新旧呈词，细看内有批准，新呈检出送官标判，其经承名字，标在呈头，用官图章，盖在新经承名字上，其新旧呈词，发值日，承发房分发各房经承叙稿。"②又云："传承发房随带纸笔墨砚，齐进署内誊写状榜，写毕对明，将状榜送标判处，标毕送交门稿，发出粘帖。呈词禀帖，亦交门稿，饬承发房，请发各房经承办理送稿。"③

这些材料显示，每日辰刻即早上 7 点至 9 点，当宅门击点五声，外传二梆，此时各房吏胥要将日行核判签稿检点汇齐，由承发房登记、挂号，号讫分各房接办。至申刻（下午 3 点至 5 点），内宅击点三声，外传晚梆，各房汇送日行签稿，由承发房送进内宅，查点件数无错后，送签押房分送。而新旧呈词、禀贴都要经承发房发给各房经承叙稿或办理送稿。显然，承发房主要负责文件的登记、挂号、分发，成为衙门内宅与各房之间

① 蔡申之：《清代州县故事》，沈云龙主编：《近代中国史料丛刊》第 50 辑，台北：文海出版社，1970 年，第 21 页。

② 蔡申之：《清代州县故事》，沈云龙主编：《近代中国史料丛刊》第 50 辑，台北：文海出版社，1970 年，第 34 页。

③ 蔡申之：《清代州县故事》，沈云龙主编：《近代中国史料丛刊》第 50 辑，台北：文海出版社，1970 年，第 35 页。

的联系人。

不仅如此，承发房还要负责封发、签押（签字画押）等事宜。诚如陶澍在布政使任上曾制定了《堂规十一条》，虽然讲的是布政司衙门的承发房，州县承发房应与此相似。该堂规有三条是涉及承发房的：

黎明，内衙传点七声，大堂击云板七声，头门外发鼓一通，守门人役禀领锁匙开门，买办人役领价买办薪蔬，承发书吏于二堂伺候封发签押，不得违误。

日奉发公文，一切承发书吏汇登齐全，于次早传唤各房值日经书，按件注明领办。其有紧要及内衙签谕速办之件，即时登注。须认“即时”二字。散交各该房，不得稍有延搁。至于查催事件，按各属程途远近，事之缓急，立限催提，五日一次，开单送查。该吏等往往于不甚紧要之件任意催办，紧要之事一驳之后渺若无闻，视若毫不干己。此等恶习必应严惩，慎之。倘各属任催罔应，致误限期，该承查明具禀，以凭分别办理。如漏不具禀，或有意捺延，以致迟误，惟该承是问。

每日呈阅稿禀，每房各立稿簿，登明事由、件数，送交承发吏书定限，辰刻汇入稿箱，呈送内衙听候阅核。其判发之稿，随时缮就，签押定限，未刻交承发书吏，查明汇编号件，入箱呈衙签押。如系紧要事件，各房另立紧急稿签簿扇，不拘时刻，交承发房传送。如敢迟延，定行究处。①

由这些史料可见，布政使司衙门内部运作井然秩序，衙内的承发房主要负责这些事：1. 每日黎明，承发书吏于二堂伺候封发、签押诸事。2. 对于每日奉发的公文，皆由承发书吏汇登齐全，于次日早传唤各房值日经书领办，而且要分别紧要、签谕、查催等情况，散给各房办理。3. 对于稿禀、判发之稿、紧急稿签，皆由承发房处理：或由承发房定限，汇入稿箱呈内衙阅核，或入箱呈衙签押，或不拘时刻交承发房传送。

承发房分发案件，《南部档案》可以佐证。宣统三年（1911），工房程献忠、赵鼎新等具禀称：“情八房奉办各宪及恩主准理一切词讼，各有专司应办之件，均由承发房遵照定章散给，不得任意混争。”② 这说明承发房有分发词讼案件给各房的权力，而且衙门有定章对此专门规定。

关于承发房挂号问题，之前的学者对其研究也非常笼统。黄六鸿在《福惠全书》中，详细论及挂号曰：“准过词状，必须挂号，有所稽考，宜于到任之时，刻一印板，号簿格式，装订成簿，颜曰自理词状号簿。每期准过呈状，付经管挂号，将朱语、原告、被证姓名、批语、承行差役姓名填写后列前件，以便登填，如何归结是为内号。内号挂讫，随将各副状汇入封套，发承发房，分发承行。投词呈禀俱照式挂号对发承发科。承发科亦须挂号方发，是爲外号。挂号讫即刻分交，不许留延滋弊，查出重究。每日投文内一应公文禀单另封发承发科，另立号簿登记，不可混入词状。封内倘事繁，地方恐内外挂

① （清）陶澍：《陶澍全集》第5册，长沙：岳麓书社，2010年，第330页。

② 《南部档案》22—231。

号不及，投文内止发公文，上司牌票，其稍缓者次日再发亦可。”① 从这一叙述可知，承发房涉及的是外号，这是相对内宅所挂之号而言。词状、公文禀单、投词呈禀等皆须承发房挂号分发。

日本学者夫马进认为，虽然《福惠全书》记载“准过词状、必须挂号”，即受理的诉状才有字号，但在《黄岩档案》中，明确记有“不准”字样的诉讼文书，也全部盖有“内号”戳记。这说明《福惠全书》的记述并不准确，或者说全国的情况并不完全统一。在《黄岩档案》全部78件诉状中，有24件盖了“承发房吴庆惠挂号讫”等的戳记，其中7份明确标注了“不准”，而且都是初次提起的词状。②

在《南部档案》中，我们发现了部分盖有红色“承发房录号”的戳记（如下图1），说明承发房已经录过号。不过这样的“承发房录号”戳记在整宗南部档案中不多见，而绝大多数的状式是没有这个戳记的。这说明什么问题呢？为什么与黄岩的情况不一样呢？这里的录号与挂号、号讫之间究竟有何不同？这些问题还需要我们进一步检索资料进行论证。

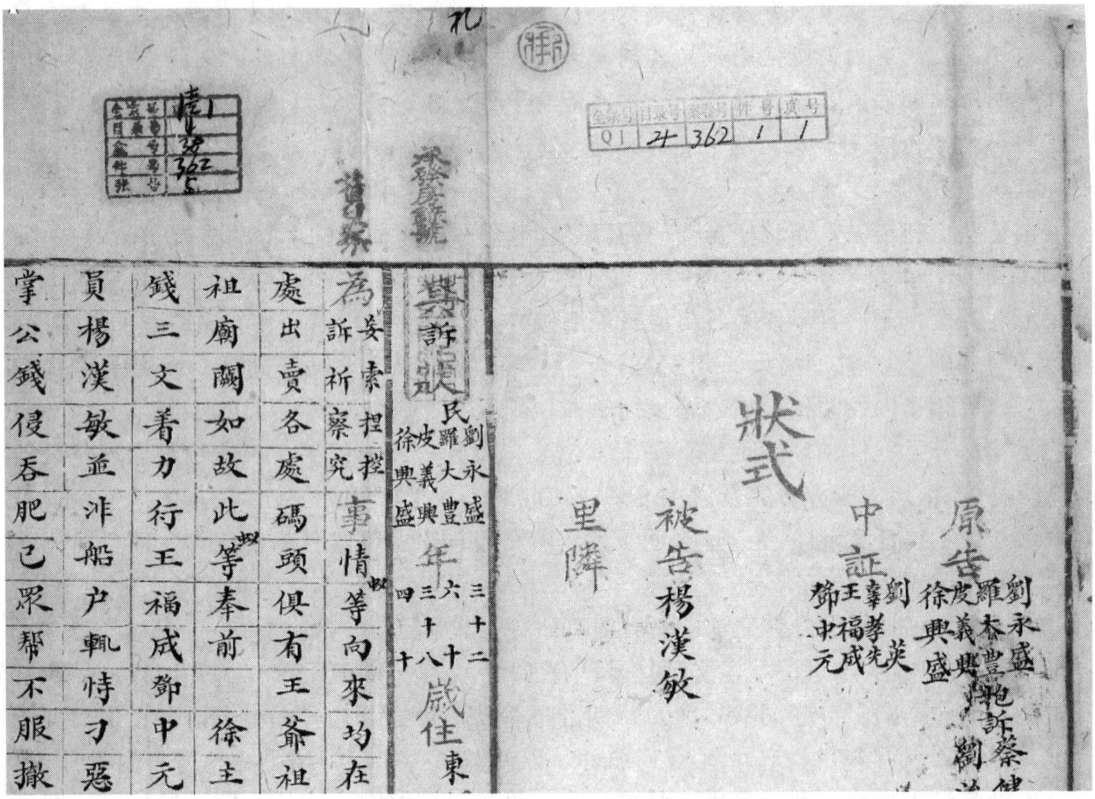

图1 道光三十年八月二十六日刘永盛等的诉状（局部）

① 黄六鸿：《福惠全书》，见《官箴书集成》第3册，合肥：黄山书社，1997年，第330页。

② ［日］夫马进著，范愉译：《中国诉讼社会史概论》，载于《中国古代法律文献研究》第六辑，北京：社科文献出版社，2012年，第45页。

（二）草拟文书

草拟文书也是承发房的重要职能。清代《南部档案》提供的资料显示，承发房草拟的文书首先是公文。比如在兵房档案中，就有承发房参与草拟的文书。

这件公文主要涉及传递公文问题。乾隆七年（1742）五月十八日，保宁府奉到驿盐道发下来的格式封套一个，戳记式三纸，要求下属遵照使用。五月二十九，保宁府饬南部县，南部县于同年六月初九日出示晓谕，仰县属各塘铺递兵役人等遵照。这个告示是由兵房贾朝选和承发房廖天贵合作完成的。

同年六月初十日，南部县知县费元龙遵照上宪要求，将封套、戳记照式刊刷遵行，并出示晓谕，于是将遵办缘由向总督、盐道、保宁府上报。此申文署名“典史陈、兵房贾朝选、承发房廖天贵承”字样。

可见这两件公文都是由承发房的书吏廖天贵和兵房书吏贾朝选合作完成。如图 2、图 3 所示：

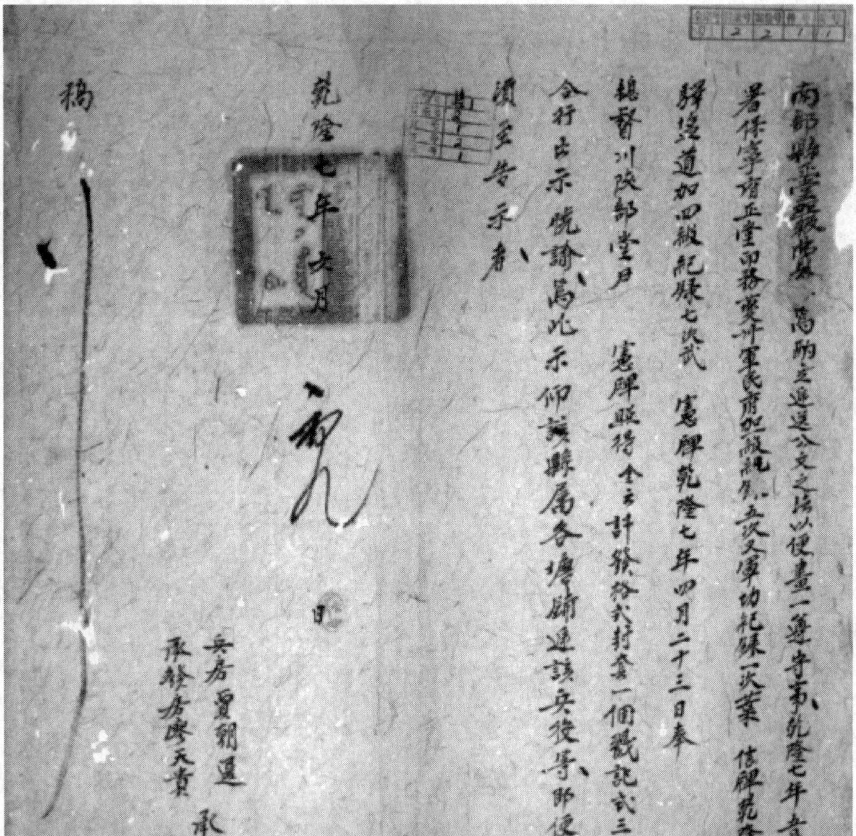

图 2　乾隆七年六月初九日承发房和兵房合作草拟的告示

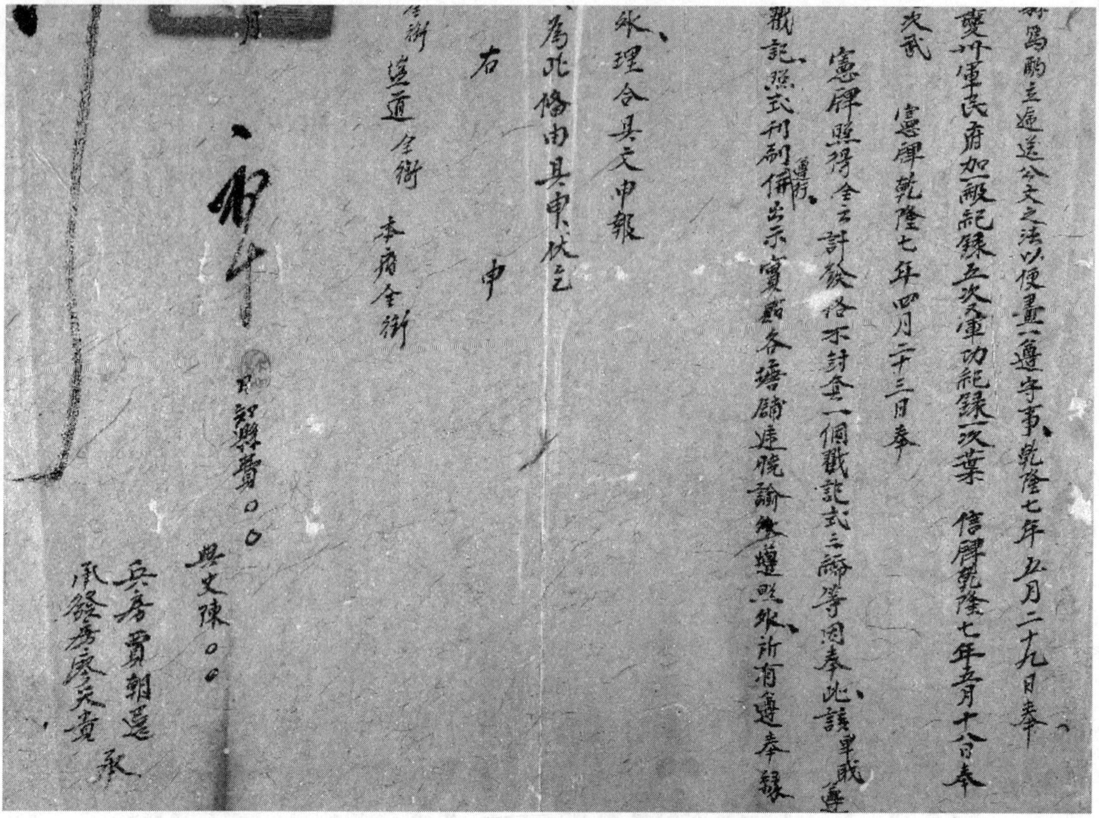

图 3　乾隆七年六月初十日承发房和兵房合作草拟的申文（局部）

承发房参与草拟的文稿还包括一些验文（又称验折）。比如宣统三年（1911）二月十七日，南部县向保宁府申报每日奉申各文件的验文（又称验折），文件末尾署名“承发房呈”的字样。[①] 这其实不难理解，如果承发房主要任务是收发文件，这样的验文，其实就是把南部县衙奉发各文件的清单总结一下而以南部县名义上呈。问题是，这样的档案并不多见，在大多数情况下，向上级申报这些文件，都由吏房主要负责。也就是说，并非所有的验文（又称验折）都是由承发房所呈，很多是“吏房呈”。[②] 这说明在清季各房职能处于不断变动之中，承发房可能偶尔代理吏房的工作。

此外，由于承发房参与了大量的诉讼，在诉讼中，也草拟了很多差票和签。如图 4 所示：

① 《南部档案》22—44。

② 《南部档案》22—44。

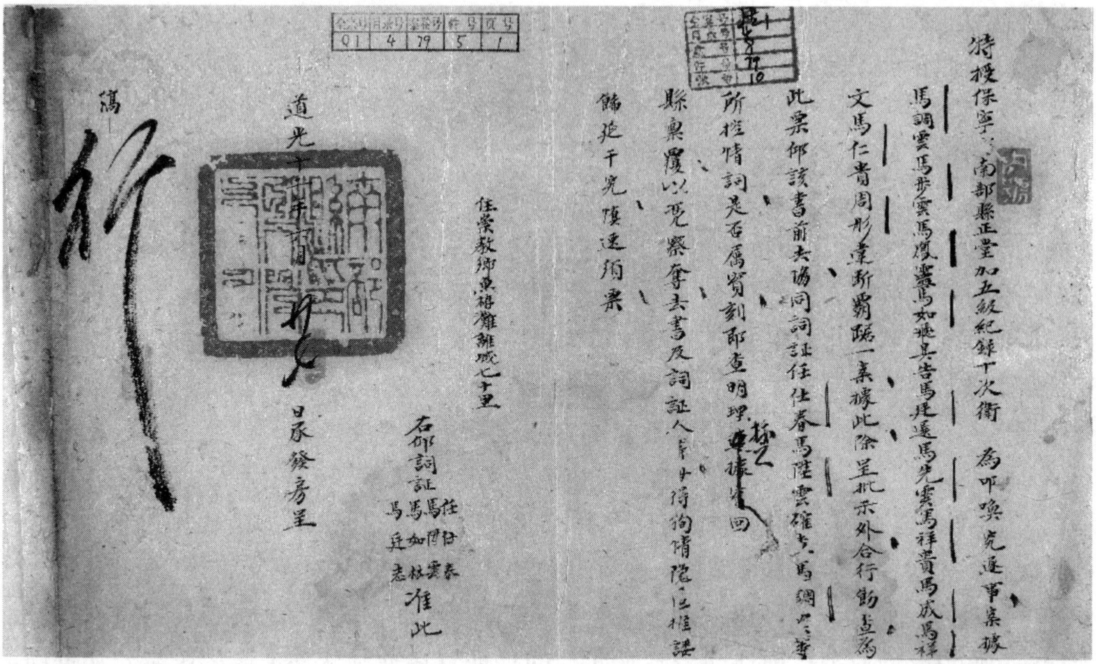

图4　道光十一年六月二十七日承发房所呈差票

据我们研究，南部县的承发房至少参与了33起司法诉讼的处理，这些诉讼案卷涉及相关文书，有的由承发房与工房合作草拟，有的是与礼房合作草拟，有的是与户房合作草拟，有的是和兵房合拟，不一而足。

总之，承发房主要是参与了公文、差票、签等文书的草拟，在《南部档案》中，为数不少。这充分证明承发房有草拟文书的职责。

（三）填誊状榜

填誊状榜是承发房的重要工作。前引《清代州县故事》已提及，知县要传承发房随带笔墨纸砚，齐进署内誊写状榜，写毕对明，将状榜送标判处，标毕送交门稿，发出粘贴。这证明承发房在状榜的填写、誊写、标判、粘贴等整个完整的过程中，主要负责誊写工作。蔡申之还称："告期收呈，如系官府亲收，则由门上看过，送进签押。由签押分送刑钱核批，如委员收，则先送官看，后送师爷核批，刑钱批出来，即时送上官看，如师爷用纸包，即时原封呈上，不可私拆，以避嫌疑，官府核定，盖过图章之后，再送誊批，挂号毕，传承发房进署写状榜，写好状榜，即判。要对无错，连呈一齐发出，或誊批，或挂号，恐有耽搁，俟官看后，即先状榜，随后再为誊批挂号，以免迟延，近时各处多有如此办法，必要按期批发，免得积压公事，如告期中呈词有紧要者，即要先办，不必待一齐挂后。"① 该书又云："每逢放告期，呈词共收若干张，须先登记簿上，然后分送刑钱，俟批出即送官过目，盖官图章，再送过批，批就即送挂号。挂过号，即令承发

① 蔡申之：《清代州县故事》，沈云龙主编《近代中国史料丛刊》第50辑，台北：文海出版社，1970年，第34页。

房进书抄写状榜，即将状榜送黑红笔过朱，过朱毕，送门房挂号。”①

这些材料证明了写状榜是承发房的重要工作。部分呈词的收发、签押、核批、盖印、挂号都与承发房无关，而是由官员、幕友、长随等负责，但是填写、誊写状榜是承发房必须要完成的，状榜完成后还要给门房挂号。

既然写状榜是承发房必须要做的一项重要工作，有必要对状榜进行一番考察。按照瞿同祖的研究，“状榜是公布州县官已受理诉状的布告。被驳回的诉状连同被驳回的理由公布在另一个单列的布告上”②。方大湜以为呈词批语榜示宜速：“呈词有正状，有副状，刑幕拟批写正副状之尾，墨笔誊批写在正状之尾。收词后先送刑幕拟批，拟批后再送本官核定，核定后再送墨笔誊写，誊写后再令经承填写状榜，此通例也。辗转需时，累人久候且恐无心者漏泄，有心者贿卖不如本官核定批语，可期迅速。红禀白禀虽无副状，而刑幕拟批必粘签于红白禀之上，亦可照签上批语先填状榜。”③ 黄宗智据此认为，方大湜在 19 世纪晚期点出了当时地方衙门（至少是受案较多的衙门）实际运作中的一个通例：词状是先送到刑名幕友那里的，由他在复本上撰一草批，交给县官核阅；然后送交“墨笔”誊抄到原稿上；墨笔再把状词连同批词照抄到“状榜”上公开展示。方氏主张对此程序作些调整：应把状词连同经县官允准的批词直接抄到状榜上，尽快与公众见面，不必等墨笔把草批抄到状词原件上去。④ 黄省略了“令经承填写状榜”之语，所以有误读之嫌疑。瞿同祖的解读才是正确的：“幕友拟写关于是否受理案件的批词，随后送交州县官，由州县官审读认可后盖章。获认可的批词由另一幕友誊写一份，随后令书吏撰写状榜。状榜用朱笔作记号，交给门丁登记并张贴到布告栏中。”⑤

由此可证，状榜就是布告，这个布告是州县官受理词讼的情形，也可能是州县官批驳过的诉讼状详情。在 19 世纪末的方大湜笔下，词状先是送到幕友那里，幕友拟写好批词后，交由州县官审读盖印，获得认可的批词由幕友誊写一份，随后令承发房书吏填写、誊写状榜，最后交由门丁登记并张贴。

（四）办理词讼案件

承发房参与司法案件的办理是超出我们意料的，如果不是在《南部档案》中发现 33 卷承发房参与的诉讼案卷，我们是不会相信的。要准确理解承发房办理司法案件的过程，需要对 33 卷档案进行详尽梳理。

这里所谓的办理词讼案件，不仅是上文提及的草拟差票之类，而是参与了整个案件的处理。我们在《南部档案》中发现了 33 卷承发房参与的司法案件，这些诉讼案件基本是民间细故引起，属民事诉讼范围，涉及借贷、业产、婚姻、贸易、教育等诸多方面。

---

① 蔡申之：《清代州县故事》，沈云龙主编《近代中国史料丛刊》第 50 辑，台北：文海出版社，1970 年，第 34 页。

② 瞿同祖：《清代地方政府》，北京：法律出版社，2003 年，第 133 页。

③ （清）方大湜：《平平言》卷二，光绪十六年印本。

④ 黄宗智：《清代的法律、社会与文化：民法的表达与实践》，上海：上海书店，2007 年，第 172 页。

⑤ 瞿同祖：《清代地方政府》，北京：法律出版社，2003 年，第 161 页。

这些诉讼有的是与工房合办，有的是与礼房合办，有的是与户房合办，有的是和兵房合办，不一而足。在这些司法诉讼中，承发房通常在知县的批示下负责个别差票或签的拟呈，差票和签的内容无一例外都是代表县衙派书（实际派的都是承发房书吏）前去协同词证、中证等查勘或者直接处理案内纠纷。个别纠纷，承书们是处理好了的。不过大多数情况下，原被告并不买承书的账，于是承书们回县禀覆处理情形，请求知县传唤审断。于是工房、礼房、兵房等再拟呈差票，派役传唤原被双方到案审讯，最终经过知县审断后结案。

黄宗智据《淡新档案》《宝坻档案》《巴县档案》认为，“平均而言，一份简单完整的法庭案件的档案大约有七张纸，通常包括原告的状词，上面通常写有县官的意见和批示；然后，如果有的话，是被告的诉词，上面同样有县官的批示，接着是原被告双方的原始口供，再下面是衙役的报告，跟着是法庭的传票，再接下来是涉案者的法庭供词，然后是县官的简短的判语，最后则是涉案者接受判决的甘结”①。《南部档案》中的情况大体如此，简单而完整的诉讼，主要包括七部分：（1）告状及批词；（2）诉状及批词；（3）差票；（4）书吏的查勘报告；（5）点名单；（6）供词及堂谕；（7）结状。② 值得注意的是，大约在光绪以前的堂审记录里，无专门的堂谕，而是融合在供词中，光绪以后，有专门的堂谕，一般是直接用朱笔写在点名单上，供词末也附有抄录的堂谕。

承发房在司法诉讼中，主要是负责差票（有时是签）的草拟，以及案情的调查和处理，也就是说如果说一个完整的司法案件包括 7 大环节的话，承发房主要涉及的是第（3）（4）两个环节，对知县最终审判起了重要作用。

（五）管理代书

在民众识字率不高的清代，官代书是清代地方衙门设置的专门为百姓写状纸的人。③他们代写状纸、盖用戳记、收取费用④，在清代地方司法秩序的稳定和发展中起到了重要作用。论者多看到清代州县普遍设置官代书，其实道台衙门也普遍设置。⑤ 其数量一般少于州县里的官代书数量。据档案记载，光绪初四川巴县设有 10—12 名正取代书和副取代书。当然他们也有拨弄是非，危害乡里的一面，尤其是官代书制度的后期，弊窦丛生，最终被取缔。

---

① 黄宗智：《清代的法律、社会与文化：民法的表达与实践》，上海：上海书店，2001 年，第 4 页。

② 吴佩林认为通常情况下，南部县诉讼程序主要包括五张纸，即 1. 原告的状词与衙门的批词；2. 被告的诉词与衙门的批词；3. 衙门发出的差票；4. 堂审时的点名单、供词、堂谕；5. 甘结。同时他也指出，这只是一个基本程序，而事实上，档案里反映的程序要复杂得多。参见吴佩林：《清代县域民事纠纷与法律秩序考察》，北京：中华书局，2013 年，第 198 页。

③ 关于官代书的研究，目前主要有吴吉远：《清代的代书与讼师》，《文史杂志》1994 年第 3 期；吴佩林：《法律社会学视野下的清代官代书研究》，《法学研究》2008 年第 2 期；邓建鹏：《清朝官代书制度研究》，《政法论坛》2008 年第 6 期。

④ 邓建鹏的研究显示，四川的代书费至少 100 至 1000 文之间。参见邓建鹏：《清朝官代书制度研究》，《政法论坛》2008 年第 6 期。另见光绪《井研县志》卷四，光绪二十六年刻本。

⑤ 苟德仪：《川东道台与地方政治》，北京：中华书局，2011 年，第 51 页。

从相关资料记载看，管理代书也是承发房的职能之一。据蔡申之记载，知县上任后，要唤各房造须知册，同时“唤承发房送牌呈官，定期考代书，有规矩，薄厚不等。令承发房送考验代书牌，惟书差点卯、考代书均有规礼”。①

从这个记载可见，承发房主要负责递送考验代书牌，而且是有一定规礼的，不过这类记载不多，难得其详。

（六）收缴词状规费

清代的规费名目繁多，花样百出。那思陆总结说：“清律并无‘规费’名目，但实例上有所谓‘规费’。规费人多系用以馈赠书吏、差役，亦有缴纳州县衙门者，名目繁多，各省情形不一。亦与吏治良否有关，官清则规费名目少，官浊则规费名目多。书吏需索规费，其名目有：戳记费、挂号费、传呈费、取保费、纸笔费、出结费、和息费、买批费、出票费、升堂费、坐堂费、衙门费等。差役需索规费，其名目有：命案检验费、踏勘费、鞋袜费、车马费、舟车费、酒食费、解绳费、解锁费、到案费、带案费、铺堂费、铺班费、班房费、进监费礼、保释礼、和息费、结案费、招解费等。”②

承发房涉及的规费主要是词状规费。《清代州县故事》云：“状词完毕，官退堂时，值堂将状的新旧呈词送来，随即点明件数，查新词若干，旧词若干，将词另记清单，交送门稿，问承发房缴状词规费，即将新旧呈词送至号件处挂号，挂毕分送刑钱处批，刑钱处批毕送来，即将呈词批语呈阅核改承行，官承行毕，将词送交誊批处，誊毕送来，将粘条副词抽出存内，注明年月日，防备稽查。”③ 至于规费是多少，《清代州县故事》并未明言。

光绪六年（1880），四川井研县知县王琅然禀定书役规费章程，明确规定：承发房词状正副每张钱一百二十，小格每张四十，放告收词挂号每张八十，官批查理之案，掣取词稿钱二百二十。④ 对承发房收取词状的费用做了明确规定。

在四川遂宁县，书吏规费章程明确规定，“买取承发房正副状式仍照前给钱六十四文，小格式给钱十六文，放告挂号给钱四十文，抄批给钱十六文，其有掣取词稿者，给钱四十文，抄写堂判给钱十六文”。后来遂宁县改组司法设置人员收支疑项办法条件，依然规定状纸费及印纸费向由承发房经收。兹议归并司法经费收支处经收，以期便利而节冗费。至应解高等厅之印纸费状纸费即由该处按月汇缴县公署。⑤

南部县的档案揭示出，为了防止书吏们作弊，官府往往采取相应措施，不过仍然无法彻底解决书吏作弊的问题，在衙门的规定之外，承书们勒索规费的现象仍然屡禁不止。承书作弊方式多样，他们会为亲友谋取利益，在诉讼中私造批词，乱散案件都常发生，

① 蔡申之：《清代州县故事》，沈云龙主编《近代中国史料丛刊》第50辑，台北：文海出版社，1970年，第32页。

② 那思陆：《清代州县衙门审判制度》，北京：文史出版社，1982年，第63页。

③ 蔡申之：《清代州县故事》，沈云龙主编：《近代中国史料丛刊》第50辑，文海出版社，1970年。

④ 光绪《井研县志》卷四，光绪二十六年刻本。

⑤ 民国《遂宁县志》卷八，民国十八年刻本。

根源还是为了经济利益，县衙有时对承发房也采取罚款的方式进行处罚。

三、结语

通过上面的叙述可知，承发房的职能是比较复杂的，包括处理衙门的相关文件、草拟相关文书、填誊状榜、管理代书、办理词讼案件、收缴词状规费等，有的地方承发房还涉及监督各房办公，办理地租收支等。而既有研究常以秘书处、收发室等机构来简单类比清代州县的承发房，对承发房的职能进行简单概括都是有失偏颇和不完整的，很多论述是值得商榷的。

我们相信，这些基于可靠资料的实证研究，对深入探讨州县行政实际运作是有裨益的。当然，《南部档案》中保留的大量承发房档案，还有待仔细品读，有待与其他房的档案开展合作研究，这里仅仅是一个初步的探索。迄今我们仍然不清楚，承发房作为一个县衙或者州衙的机构，如何与其他房科一起完成衙门的相关工作？承发房在社会变迁中自身是如何演变的？县衙对承发房涉案是何态度？诸如此类问题，目前尚不能一一解答，但我们相信，随着研究的深入，这些问题的彻底解决已指日可待。

晚清长江上游城市重庆的水上救生事业探赜

——以巴县档案为中心

惠　科

重庆位于四川盆地东部，环江为池，河网密布，“内水则嘉陵白水会羌涪宕渠，来自秦；外水则岷沫衣带会金沙，来自滇；赤水来自黔，俱虹盘渝城下，遥牵吴楚闽越两粤之舟”①。优越的水文条件是区域经济发展的重要基础，但川江大量存在的险滩、暗流又时刻威胁民众的生命、财产安全，进而有碍经济的快速发展。《峡江救生船志》记：“蜀江之险，古称山峡，然而赤甲、白盐之阻，奔牛、下马之奇，载籍所传，行旅知戒。”②湖广总督翁同爵指出：“四川夔州至湖北宜昌一带河道水急、滩险，往来商旅、船只每多覆溺之患。”③ 为保障川江往来人员的人身及财产安全，多种形式的救生活动在重庆得以积极倡导、开展。

有关清代长江流域水上救生事业的研究，西南大学蓝勇教授致力颇多，其研究集中对长江及长江上游救生红船制度运行、救生红船的地位、效果等问题进行了探究。④ 本文则侧重城市史的视角，从社会治理的角度，利用巴县档案中保存的与救生活动相关的票文、札文、禀文、牌示等常见文种为素材，以救生红船和拯溺善堂为具体研究对象，考察清末国家权力、民间力量与慈善救济事业的关系，官绅之间的“角力”，以及地方救生活动的变迁等问题。笔者认为，慈善救济活动，既是国家施行仁政的应有之举，又是地方精英凸显自身影响的传统场域，故而“官绅互动”的思考视角，是不可或缺的。另外，在地域上关注重庆，是基于如下理由。

第一，既有研究侧重考察的是长江中下游地区的水上救生问题，如湖南、湖北、江西、江苏等城市的救生船、救生局，而对同样重要的长江上游城市的水上救生活动探讨十分缺乏；第二，重庆是两江环绕、交汇的山城，水运是经济发展的重要依托，尤其开埠通商后，水上运输活动更属频繁，救生活动在此地开展频繁且救生事业发展迅速，故

＊　基金项目：重庆社科学规划项目“巴县档案与近代重庆城市社会研究”（2019YBLS138）。

［作者简介］惠科：四川外国语大学马克思主义学院教师，主要从事城市史、地方史、中外关系史研究。

① 王梦赓修：道光《重庆府志》卷1《舆地志·形势》，道光癸卯年本，重庆图书馆藏。

② 程以辅编：《峡江救生船志》“序”，水师新副中营，光绪四年刻本，国家图书馆藏。

③ 程以辅编：《峡江救生船志》卷1，水师新副中营，光绪四年刻本，国家图书馆藏。

④ 相关成果请参见蓝勇：《清代长江上游救生红船制初探》，《中国社会经济史研究》1995年第4期；蓝勇：《清代长江上游救生红船制续考》，《中国社会经济史研究》2005年第3期；蓝勇：《清代长江红船救生的地位和效果研究》，《中国社会经济史研究》2012年第3期。

为研究的典型区域；第三，丰富的一手资料，巴县档案被认为是中国现存内容最丰富的清代县级档案文献资料，保存了众多在其他史料中难以窥见的地方真切发生过的各类事件，包括水上救生活动。所以，本文与既有研究成果多有不同，希冀能从单体城市、社会治理的视角，考察长江上游的水上救生问题，以期深化对清代内河救生事业的研究。

一、地方政府主导下的救生红船添设

善书《得一录》论及江河的危险及施予援手的重要性："人生急难之遭，至江湖风波之险而极矣。呼吸之间，即关性命。呼天莫应，抢地无灵，四顾芒芒，心胆俱裂。此时设有为之垂手救援者，起死肉骨，何啻浮屠七级也。"① 红船是清代官府主导下的重要救生工具，在沿江、沿河地方普遍设置，发挥着拯溺、活命的功效。1900 年 12 月德国的"瑞生"（Suihsiang）号在崆岭峡遇难，华人、外国人纷纷坠入江中，幸有附近红船及时赶到，救下不少落水人员。② 英人丁乐梅在游记中记载，曾遭遇覆溺之患，船上所有遇难人员，除了西人船长外，悉数被红船救起的事例。③ 以上事例皆突显了救生红船的重要性。

（一）朝廷倡导下地方救生红船的筹办

早在乾隆年间，朝廷就多次下旨要求各地重视救生船的设立，以救人于落水之际。例如，1739 年下旨强调："各省督抚确查所属地方，有险阨之处，应设救生船只者，酌动存公银两，估计修造，每年给与水手工食若干，并交地方官，载入交盘册内，永远遵行，毋许始勤终怠。"④

从目前可查的史料来看，重庆地区救生船的添设至迟在乾隆年间，与乾隆帝的积极倡导态度密不可分。乾隆三年（1738），巴县知县王裕疆筹备了 5 只救生船，专门负责罹难人员的拯救。引人注意的是，添设的船只是选择性地安置在事故易发、频发的险滩附近，侧面反映出救生红船数量不足的问题。每船配备 6 名水手在观音梁、猪肠子等 11 处险滩周围巡逻。后续又在他处险滩设平底快船 2 只，石门滩设救生船 1 只，北碚梁设船 1 只，每船都安置 4 名水手。救生人员的工食费概由衙门从盐羡中支拨，足见其浓厚的官办色彩。⑤

重庆的救生红船属于"蜀中成式"，船长 3 丈，宽 5 尺 3 寸，分为五板小船、大五板船和平底快船。⑥ 小巧、灵便的特征，操作起来十分方便，利于救生活动的高效开展。悬

---

① 余治辑：《得一录》卷 4 之 3《救生局章程》，同治八年得见斋刻本影印，台北：华文书局股份有限公司，1969 年，第 283 页。

② 邓少琴编著：《近代川江航运简史》，重庆：重庆地方史资料组，1982 年，第 61 页。

③ ［英］丁乐梅：《徒步穿越中国：1909—1910 一个英国人的中国旅行记》，陈易之译，北京：光明日报出版社，2013 年，第 22 页。

④ 《高宗纯皇帝实录》卷 90，《清实录》第 10 册，北京：中华书局，1985 年，第 391 页。

⑤ 道光《重庆府志》卷 1《舆地志·山川》，道光癸卯年本，重庆图书馆藏。

⑥ 曹凛：《清救生红船的管理和检查》，《中国船检》2014 年第 7 期，第 106 页。

挂红色帆布，逡巡于川江之上的红船尤其显眼，其“身影”常常出现在清末来渝外国人的游记中。英国商人立德乐在光绪年间沿江上溯重庆，在航行途中亲见江面的救生船：“有几艘红色的救生艇，每艘艇上有四个船员，其中一艘在这个险滩附近游荡。”[①] 后来发现这些特殊的船只一般都是出没于“很危险的渡口”。[②]《泰晤士报》驻远东通讯记者莫理循 1894 年行旅至重庆境内，也发现各处险滩部署着官方的救生船：“它有宽阔的横梁，涂成红色。”[③] 游记中还记载他了解到雇工水手的工食钱是一天 80 文，“救一条命奖赏一千文，捞一具尸体奖赏八百文”[④] 等红船管理方面的细节问题，为今人的研究提供了参考。

总之，商贸的长足发展与人员的频繁往来，给沿江城市重庆带来了经济发展的活力，然汹涌的川江又给往来船只造成较大的隐患。面对覆溺堪虞的危状，在朝廷的倡导下，水上救生活用应时而生，重庆的县级政府通过筹办救生红船促进了川江救生事业的发展。

（二）救生红船在清末的续办

红船作为最早出现的维系江上行旅安全的重要载体，直至清朝末年都有地方倡议继续筹办的迹象。如光绪二十七年（1901），两江总督刘坤一奏请朝廷：“造救生红船以拯溺。”[⑤] 于重庆而言，巴县档案显示，光绪、宣统年间，地方政府在财力允许的前提下，依旧致力于数量不等的救生船只的添置。

光绪七年（1891）六月，巴县衙门为改变川江险滩众多，而红船数量较少的现状，又出资添设了 4 只救生红船，循例在著名险滩择要处安设。在红船救生人员的组成上，以舵工和水手为主。通过招募的办法，选定了老练沉着、熟悉水性的文玉等 4 名舵工，袁顺等 12 名水手，分拨各船行动。在经费支拨上，舵工 1 人，日给工食钱 120 文；水手 1 人，每名日给工 100 文。[⑥] 在红船的安置上，县令考虑到县属两江环绕，长江一带尚额设有救生船，嘉陵江一带却未设。故将筹设的 4 只红船，平均分配：两只添入长江，两只拨归嘉陵江。衙门还为新添置的救生船划定了不同的巡逻区域，以期做到分段负责、高效救生的目的。

值得注意的是，考虑到新设红船数量有限的问题，为了实现更大范围的救生目标，制定了船只视具体情况“移泊”以照应他处的办法：

> 二号红船派赴大河之猪龙滩，照应状元滩。水势再大，即移泊离城三十里之莲花背。一号（红船）派赴百战梁，水势再涨，即移泊县城一百零五里之金漩子、猪

① Archibald John Little, F. R. G. S. Through the Yang-tse Gorges: Trade and Travel in Western China. London: Sampson Low, Marston & Company Limited, 1898. p. 82.

② Archibald John Little, F. R. G. S. Through the Yang-tse Gorges: Trade and Travel in Western China. London: Sampson Low, Marston & Company Limited, 1898. p. 116.

③ ［澳］乔治・厄内斯特・莫理循：《1894，中国纪行》，李磊译，北京：中华书局，2017 年，第 29 页。

④ ［澳］乔治・厄内斯特・莫理循：《1894，中国纪行》，李磊译，北京：中华书局，2017 年，第 30 页。

⑤ 刘坤一撰，陈代湘、何超凡等校点：《刘坤一奏疏二》，长沙：岳麓书社，2013 年，第 1448 页。

⑥ 四川省档案馆藏：《清代巴县衙门档案》6—6—5627。

儿石两滩。倘猪儿石滩平，即放下□门滩下嘴。五号则派泊赵家□□□古牛石、黑石盘两滩，水如再大，即移泊惠阳镇砂嘴，照应白石梁滩。若水势平，即可移泊上游之二岩峡口，照应大沱口滩，酌定地方，庶？节节皆有救护。[①]

以上主张是之前没有谋划过的，这对红船救生效果的发挥起到进一步的促进作用。除此之外，衙门还强调说明了红船负责人员的职责以及相关奖惩措施的制定："督饬该水手等常川在船伫守各滩，声明赏罚，认真救护。并于沿河地方再行示谕码头渡船人等无论何项船只一遇失事，立即赶紧救护。如果救得有人，投明该处约保并救护之人同来卑县呈报。"[②] 整体上看，该方案考虑比较周全，对江上拯溺活动的进一步开展自然是有利的。

（三）救生效果的问题

前引用外国人的例子，肯定了救生红船发挥的积极作用，试再结合档案资料的记载窥探其救护效果如何。1859 年，浪发舟失吉，落水 5 人，红船救起 5 人。同年，浪漩船在五桂滩沉船，落水 6 人，红船救起 6 人。[③] 1867 年，有运盐船因碰大石在鲊鱼滩覆沉，落水 24 人，红船救起 24 人。同年，有运煤船在五桂滩失吉，落水 3 人，红船亦悉数救起。[④] 由于"档案"属于官方文书，对红船救护结果的记载难免受现实利益因素的影响，存在夸大、虚报的问题，每次"悉数救起"的记载令人质疑。[⑤] 通过对档案的仔细研读，发现诸多因素的存在制约了救生效果的发挥，尽管地方官府不时添设红船，以希更大程度地解决拯溺问题，实际效果不彰。众多影响因素中至少有两方面的是至关重要的：

一是面临险滩数量太多，红船数量整体有限的困局。重庆所属江面"上下水程二百二十里，由洛黄石起至麻柳嘴，交长寿界"，地形条件复杂，险滩林立，"大小似车□子、专龟子、九龙滩、白鹤滩、土地滩、观音滩、□窝子、莲花背、猫儿跳、叶滩、王爷庙角"为最险处。此外，还有半亭子、青峰子等不计其数的险滩。[⑥] 而官办的救生红船数量上，最多时不过 20 来艘，远不能满足救生需求。

还一度出现县令通过奖赏的办法，吸引渡夫参与拯溺活动的事例。如，知县国璋曾劝谕县属大小两河上下船只及各码头渡夫"凡在河干遇有行舟失事"，"无论何项船只，均备赶□□□先救人，再救货"，"如果救得生人上岸，准其投明该处约保，并救护之人来案报明"，由县衙给予赏银。[⑦] 二是尤其到清后期，红船百弊丛生，红船救生体系逐渐衰落，严重制约救生效果。相关的问题，从重庆知府恒龄具禀四川提刑按察使司的文札

① 四川省档案馆藏：《清代巴县衙门档案》6—6—5604。

② 四川省档案馆藏：《清代巴县衙门档案》6—6—5604。

③ 四川省档案馆藏：《清代巴县衙门档案》6—4—1002。

④ 四川省档案馆藏：《清代巴县衙门档案》6—5—1018。

⑤ 既有研究揭示了水手和衙门为了各自利益虚报、谎报的问题。具体见蓝勇：《清代长江红船救生的地位和效果研究》，《中国社会经济史研究》2012 年第 3 期。

⑥ 四川省档案馆藏：《清代巴县衙门档案》6—6—3278。

⑦ 四川省档案馆藏：《清代巴县衙门档案》6—6—5604。

中可以窥见：

> 虽定例设有救生船只，无如岁领工食无多，不敷口食，兼之船只损坏，无费修补，以致有名无实。甚至船只俱无，工食为书役吞蚀。……无船之处，固属无所责成。有船之处，或岁久失修，或水手不能得力，甚或有乘危图财等弊，殊负添设救生之苦心。[①]

“经费支绌”“年久失修”“用人不当”等弊病到后期都统统显露出来，成为制约重庆红船救生效果发挥的关键因素。当然，以上流弊并不独见于重庆，其他地方也同样存在。光绪三十年（1904）泸州出现含混、冒领赏钱的现象，衙门查明后，该滩的首人被斥革，舞弊的滩头也被替换。重新更换后的负责人对于救生事项的了解，又是一个漫长的熟悉过程。[②] 探究弊病出现的原因，经费无疑是最大的问题。经费的短缺，导致弊端的衍生，进而从各方面影响江上救生活动。

二、民间力量介入红船救生体系

重庆自开埠通商后，“商贾行旅更倍从前”，为了保障商旅的安全，维持商业港口的持续繁荣，救生活动因此也更显迫切。[③] 面对官办救生船数量有限、流弊丛生与救生活动急迫的现实局面，到清末渝城的地方士绅开始介入到红船救生事业中，以图弥补官力之不逮。

光绪元年（1874）五月，贡生胡蓉、文生龚灼、职员任益兴提出捐银添置救生船的建议，为了避免救生过程遇到“麻烦”。如“偶遇无良之辈遭此水厄，身无半文，救后反称囊内有数……则水夫受累不浅”，或者“水夫作弊，救物不救人”等问题，士绅们又提出借助官府权威的禀请。[④]

收到禀文后，巴县知县李玉宣立批：“该职首设立救生船只系属善举，准予出示立案。”“立案”的决定，赋予了民办机构的法律效力，具备了一定的社会威慑力。此外，衙门还专门发布谕令保障活动的开展，强调“如有侵吞浮滥”或者“渡夫勒索”等现象，允许士绅们“即指名具禀□凭唤究”。[⑤]

士绅参与水上救生活动在清末并非偶然事件。再如1909年，士绅陈吉省等人发现鸡冠石河滩在夏、秋季节洪水泛滥，危险万分，常常毁坏上、下行船，覆淹人、物不计。而码头距离此处极远，一时半刻又难以展开施救工作。同样也向县衙提议由渝城绅士募

① 四川省档案馆藏：《清代巴县衙门档案》6—6—5626。

② 《本省新闻：红船剔弊》，《四川官报》1904年第25期。

③ 汪叔子、张求会编：《陈宝箴集》卷24《公牍二》，北京：中华书局，2005年，第956页。

④ 四川省档案馆藏：《清代巴县衙门档案》6—6—5602。

⑤ 四川省档案馆藏：《清代巴县衙门档案》6—6—5602。

捐银两，用以“积造救生船只”的禀请。[①]

以上士绅参与的情况在光绪、宣统朝的巴县档案中时有反映，形式上一般体现为出资筹船，并不负责具体的管理工作，红船仍旧是处于官府的主导。这一定程度上可以缓解救生船只数量短缺与救生活动迫切的矛盾。

综上，清代重庆为川省水陆中心，“水牵云转，万里贸迁”，水运事业十分繁忙，在朝廷的倡导下，水上救生事业应运而生，形成了以救生红船为主体的特征。在红船救生体系中，政府起到了主导作用。但是，由于日久生弊，到清末，官力主导下的红船疲软态势日益严重。光绪七年（1881），知县国璋指出：“县属大小两河，上下行舟，每遇险滩，时有沉溺之患，额设救生船，日久弊生，有名无实。”[②] 此外，又因官府筹办的红船“择要安置”，而“县属江面之长，险滩之多”的现实，导致“当此洪水泛涨，处处增觉可虞，救生之船既难遍及”[③] 的尴尬。因此，为了保障救生活动的开展，在官府的许可下，地方精英开始投身到红船救生的事业中，成为官府救生实践的有力合作者，民间力量得以彰显。待发展到后期，红船被普遍认为是“有名无实”“毫无实际”“徒有虚名”的存在。奸弊丛生的局面，导致官办的救生红船愈发难以发挥救生的功效，现实的环境催生了以民力为主导下的水上救生机构——拯溺堂的出现，开始逐步替代官办红船的地位。

三、地方精英创设拯溺善堂实施救生

清光绪九年（1883），渝城好善的绅矜捐资筹建了专门负责江上救生的善堂——拯溺堂，这是典型的由民力主导的慈善救济组织。[④] 值得一提的是，与一般善堂不同，渝城的拯溺堂并不修堂，即没有固定的场所。我们知道明清的善堂多是有固定的会所，有堂、局、公所，内设专职的管理人员，从而保障慈善活动的长久性。[⑤] 反观，重庆的拯溺堂无固定场所的建构算是一朵“奇葩”。为对重庆此类针对江上救生的慈善机构有较清晰的认识，拟从管理、经费、作用等方面试作简要的说明。

（一）绅董制组织模式

组织管理形式是保障一个机构的持久运转，实现其目标的重要手段。档案反映出，在运行建构上，重庆拯溺堂采取的是绅董制模式。

拯溺堂的组织、参与者称为“绅董”，以推举的形式从中选出负责人，视为“首士”，统领全局。首士每三年一选，参选的士绅需同时具备两个基本条件：一为家底殷实，能

① 四川省档案馆藏：《清代巴县衙门档案》6—7—1439。
② 四川省档案馆藏：《清代巴县衙门档案》6—6—5604。
③ 四川省档案馆藏：《清代巴县衙门档案》6—6—5604。
④ 四川省档案馆藏：《清代巴县衙门档案》6—6—5632。
⑤ 陈宝良：《中国的社与会（增订本）》，北京：中国人民大学出版社，2011年，第197页。

在善堂面临资金问题时发挥作用；二为品行乐善好施，保障救生事业的顺利持久开展。[①]

在职责上，按照章程规定，值年首士每年需“前往三河各码头巡查”，其目的在于检查“该首人等是否认真办理，有无虚应故事”，以及核实“给钱串票与票根”是否一致，杜绝“虚捏、冒领等弊”。为了方便首事人等上下往来巡查，特意从“息银余存项下酌提银贰拾两，制造篷舱小船一只”，平日无事时“只雇水手一名，月给火食钱一千五百文”，遇有大水泛滥“再行添雇，兼可遇便拯溺”。值得注意的是，每逢首士巡查时刻，衙门会派出差役与值年首士共同前往各码头查考，以起到监督作用。[②]

（二）主要经费开支

诚如前述，渝城的拯溺堂虽冠以“善堂”之名，却并不修“堂”，故而可节省一笔开销。其主要的经费支出体现在赏钱上，具体讲，就是支付给参与救生活动的船户的银钱。这笔主要花销是由绅衿们集体筹集支付，根据拯溺规章，依据不同的救生情形，给予船户数额不等的银钱：

> 由小甲捞救一命者，给钱一千文；在船上接救者，每名给钱四百文；如船将口岸在码头撞落水中，捞救者每名给钱五百文。[③]

恤政是地方政务的重要内容，也是朝廷对官员考核的一个标准。因此，当善堂遭遇经费不敷的困境时，地方官府会参与其中，助力经费问题的解决。譬如，巴县知县国璋曾将“年领额设救生船水手年工食钱两”取出，全数发交给拯溺堂的首事归并经理，只需按年报销备案周知衙门即可。[④] 另外，县令“捐廉”支持也是一种常见的方式。[⑤] 以上情形频繁见于清末地方政治的多个领域，官绅合作看似成了实践地方治理的重要途径。当然，究竟是合作还是双方有其他的考虑，后文将展开说明。

（三）灵活的救生形式

令人不解的是，作为民办救生组织，拯溺堂在不设救生船的条件下，如何实现救生的目的？通过对档案的仔细梳理，发现拯溺堂在成立之初，便确定了一种特使的、灵活的救生方式：“遇有船只倾覆，无论何项船只，皆许赴救”，再来领取赏银的办法。[⑥] 换言之，通过经济激励办法，诱使各码头的渡夫、船户以及官府的救生红船参与救生活动，“虽未专设红船，而滩处处有船，一经失事，皆可往救”，使既有的救生载体成为拯溺堂实现救生目标的工具。譬如，龟石岩、大佛寺岩两滩，并无救生红船的添设，拯溺堂便

① 四川省档案馆藏：《清代巴县衙门档案》6—6—5632。
② 四川省档案馆藏：《清代巴县衙门档案》6—6—5632。
③ 四川省档案馆藏：《清代巴县衙门档案》6—6—5632。
④ 四川省档案馆藏：《清代巴县衙门档案》6—6—5632。
⑤ 四川省档案馆藏：《清代巴县衙门档案》6—6—5744。
⑥ 四川省档案馆藏：《清代巴县衙门档案》6—6—5632。

在江水泛滥前雇佣附近的民船，督同码头渡船以便后续开展救生活动，然后根据救助情况赏给钱帛。[①] 前文可知，甚至连首士的巡逻船都成了拯溺的工具。

总之，相较于官办的救生红船，灵活的救生形式是拯溺堂的一大特点，最大程度地利用已有资源，实施救生活动，既节省了开支，又达到了整合闲置资源的目的，操作上也十分便捷。

（四）救生效果的发挥

渝城拯溺堂的存在，一定程度上弥补了官办红船年久朽坏、雇工呼应不灵、缓不济急等方面的弊病，发挥了较积极的作用。以至巴县令周兆庆特别肯定了拯溺堂依靠江上船户施救的办法，指出船户多是看重实际利益的人，在经济的刺激下，拯救失水人员尤其上心，所以“行之数月，救获之人颇多，较之额设红船，似有裨益”，最后强调“数年以来，捞救颇多，成效已著”。因此希望绅衿们妥为办理，勿辜负政府的信赖。[②]

尽管，拯溺堂确实弥补了救生红船的诸多不足，推动了重庆水上救生事业的发展。然在实践中，也存在不少弊病，影响救生效果的进一步发挥。最明显的问题大抵可以概括为两点：第一，无专属的一定数量的船只，直接制约救生效果的发挥。后文中“九龙滩”的例子便足以说明此问题的严重性。第二，看似灵活的救生形式，实则存在较大的潜在隐患。就负责救生的人员来讲，主要通过激励办法引导他们参与救生活动，实际却不能高估他们的“热情”。川江之险中外著名，船夫即便经验丰富，善于泅水，风险也很大。因此，难以保障他们的救生“热情”。

另外，船户中存在不少“坐观成败，或见船只失事不往救护，或先盘财物者”[③]。简单讲就是面临“救生工具”和“救生人员”两大问题。当然，应该还是利大于弊，所以在近代得以长期存续下来。

最后，还值得注意的是这一组织尽管由民间力量主导，但发现不少官府的“身影”，可以说拯溺堂并未完全脱离官方而存在。

四、官府对拯溺堂事务的干预

前文已零星提及，巴县衙门在经费以及监督管理方面对士绅主导的拯溺堂施加了直接的影响，以下事例则更清晰地突显出衙门利用政治资源进行多方的势力渗透，左右善堂的运行。

光绪十四年（1888），在巴县衙门向上级禀报“九龙险滩”的施救问题中，明显地折射出官力的积极介入姿态。兹列禀文部分内容如下：

① 四川省档案馆藏：《清代巴县衙门档案》6—6—5632。
② 四川省档案馆藏：《清代巴县衙门档案》6—6—5632。
③ 四川省档案馆藏：《清代巴县衙门档案》6—6—5604。

九龙滩既异常险要，不可不拨船拯救，而经费有常，更不能再为添设。兹复与拯堂首事筹商，由该堂添设民船一只，雇水手常驻该滩，遇有船只失事，即行拯救，以备红船救生不及。如果该滩平顺，仍可分往各滩补救，所需水手工食、雇船费用即由拯溺款下付给，年终报销。如拯溺堂添过多，经费不敷，此项工食费用，即由卑职捐廉给发钱。除由卑职督同该堂首事认真拯救，不使有名无实外，所有九龙滩现由拯溺堂添雇船只常川驻守。①

禀文透露出有价值的讯息包括：第一，在衙门的授意下，添设了救生船只。细究这一做法，实际“违背”了善堂不专设救生船的规定。第二，衙门允准在经费上给予善堂支持。如果遇到日常开销的窘况，巴县知县可以继续捐廉补助。

试再看一例，透视官府频繁的干预行为。以宣统元年（1909）巴县衙门的札文和示谕为分析文本。2 月 12 日，周知县向拯溺堂下发札文，称：

查该堂定章，船只失事，无论何人、何船能于水中捞救一人者，给钱一千文；码头救援一人者，赏钱五百文；船上接救一人者，赏钱四百文。其钱仍在该堂附近立有救生旗标处，由该管首人查验明白，填给票据，即赴该堂发钱处照数给领。除出示晓谕外，合行札知。为此示仰拯溺堂首士即便遵照办理。仍按月将救活若干名开具清单，赴县呈阅。事关善举，该首等务须认真稽察，核实办理，勿任虚捏人数，蒙混冒领，是为至要。切切。特札。

右札拯溺堂首士黄元卿、简子香准此。②

同一日，巴县衙门联合江北理民府会衔示谕，突出了三方面的内容：一是规范参与救生活动的渡夫、船户的行为，明令其按照章程行事，“先救人员，次捞货物”，“务将所捞之物交还原主，听客酬给谢资”，不准趁机谋取不义之财；二是重申首士们担负的责任，比如按期发放酬资、告发救生中的不良行为；三是凸显衙门的作用，“一经访闻，或被告发，及被该堂首人查出指禀，定即提案严行惩办，决不宽贷”，对不法行为产生威慑作用。③

不论“札文”还是“示谕”，表面上看，知县是在重申善堂的章程、规则，提醒善堂各方人员做好救生工作，防范弄虚作假、有违善行等弊端陋习的产生。实际上是以此种方式强化衙门的角色，突出衙门对善堂的监管，将善堂大小事务置于衙门的掌控之下。

在前近代的传统中国，社会救济事业的主体一直是官办的机构。④ 国家对救济事业的倡导，是消弭社会矛盾，安民固本的重要途径。清末，民力主导的善堂的出现，从政治

① 四川省档案馆藏：《清代巴县衙门档案》6—6—5744。
② 四川省档案馆藏：《清代巴县衙门档案》6—7—0685。
③ 四川省档案馆藏：《清代巴县衙门档案》6—7—1689。
④ 任云兰：《近代天津的社会救济事业探略》，《历史教学》（高校版）2007 年第 4 期。

文化的框架来看，折射出地方精英对社会某一领域的逐步掌控，也就意味着国家行政运作在此领域的“支配权”被替代，这是公权所不愿意的。所以，我们发现在拯溺堂的运转过程中，巴县衙门从多方面渗透行政权力，建构起国家权力对民间力量的凌驾，制约民间力量的发展。以此展示其权威性。

五、结语

从救生船到拯溺堂，在官绅的合力影响下，重庆城的水上救生事业在清末中国基本构建起了一个覆盖重要水域的救生网络，以保障江上行旅的安全，推动长途贸易的发展。从救生事业的倡办来看，大致经历了官府、民间实力消长的过程。前期以官力为主，后期民办机构得以成长，甚至有取代官办救生体系的趋势。

探究士绅们积极介入救生活动的原因，一方面是受传统儒家慈善思想影响的结果，比如，仁爱思想、大同思想、民本思想引导了他们慈善行为的发生。另一方面则与清末的时局变化相关，面对亡国灭种的危机，士绅们的“国家”认同提升，由此形成强烈的爱国主义意识，企图致力于传统社会场域的实践为现代民族国家的建构有所贡献，恰逢此时在内外危机夹击下，行政力量较为衰弱，为他们的“活动”创造了条件。当他们深度干预地方社会的公共事务时，不能忽视的是他们借此巩固自己的影响力，维持在地方的“权威性”的目的。

民间力量的扩张自然会引发行政力量的担忧。所以，我们发现救生事业中，地方政府从未缺席，不论是救生红船的续办，还是通过多种途径介入到拯溺堂的各项事务中，努力将其纳入由国家主导的水上救济制度来，皆显示出行政力量的不可撼动性。简言之，慈善救济活动在此时成了一个能够体现官绅博弈、角力的重要场域，政府通过行政资源的利用，维持其在社会事务中的权威性。

除了维护行政权威，防范民力对公权的分割、取代外，在清末“新政”繁兴，各项改革措施待办的情况下，地方政府仍旧致力于慈善救济这一传统的社会事业，不肯将其完全托付与地方精英的行为，更有着稳定社会秩序，强化社会控制的重要考量。

如所周知，清末中国有两个重要特征，一是“变化”，二是“危机”。不单是“西洋把戏”在中国的出现，社会文化价值观也在悄然变化，整个社会面临失序的威胁。由此，民众的焦虑，甚至恐惧情绪极易诱发，以往熟悉的社会和长期形成的价值观念经受着各种挑战。为了保障区域稳定，文章认为救济活动就自然成为地方政府谋求社会秩序的重要手段。或者说，从关注民间的疾苦入手，从而达到强化社会控制的目的。救济活动的开展能够从心理层面实现与受苦、受灾百姓产生一种“共生”的关系，增强民众对地方政府的依赖以及权威的认可，进而重塑地方社会的秩序以及消弭民众的忧虑感。所以，官方对这些传统领域是不会放弃控制的。如彭慕兰的研究表明，对于一般百姓而言，传统领域，例如各种社会福利活动，“可能更加契合于大多数农民的寄望”，政府在此处如果失去阵营，那么将对政府合法性地位产生极大的威胁。[①] 其研究表达出政府控制民众生活的政治倾向。此外，这也从侧面反映了在内忧外患的时局中，地方政府的行为隐含了行政权威的认同与重构，既包含社会群体内部的认可，也有强化国族认可层面的思考。言而总之，这一现象与鲜明的时代特征密切联系，在某种意义上讲，亦为官民关系重构的表现或产物。

① ［美］彭慕兰：《腹地的构建：华北内地的国家、社会和经济（1853—1937）》，马俊亚译，上海：上海人民出版社，2017年，第67页。

以义为利：清末清水江流域的义仓与谷会

程泽时

清朝法制对义仓、社仓的规定，呈现一个由紧管到松放的趋势。康熙、雍正朝的《大清会典》纂入顺治十一年诏令："各府州县俱有预备常平仓及义仓、社仓，积贮备荒，责成该道员稽察旧积，料理新积，每年二次造册报部，该部察积谷多寡，分别议奏，以定功罪。"雍正朝《大清会典》增加了"国家预筹民食，直省州县各设常平仓及义仓、社仓，岁储谷米，并听所在官民捐输备用，每年出陈易新，俭岁谷贵则减价平粜，法制綦详"。乾隆朝《钦定大清会典》则表述为"凡直省常平仓，皆州县官专司之，社仓、义仓建自商民，官为经理"。光绪二十八年（1902）修成光绪朝《钦定大清会典》记载"义仓亦系捐置，听士民自为经理，与社仓同"，因袭了《嘉庆朝钦定大清会典》的表述。至少从法条上应然分析，有两点转变：一是义仓、社仓最初由粮道稽察考核，降至由州县所在官管理考核。二是义仓、社仓由官为经理，改自为经理。另外，陈春声先生主要依据清代广东方志和族谱研究认为，常平仓完全是官府所有的粮食储备，社仓为官绅共管，清末广东义仓绝大多数士绅自己倡办，完全由士绅和宗族组织控制，具有较强的商业性、营利性，并把合会、尝产作为义仓经费的两种来源。① 社仓是一种官府借助士绅阶层控制基层社会的形式，向常平仓和社仓捐纳谷石是一条政治上升的通道，有利于扩大政权的统治基础。② 笔者依据清水江文书和清代民国贵州地方志，初步研究，似乎得出与陈春声先生稍或不同的结论。捐输社仓、义仓谷，在清代清水江流域，尤其是在口食不足的较为普遍情况下，去换取和谋求政治身份的欲望，不强烈，也无法实现。官府借助士绅阶层控制义仓、社仓的目的，在于控制与汲敛钱粮税赋之外的更多财富，或出于公用，或出于私己，有时官员与士绅合谋，有时士绅亦抗拒官府。与会典法意相背，清末地方官府日益抓紧了对义仓的控制，出于反制被合谋控制、被榨取的需要，民间组织利用合会、会社尝产组织不与官府有联系的、兼具互助合作和营利性质的村寨谷会，以备饥荒。当官府查核义仓时，可能还以村寨谷会谷石、会社尝产谷石顶替充数。

＊　基金项目：教育部人文社会科学规划项目"清水江木商账簿与地方金融制度研究"（编号：19YJA82007）。

［作者简介］程泽时：贵州师范大学历史与政治学院教授，博士生导师，法学博士，研究领域为法律史、历史政治。

① 陈春声：《论清末广东义仓的兴起——清代广东粮食仓储研究之三》，《中国社会经济史研究》1994年第1期。

② 陈春声：《清代广东社仓的组织与功能》，《学术研究》1990年第1期。

一、义仓、社仓在清水江流域被等同使用，且多使用义仓

《清史稿》（1928 年）以设立位置来界定仓贮，曰“其由省会至府州县俱建常平仓，或兼设裕备仓，乡村设社仓，市镇设义仓，东三省设旗仓，近边设营仓，濒海设盐义仓，或以便民，或以给军”。[①] 但是，清水江流域的仓廒不符合该定义。或者说以设立位置界定义仓、社仓不适用于清水江流域。

贵州的常平仓不只是设在府厅州县城内，还设置于镇、协、营、分防各讯。乾隆十年户部议复批准张广泗奏请，在柳霁、王寨等十六汛添盖仓廒，分贮米 7750 石，因它们离城一百里至二三百余里不等。[②] 据碑铭载，咸丰九年（1859）正月，黎平知府多文派武弁，将所设在王寨的常平仓廒一所的砖瓦木石变价拍卖，获价值钱一万二千文。该常平仓贮谷 400 石。前因办理军需，多文禀明上级，碾用常平仓谷，以济各营兵练口粮，并命九寨乡团头人，派夫将常平仓存谷运解到黎平府城，且已经如数运清。该头人禀称，王寨原设仓廒，因谷已运城，空闲日久，渐就倾颓，兼恐无业游民潜住，别滋事端。多文是满洲正白旗人，咸丰三年至十一年任黎平知府。多文变卖常平仓建筑材料，当是没有考虑到日后的恢复常平仓。

贵州商品经济欠发达，商埠市镇并不多。清水江流域的王寨、卦治、茅坪因木材贸易兴起，勉强可算为市镇。但鉴于控制新辟苗疆的需要，设立王寨汛。因此，如果坚持市镇设立义仓，乡村设立社仓原则，那么清水江流域一定是社仓的处数多于义仓的处数。但是，事实上清代民国时期方志所载，设立于清水江流域村寨的仓廒均被称为义仓，不被称为社仓。各府州县治所在的城中，均设有常平仓和义仓，但未必设有社仓。如，黎平府的常平仓，设在府署头门内，并建有仓神祠，额贮常平仓谷 25403 石余，捐输溢额谷每年增加 6 石，已贮谷 989 石余，“均经各府变价，解存司库”。“知府多文因军需奉文，动碾提用及搭放兵饷兵米，全数无存”[③] 黎平府的旧义仓，设在参署箭道围墙外街，左系营地，创办于道光元年，[④] 又如，开泰县的常平仓，设在县署头门外、仪门外和署内，额贮谷 22055 石余，又捐溢谷 170 石。军兴后动用无存。康熙三十二年，开泰县的外所曾设义仓，至道光二十五年就废止无存。军兴后动用无存。再如，天柱县常平仓，存牛租谷 500 石，系同治末年，军务肃清，镇远知府吴自发承发善后局牛租银两，粜谷以备赈济之资。光绪四年，知县张任内奉文集捐义谷 4541 石余。光绪十三年知县郑寅亮仁内奉文集捐义谷 287 石余。光绪十四年，知县余骏年任内奉文集捐义谷 1800 石，均存城乡谷仓。[⑤] 黎平府、开泰县、天柱县的方志，均无社仓的记载。只有都匀府咸丰兵燹前

① 《清史稿》食货志二，第 17 页。
② 《高宗实录》卷二四六，第 2—3 页。
③ 黎平县县志编纂委员会办公室校注：《黎平府志点校本》（下），北京：方志出版社，2013 年，第 1302 页。
④ 另据《黔南识略》载，道光元年建立义仓，贮谷三百九十五石。参加《黔南识略》卷二十一，第 8 页。
⑤ 光绪二十九年刻本《续修天柱县志》，食货志，第 25—26 页。

后均使用“社仓”的概念。[①] 黄平州在咸同兵燹之前使用“社仓”，之后使用“义仓”的概念。[②] 为何清水江流域的方志，常常只用“义仓”，不用“社仓”呢？

或许，义仓之义，较之社仓之社，更有旌劝向善的号召力。《左传》云：“天灾流行，国家代有。救灾恤邻，道也。行道有福。”[③] 救灾恤邻是一种高尚道义。《大学》曰：“仁者以财发身，不仁者以身发财。未有上好仁，而下不好义者也。……国不以利为利，以义为利。”[④] 国家不以财货而以仁义作为价值目标。又曰：“如保赤子，心诚求之，虽不中，不远矣。未有学养子而后嫁者也。”皇帝、官员对于百姓有诚心教养的责任，如同母亲对待赤裸裸的婴儿一样。使用“义仓”，更能体现朝廷官府倡导仁义于上，百姓仿效于下的教化意义。

另外，义仓与社仓实同，只是辞异而已。因清朝康熙皇帝尊崇朱熹，而朱熹撰有《婺州金华县社仓记》，倡导社仓法，故而清朝康熙十八年，户部题准乡村设立社仓，市镇设立义仓，作了区分。随后，直省有的先办社仓，后办义仓，有的并行。乾隆十二年三月，军机大臣等议奏劝谕义仓一事，就认为“社仓、义仓，异实同”，河南、陕西二省奏明难与社仓并行。各省情形不同，应听各督抚因地制宜，任从民便。建议河南、陕西二省暂不仿照直隶、山东、山西三省举办义仓。[⑤] 乾隆十八年二月，直隶总督方观承疏言，义仓始于隋长孙平，至宋朱子而规划详备。虽以社为名，实与义同例。其要在地近其人，人习其事。官之为民计，不若民之自为计。故守以民而不守以官。城之专为备，不若乡之多为备。故贮于乡而不贮于城。[⑥]

清水江流域之外的贵州安平县（今平坝县）知县刘祖宪还曾使用“便民仓”的概念，代替义仓和社仓。道光七年，安平县共修建便民仓 61 间，其中，本城便民仓 2 间，在书院头门内隙地，系道光二年公建。其余 59 间，均建于各寨堡。有 17 间有善民独建，有 38 间由刘祖宪捐修及鸠建倡修，有 6 间系旧存。还制定了《便民仓章程》十九条。[⑦] 刘祖宪所撰《增设便民仓详文》，也是义仓乃至乡治理论的经典之作，曰：“卑县周围五百里，前捐之谷不足以供借放，即数足相给，而路途遥远，往返六七日，所有盘缠及挑脚每石已费至五六斗，于民无益，惟数寨而共为一仓，民无转运之劳，其便一也。义谷一石取利谷一斗，往往有贪图轻利、混行告贷者，向例责觅殷户耽保，所以杜民欠也。但远道应借之人，或以隔远无人认识，竟至向隅，或辗转求保耽延时日，均非便民之意，惟数寨而共为一仓，则果系应借通寨咸知，举目亲邻，易于觅保，其便二也。……随借随放，随还随收，民便而头人不劳，其便三也。……随时借放，人无拥挤争执不形，其

① 民国十四年铅印本《都匀县志稿》卷十三，仓廪，第 1 页。
② 民国十年未刊稿本《黄平县志》卷十九，积贮，第 41 页。
③ 《左传・僖公十三年》。
④ 《大学》。
⑤ 《大清高宗纯皇帝实录》，卷之二百八十七，乾隆十二年三月下。
⑥ 《清史稿》，食货志二，仓库。
⑦ 道光七年刻本《安平县志》卷四，积贮，第 11—19 页。

便四也。……极贫、次贫……应借、不应借，亦人所共悉，耳目易周，弊端易绝，其便五也。……至建仓愈多，则管理愈易。收成愈近，则民情愈亲。贫者既知为己所仰赖，富者亦知济贫即所以安富。各为一乡，各共为守，稍有弊窦，众口交攻，而头人之善者，借此以尽友助之情，不善者亦因此而不生觊觎之念，其便六也。且建仓既多，必有经理得宜，积谷数倍者。人之欲善，各有同心。十室之邑，必有忠信。相观而善知，必有欣然共图久远者。即或头人不妥，一经禀报官，亦得以亏缺无多，而易于追偿弥补，不致此仓之竟废，其便七。由此便利，卑职当即捐谷二百石，每逢因公下乡之便，亲为劝捐，或联二三村寨为一仓，或联四五村寨为一仓，总以七八里及十余里者，合为一处，并将某仓应借某村某寨，不许别寨混借等语，出示晓谕，以杜争借之弊。"① 该详文收录在清水江流域的平越州（今福泉）的光绪末年的州志中，影响久远而宽广。

二、咸同兵燹后清水江流域恢复的常平仓远离村寨，无法发挥平粜赈济功能

（一）咸同兵燹后常平常得到有限恢复，基本收缩至城治

咸同兵燹，清水江流域的各府州县厅的常平仓，在光绪初年陆续得到部分恢复，仓廒间数、谷石数量均不及以前。

大部分府州县厅恢复了常平仓，少部分没有恢复。如平越直隶州（今福泉市）、台拱厅（今台江县）等。据光绪三十三年稿本《平越直隶州志》记载，咸同兵燹前，该州常平仓存谷 26000 余石，社仓贮谷 270 余石，因咸丰中州城失陷而烧毁无存。复城后，城中义仓、四乡义仓共贮 3600 石。② 民国八年石印本《台拱县文献纪要》也是记载台拱厅光绪五年捐输义仓的情形，只字未提常平仓。③

恢复常平仓的府、州、县，主要有四个途径：

一是依靠贵州省善后总局所提供的牛租谷。同治十二年，都匀知府罗应旒请求省善后总局，出帑藏给民购牛资耕，秋收每牛一头征纳牛脚谷，白米四石，分两年收足。八寨厅同知陈世芳领耕牛九十二头，十三年，八寨厅同知刘垂祺结领牛种银一千五百两，折合耕牛一百八十七头，转发人民购牛。至光绪九年，除丹苗窜劫及牛毙豁免外，先后征收存谷一千七百二十七市石，修仓存储。计存厅署一千四百二十七市石，贮八寨卫四十九市石八斗，贮南皋二百五十四石。谓之牛租谷。曰丰备仓，一曰常平仓。④ 天柱县常平仓，存牛租谷 500 石，系同治末年，镇远知府吴自发承发善后局牛租银两，籴谷而来。光绪三年，黄平县奉令将牛租谷，改作常平仓谷。

---

① 光绪三十三年刻本《平越直隶州志》卷二十，积储，第 11—13 页。

② 光绪三十三年刻本《平越直隶州志》卷二十，积储，第 15 页。

③ 民国八年石印本《台拱县文献纪要》，第 24 页。

④ 民国二十一年铅印本《八寨县志稿》卷二十二，仓储，第 1 页，贵阳文通书局代印。

二是依靠绝产租谷，填补常平仓谷。光绪初元，都匀知府罗应旒清厘绝产，年得田租谷数千石，设义学四十六，置社仓二十九，教养兼资。① 光绪三年，黎平知府袁开第，将潭溪沈魁团等处绝产，收谷填补，每年除运脚外，加增谷 309 石零。自光绪三年至十六年已经贮谷 4364 石。捐输溢额，自光绪元年至十六年，已贮谷 94.5 石。但较之兵燹前的额贮常平仓谷 25000 余石，② 相差甚远。

三是从贵州藩库领银购谷。施秉常平仓系光绪四年知县陈思敬，承领藩库银两购获贮积。③ 光绪三年，余泽春曾禀："仓储不可不储，下游各厅承平时，皆积有常平仓谷数万石，又有社仓义仓谷数千石。苗乱以来，公私扫地赤立，自收复后，招来商贾，抚集流亡，渐有起色。官惟无斧柯，户鲜盖藏，民间稍有余粒，即贱粜之为乘屋授衣之费。至次年青黄不接之时，鲜不庚癸是呼者。若遇水旱之灾，则饿殍堪虞。即以古州而论，城厢内外，皆零星小户及商贾小贸，无一殷实之家，并无仓廒，请发经费修建仓廒，买备积谷，以资接济。"④ 光绪三年，余泽春请款后，重修仓十六间，买谷一千石存仓。又于巡道署建仓十二间，买谷二千石存仓。四年夏五月水灾，禀请发赈谷一千余石，复奉文买还，今实存谷三千石。⑤

四是府州县厅节余。光绪三年，黎平知府袁开第将节年剩余米 2058 石零，折换谷 4116 石零，填补常平仓。⑥

（二）常平仓远离村寨无法有效发挥平粜功效

1. 常平仓发挥了一定赈济灾民的作用

常平仓谷常常被用于救济火灾，这或许与房屋木构有关。光绪十八年，八寨厅（今丹寨县）得禄汛、治城两处火灾，动用牛租谷（即常平仓）赈济，共耗谷一百零五市石八斗。光绪二十六年，都匀府包阳夭家火灾，从常平仓谷支赈五十六石八斗二升。⑦

2. 常平仓远离村寨无法有效发挥平粜功效

光绪二十六年（1900 年），黎平境内三营、三江（今王寨）等地发生饥荒，知府万良修计划发常平仓，平粜救饥。但是，黎平城距离村寨较远。加池寨距城 140 里。⑧ 平鳌寨距城 180 里。⑨ 官府无资本搬运谷石到达村寨，要求地方富户垫资，从常平仓中购买谷，运抵加池、平鳌所在的三营地方。下引一份书信，就充分说明这一点。

启者前蒙　府尊两次公事札委地方富户，出银购米平粜，以救地方贫民。官亦

① 民国十四年铅印本《都匀县志稿》卷十三，仓廪，第 1 页。
② 光绪十八年黎平府志局刻本《黎平府志》卷三上，积储，第 42 页。
③ 民国九年未刊稿本《施秉县志》卷一，仓储，第 27 页。
④ 光绪十四年刻本《古州厅志》卷三，田赋志，第 33 页。
⑤ 光绪十四年刻本《古州厅志》卷三，田赋志，第 32 页。
⑥ 光绪十八年黎平府志局刻本《黎平府志》卷三上，积储，第 42 页。
⑦ 民国十四年铅印本《都匀县志稿》卷十三，仓廪，第 4 页。
⑧ 张应强、王宗勋主编：《清水江文书》第 1 辑第 8 册，桂林：广西师范大学出版社，2007 年，第 343 页。
⑨ 张应强、王宗勋主编：《清水江文书》第 1 辑第 8 册，桂林：广西师范大学出版社，2007 年，第 337 页。

知地方富户不肯出银，而各处亦无米采办，是以愿发常平仓之谷，平粜救饥，连日传我三营之人去见，因此兄人在城，本日始约见，官蒙府主吩示，城内城外皆属子民，尔三营、三江等处缺食，可来城内，兑常平仓之谷，运去救饥，已定价每百斤兑大钱一千六百文，须急约尔地方富户，凑银来兑。如富户不肯出银，准其指禀，亦凭重究等语。是以特信布达，望即齐议，仰地方富户，拟三等派银，每家出银若干，由绅团立字，或要加利，亦属无妨，如不要利更好。每寨约凑银一百七十两，来兑谷一百石，运回本处，照人口分卖，只要顾得本利、伕价、鼠耗，定价分卖，断不可多取分文，以干查究，亦不可争买私卖，希图利己，卖完之后，即将银两归还。各富户予等默算，每百斤须本银一两六钱，伕价、利钱、鼠耗每百斤不过花银八钱，共合每百斤只归二两四钱，来往甚属平易，官府既有恩于我地方，地方之富户须要好义急公，不可吝惜，有本有利，有去有来，不似挂捐有去无回者比。况出钱之人当要派亲人照料，决无鼠耗，万望慨然，即派妥人解银来兑，此是有阴功、有名色、有利息之好事，断不可推委。如有钱之人，不肯借银买米，以救饥民，速急写信上来，好禀官拘究，此是当众说出作主，不是虚言，倘不信实抗拗，后悔莫及，勿谓言之不先也。此达

佳池寨姜显国、显韬、显贵、凤来、凤沼、恩瑞、献义、作幹列位老爷。

愚弟姜作开、陆志仁、姜德相等台启

六月廿九日灯下

信到务必要行，限初六、初七两日定到。如不到，此是为抗官，勿怪勿怪，绅团富户，皆有责成，凑得银多更好，不然一百八十皆可，得银即要派人来担兑，致往返延搁时日。又及。

黎平贡院封寄

要信火速面交　佳池寨各位绅团、富户老爷拜

庚子六月廿九日由①

信中透露出以下信息：一是黎平城内的常平仓谷的出仓价是每 100 斤需 1600 文大钱，约合银 1.6 两。此平粜价应该是低于黎平城内的市价的。二是该平粜谷运至 140—180 里外的三营地方，需要加算伕价、利钱、鼠耗，每百斤约花银 0.8 两，共合每百斤共 2.4 两。黎平城的出仓平粜谷价是 1.6 两/百斤，运至佳池寨的到村平粜价，则增加 50%，为 2.4 两/百斤。三是如果佳池寨的绅团、富户不配合，不垫资，那么常平仓无法发挥平粜的功效。这是城中常平仓的不便民。

城乡距离，也增加缴纳钱粮的成本。兹引一例，黎平府岑胡寨距离黎平府城 90 里，②光绪十八年该寨团民石宗达等恳禀黎平知府俞渭，请求将缴纳秋折米谷，改为以银两缴

---

① 张应强、王宗勋主编：《清水江文书》第 1 辑第 8 册，桂林：广西师范大学出版社，2007 年，第 312 页。

② 李斌主编：《贵州清水江文书黎平文书》第 4 册，贵阳：贵州民族出版社，2017 年，第 319 页。

纳，以免搬运苦累重费。其禀稿如下：

具恳禀岑胡寨团民石宗达、石文太、石钟英、石如玉、石芝桂、石芳佳、石声扬、石和玉等，为恩外邀恩、恳恩悯怀、永怀德政事，缘民住居岑胡地方，山多田少，居贫者众，距城百里之遥。国课为重，踊跃输将，向来民寨应纳条银贰两柒钱壹分五厘七毫陆丝三忽，征米二石壹斗柒升贰合，秋米四石陆斗，折米壹石五斗四升捌合，逐年遵示，先纳条、征贰项银两，秋、折米谷然后上纳，红单足据，曷敢具渎，苦求减轻，毋奈路程甚远，跋涉维艰，肩挑米重实难，晴则回转，亦须五日，雨则回转，十五日之不等。最可矜者，肩挑米谷，经过险路小途，跌滚扑米，甚至临完不足，在城复买补登。丰年易买，岁歉难售。故值今岁秋风深，以此为忧虑。民之父老等嗟云，条、征虽已于十月完清，所存秋折共该陆石壹斗四升捌合，岁歉芜臻，难以上纳，朝夕切念恩星荣任斯土，德政清高，有施文王之原泽，播西伯之深仁，公议民等乘此赴辕苦求，恳将秋折米谷每金石五斗，敷耗、定盘、样米、批解等费一斗，照市将银折纳，以定永远便章，不致将来有碍难之忧患矣。情属久远，诚恐国课难归，自干未便，为此只得恳乞

大人台前作主，大施恻隐，垂悯民苦之嗟，赏准定永远便章

阴陟弥天，公侯万代，举乡顶祝，鸿恩不朽

光绪十八年十一月十三日具禀[1]

黎平府距离岑胡寨90—100里，且为崎岖山路，该寨团民，上黎平城缴纳粮米六余石，往还途中需要5—15天，需要6—7人，不仅劳累，而且耗费盘缠。如果中途摔跤泼洒浪费，就需要在黎平城买米补足。但是遇到歉收年份，购买不到米。故而请求将其秋米四石陆斗、折米壹石五斗四升捌合，合计陆石壹斗四升捌合，按照1两＝1.5石的比价，折算成银两即四两零九分八厘六毫六丝七忽（即4.09867两），然后缴纳。另外，再加算敷耗、定盘、样米、批解等费一斗，照市价将银折纳。

以岑湖寨估算，将常平仓谷运至佳池、平鳌等村寨，中途往返至少在10—30天，就可能迟滞或错过了赈济饥荒的最佳机会。其间，或许村寨设有义仓或谷会，能够帮助饥饿的寨民勉强维持一些时日。

三、咸丰兵燹后义仓谷主要附加正项钱粮强征而来，村寨义仓谷仍由官府控制和调配

（一）咸同兵燹后不仅在城治设义仓，而且在乡寨设义仓

1. 官府捐输义仓谷奖励办法收效不大

① 李斌主编：《贵州清水江文书黎平文书》第4册，贵阳：贵州民族出版社，2017年，第30页。

清水江流域各府州县义仓谷，主要不靠自愿捐献。笔者仅见的一例是，光绪九年郡人吴师贤捐资，建荣济义仓在黎阳书院右，并捐银二千两，置谷三千二百六十四石二斗存仓，经府县会禀请奖，委郡绅经理，有记丰备义仓在文庙右。吴师贤孝廉出身，后任四川荣县知县，其捐廉购置义仓，并不是出于朝廷旌奖激励，而是出于“仁人孝子之深心”。①

清水江流域绅民自愿捐谷较少，究其原因有三：

一是如前黎平府岑胡寨所禀称“山多田少，居贫者众”，常常“岁歉芜蓁，难以上纳”正项钱粮。即使得到官府的旌奖，也有心无力。龙泽江等依据同治十三年天柱县登鳌寨《清查田册呈送》所载户数和产量研究发现，该寨 108 户，按五口之间推算，有 34 户，约占总户数 32%，人均不足 50 斤米，只能勉强维持 2 个月口粮。有 25 户，占总户数 23%，勉强可维持半年口粮。以上口粮不足的贫困户共 59 户，占 55%。从道光年间开始，由于新增了军粮采买和义谷捐谷等名目，田赋负担逐步加重，至清末达到顶峰。地权占有的相对平均，也伴随着绝对贫困化。② 遭遇荒年，有为了换一口粮食，乡民常常卖掉山场林木，甚至田地。笔者以加池寨的部分契约文书为例，整理了下表。

表一　清至民国时期加池寨卖山土林田换取粮食或价粮一览表

序号	时间	卖主	买主	价粮	出处
1	嘉庆十五年	本房姜美保	姜廷德	银 2 两	J1C32P165
2	嘉庆十九年	本家姜老尚	姜廷德	银 8 两	J1C2P26
3	嘉庆十九年	本房姜保柳父子	姜廷德	银 3 两	J1C3P27
4	嘉庆二十五年	严湾寨范腾高父子	姜廷德	银 3 两 1 钱	J1C3P41
5	道光元年	本家姜廷华	姜成德	银 6 两 4 钱	J1C1P341
6	道光元年	天柱县孙松友	主家姜廷德、廷方	银 14 两	J1C2P222
7	道光二年	本家姜开书弟兄	姜成德	田价银 2 两	J1C2P227
8	道光二年	会同县张必友弟兄	姜成德	田价银 6 钱	J1C2P41
9	道光三年	本家姜老上	姜开明	银 7 钱	J1C3P50
10	道光四年	本寨姜朝俊	姜之豪、开让	银 141 两 5 钱	J1C4P168
11	道光十一年	本寨龙现彩	姜开明	银 3 两 5 钱	J1C3P184
12	道光十九年	姜元芳	姜开让	银 2 钱	J1C4P332
13	道光二十四年	本寨姜光秀	姜开让	谷 30 斤	J1C1P161
14	道光二十四年	本寨姜光朝、世俊	姜开让	谷 2080 斤	J1C1P159
15	道光二十五年	姜氏卧有香	侄姜天保	谷 60 斤	J1C1P361
16	道光二十六年	本家姜开义	姜开让兄	银 1 两 4 钱	J1C4P212
17	道光二十六年	本寨姜义荣	姜开让	谷 20 斤	J1C4P341

① 黎平县县志编纂委员会办公室校注：《黎平府志点校本》（下），北京：方志出版社，2013 年，第 1302—1303 页。

② 龙泽江、陈洪波：《新发现侗族田赋清查册考释——兼论清代贵州清水江下游的田粮负担与地权分配》，载龙泽江、陈洪波、曹贤平编：《小江文书·高坪卷：田赋清查册》，贵阳：贵州大学出版社，2018 年，第 13—16 页。

序号	时间	卖主	买主	价根	出处
18	道光二十九年	本寨姜开化等	姜忠保	银 8 分	J1C3P96
19	道光三十年	姜有香、兰香婆媳	姜宗保	银 8 钱 5 分	J1C1P361
20	咸丰元年	本家姜及龙	姜宗保	银 8 钱	J1C1P53
21	咸丰元年	本寨龙庚乔	姜恩瑞	银 6 钱	J1C3P99
22	咸丰四年	加池寨姜还乔	中仰寨陆光大	钱 4720 文	J1C5P29
23	咸丰五年	本寨姜开贤	姜沛仁沛清	谷 65 斤	J1C4P66
24	咸丰九年	本寨姜明仁	姜恩瑞	银 6 钱	J1C3P366
25	咸丰九年	本寨姜乔富	姜兆瑞	钱 400 文	J1C4P353
26	咸丰十年	本家姜凤智	姜恩瑞	钱 1700 文	J1C3P204
27	同治二年	本寨姜凤至	姜恩瑞	750 文	J1C2P264
28	同治三年	本寨姜焉妹	姜恩瑞	银 4 两 2 钱	J1C3P370
29	同治八年	本寨龙荣太	姜沛清叔侄	450 文	J1C1P168
30	同治八年	本寨龙文明父子	姜恩瑞	大钱 1550 文	J1C2P275
31	同治十三年	本寨姜凤至、凤云	姜恩瑞	谷 130 斤	J1C3P218
32	同治十三年	本寨姜兆魁	姜恩瑞	谷 50 斤	J1C3P106
33	光绪六年	本房姜克贞	姜献德	谷 30 斤	J1C1P174
34	光绪六年	本房姜克贞	陆氏成弟	谷 20 斤	J1C1P173
35	光绪六年	本房姜克贞	姜恩瑞	谷 5 斤	J1C3P108
36	光绪十二年	本寨王启文	主家姜恩瑞	谷 110 斤	J1C2P293
37	光绪十二年	本寨孙通兴	姜恩瑞	谷 92 斤	J1C2P295
38	光绪十二年	本房姜贤松父子	本房姜恩瑞	谷 116 斤	J1C2P103
39	光绪十四年	本房姜凤歧	姜恩瑞	谷 54 斤	J1C1P371
40	光绪十四年	本房姜凤歧	姜兰秀	谷 288 斤	J1C1P176
41	光绪十五年	本房姜凤歧	姜恩瑞	谷 52 斤	J1C2P104
42	光绪十七年	本寨王玉山	姜恩瑞	谷 180 斤	J1C1P70
43	光绪十九年	本家姜凤歧	姜献义	谷 78 斤	J1C4P387
44	光绪二十年	本寨龙文明父子	山主姜大明、凤仪	钱 1008 文	J1C2P308
45	光绪二十年	本家堂叔姜凤至	姜恩瑞	谷 26 斤	J1C2P110
46	光绪二十六年	本房陆母胡氏	陆宗夔、求保	银 2 两 5 钱 8 分	J1C1P213
47	光绪二十六年	家侄姜元英	家叔姜献义	谷 84 斤	J1C1P215
48	光绪二十六年	本房姜志顺	姜恩瑞	谷 32 斤	J1C3P241
49	光绪二十七年	本房姜元英弟兄	姜恩瑞	谷 20 斤	J1C1P215
50	光绪二十七年	本寨姜凤歧	姜恩瑞	谷 7 斤	J1C3P114
51	光绪二十九年	本寨姜元英、元俊	姜显渭	谷 260 斤	J1C1P224
52	光绪三十二年	本房姜顺连	姜恩瑞	谷 9 斤	J1C2P123
53	光绪三十二年	本房姜启长	姜献义	谷 13 斤	J1C4P404
54	光绪三十四年	本家姜志顺	姜献义	谷 48 斤	J1C1P230
55	宣统二年	本家姜恩泰父子	姜恩瑞	银 18 两 4 钱 8 分	J1C2P316
56	宣统二年	本家姜金锫	本家姜源淋	谷 60 斤	J1C2P131

序号	时间	卖主	买主	价粮	出处
57	宣统二年	本寨姜寿明等	本寨姜源淋	谷 40 斤	J1C2P132
58	宣统三年	本房姜启长	姜献义	谷 26 斤	J1C4P240
59	民国元年	本寨姜寿连	姜恩瑞	谷 40 斤	J1C2P318
60	民国元年	本寨姜双连	姜恩瑞	谷 10 斤	J1C2P133
61	民国二年	本房姜凤祥	姜恩瑞	谷 120 斤	J1C3P128
62	民国六年	本寨姜保连等	姜源淋	谷 7 斤	J1C3P132
63	民国九年	本寨姜作琦父子	姜凤凰	谷 160 斤	J1C2P252
64	民国十年	本寨姜之渭	本寨姜元贞	洋 8 元零 6 仙	J1C4P249
65	民国十年	本寨姜纯美	本寨姜元贞	田价洋 26 元 8 角	J1C4P250
66	民国十一年	本寨姜永兴	姜源淋	谷 128 斤	J1C2P328
67	民国十一年	本寨姜春茂	姜源淋	谷 5 斤	J1C3P255
68	民国十二年	本寨姜显光	姜源淋	谷 94 斤	J1C2P329
69	民国十三年	本家姜永职	姜源淋	谷 108 斤	J1C3P137
70	民国十四年	本家姜家培	姜源淋	谷 10 斤	J1C3P141
71	民国十五年	本家姜家培	姜源淋	谷 10 斤	J1C3P142
72	民国十五年	本家姜金培	姜源淋	元钱 1000 文	J1C3P417
73	民国十五年	本房姜秉贞	姜元贞	田价银 7 两 8 钱 8 分	J1C4P254
74	民国三十年	本家姜坤荣	姜元灿	田价 84 元 2 角 8 仙	J1C4P259

清水江流域山多地少，常常在佃山栽杉契约有“饥寒难度，无田耕种”的习惯表达。[①] 且常常发生饥荒，缺少粮食，这在卖山契、卖木契、卖田契的原因表达上都有“缺少粮食，无处所出”的习惯表达。以上 74 份契约，都有这样或类似的表达。有的为换取 5 斤谷而出卖山林，可见其饥寒交困之极。

二是朝廷奖励捐输社义仓谷的办法，奖励“起点”较高。雍正二年定例，绅庶人等，捐谷十石以上，赏给花红；三十石以上，奖以匾额；五十石以上，报闻上司，递加奖励，年久数多，至三四百石者，转请奏闻，给以八品顶戴。[②] 但是，乾隆六年十月癸卯，户部议准广西巡抚杨锡绂议捐输社仓奖励之法。广西地瘠民贫，捐输者少。如未及十石，不加奖励，无以示激劝，请捐至五石以上者，即令州县犒以酒食。其不及五石者，将所捐之数，详登收簿。如下年再捐，准一并计算，按数加奖。又广西省杂粮价值，或贵于稻谷，其捐输加奖，请与稻谷一例。贵州清水江流域，与广西接壤，情况类似，朝廷奖励捐输办法不能奏效。

三是清水江流域各府州县，优先保证新辟苗疆的兵米供应，几乎汲取了烟户百姓的余米。乾隆元年起，贵州驻军所需兵米，依赖于湖广、粤西两省供给，一度需要湖广拨

① 张应强、王宗勋主编：《清水江文书》第 1 辑第 1 册，桂林：广西师范大学出版社，2007 年，第 332 页和第 354 页。

② 《大清高宗纯皇帝实录》卷之一百四十六，乾隆六年七月上。

米四万石，粤西拨米三万石。[①] 后来，湖南岁运黔省兵米减至二万石，[②] 广西运黔省兵米减至二万石。[③] 乾隆三年，贵州全省二十四镇、协、营每年需米 48564 余石，除就近支拨、楚粤运供本色米石外，统计无闰之年不足米 19270 余石。[④] 该年九月，张广泗委员赴粤西柳州、庆二府购买米 18600 石。[⑤] 乾隆七年，张广泗酌筹采买屯（屯军、屯民）苗余粮，即就苗疆筹济苗疆兵粮。其中，向新疆各苗收买粳米、杂粮六千余石。计划裁兵 1600 余名，节省 5700 余石。[⑥] 乾隆八年十月，只从粤西柳庆二府采买 4700 石，[⑦] 比乾隆三年减少了 14570 石。乾隆十三年，户部曾议准黔省新疆之古州等协、营兵粮，拨粤西米一万石，采买屯苗余米 21950 余石，其不敷于各府州县就近运供。今古州、上江、清江、台拱、丹江、朗洞、下江、八寨各处兵俱裁减。因此，屯苗采买数也应减除。乾隆十五年，黔省新疆地方，采买屯苗余米，定额 8354 石。户部还认为该数字过高，可能妨碍苗民食米。[⑧] 总之，不断减少对湖南、广西粮米拨运和采买输入，不断减少对新辟苗疆屯苗的余米采买，只有加重对清水江流域各府州县粮食的汲取了。

2. 各府州县都以牧令捐廉倡导、然后强制征收的方式建立义仓

义仓谷主要强制征收的方式收贮。光绪宣统间，都匀知府潘家怿、江若楑、王玉麟先后莅任，禀由秋粮改米项下，每升附征钱一文，积购谷四百六十余京石。宣统三年，存谷七百有二京石四斗四升二合五勺。[⑨] 清江厅则直接征收“义仓谷”。据光绪元年至光绪三年的三年执照，清江厅滴洞下敖子寨盘落花户龙林保，每年完纳的清江军民府“采买米”均为五斗二升五合。[⑩] 而据光绪四年十月廿八日的执照，龙林保捐纳光绪四年份的“义仓谷”壹石零五升，是“采买米”的两倍。[⑪] 该龙林保的后人收藏执照比较完整，从道光十六年至光绪四年，中间仅有咸丰五年至同治七年的执照没有保存。据此笔者推测，“义仓谷”的额度就是“采买米”的两倍。或者光绪四年捐纳的“义仓谷”份额，就包含了“采买米”的份额。因为采买需要付价，而捐纳不需付价。但清江厅“本地产谷甚少，邻近亦难采办”。[⑫] 黄平州的义仓谷“自光绪初年花户挨次照粮派取”。[⑬]

义仓分为城治义仓和乡寨义仓两类。多数府州县的乡寨义仓谷石数量，远远多于城治义仓谷的数量。光绪四年，天柱知县张任内奉文集捐义谷 4541 石余。光绪十三年知县

---

① 《高宗实录》卷二十一，第 6 页。转引自《〈清实录〉贵州资料辑要》，第 236 页。
② 《高宗实录》卷七十二，第 6—7 页。转引自《〈清实录〉贵州资料辑要》，第 237 页。
③ 《高宗实录》卷一七七，第 31—32 页。转引自《〈清实录〉贵州资料辑要》，第 239 页。
④ 《高宗实录》卷八十，第 13 页。转引自《〈清实录〉贵州资料辑要》，第 237 页。
⑤ 《高宗实录》卷八十一，第 37—38 页。转引自《〈清实录〉贵州资料辑要》，第 238 页。
⑥ 《高宗实录》卷一七七，第 31—32 页。转引自《〈清实录〉贵州资料辑要》，第 240 页。
⑦ 《高宗实录》卷二〇三，第 26 页。转引自《〈清实录〉贵州资料辑要》，第 240 页。
⑧ 《高宗实录》卷三六二，第 11—12 页。转引自《〈清实录〉贵州资料辑要》，第 241—242 页。
⑨ 民国十四年铅印本《都匀县志稿》卷十三，仓廪，第 3—4 页。
⑩ 龙泽江、淳于步、陈洪波编：《小江文书·盘乐卷》，贵阳：贵州大学出版社，2019 年，第 51—53 页。
⑪ 龙泽江、淳于步、陈洪波编：《小江文书·盘乐卷》，贵阳：贵州大学出版社，2019 年，第 54 页。
⑫ 道光二十七年罗氏刻本《黔南识略》卷十三，第 3 页。
⑬ 民国十年未刊稿本《黄平县志》卷十九，积贮，第 46 页。

郑寅亮仁内奉文集捐义谷287石余。光绪十四年，知县余骏年任内奉文集捐义谷1800石，均存城乡谷仓。[①] 光绪十四年，知府余渭捐廉谷四百石倡捐，知府俞渭、开泰知县赵一鹤筹款，添建义仓于旧文昌宫右厢。本城花户新旧共捐1715.9石，合官捐并吴师贤捐贮，现存谷5380.2石。府署各司寨花户新旧共捐谷12121.52石，经知府俞渭查报，现收获存仓谷9619.34石，实存各寨仓内。欠缴谷2502.18石，未收。光绪十四年九月二十日，黎平知府俞渭酌定，凡近城五十里以内之义谷，均须一并运缴城仓。此外较远之处，亦当择道中之地，建仓贮积，不得零星存留民仓，以致侵蚀亏短。光绪十一年，开泰县县丞车璜捐义谷，城内仓积谷1178石，同门屯积谷68石，岔路屯积谷178石，洞洞屯68石，山洞屯100石，全县义仓谷共1592石。其中，城治义仓谷占74%。乡寨义仓谷共414石，占26%。

八寨厅的义仓较为特别，除了城中义仓、村寨义仓，还有屯堡义仓，共十一处，由卫千总提取息谷，制造军械。[②]

清水江流域的村寨义仓，一般分为两种类型：

第一类是依据自然村寨设立。一般一寨设一处义仓，每处义仓或一间，或二至三间，多者五间。比如，台拱厅。光绪五年，台拱同知周庆芝设义仓，奉文通饬城乡五区汉苗军民，先后捐储谷一万零九百余拾京石，每石实重九十六斤，分储于城乡村寨，委仓正副各一人管理，每年夏放秋收，遵章二分行息，藉资弥补折耗、修整仓廒及仓正副伙食、笔墨、公用。[③]

表二　光绪五年台拱厅义仓统计表

序号	区名	义仓位置名称	间数	积谷石数
1	中区	县城内义仓	9	2697
2	东区	东郎寨义仓	1	204
3	东区	交架寨义仓	2	336.4
4	东区	番招寨义仓	5	1201
5	东区	苗江寨义仓	3	116
6	东区	五岔寨义仓	2	178
7	东区	内寨义仓	3	171
8	东区	石川硐寨义仓	1	338.3
9	东区	稿午寨义仓	2	250
10	南区	新寨义仓	3	203
11	南区	汪江寨义仓	5	1500
12	西区	台盘寨义仓	3	658.3
13	西区	水牛寨义仓	3	171
14	北区	施洞口义仓	5	1691

① 光绪二十九年刻本《续修天柱县》，食货志，第25—26页。

② 民国二十一年铅印本《八寨县志稿》捐二十二，仓储，第2—3页。贵阳文通书局代印。

③ 民国八年石印本《台拱县文献纪要》，第24页。

序号	区名	义仓位置名称	间数	积谷石数
15	北区	黄泡寨义仓	5	850.8
16	北区	报效寨义仓	3	340
合计			55	10905.8

城中义仓谷2697石，占24.73%；乡寨义仓谷8208.8石，占75.27%。

又如，哈麻州义仓，亦属于此类型。光绪二十七年十二月，知州杨绍宗具报城乡各仓实贮义谷暨烟捐谷京斗数目，本城仓实贮谷932余石。东乡瓮里仓贮谷168余石，平定司仓168余石，宣威司仓291余石，东乡义仓实际贮谷1048余石，占原额的73%。南乡甲耳仓贮谷43余石，落户司仓357余石，谷洞仓112余石，蒋岗仓46余石，乐平仓39余石，坝芒仓124余石，羊场仓180余石，抵麻仓49余石，摆沙仓48余石，南乡义仓实际贮谷1001余石，占原额37%。西乡旧司仓贮谷293余石，小堡仓98余石，干巴哨仓75余石，西乡义仓实际存谷467余石，占原额37%。北乡漫洞仓贮谷214余石，舟溪仓730余石，下司仓994余石，北乡义仓实存2274余石，占原额37%。城乡各义仓合计京斗5665余石，其中含有烟捐谷200石。[①]

第二类是依据保甲组织来设立。比如，黄平州的村寨义仓。光绪五年，巡抚林绍年通饬各府厅州县筹办义谷仓谷，以备歉荒，各贮各堡寨。黄平州属绅民自是年捐集起，共存京斗义谷一千六百二十二石余。十三年，又奉抚宪潘通饬捐办义谷，增捐三千五百三十余石，共存京斗五千一百五十三余石。此数即成定额。嗣于十七八年，本城东坡半山十里桥平溪火灾，赈去京斗谷二百四十七余石，实存仓谷四千九百零六石余。二十二三年，经州牧瞿鸿锡复任内出陈易新，全数平粜，仍照原额填足，分贮各乡寨。其中，本城义仓谷石占40.85%，乡寨义仓谷石占59.15%。[②]

表三　光绪二十三年黄平州义仓统计表

序号	义仓名称	谷石（京斗）
1	本城仓	2104.91
2	重安仓	574.85
3	金竹寨仓	84.7
4	班溪仓	42
5	旧州仁上甲仓	541.56
6	旧州仁下甲仓	122
7	旧州义上甲仓	351
8	旧州智上甲仓	215.5
9	旧州智下甲仓	94.1
10	旧州信上甲仓	345.5
11	旧州信下甲仓	148.3

① 民国二十七年铅印本《麻江县志》卷十，食货志，仓储，第3—4页。
② 民国十年未刊稿本《黄平县志》卷十九，积贮，第41—42页。

序号	义仓名称	谷石（京斗）
12	旧州在字甲仓	81.15
13	旧州太子九甲并在字五甲共仓	447.48
合计		5153.05

（二）村寨义仓谷仍由官府支配和处置，以满足赈灾和新政开办费用

1. 官府正当合法处置义仓谷

第一，细化和完善府州县厅的义仓管理制度。光绪十四年九月二十日，黎平知府俞渭札饬酌定，凡近城五十里以内之义谷，均须一并运缴城仓。此外较远之处，亦当择道中之地，建仓贮积，不得零星存留民仓，以致侵蚀亏短。① 光绪十五年奉文，原定赈灾章程，极贫者赈银二两，次贫者赈银一两，遇有应赈之灾，准于逆租绝产义谷项下动支，不必定须请款。近来新捐义谷已有成数，遇赈查明实系极贫之户，准赈给义谷二京石，次贫一京石，均给实谷，不准变价折银，以免滋弊。仍须禀准方许动用，将动用外实存若干，分晰造报。凡有义仓各属，著为章程。②

第二，挪用义仓谷，以筹办地方新政。光绪三十一年，都匀府知府吴嘉瑞支办学堂，动用社仓谷。

第三，挪用义仓谷，筹办团防，应对地方变乱。光绪二十四年九月，黄平知州牧李应华，因清平属旁海苗变，攻扑州城，举办团防，动支本城仓谷京斗一百七十六石，重安仓谷京斗一百九十二石。光绪三十二年，都匀知府谢文翘支办团防，将都匀府义仓积谷七百五十六石用尽。③

第四，动用义仓谷，赈济火灾。光绪十七八年，黄平州城东坡半山十里桥平溪火灾，赈去京斗谷二百四十七余石。二十七年除赈仁上甲火灾，动支京斗谷一百三十七石。④ 哈麻州知州陶锬任内赈羊芳寨火灾，去谷二十石。⑤

第五，对义仓谷出陈易新。光绪二十二三年，黄平知州瞿鸿锡复任，出陈易新，全数平粜，仍照原额填足，分贮各乡寨。二十五年，出陈易新。二十六年，州牧联魁开办平粜，动支京斗谷三千零九十九石八斗三升二合。

第六，催缴义仓谷。从光绪十三年至二十四年，黎平府向石引总里甲头人 9 次札饬，先要求清查逆产绝产，筹集积谷，后屡次催缴义谷。⑥ 光绪二十六年，黄平州牧熊世清仁内催获上仓谷京斗一千七百二十石。

第七，监督仓正副。光绪二十二三年，黄平州二甲纸房厂义谷，因该场总甲苏永兴

---

① 龙泽江、傅安辉、陈洪波编：《九寨侗族保甲团练档案》，贵阳：贵州大学出版社，2016 年，第 12 页。
② 黎平县县志编纂委员会办公室校注：《黎平府志点校本》（下），北京：方志出版社，2013 年，第 1302 页。
③ 民国十四年铅印本《都匀县志稿》卷十三，仓廪，第 3 页。
④ 民国十年未刊稿本《黄平县志》卷十九，积贮，第 41—42 页。
⑤ 民国二十七年铅印本《麻江县志》卷十，食货志，仓储，第 4 页。
⑥ 龙泽江、傅安辉、陈洪波编：《九寨侗族保甲团练档案》，贵阳：贵州大学出版社，2016 年，第 12—13 页。

侵蚀，被邹朝武告发，知州瞿鸿锡押追缴。[①]

2. 官府不当、非法处理义仓谷

第一，部分府州县的牧令存在挪用、变卖，甚至侵占义仓谷。光绪十三年，八寨厅同知吴光銮奉令续捐义谷三千余京石，侵吞净尽，虚报捐数。[②] 光绪十八年，八寨厅义仓存谷二千六百二十一市石二斗。至同知吴光銮去职，仅存谷六十一石五斗，其一千五百余石则颗粒无存，存仓亦毁坏。吴光銮自光绪十八年任同知。后同知龚斌继任，[③] 移文追问，始以每石六钱折银七百七十六两一钱三分，缴存省善后总局。其余二百余石称是佘元铎亏耗，缴银九十两。其厅署存谷六十一石五斗，龚斌、沈国良两任先后耗尽，以每石八钱折银四十九两二钱存署。[④] 八寨厅同知黎光瑜作俑变卖九百余石，每石仅折银六钱。同知锡明继放四百余石，亦止折银六钱。[⑤]

第二，牧令前后任交接之时，常常不认真盘存核查。光绪十六年、二十七年，黄平州的义谷清册前后不符，相差数百石之多。且实在存在谷石，“与原额无亏，并具结承认实储在仓，并无私挪亏短甘结在案，由是新旧任移交案，均凭一纸册结，敷衍了事”。[⑥]

四、反制官府借义仓持续汲敛，清水江流域村寨自发组织谷会、会社，且长存赓续

（一）包括加池寨在内的村寨义仓谷多有名无实

1. 黎平府加池寨于光绪年间，曾经办有义仓。

首先，加池寨首人只是出具了承认旧捐义谷实谷归仓的甘结。加池寨至今保存一份光绪十三年（1887）八月初六日黎平府催收义谷札。[⑦] 该告示上有朱文批示：“查该处旧捐义谷前已各具承认归仓，此次新捐积谷，仰即一并认真缴齐上仓，听候逐寨点验新旧谷石，毋得违误亏短，致干严究不贷，切切并谕。”“此次由局发给工食，雇请民间白役送札前来，以免差役扰累，如遇天晚，准留一宿两餐，此外不许送给分文。特此谕知，切切。”要求嘉池寨总里甲长姜显韬、姜恩瑞等，在八月内缴足新捐义谷 1230 斤。[⑧]

其次，加池寨义仓确实出借过义谷。加池寨保留一份 1911 年卖契，也证明加池寨的确存在过义仓。兹引如下：

---

① 民国十年未刊稿本《黄平县志》卷十九，积贮，第 46 页。

② 民国二十一年铅印本《八寨县志稿》捐二十二，仓储，第 4 页。贵阳文通书局代印。

③ 民国二十一年铅印本《八寨县志稿》卷十，职官宦绩，第 2 页。贵阳文通书局代印。“吴光銮，四川綦江县人，侑生，十八年连三任”，任职时间记录，疑似有误。

④ 民国二十一年铅印本《八寨县志稿》捐二十二，仓储，第 2 页。贵阳文通书局代印。

⑤ 民国二十一年铅印本《八寨县志稿》捐二十二，仓储，第 2 页。贵阳文通书局代印。

⑥ 民国十年未刊稿本《黄平县志》卷十九，积贮，第 43－44 页。

⑦ 龙泽江：《盘乐文书的文献价值浅析》，载龙泽江、淳于步、陈洪波编：《小江文书·盘乐卷》，贵阳：贵州大学出版社，2019 年，第 4 页。

⑧ 张应强、王宗勋主编：《清水江文书》第 1 辑第 2 册，桂林：广西师范大学出版社，2007 年，第 298 页。

立卖地基字人义仓众纲首等，今因办公急用，无处出钱，情愿将先年姜春荣、春盛弟兄欠义仓之谷，过限多年不还，仰抵头所住之地基壹间，其界上凭金培、恩瑞地基，下凭后培屋基，左凭凤元与渭滨屋基，右凭凤□屋基，四抵分明，出卖与姜梦麟名下，实买为业，当凭议照价钱四千六百文，领足公用，自卖之后，任凭起造修理管业。倘有不清，俱在众纲首姜兆胡、显邦、凤沼、凤□、培刚、作干、献义、显贵、恩瑞、恩宽众等上前理落，决毋异言，立此卖字为据。

纪元四千六百九年十月十三日恩宽笔立①

这份卖契的立契时间，距黎平府催办义谷札有 24 年，上面还有总里甲长姜恩瑞的名字，姜恩瑞还是该卖契出名的九位乡约众纲首之一。姜春荣、春盛兄弟拖欠义仓谷，乡约首人将其所抵押地基，出卖给姜梦麟。前文所引光绪二十六年（1900）加池寨的信函，是暂宿黎平城的姜作开、陆志仁、姜德相等，写给加池寨的姜显国、显韬、显贵、凤来、凤沼、恩瑞、献义、作幹八位的。两份文书上，有六位重合。

但是，随之而来的问题是，1900 年三营、三江地方缺食饥荒时，加池寨的义仓是否还存在？是否发挥了赈济的作用呢？下文剖析。

2. 加池寨绅民捐纳义仓谷积极性不高

首先，如果加池寨等三营、三江地方义仓谷充足，光绪二十六年缺食，就不至于需要从常平仓运粮救济。假定光绪十三年缴足了 1230 斤，且假设上次也缴足了义谷 1230 斤，累加达 2430 斤，已达 24 余石。三营地方，包括文斗、平鳌、岩湾、加池四寨，如果都按照 24 余石缴足，已经接近 100 石。光绪二十六年闹饥荒，经过才 13 年。但是，加池寨的信函中，却计划从黎平府城搬运 100 石谷到三营、三江地方，放贷赈济。

其次，黎平知府对于窎远的加池义仓监督困难，易于空结具报。光绪二十六年黎平府治义仓实存积谷，应超过 100 石。这里面的实谷，包含有离城 50 里以内的村寨义仓谷被搬运进城的部分，但不包括三营、三江地方的义仓。光绪十四九月二十日，黎平知府俞渭向石引寨总甲里长札称“新捐者已共催缴入仓伍千肆百陆拾玖石叁斗捌升，核计已经收有九成。旧捐之谷，共催缴入叁千柒百贰拾捌石肆斗，核计已经收有六成。惟本府确查，竟多未有实谷存仓，仅系空结具报，殊属有名无实，其何以备缓急之用?”② 按此推算，黎平府催缴义仓谷，进展并不顺利。旧捐义仓谷计划 6214 石，只完成 60%。新捐义仓谷计划 6077 石，只完成 90%。其中，可能还有出具甘结，承认一个义仓谷数字，并未实际入仓的情形。因此，知府俞渭以府城乃合郡重地，更宜多积谷石，以备不虞为由，要求离城 50 里以内的义仓谷，均须一并运缴进城。

第三，穷户抗拒捐纳义仓谷。光绪二十九年，加池寨首人之一姜凤来，时年四十八

① 张应强、王宗勋主编：《清水江文书》第 1 辑第 8 册，桂林：广西师范大学出版社，2007 年，第 288 页。

② 龙泽江、傅安辉、陈洪波编：《九寨侗族保甲团练档案》，贵阳：贵州大学出版社，2016 年，第 8—9 页。

岁，向黎平府具告禀，称“为挟嫌摆布、平白栽冤、告恳严究事。……冤遭姜凤歧挟以前数年奉札挂伊等义谷颗粒不出之嫌，唆使姜双连诬民在塥强奸伊妻，第二日督令双连将妻毒打，要伊妻咬死认奸，犹要逼令招认强奸几次……”[①] 即穷民姜凤歧唆使姜双连，诬陷姜凤来强奸其妻子。姜凤来认为此事的衅端在于，姜凤来作为首人，张贴公告，公开姜凤歧不缴纳义谷，导致其记恨在心。不管强奸是否属实，但是姜凤歧抗拒捐纳义仓谷应是事实。

第四，富户存有余谷，借机购进山场田地，或雇佣劳力开荒山栽种木。前文《至民国时期加池寨卖山土林田换取粮食或价粮一览表》所载，从光绪十三年至光绪二十六年中，姜恩瑞、姜献义、姜大明、姜凤仪、姜秀兰是存有余粮的富户，以余谷收购了本寨或本房他人的山林。有的栽手缺少口食，只好贱卖子木。有的富户提供口粮，邀约穷民开垦荒山，种粟栽杉。因此，富户没有强烈意愿多捐义仓谷。唯见加池寨姜沛清，监生身份，[②] 曾于咸丰同治朝的某年二月初六日向府委员黄捐银 58 两。[③] 加池寨姜凤来，曾于光绪二十九年十二月十三日，捐银 40 两，由俊秀而获从九品衔。[④]

总之，加池寨绅民对义仓义谷，对官府无休止的汲敛而无回馈的行为都有抗拒之心。前引加池寨的信函一句“不似挂捐有去无回者”，都证其心声。

（二）清水江流域村寨谷会、会社长存不绝

1. 自愿缔结“谷会”，抵御饥荒

笔者从加池文书中发现一份迄今最早的谷会文书。兹引如下：

立会单字人本寨姜凤仪，为因粮食缺少无出，自愿邀约房族邦（帮）谷会一把，在谷一千零八十斤，除了首会，余剩六脚，只有九百斤，言定四年填足，每年填贰百柒十斤，齐会之期不得推三缓四，其谷先簸后上秤，每年东道银叁钱八分，定十月初十日系样齐并，会内之人所欠私账，不许相扣。如有相扣悬谷者，务要照规加三加息，口说无凭，立此单纸一纸为据。

计开列如后

开让、开义、大荣、明经、士成、成林占贰、凤仪占头

道光贰拾四年十月初十日　亲笔

余剩养会之人填谷，乙巳年填谷一百贰十六斤，丙午年又养会九十斤，丁未年又养谷三十斤，就云。[⑤]

这是房族部分成员共 7 人，相约成立谷会，会谷总额为 1080 斤。会员借用谷本，按

---

① 张应强、王宗勋主编：《清水江文书》第 1 辑第 8 册，桂林：广西师范大学出版社，2007 年，第 329 页。
② 张应强、王宗勋主编：《清水江文书》第 1 辑第 5 册，桂林：广西师范大学出版社，2007 年，第 168 页。
③ 张应强、王宗勋主编：《清水江文书》第 1 辑第 5 册，桂林：广西师范大学出版社，2007 年，第 473 页。
④ 张应强、王宗勋主编：《清水江文书》第 1 辑第 8 册，桂林：广西师范大学出版社，2007 年，第 286 页。
⑤ 张应强、王宗勋主编：《清水江文书》第 1 辑第 9 册，桂林：广西师范大学出版社，2007 年，第 389 页。

利息三分计息，低于饥荒年份谷息五分。

2. 缔结会社，借助尝产，救济饥荒

清水江流域村寨缔结多种民间信仰会社，在宽泛意义上，也是一种谷会。如关圣会等。比如：

卖关圣会字人堂侄通深为因缺费，自愿将三家所共，两脚分为三股，本名占一股，今将出卖与堂叔再相、堂兄通才二人名下，所共祭会，子孙发达，所卖是实，价一两五钱。

龙阳笔

道光十四年十二月廿八日　立①

该关圣会会股之所以能有偿转让，是因为有尝产，或银钱，或田业，可以生息或收租谷。下引一份卖契，就足以说明会社的田业是如何获得的。

立卖田字岑梧寨陆春棋为因缺少银用，无处得出，自愿将到先年得买姜国顺之田，地名归瑞溪，萧安全屋背岭上田三丘，萧安全门口水田一丘，下坝水田一丘，又萧安全屋背左边岭杨梅田二丘，此杨梅田二坵分为三股，本名占一股。共计田七丘，共约谷二十担。今得出卖与平鳌寨姜熺、姜国望、之幹、姜东吕、东凤、卓英、秉智、煜文等清明会上承买为业，当日凭中议定价纹银四十两四钱八分整，亲手领回应用，其田自卖之后，任凭买主耕种管业，倘有不清，俱在卖主理落，今欲有凭，立此卖字一纸，永远发达存照。

外批：老契未缴，尚在陆春辉处存。

外批：下坝田一坵，谷在会上管业。又萧姓屋背左边岭杨梅田二坵之股，先年将此田补与盛德管业。此三坵在外。光绪卅二年八月廿七日盛鳌笔。此契所余之田，拨换与绍清管业。

凭中陆相义

代笔陆春象

光绪七年二月十五日②

平鳌寨的清明会有银钱尝产，可以作为资本，收买田产。而田产可以收租谷。平鳌寨不仅有祭祖的清明会，而且还有祭拜土地神的土地会，也积攒有尝产。如下卖契所示：

立卖会资，姜永吉情因先年与姜永松、永芳、姜荣春、姜志仁、杨顺美约成一

① 黎平县档案馆藏，文书编号 JPWS－LP－36－50，罗里乡上龙村五组杨秀元家藏。

② 锦屏县档案馆，文书编号 JPWS－JP－190－414，来源：锦屏县平略镇平敖村姜承奎。

会，逐期以作敬土地神，资之所有银钱谷簿者，自卖以后，概为姜增文永远经管。此据。

凭中代笔傅志文

光绪叁拾叁年叁月初七日　立[①]

这些会社尝产，会在饥荒之年，被出借以救急。兹引一 1914 年平鳌寨借字如下：

立借谷字人姜绍学为因缺少粮食，无处得出，自愿借到清明会姜学正、学广、学信、必达、必祥等本谷贰百斤，其谷加五行息，愿将皆背墨田一坵作抵，约谷八担，限至九月归还，不得有误。立此借字为据。

代笔志邦

民国乙卯年正月十六日立[②]

清水江流域会社尝产具有相当大的规模，且会社存续久远，一直延续至新中国农业社会主义改造。兹引文斗寨 1951 年一份文书为证，照录如下：

公元一九五一年五月三日清理本村各会交与姜元均、姜胜昌手保管数目列后：

上房老人会本利谷六百四十六斤

中乡本利谷壹仟三佰卅斤

甲林本利谷捌佰捌拾九斤

甲林旧账本利谷四佰九十斤

下房收本利谷贰仟九佰卅斤

乡农会收新旧本利谷一千八百九十一斤

学校基谷收本利谷五佰卅斤

学校旧欠本利谷伍佰廿八斤

建校收本利谷三仟贰佰〇六斤

积谷收本利谷七百八十贰斤

旧欠积谷本利四仟八佰五十三斤

一九五一年收公田谷列后[③]

清水江流域的这些谷会、会社尝产等，在赈济饥荒发挥了比常平仓、义仓更为直接、更为有效的重要作用。至于常平仓、义仓、谷会、会社尝产在民国时期的发展、变化，另专文图之。

---

① 锦屏县档案馆，文书编号 JPWS－JP－190－414，来源：锦屏县平略镇平敖村姜承奎。

② 张应强、王宗勋主编：《清水江文书》第 2 辑第 1 册，桂林：广西师范大学出版社，2009 年，第 378 页。

③ 张应强、王宗勋主编：《清水江文书》第 3 辑第 7 册，桂林：广西师范大学出版社，2009 年，第 440 页。

五、结语

咸同兵燹以后，朝廷向清水江流域各府州县厅提供购买耕牛本银，迅速恢复农业生产，并将所收耕牛本银，拨给各府州县厅购买谷石，以及所收其息谷，以作常平仓谷。但常平仓谷远离村寨，需要富户垫资搬运，方能赈济饥荒。常平仓不是“便民仓”。清会典区分义仓、社仓，在清水江流域没有意义。讲社仓，无非尊崇朱熹。而讲义仓，既彰救灾恤邻之义，又彰牧令捐廉购买义谷，“如保赤子”之义，便于官员、村寨首人站在“道德高地”上，催办义谷，进行“道德强制”和强制征收。朝廷雍正朝所新辟苗疆，既坚持兵米优先原则，又“以利为利”，节省帑费，于乾隆朝大幅减少，甚至停止从湖南、广西采买、拨运谷米，改从清水江流域就地强制采买“屯苗余粮”，导致民苗口食日益紧缺。因而官府捐纳义仓激励措施几乎无效。于是，义仓谷成为一个正项钱粮之外“准赋税”。义仓虽然分为城治义仓、村寨义仓和屯堡义仓，但是仍由府州县牧令掌控，对城治义仓是直接掌控，对距城较远，超过五十里的村寨义仓则是间接掌控。牧令使用少部分义谷，赈济火灾，在城治平粜，象征性地发挥义仓之“义”，但不能做到真正彰显和做到“以义为利”，让民苗有实实在在的获得感。牧令更多时候，把义仓当作备用财库，因公私目的而处置义谷。因而，民苗对官府屡次催办义谷，颇有抵触。富户也不能“藏出如入”。村寨民苗转而自发地组织谷会，利用民间信仰会社尝产谷石，合作互助，以度饥荒，此自治传统一直延续至社会主义改造。

要之，朝廷官府“以利为利”，不“以义为利”，借义之名行财利之实，导致民不“信于君心”（教养子民），不“信于名”（府州县厅牧令乃父母官，如保赤子），不“信于令”（清会典、章程对义仓的规定），不“信于事”（济贫者得赈济），[①] 常平仓、义仓制度没有给民苗以获得感。两千多年前的春秋时期，晋国饥荒，晋文公问曰：“救饥何以?”箕郑答曰“信”，诚如斯言。因此，义谷之义，不仅有“人溺己溺”的仁爱便民之义，而且有诚信不欺民之义。这些价值不是君主专制所能切实保障和实现的。

① 《国语·晋语四》。

清代鲁西南地区民间高利贷中的返还问题

——以孔府档案为中心的考察

樊祥硕

孔府档案是我国现如今保存最为完整的私人家族档案，在法律史学界，法史学者却鲜有接触。关于从法史角度挖掘孔府档案的史料价值方面，曲阜师范大学博士生导师袁兆春教授的《孔氏家族宗族法及其法定特权研究》对孔府档案在宗族法方面有系统研究；孔令秋在《明清时期孔府财产制度研究》中对孔府的财产来源、管理、运行进行了梳理；时光慧在《孔府祭田纠纷看清代民事审判的在地化特征》中依据孔府档案的史料探讨了清代地方司法审判的问题；王一鸣在《孔府档案中明清时期的牌票研究》中对类似今天“传票”性质的信票进行了研究。除此外，其他再难以找到学者从法史角度对孔府档案进行系统研究。关于高利贷问题，耿雪敏在《唐代的民间高利贷》中对唐代的高利贷概括及其外部影响分析进行了探讨；王文书在《宋代借贷业研究》中对宋代的民间借贷问题进行了系统的分析；孙季萌在《清朝的高利贷立法与规制略论》中对清代有关高利贷的法规进行了分析。笔者翻阅了孔府档案中清代民间高利贷部分的有关史料，试图以微观法史学的角度来探讨当时鲁西南地区高利贷返还的情况及产生的一些问题。

一、清代高利贷的界限

民间借贷分为有息借贷和无息借贷两大类。自然，有息借贷中才会产生高利贷的问题，对于古代高利贷利率的界定，学界尚无统一说法。刘秋根认为：在封建之中国，只要借贷取息便算作高利贷。① 张忠民先生采取了一个一刀切的标准，认为前近代之中国社会中，年利率超过百分之二十便算作高利贷②。笔者与大多学者观点一致，认为高利贷的界定应当具体年代，具体分析。关于清代高利贷的法定界限，《大清律例·户律·钱债》有明确规定：“凡私放钱债及典当财物，每月取利不得过三分。年月虽多，不过一本一利，违者，笞四十。”由此可见，清代高利贷的界定标准应是以月息三分为限。这一点在孔府档案中也可验证：

“《札曲阜县为生员庙户借债互控请差提秉公确审事》：窃思三分行利乃朝廷一定之国

---

* ［作者简介］樊祥硕：中南政法大学研究生。

① 刘秋根：《试论宋代官营高利贷资本》，《河北学刊》1989 年第 2 期，第 85 页。

② 张忠民：《前近代中国社会的高利贷与社会再生产》，《中国经济史研究》1992 年第 3 期，第 145—146 页。

法，而伊创改国例，变为六分。则欺君灭法，当得何罪。”①

二、高利贷返还的利息

虽然《大清律例》明文规定借贷关系中，每月取利不得超过三分，但在当时的社会实际中，法律的表达与实践产生了巨大的差异。民间借贷的利率因地方经济、文化的差异而有所不同，以下根据孔府档案的有关记载，来探查一下鲁西南地区的高利贷利息的情况。

1. 举钱的利率

从孔府档案中看，清代鲁西南地区民间借贷中的利息普遍远超法律规定的界限，月息六分、八分、十分并不少见。现举例如下。

《生员田彬呈为催账郎中冒取银两恳乞垂怜事》：缘彬于拾叁年陆月揭到圣府银贰契陆拾两，拾分起利。②

《独山屯生员郭翰基启为官银已偿原发人欺隐自肥事》：切生父郭文焕于顺治十三年间四月初五凭保人揭到官银十两，八分行利。③

《户人陈天宝启为陈贵芹高利盘剥滚债准产恳乞究审事》：切身于五十四、五年间揭到富豪陈贵芹银六十两，六分行利。④

接下来，笔者将孔府档案中有关高利贷利率的史料进行了整理，结合放贷者和借贷者的身份，整理如下：

放贷人	借贷人	利息
孔府	百姓	月息 10%
孔府	生员（秀才）	月息 10%
官府	生员（秀才）	月息 8%
地主	百姓	月息 8%
地主	百姓	月息 6%
地主	寡妇	月息 10%
当铺	监生	月息 3%
职业放贷人	伴官	月息 3%
票号	百姓	月息 2.5%
票号	监生	月息 3%

① 曲阜师范大学历史系等：《曲阜孔府档案史料选编》（第三编第十五册），山东：齐鲁书社，1981 年，第 54 页。

② 曲阜师范大学历史系等：《曲阜孔府档案史料选编》（第三编第十五册），山东：齐鲁书社，1981 年，第 45 页。

③ 曲阜师范大学历史系等：《曲阜孔府档案史料选编》（第三编第十五册），山东：齐鲁书社，1981 年，第 44 页。

④ 曲阜师范大学历史系等：《曲阜孔府档案史料选编》（第三编第十五册），山东：齐鲁书社，1981 年，第 60 页。

2. 举粮的利率

在小农经济的清代，尤其是地处平原的鲁西南地区，粮食谷物之贷，十分正常。其利息也十分高昂，举例如下：

“乾隆七年孔府向佃户贷粮收利：地户吃高粱九石三斗二升，收本利十三石九斗八升；地主吃豆十五石五斗，止收豆十二石乙斗三升。”①

“孔府贷放烂麦加五收进好麦：水泡过烂麦一石七斗六升，收进麦：加五还小麦二石六斗四升。”

从上表及史料来看：清代鲁西南地区的举钱之债中，当借贷人相对处于弱势地位时，放贷人便索要较高之利息，如孔氏家族放贷时多以十分行利为息；官银放贷时，多以八分行利为主；地主豪强向寡妇索以十分行利；反倒是当铺、票号这种机构，或出于商业竞争的原因，利息保持在法律规定的界限左右。举粮之债中，不再以月息为例，一般都是春借秋还。吕思勉先生有言：“古所谓倍称之息者，并未言及其时之长短。然以理度之，其为时必不长。以此等借贷，原出农家，必也春耕时借，秋获时还也。”② 清代鲁西南地区举粮之利率大体因袭历来传统，即春借秋还，利率为100%，但也有少许例外，如上述三则史料为例，因借贷者身份关系的不同和麦种的优良差异，利率也可为50%，甚至更低。

三、高利贷的返还方式

从孔府档案中的史料来看，清代鲁西南地区高利贷的返还途径是多样的。不仅是单一的借钱还钱，借物还物，还有物力偿还、以物抵钱等方式。如有保人，还可向保人追索，用现在的法理语言讲，即要求担保人承担无限连带责任，民间还存在“父债子还”，向继承人追索的习惯。以下依据孔府档案的史料具体展开分析。

1. 借钱还钱、借物还物。

借钱还钱的方式是举钱之债中最常规的还款方式。在孔府档案中有关高利贷的史料中，有将近三分之二都有记载借钱还钱之事，如《生员田彬呈为催账郎中冒取银两恳乞垂怜事》：……生于拾肆年陆月本利还银壹佰壹拾叁两柒钱……③此处容易理解，便不再列举。借物还物主要体现在举粮之债中，如“顺治十一年孔府汶上县？里庄春秋粮帐：十一年放出麦三十二石五斗，收进麦六十五石”④ 此处前面也有所列举，不再赘述。

2. 物力偿还

“乾隆七年孔府向佃户贷粮收利：地户打堤借豆六石，无利，收豆六石；地户吃高粱

① 孔府档案［4826］。

② 吕思勉：《吕思勉读史札记》，上海：上海古籍出版社，1982年，第1158页。

③ 曲阜师范大学历史系等：《曲阜孔府档案史料选编》（第三编第十五册），山东：齐鲁书社，1981年，第54页。

④ 孔府档案［4808］。

九石三斗二升，收本利十三石九斗八升；地主吃豆十五石五斗，止收豆十二石乙斗三升……”[①] 此处可以看到，打堤的佃户相对于其他佃户而言贷粮是免息的，但笔者认为，此时并不是真正的免息，其利息只是因其“打堤”付出的物力而予以抵消了。此外，笔者未在孔府档案中发现物力偿还本利的情况，仅此物力偿付利息一例，这似乎不符合常理。但这或许和鲁西南地区稠密的人口相关，劳动力过剩的情况下，物力难以转换成价值，或者产生的价值很难偿付高利贷中的本利之和，这就导致物力偿还的情形所见较少。

3. 以物抵钱

以物抵钱的还款方式在孔府档案的史料记载中常有出现，举例如下：

“《户人陈天保启为陈贵芹高利盘剥滚债准产恳乞究审事》：……差押窝囤，日费数金，二月有余，逼身宅园坡地四十七亩五分准折算去外，找身地价银七两八钱。”[②]

“《王门李氏启为势豪掘坟霸产恳准拘审事》：……氏乃妇道，氏夫痴哑，二年不知算账，伊闻氏卖地，奸心陡生，将氏叫去算账，利上起利，逼氏立约过割……”[③]

依据史料来看，有几点值得我们注意：一、以物抵钱的返还往往是被动进行的，尤其涉及土地、房产抵债时，多是债权人逼债之举。二、以物抵债时，往往需要一个折算程序，即以银本位进行交易，如上述材料中将小麦四十四石折算成银两二十二两。笔者查阅资料，得知清康熙年间一石小麦的市场价为五钱左右[④]，这与上述材料中的折算价格基本无差。三、从孔府档案中有关以物抵债的史料看，通过高利贷高昂的利息，强迫借贷人以物（多为土地）抵钱，成了地主豪强掠夺、兼并土地的一种手段，尤其借贷人处于弱势地位时，往往会被逼迫卖地卖产以偿还债务。

4. 保人还债

“《家人张士瑚启为恳拘以完当铺银两事》：切有睢宁相礼生陈维新央身作保，揭到东当铺银五两，本利无还，恳乞老爷天恩差人拘催，以完官银。庶身不致遗累，合家顶戴。为此叩启”[⑤]

“《李赞臣控李瑚一案经过及供词揭约》：……债主遂逼身典尽地亩，代赔银一百八十两……泣思身代保揭银两，俱有约证凿凿，功名成就反被遗累坑杀，致身家贫如洗……”[⑥]

时至今日，鲁西南地区的民间借贷中，也多要求有保人作保，这几乎是该地区借贷

① 孔府档案［4826］。

② 曲阜师范大学历史系等：《曲阜孔府档案史料选编》（第三编第十五册），山东：齐鲁书社，1981 年，第 60 页。

③ 曲阜师范大学历史系等：《曲阜孔府档案史料选编》（第三编第十五册），山东：齐鲁书社，1981 年，第 56 页。

④ 李晓巧：《由明清米价看康乾盛世》2017 年第 11 期。

⑤ 曲阜师范大学历史系等：《曲阜孔府档案史料选编》（第三编第十五册），山东：齐鲁书社，1981 年，第 41 页。

⑥ 曲阜师范大学历史系等：《曲阜孔府档案史料选编》（第三编第十五册），山东：齐鲁书社，1981 年，第 65 页。

关系能够成立的不成文要件。上述两例材料中，可以看出保人因债务人无力还款而深受遗累。但无论古今之法律，民间借贷中的担保人确实应当担责，且多负连带责任，即债务人无力还款时，债权人可启动法律程序便可要求担保人承担债务。

5. 继承人还债

在清代鲁西南地区，也存在“父债子还”的民事习惯。如，此一例：“《张卞氏禀为顾光元过继承产抗欠借钱恳恩讯明究追事》：……不意顾永修之妻又身故，招到顾光远为嗣。氏再向顾光远催问此帐，伊言非系己手之事，硬不招认。且言非到官司，无钱清理。氏思顾光远过继顾永修名下，伊承祧得产，即父债子还，情理当然……”经查证，此习惯确实在清代南北各省广为流行。[①] 此处虽然是“继子”，但承祧得产，便算作继承人。况且此处应当注意到，此时该继子的父母，即债务人全部死亡，如果其继承父母遗产，即使按照当今的法理精神，也应当在继承遗产的范围内偿还债权人的债务，如我国《继承法》第33条之规定。[②]

四、还债问题中法律表达与实践的脱节

法律表达是指国家制定法通过其所运用的官方话语体系表达出权威性的价值准则。法律实践是指国家制定法在现实中的运作和实施，以及国家制定法之外民间法的产生和运行。黄宗智先生在书中讲：“官方的表达和司法实践的运作既矛盾又统一，官方正式的司法制度与民间的非正式的纠纷处理制度相互作用相互影响。”[③] 清代鲁西南地区民间高利贷的还债问题中同样存在着诸多法律表达与实践脱节的问题。以下结合孔府档案的史料进行分析。

1. 关于违禁取利、利不过本之法

《大清律例·户婚·田债》中明文规定凡私放钱债财物，月息不得超过三分，违者笞四十。此处在前文已有所引述。此处虽是国法之规定，但从孔府档案中的有关史料来看，许多民间借贷中的利率远高于月息三分的法定界限。此点前文也做了分析。值得我们注意的是，带有高息的借贷关系的成立往往是两方真实的意思表示，且借贷人前期往往都能够按照约定之高息还债，如《生员田彬呈为催账郎中冒取银两恳乞垂怜事》：“……缘彬于拾叁年陆月揭到圣府银贰契陆拾两，拾分起利。于拾肆年陆月本利还银壹佰壹拾叁两柒钱……”月息十分之契约方可遵守，这说明违禁取利之法对民间高利贷行为的约束

① 苏亦工：《发现中国的普通法——清代借贷契约的成立》，载《法学研究》1997年第4期。

② 我国《继承法》第33条规定：继承遗产应当清偿被继承人依法应当缴纳的税款和债务，缴纳税款和清偿债务以他的遗产实际价值为限。超过遗产实际价值部分，继承人自愿偿还的不在此限。继承人放弃继承的，对被继承人依法应当缴纳的税款和债务可以不负偿还责任。遗产先还债，有多的才归继承人，如果遗产不够还债，继承人对不能还的部分也没责任一定要还，除非自己愿意把被继承人的债务清偿。如果是放弃继承，就和被继承人的债务没有任何关系。

③ 黄宗智：《清代的法律、社会与文化》，上海：上海书店出版社，2007年，第13页。

是极其有限的，也少见官府对违禁取利之行为惩处，因为清代许多地方官府实际是最大的放贷者。[①]《大清律例·户婚·田债》中明文规定私放钱债，年月虽多，利不过本，违者笞四十。此是说：借款期限内，积年累月的利息总额不得超过本金，超过部分无效且不受法律保护。但从孔府档案有关高利贷的史料看，民间多有放贷者高利盘剥，利上加利，超过本金。如《张云卿禀为广盛号滚利盘剥违禁取利事》："……况债有常例，利有定额。年月虽多，子不过母。今以五百余贯而见利一千三百有余，仍行滚利准折……"[②]孔府及官银放贷多为月息八分至十分利，按此月息计算，利上加利，不出一年便利过于本。由此看，"利不过本"之法的约束力在清代鲁西南地区的效力也是非常有限。

2. 关于暴力催债，强夺私产之法

《大清律例·户婚·田债》中规定：若豪势之人，不告官府，以私债强夺去人孽畜产业者，杖八十。若估价过本利者，计多余之物，坐赃论。即国法规定即使借贷人违约不还，债权人也应当通过告官之合法途径解决，而不应当靠自己强势之力夺走债务人的财产，否则要受到惩罚。从孔府档案的史料看，高利贷返还中暴力催债、直接抢夺地产孳息抵债时有发生，如"……至本年秋间，氏地内收获杂粮三石七斗五升，伊尽收去，升合未给……"[③]，再如"……于五十一年间八月二十四日劲将生地一亩八分上带将熟之豆立刻逼去，现有杨守富可证……"[④]。也有强势债权人通过间接抢夺的方式索债，如以远低市场价的价格强买债务人田产之行为，这无异于抢夺他人的私产。现举一例如下：

"《王门李氏启为势豪掘坟霸产恳准拘审事》：……利上起利，逼氏立约过割，自找中人王述鲁、李光炳，代字人李大千，俱系兴立佃户、管事人。零找银二十六两，将氏阖家赶出，使无栖身之所。又逼氏将地内坟墓掘出，撒骨暴露……"[⑤]

由此看禁止以私债抢夺负债人产业之法，在民间实际社生活中是缺乏威慑力的，且官府往往放任此类行为，如上述《王门李氏启为势豪掘坟霸产一案》，官府的判决竟是：王李氏所言狂耸，掘坟夺产之人赔银四两抚恤即可。[⑥] 完全不提违禁取利、非法夺产一事，这更可看出官方表达与现实司法实践的差异性。

---

① 孙季萌：《清朝的高利贷立法与规制略论》，苏州：苏州大学硕士学位论文，2016年，第14页。

② 曲阜师范大学历史系等：《曲阜孔府档案史料选编》（第三编第十五册），山东：齐鲁书社，1981年，第98页。

③ 曲阜师范大学历史系等：《曲阜孔府档案史料选编》（第三编第十五册），山东：齐鲁书社，1981年，第52页。

④ 曲阜师范大学历史系等：《曲阜孔府档案史料选编》（第三编第十五册），山东：齐鲁书社，1981年，第53页。

⑤ 曲阜师范大学历史系等：《曲阜孔府档案史料选编》（第三编第十五册），山东：齐鲁书社，1981年，第56页。

⑥ 曲阜师范大学历史系等：《曲阜孔府档案史料选编》（第三编第十五册），山东：齐鲁书社，1981年，第58页。

五、高利贷返还中的情理法

“情理法”此三字高度概括了中国古代法律的重要特征，也是中国传统法律文化之精髓。高利贷返还之债中存在着情理法三位一体的运用，如民间重视乡族间的调解作用，重视“欠债还钱”的道义性等。此外笔者想要反其道而证之，侧重于分析鲁西南地区民间高利贷中的无情、无理、无法之行为，对儒家的伦理道德表示一定程度上的质疑和批判。

1. 重视乡族间的调解

清代鲁西南民间高利贷钱债之讼中，多为乡族之间互相控告。相对于其他民事领域，其情理、义理所能发挥的调解空间确实较小。但我们不能因为当事人最后走上诉讼的路线而否决调解所做的努力。从孔府档案中看，当负债者违约的前期，乡族调解依然是解决高利贷返还问题的重要手段。如《孔兴斌呈为毕玉莲等不照遵依和息反行诬告请讯究事》：“……伊央乡邻求和，愿与生钱十千文，生为乡邻不究，现有遵依和息为凭。伊词事事皆空，无凭无据，生言衷衷俱真，评证可问……”[①] 另附一份凭证文书如下[②]：

被呈 毕玉莲 毕兆兴
干证 宋国太
后有账单凭证，历历可查。
合夥买树使本钱五十五千文，干证王六。
……
……
乾隆三十九年正月二十九日收钱七千文。
干证宋国太。
以共收本钱四十八千八百文，下欠本钱六
千二百文。
……生被李云山之利息四十千，不在其
内。
伊分文未出。
一次乡亲私和 陶宪章 宋永康 宋国太
二次乡亲私和 李敬昔 宋国太
三次当官和 历宗德 华宗雨 宋国太
乾隆三十九间二月初三日

① 曲阜师范大学历史系等：《曲阜孔府档案史料选编》（第三编第十五册），山东：齐鲁书社，1981 年，第 81 页。

② 曲阜师范大学历史系等：《曲阜孔府档案史料选编》（第三编第十五册），山东：齐鲁书社，1981 年，第 82 页。

此案可以看出，发生债务纠纷时，双方经乡间族人调解两次、官府调解一次无效后才最终交由官府裁决。可见乡土社会中，对于纠纷的解决不仅只是通过诉以官府，基于情理和事理的调解也至关重要。诉讼手段往往是道德调解无效的情况下所不得已采取的救济手段。从基层看，中国社会是乡土性的，而亲邻调解、息讼观念恰恰是乡土社会的重要特征。①

2. 重视“欠债还钱”的道义性。

尽管高利贷中月息过三有违国法，但从前文所述可看出：高于法定之利息借贷是符合鲁西南地区的民事习惯的，而且即使债权人违禁取利，多数民众也认可“欠债还钱”的情理。如《郓城庄头禀控典当发放高利贷并呈请锁拿事》一案：“……今身不论利上加利，情愿归结，并非抗债不还。”② 又如孔府档案另一记载“……生情愿议价出约，售与该铺管业，以清此帐”。从孔府档案中可见高利贷返还之中，借贷人多是重视“欠债还钱”之道义的，某种程度上道德的约束力甚至高于法律。传统中国社会历来讲究“礼者禁于将然之前，而法者禁于已然之后”，情理法共同运用以维护社会秩序的运行。

3. 氏家大族及官府的无情、无法

讨论此问题时，首先应当界定在清代鲁西南地区这一时空范围内。孔氏家族因历代帝王推崇儒家伦理治国之道，而数千年不衰。孔子被誉为“万世师表”，孔氏家族也有“崇儒重道、好礼尚德，孔门素为佩服。为子孙者，勿嗜利忘义，出入衙门，有亏先德。”之祖训箴规。但从孔府档案高利贷的史料来看，孔府凭借在鲁西南地区的强大势力，在民间高利贷问题上做了诸多无法、无情之事。如“孔府贷放烂麦加五收进好麦：水泡过烂麦一石七斗六升，收进麦：加五还小麦二石六斗四升。”即孔府贷放烂麦亦收五分利息；又如在孔府档案所记载史料中，所有放贷主体中月息最高的即是孔府，多以十分为利，无视月息不得过三之国法，此处前文已有所分析。且孔氏族人与非族之人诉讼时，官府多维护孔氏族人之利益。③ 如《曲阜县申为讯结势豪掘坟霸产》一案，孔氏族人因负债人欠债，便逼其立约过割田产，并掘其祖坟，最后官府竟判决负债人夸大其词，孔氏族人赔银四两道歉了事。④ 由此可见，孔氏家族无视情理、国法，实在有违圣人之后之名。

官府、衙役本应是国法的执行者，秩序的维护者，但从孔府档案的史料来看，很多时候官府、衙役确是国法、情理的最大破坏者，无视国法、因利欺压百姓之事时有发生。如《知印官董文明禀为柜书赖债捏控恳恩移究事》一案：“……不料伊等陡生诡计，连名

① 费孝通：《乡土中国》，上海：上海人民出版社，2007 年，第 4 页。

② 曲阜师范大学历史系等：《曲阜孔府档案史料选编》（第三编第十五册），山东：齐鲁书社，1981 年，第 84 页。

③ 此处应予以说明的是，在清朝前期，曲阜县的知县由孔氏族人中选任，后期才逐渐由其他地方之人担任地方官。此处参见袁兆春教授的《孔府档案的法律史料价值研究》一书之观点。

④ 曲阜师范大学历史系等：《曲阜孔府档案史料选编》（第三编第十五册），山东：齐鲁书社，1981 年，第 57 页。

捏造禀栽害，陆续交给职铺京钱贰千叁佰余千。袁县主不察虚词，亦不传讯，辄委典史带领差人于庆续等蜂拥到铺，将铺内存银尽行抄去，尚不足柜书捏禀之数……”① 此案中官府衙役捏造事实敲诈银铺，县令不察、不讯，便为了维护既得集团利益直接查抄银铺，拘押店主，实是有违天理国法。

六、结语

本文以孔府档案为基本史料，以文本分析和微观法史学为基本方法，对清代鲁西南地区民间高利贷返还的基本问题进行了探讨。通过史料，可以看出在此一时期的民间借贷返还问题上，官方正式法律表达与民间的社会实际存在着严重的脱节；情理、义理、法理之间也彼此融合与冲突。这更突显了从民间私人档案研究法史问题的必要性，而不是仅仅局限于官方文书的视角。

① 曲阜师范大学历史系等：《曲阜孔府档案史料选编》（第三编第十五册），山东：齐鲁书社，1981 年，第 95 页。

清末广安州商务分会的创建及其组织情况初探

朱华　向乾坤

20世纪80年代中期，商会史研究开始兴起，到目前为止已硕果累累。进入21世纪以来，关于商会史的研究也有了进一步突破，研究表现出两个方面的趋势，一、从对沿海大城市的研究转向内陆城市研究，突破了空间限制。二、开始对商会领导权与商会选举、商会与各界的关系、商会的社会功能等进行研究，在内容上取得较大突破。成都地区是四川商会研究较多的区域。席萍安在《清末四川商会与四川民族工商业》指出，四川商会组织对于近代四川民族工商业的初步发展起到了积极的促进作用。而李柏槐的《民国时期成都工商同业公会研究》就民国时期成都同业公会的历史演变、制度构建、组织功能及其与地方政府、商会的关系进行了探讨。李柏槐在《民国商会与同业公会关系探析——以1929—1949年的成都市为例》一文中指出，商会与同业公会在法律地位上是平等关系，但在组织管理上是上下级隶属关系。此外还有孙利霞的《成都市商会研究》，她将成都商会组织的发展分为商务总会时期、总商会时期和市商会时期三个阶段进行研究。关于四川其他地区的商会的研究，目前有陈桥的《民国时期的自贡商会及同业公会组织》，主要对民国自贡的商会及同业工会的生存概况进行探究；杨田华的《近代社会变迁视野下的四川盐场同业组织研究——侧重于评议公所的考察》一文通过对“半官方组织”盐务公所和评议公所展开研究，展现了盐场同业组织与国家盐政之间复杂的博弈与互动。

目前四川商会研究以成都及周边地区为主，在内容上主要研究商会与各方关系，对整个四川省商会宏观上的研究著述甚少。到目前为止，还没有关于广安商会的研究，笔者着手对《清代广安州商务分会档案》[①] 进行研究，探究广安州商务分会的创立及其组织构架。

---

* [作者简介] 朱华：西华师范大学历史文化学院院长、博士、教授。向乾坤：西华师范大学历史文化学院研究生。

① 广安市广安区档案馆目前还保存了较完整的民国《广安县档案》共14113卷。其中清末广安州商务分会档案，共有58卷，记录了从1906到1911年广安州商务分会的各项事宜，包括商会的选举书、商事报告书的等内容，展现了清末近十年广安州的商会状况。

一、清末广安州商务分会创立的背景

商会在中国作为一个新生事物，其形成与发展必然有其深厚的社会背景。清末广安州[①]地处西南，毗邻重庆，自古水陆通衢，有通向四方的驿道，“为水陆交错之区，商货销埸”[②]。频繁的商贸往来，十分利于商会组织的发展。清末广安州商务分会的创建“是在政治政策的引导、经济发展的推动及原始组织的基础上设立而成”[③]。

（一）世界浪潮与清政府中央的推动

“商会是资本主义商品生产与商品交换发展的必然结果，是近代资本主义生产力与生产关系相互合作的必然产物。在欧洲，资本主义发展较早，到18世纪后期，行会被近代商会所取代。”[④] 鸦片战争前后，外商将商会这一组织模式引进中国，特别是英商，分别在1834年和1836年创立英商商会和洋商总商会。鸦片战争之后，国门渐开，国内众多有识之士格外关注西方的政治、教育、工商业等制度，以商务求富、学习西方商会制度、在中国设立商会，成了他们的迫切要求。[⑤] 甲午战争失败后，光绪在康、梁的建议下颁布《明定国是诏》，开始维新变法，组织商会正是变法的经济措施之一。但维新变法在短短百日内失败，使得各地设立农商会的措施并没有真正地实践。直到“清末新政”，形势才有所改善，光绪二十九年（1903）清政府成立商部，并颁布了《禀定商会简明章程二十六条》，要求各地地方官员劝设商会，其中明确规定：“凡属商务繁富之区，不论系会垣、系城埠，宜设立商务总会；而于商务较次之地，设立分会，仍就省份隶属于商务总会。”[⑥] 依此为凭，“光绪三十一年（1905）四川总督七月十九日请商部核准设立商务总会……成都商务总会正式开办”[⑦]，此后四川省各州县也开展了开办商务分会的筹备工作。

清末变革之际，商会在全国范围内广泛建立，各地纷纷成立商务总会和商务分会，广安州商务分会也乘此时机建立。“清末商会的成立是中国资本主义初步发展和资产阶级力量增长的结果，商会的出现反映了社会发展的必然趋势。”[⑧] 广安州商务分会的成立是世界商会趋势和中国商会成立浪潮中的一小朵浪花。但清政府的政策支持也是必不可少的，在清末新政前，各地皆有类似商会的组织，但是并没有大规模的商会成立，直到清政府成立商部，倡导商业发展，才大规模地出现商会组织。中国商会浪潮的出现受世界

---

① 宋开宝二年（969），宋太祖在渠江县秀屏山下浓洄镇置军，取“广土安辑”之意，命名广安军，广安一名由此始。清末广安州位于四川盆地偏东、华蓥山脉中段西侧、长江二级支流渠江下游，地处水陆交通要道。东接大竹，东南毗邻水，南连华蓥，西面及西南与岳池交界，西北与蓬安为邻，东北与渠县接壤。

② 四川省广安区档案局藏：《清代广安州商务分会档案》，卷案号：001—1—001，第6卷第17页。

③ 陈晓敏：《民国前期黑龙江商会研究（1912—1931）》，哈尔滨师范大学硕士学位论文，2020年。

④ 张铁军，景君学，杨国昌著：《当代中国商会研究》，甘肃：甘肃文化出版社，2006年，第6页。

⑤ 王梦珂，点校：《马建忠集》，北京：中华书局，2013年，第36页。

⑥ 天津市档案馆：《天津商会档案汇编（1903—1911）上》，天津：天津人民出版社，1989年，第21—28页。

⑦ 孙利霞：《成都商会组织的缘起与发展》，《四川大学学报》（哲学社会科学版）2004年第1期。

⑧ 冯筱才：《中国商会史研究之回顾与反思》，《历史研究》2001年第5期。

浪潮的影响，但也离不开清政府中央的推动。

（二）广安州地域商帮与地方官府的支持

在商会组织出现以前，各行业以“商帮”的形式存在，同时以“神会”的形式组织，“随着资本主义工商业的产生和发展，传统的行帮组织内部融入了新的经济因素，商人也认识到传统行会落后涣散的弊端，迫切需要成立商会”[①]。广安州商务分会于光绪三十四年（1908）十二月十日召开第一次会议，“集发二十余商帮商号”[②] 试办广安州商务分会。清末广安州有大量地方商帮，他们是商会成员的主力军，包括丝烟帮、酒油帮、京果帮、裁衣帮、陈衣帮、茶帮、泽纱帮、金银帮、炭帮、磁器、杂货帮等。广安州地方商帮响应举人蒲金万试办广安州商务分会的决定，积极参与商会的试办。商会的“目标是用集体的力量谋求工商业发展及增进公共之福利”[③]，广安州商务分会成立之初就指出“创设商务分会自俟为联络商情，讲求实业起见”[④]，这对于各商帮都是有利的，自是得到众多商帮的支持。

此外，地方官府还希望借此与洋人争利，所以大力倡导支持广安州成立商务分会。广安州正堂在广安州商务分会成立会上训诫到，“本州所以光临会场，非但壮会场瞻观，实以尽我保护提倡的义务……惟愿近日开会后……挽回从前失去的权力，不但与外国竞争，还要胜过他们……本州在任一天，保护你们一天，维持你们一天，提倡你们一天”[⑤]。由此可见，广安州地方官府对于商会的支持力度，广安州商务分会的成立离不开广安州官府的支持。

二、清末广安州商务分会创立的过程

光绪三十二年（1906），“举人蒲金万禀请”广安州正堂，请求试办“商务分会”，并由责任人“金崇冈酌拟章程”，广安州正堂认为创办广安州商务分会一事“揆之各处设立分会之例，尚无不合，惟所拟章程是否妥协，应俟由局转详至日，再行核明”。[⑥] 广安州商务分会的创办是符合清政府对商会创办的要求的，唯有章程有所欠缺，需要整改。

为修订广安州商务分会的章程，光绪三十三年（1907）九月十日广安州候补正堂王铨要求成都商务总会对广安州成立商务分会一事“批示在案并准予参观会议研究一切，及发商部颁行《奏定商会简明章程》《钦定大清商律公司注册章程》《商标注册章程》《成都总商会章程》……事关公件，绅未使擅自冒领拟，拟请贵总会备文移知州堂以一份注

① 朱英：《辛亥革命时期新式商人社团研究》，北京：中国人民大学出版社，1991 年，第 44 页。
② 四川省广安区档案局藏：《清代广安州商务分会档案》，卷案号：001—1—001，第 8 卷第 6 页。
③ 陈晓敏、曲广华：《清末民初黑龙江商会组织系统初探》，《佳木斯大学社会科学学报》2020 年第 1 期。
④ 四川省广安区档案局藏：《清代广安州商务分会档案》，卷案号：001—1—001，第 6 卷第 17 页。
⑤ 四川省广安区档案局藏：《清代广安州商务分会档案》，卷案号：001—1—001，第 8 卷第 6 页。
⑥ 四川省广安区档案局藏：《清代广安州商务分会档案》，卷案号：001—1—001，第 6 卷第 17 页。

册存照，一份转交绅，分会祇领以凭遵循”[①]。广安州商务分会以此文件为凭借，开始拟定各项章程，准备试办商务分会。光绪三十四年（1908）成都商务总会“催开会试办，以免稽延时日”，以广安州商务分会于光绪三十二年（1906）立案，“至今年余，尚未开会”，下令广安州商务分会尽快开会并为其“订期十二月初十日”[②] 开会。

此后，成都商务总还对广安州商务分会的会费、会董、代议三项提出建议。广安州商务分会“集发二十余商帮、商号提出前议，决定”[③] 了会费、会董、代议三项问题——“其一，经费照会章第八条，每年在各神会间款项下开支；其二，会董概不领薪，奖费亦不定给，应照章每年一举，使无偏劳；其三，代议由各帮公推到会，无事专司调查，有事与议，协赞视为当然义务，至于商务由何项振兴，何项改良，会务以何□执行，何□维持，庸俟开办亦由条理。”[④] 所“呈章程、职业各文件均蒙审察认可，各董事遵依所任各职”[⑤]。同时，邀“地方长官暨各官佐到会证明训词，以为纪念举行开会礼”，一切准备工作就绪后，光绪“三十四年十二月十日，州商务分会正式成立”[⑥]。

三、清末广安州商务分会组织情况

自广安州商务分会成立之初，就有较为完整的规章制度和宗旨。“遇商人中有纠葛事件，有屈抑诉告事件，本商会责在保商，当代商伸理，一视同仁，互相保护，间或目的难达，即代商要求官服，使官府亦尽保护义务，这就是商会的宗旨。”[⑦] 完整而齐备的规章制度，是保证组织能良好运行的基础。

（一）商务分会组织构架

光绪三十四年（1908）十二月十四日，清末广安州商务分会成立“会上 204 名商民推选左含章为该会总理”[⑧]。总理由全体商民推选产生，成立会上除推选“总理一名”外，还另设“会董十三名，代议十九名”。[⑨] 至宣统元年（1909），广安州商务分会增加会董一名，此时整个商务分会共有“会董十四名，代议十九名，商董廿三名”[⑩]。在宣统元年（1909）正月二十一会议上，广安州商务分会规定“会董各员各有职务，分别切当办事，

---

① 四川省广安区档案局藏：《清代广安州商务分会档案》，卷案号：001—1—001，第 6 卷第 20 页。
② 四川省广安区档案局藏：《清代广安州商务分会档案》，卷案号：001—1—001，第 8 卷第 12 页。
③ 四川省广安区档案局藏：《清代广安州商务分会档案》，卷案号：001—1—001，第 8 卷第 6 页。
④ 四川省广安区档案局藏：《清代广安州商务分会档案》，卷案号：001—1—001，第 8 卷第 16—17 页。
⑤ 四川省广安区档案局藏：《清代广安州商务分会档案》，卷案号：001—1—001，第 8 卷第 12 页。
⑥ 四川省广安县志编纂委员会编纂：《广安县志》，成都：四川人民出版社，1994 年，第 203 页。
⑦ 四川省广安区档案局藏：《清代广安州商务分会档案》，卷案号：001—1—001，第 8 卷第 10 页。
⑧ 四川省广安县志编纂委员会编纂：《广安县志》，成都：四川人民出版社，1994 年，第 203 页。
⑨ 四川省广安区档案局藏：《清代广安州商务分会档案》，卷案号：001—1—001，第 8 卷第 17 页。
⑩ 四川省广安区档案局藏：《清代广安州商务分会档案》，卷案号：001—1—001，第 10 卷第 6 页。

应负责任”[①]。同时劝业道会“颁发图记并给各董执照，以专责任”[②]。

在宣统二年（1910）三月，广安州商务分会接成都商务总会通知，“各分会应于会董中推举值年八人”，值年于会董中产生，称值年会董。广安州商务分会如有遇到“有商人赴会投理之事，即由总理邀集值年会董秉公理处”，相当于由总理和值年会董组成了商会的常设机构。值年会董有固定的任期，“仍以一年为任满”，到期后“另行公推，准留请四人继任，以资熟手”。同时下达了关于商事公断处的通知，要求广安州商务分会“现有公断处明目及选有主断评议各员者，即一并取消，改举值年”。[③]

到宣统三年（1911）二月二十七，广安州商务分会接通知需“选举协董十五人，复选分董一人”[④]。至宣统三年（1911）四月二十一接商务总会通告，“迄今……日久，未获据报”，“请于月内将分协董举齐，填报本会，以便将各应办事件发交分董办理”。[⑤]

总体来看，广安州商务分会组织机构共由四个部分组成，均为无薪酬的义务供职。负责商会全局的是总理，总理为全体商民代表，由全体商民推举产生；其下为议员、会董、商董，其皆由商帮会员推举产生，照章程每年一举，各董遇事则开会；最后是普通商会会员。

此外，“为了维持商会的正常运转与处理平时复杂的事务，常设一些职位，比如，文牍、会计、庶务等各员”[⑥]。商会的经费由各商帮认定缴纳，同时各商帮也需“设立事务所，以便组织帮事”[⑦]。商会对于各商帮的商帮规则章程，并未做强制要求，如有制定或更改，各商帮会报送商会留存。

（二）下属商帮与商董、议员

商会的主体由总理、会董、代议（议员）、商董组成。广安州商务分会规定“各帮应举商董一人，代表全帮”[⑧]。其中商董与议员不同，杂货帮姚恒玉“不得已辞退议员而担任帮董，亦进商务义务”[⑨]，从这里不难看出商董与议员职务不同，不能兼任。而议员也是由商帮推举，广安商务分会规定“各帮应举议员一人”[⑩]。

商董由本帮商人照章公举，需提交商董选举书，选举书的内容主要包括选举人姓名、年龄、职业等，其有统一、固定的格式，可见商会的完善程度。同时，商董有一定任期，商董被“委以专责，成至于任期满”，随后商帮、商号会遵照“续举各节”。[⑪] 本地商董的

① 四川省广安区档案局藏：《清代广安州商务分会档案》，卷案号：001—1—001，第9卷第3页。
② 四川省广安区档案局藏：《清代广安州商务分会档案》，卷案号：001—1—001，第53卷第29页。
③ 四川省广安区档案局藏：《清代广安州商务分会档案》，卷案号：001—1—001，第37卷第7页。
④ 四川省广安区档案局藏：《清代广安州商务分会档案》，卷案号：001—1—001，第53卷第29页。
⑤ 四川省广安区档案局藏：《清代广安州商务分会档案》，卷案号：001—1—001，第54卷第19页。
⑥ 魏国栋：《清末保定商会的创建及其组织系统探究》，《保定学院学报》2019年第1期。
⑦ 四川省广安区档案局藏：《清代广安州商务分会档案》，卷案号：001—1—001，第9卷第86页。
⑧ 四川省广安区档案局藏：《清代广安州商务分会档案》，卷案号：001—1—001，第8卷第18页。
⑨ 四川省广安区档案局藏：《清代广安州商务分会档案》，卷案号：001—1—001，第27卷第7页。
⑩ 四川省广安区档案局藏：《清代广安州商务分会档案》，卷案号：001—1—001，第27卷第10页。
⑪ 四川省广安区档案局藏：《清代广安州商务分会档案》，卷案号：001—1—001，第8卷第18页。

选举在广安州商务分会正式成立前就已经进行，新加入商会的商帮也需要进行以上流程。

重新选举或更名重组的商帮、商号需要向商会报告，新加入的商帮、商号也需要按章程行事，须经商会会议通过批准。如宣统元年（1909）二月原炭帮更名为喻义会，原炭帮商董任期满，重新选举周与顺为喻义会商董。此事分两步完成，首先由炭帮提交报告书，申明更改原因，及商帮重组的责任人，经商会答复批准同意后，喻义会成立。此后再以喻义会的名义重新推举喻义会商董。同年，还有新旧火纸帮合并事宜。

新商帮加入会者，须核定商帮资产，全体商人缴纳基本金，同时推举商董，经商务分会批准方可入会。在宣统元年（1909）三月二十二日的会议上，“钱帮刘义、丰农等，已经众签押，甘愿入会……本会查该帮……置有田业一份，计谷陆十挑，纳租谷八石，甘愿认定本会基本金十两，每月认缴经费龙银二元，该帮派签押入会七十人，认定经费于八月起缴，经到场各员许可，入会登记”。此前，刘义、丰农等投了选书，推举了钱帮马骧云为商董，“马骧云代表该帮，该董亦于今日入会参议，经众决议许可”。[①] 至此，钱帮和新商董完全加入了广安州商务分会。

（三）商会人员请假与请辞

完善的请假、推举、辞退制度是一个组织必不可少的制度。商务分会各董、各员请假事宜需要对商会做报告，“具报告书人李华封为要请长假事情。鄙人今年修建座宅……每日在乡……特请长假五月”[②]。请假情况在会议记录上如实登记，如选宣统元年（1909）二月初八的会议上，有“会董酆高隆，请假一星期，因病条存”“议长陈天佑，因号事请假一月条存”“王化龙因事请假一日条存”的样式。[③] 同年三月十五日后，还出现了原因加直接戳“请假”字样、或备注“自行请假”的模式。如宣统元年（1909）三月二十二日会议上，“李任泰，因病回乡，不能与会条存　请假”“周意盛目疾　请假”“代议涂傅廉，目疾未愈　请假”，此三者皆为文字加“请假”印章的模式。[④]

推举商董等需选书，各董、各员请辞，亦需向商会做报告，商会会对此做出批复。商会议员有请辞的情况——“具辞报告人谯与盛，年五十七……前岁蒙雅选评议名誉，原言对年更换，至今两年未开另选，承众公携带，虚占明目……因去腊以来，已病缠延未脱，兼家事繁遽，无力办公，特请消减。”商会对此会做出批复——“名誉议员……老病缠身……请辞注销，自是正当理由，着候提议决定另选补阙可也。”[⑤] 时任广安州商务分会会计一职的黄时瑞于宣统元年（1909）八月请辞，总理左含章以“商会人少事繁，何必意见用事”的理由挽留，望黄“应仍耐劳任职，勿庸辞事”。[⑥]

---

① 四川省广安区档案局藏：《清代广安州商务分会档案》，卷案号：001—1—001，第8卷第93—94页。
② 四川省广安区档案局藏：《清代广安州商务分会档案》，卷案号：001—1—001，第10卷第25页。
③ 四川省广安区档案局藏：《清代广安州商务分会档案》，卷案号：001—1—001，第9卷第34—36页。
④ 四川省广安区档案局藏：《清代广安州商务分会档案》，卷案号：001—1—001，第9卷第89页。
⑤ 四川省广安区档案局藏：《清代广安州商务分会档案》，卷案号：001—1—001，第10卷第24页。
⑥ 四川省广安区档案局藏：《清代广安州商务分会档案》，卷案号：001—1—001，第10卷第30页。

（四）会议情况

商务分会的日常事务由总理、会董与常设职务书记、文牍、会计、庶务等处理，同时不定时召开广安州商务分会会议，参加人主要由总理、会董、代议和商董组成，会后做会议记录，由书记书写。商务分会会议开会的时间较为频繁，据统计仅宣统元年（1909）从正月二十一到三月二十三，短短两个月时间，共召开 21 次会议，平均 3 天召开一次。在开第一次会议时广安州商务分会就制定好了相关规则，如“制定各董员、议员缺席假退病辞表册，附制功过及事实分数格式，此件由察查员起草”，同时“订定公断公章程，附定清算手续规则”，还要求制定各表格样式，如“制定给与会董照会格式、议员证书格式、商人报告书格式、商会建议书格式”，此外还“制定了会议普通规则，附制会议须知”。[①] 从创立之初便确立了完整的商会规范，为商会工作的顺利进行提供了制度保障。

此外，商务分会的会议还有“签到”这一程序，这一程序从宣统元年（1909）正月二十一日会议开始制定，到宣统元年（1909）三月十五日会议才正式实行。未实行之前的会议记录仅为“宣统元年廿四日会议记录——办理会区所在地商家门户统计册，调查员王成尧、吴鸿达提议。各帮商董刘问之、谈友于、蒲淮东、徐思溥、周庶绩、李英武、杜永盛、熊吉照、向永和、周锡山、张白忠、刘锡光、刘新武、石虚谷、曾云程、邓瑞□、廖淮川、傅心平、彭三谷、傅文安”[②]。此时还没有签到程序和签到的配套设施，各董、各员仅有名字。

宣统元年（1909）三月十五日之后的会议，在对某一件大事的决议上，商务分会会在会议记录上用红色印章为投赞成票者印上“赞”，同时商会成员会用自己的印章再次确认，未带印章者会在自己名字下写上“自”的字样。未到或请假也会用印章印上“未到”或“请假”的字样，也有“到”的印章。在投票过程中，可由他人代投，如在宣统元年（1909）三月十五日的会议上，就有“刘问之　周代”“谈友之　肖代”[③] 的备注。会议记录上的书写错误的地方会用圆圈画在文字上方，以示错误。可以看出，商会在会议制度上有完整的流程和相应的配套设施，其模式也在不断地完善。

四、结语

广安州商务分会的建立离不开清政府中央和地方的支持，地方商帮也为其成立奠定了良好的基础。通过对《清末广安州商务分会档案》的整理，厘清了广安州商务分会建立的过程及其各项制度完善的过程，同时对其组织构架进行初步探析，对地方商务分会

① 四川省广安区档案局藏：《清代广安州商务分会档案》，卷案号：001—1—001，第 9 卷第 2—3 页。
② 四川省广安区档案局藏：《清代广安州商务分会档案》，卷案号：001—1—001，第 9 卷第 4 页。
③ 四川省广安区档案局藏：《清代广安州商务分会档案》，卷案号：001—1—001，第 9 卷第 71 页。

的运行模式也有了一定的了解，为四川其余地区商会的研究提供了借鉴。广安州商务分会有处理商业纠纷的职责，并较早建立了商事裁判机构，但查证整个《清末广安周商务分会档案》，并未记载关于商团的信息，这与商会保护商事的初衷有悖。有学者以《巴县档案》为基础，“通过对清代巴县768次‘匪患’发生的年份进行统计”，发现“宣统朝发生50次，平均每年发生16.67次”，为乾隆朝起“匪患”爆发次数最高的年份，其余年份平均不到五年。[①] 清末广安州位于四川东部，毗邻重庆，在巴县“匪患”如此严重的情况下，不可能不受到波及，为何广安州商务分会没有建立商团以防“匪患”，是值得研究的问题。

① 罗权：《清代四川巴县匪患的类型、分布及应对》，《西南交通大学学报》（社会科学版）2017年第3期。

民国初期河南省的县视学选任刍议

李常宝

视学是清末新政之际由日本移植而来的教育督导职官。清廷依学部所奏，渐次建立起中央一省一县三级视学制度，创中国近代教育督导制。民国建立之后，此项制度有所继承，并在袁世凯时期，根据地方建制还加入道视学一职。视学制度的设立有利于政府对于教育的掌控。近年来学界对此举渐有关注，其评价亦多积极。① 不过，缘于资料所限，多大虚化了县级视学这个群体的选任实况及其真实生活样态。为此本文依托新发现史料，对民国初期河南省的县视学选任做一个尝试性研究，以期揭示不同的选任制度下该群体的乱世人生。

一、清季民初河南地方教育督导制度

1905 年 10 月，清政府政务处上《奏请特设学部折》称，"查日本稳步生所定官制，大臣、次官之属，有专门、普通、实业三局长，参事、秘书、书记、视学、图书、审查、卫生等官之名，似可斟酌仿行"，② 由此可见，废科举兴学堂之后，日本的视学官制引起了国人的重视。1906 年 4 月 25 日，清廷准政务处、学部会奏，裁撤各省学政改设提学使司，设提学使一员统辖全省省学务，归督抚节制。③ 5 月 13 日，学部上奏拟定该部官职获准，该部除五司一厅外，"拟设视学官（暂无定员，约十二人以内），秩正五品，视郎中。专任巡视京外学务"，④ 是为部视学。同日，学部《奏陈各省学务官制折》亦获准，每省设提学使司提学使一员，秩正三品，在布政使之次，按察使之前，总理全省学务，衙门可仍用旧有之学政衙门。原各省学务处改为学务公所，作为办公场所。"提学使以下设省视学六人，承提学使之命令，巡视各府厅州县学务。各省省视学，由提学使详请督

---

* ［作者简介］李常宝：博士，山西师范大学历史文化学院教授。

① 相关研究有：孙杰、刘海燕：《视学到督学：近代山西教育督导制度的演变》，《江汉学术》2018 年第 6 期；王建军：《视学一督导一视导：民国教育视导制度的演变轨迹》，《河北师范大学学报》（教育科学版）2018 年第 5 期；苏全有：《论清末视学》，《安徽史学》2017 年第 4 期；吴长宏：《民国中央视学机构的历史考察》，《山西师大学报（社会科学版）》2011 年第 3 期。

② 齐红深、徐治中：《中国教育督导纲鉴》，沈阳：辽宁大学出版社，1989 年，第 4 页。

③ 政务处、学部：《会奏遵议裁撤学政设立直省提学使司折》，陈学恂主编：《中国近代教育史教学参考资料》（上册），北京：人民教育出版社，1986 年，第 585 页。

④ 学部：《奏酌拟学部官制并归并国子监事宜改定额缺折》，陈学恂主编：《中国近代教育史教学参考资料》（上册），北京：人民教育出版社，1986 年，第 588 页。

抚札派曾习师范或出洋游学，并曾充当学堂管理员、教员，积有劳绩者充任”，[①] 是为省视学之由来。同时，清政府训令各厅、州、县设劝学所，以为基层教育行政机关。劝学所由地方官监督办理，设学务总董一人兼视学，“官级为正七品虚衔”。[②] 由此，基本上确立了清末的教育视导制度。

关于县视学的选任与职责，学部获准的《奏陈各省学务官制折》中有其规定，“各厅州县劝学所，设县视学一人，兼充学务总董，选本籍绅衿年三十以外，品行端方，曾经出洋游历，或曾习师范者，由提学使札派充任；即常驻各厅州县城，由地方官监督办理学务，并以时巡察各乡村市镇学堂，指导劝诱，力求进步。给以正七品虚衔；其办理实有成效者，准其擢充课长，以示鼓励”。[③] 在同年颁布的《县视学章程》中，此类关于县视学即县级教育督导之制度规范再次得以强调和重申。对于此类新式举措，时人评价积极，认为无论是学部派出的视学官，还是省视学、县视学，“虽其位置有大小，权限有广狭，而其巡视学务，力求教育之发达则一也”。[④]

清末新政学务改革当中，清廷在逐步建立了中央学部、省提学使司和劝学所自上而下的教育行政体系，并借鉴日本近代教育督导制度，通过设置学部视学官、省视学和县视学等教育督导职官，从而起了从中央到省、州县的三级学务巡视督察即教育督导体系。河南省遵照朝廷兴学诏谕以及有关推行新学教育之政令，在大力兴新学、办学堂的同时，亦设置了省视学和县视学，初步建立起了省、县两级视学教育督导制。

1912 年中华民国肇建，12 月，遵照北京政府改制命令，河南省提学使司改为教育司，属于河南行政公署四司之一。李时灿任教育司长[⑤]。原清季河南省各县之劝学所总董，1912 年改为劝学所长。[⑥] 1914 年，遵照北京政府所颁各省官制令，河南省行政公署改为巡按使公署，于公署政务厅下置教育科，教育司予以撤销，亦未设省视学一职。各省曾电询北京有关视学一职的存废。6 月 6 日，教育部为之呈文大总统要求保留省视学，以便维持省级地方学务视察工作的正常进行。[⑦] 6 月 17 日，上呈获准。遵照当时地方省道县三级行政建制，教育部发文要求各省建立省、道、县三级地方视学机构，配备视学人员，并建议省设视学四人，道设视学至少二人，均由省巡按使委任；县设视学至少一人，由道尹委任。[⑧] 此际，河南尽管遵令建有省、道、县三级视学的教育督导体系，省道

① 学部：《奏陈各省学务官制折》，陈学恂主编：《中国近代教育史教学参考资料》（上册），北京：人民教育出版社，1986 年，第 591、594 页。

② 齐红深、徐治中：《中国教育督导纲鉴》，沈阳：辽宁大学出版社，1989 年，第 5 页。

③ 陈学恂主编：《中国近代教育史教学参考资料》（上册），北京：人民教育出版社，1986 年，第 594 页。

④ 戴克敦：《视学篇》，《教育杂志》1909 年第 1 卷第 13 期，第 155—156 页。

⑤ 李时灿（1866—1943），汲县人，光绪壬辰科进士，历任刑部部曹，河南教育总会会长，学务公所议长。民国初出任河南省教育司司长，与当时天津严修、南通张謇并称“教育三杰”。

⑥ 程有为等主编：《河南通史》第四卷，郑州：河南人民出版社，2005 年，第 605 页。1923 年各县劝学所改为各县教育局。

⑦ 教育部：《呈大总统拟仍留各省省视学以维学务文》，《教育杂志》第六卷第四期，记事，1914 年。

⑧ 教育部：《通咨各省巡按使道县视学均应设置希查照见覆文》，《教育公报》第一册（1914 年 6 月），第 3 页。

县各级行政公署内亦设有视学员，负责视察所属学务，但往往“各受成于本级行政长官”，[①] 而县视学多由县劝学所所长或县知事公署学务官员兼任，视学一职大多无法独立开展视学即地方教育督导工作，截至1917年河南省教育厅奉命成立之前，正式发布县视学委任者仅八人：1914年委任过淮阳县视学于秉仁、滑县县视学部经澜、密县县视学侯钦明三人，1916年委任过考城县视学赵翔云、襄城县视学盛广义、许昌县视学徐平皋三人，1917年委任过新安县视学龚士键、内黄县视学张寿彭二人。[②] 此外，多为各级行政公署及行政长官兼职掌理本级教育行政管理和教育督导事务。同时，在有限的地方教育督导工作过程中，也存在道、县两级视学职权含糊不清、彼此矛盾冲突等问题。

二、教育厅成立后的河南县视学基本状况

1916年6月袁世凯死后，黎元洪继任大总统，段祺瑞出任国务总理，原靠镇压白朗起义得袁世凯赏识的河南省督军赵倜改投段祺瑞门下，继续督豫[③]。此后，北京在历经“府院之争”和张勋的帝制复辟之后，民国再入共和时代，此前袁世凯所改的制度渐次恢复。1917年9月，北京政府颁布《教育厅暂行条例》，令各省长公署设教育厅，同时教育部简放厅长往各省赴任，各省督军迎拒不一。[④] 9月7日，覃寿堃获长河南教厅一职，[⑤] 河南督军赵倜对此无可无不可。不过，覃寿堃至11月始觅定场所开始办公，内设第一、第二、第三科和视学六名。同年9月，北京政府训令各地恢复了县劝学所，置县视学1人。该年底，河南省教育厅为此举办县视学员讲习所，各县选派人员至此训练两月，1918年2月底期满考核，分别予以委任。3月，河南省教厅出台了《县视学暂行规程》。

第一条　各县设县视学一人视察县区域内之教育事宜。

第二条　各县县视学由厅选委县视学员讲习所毕业者充任之。

第三条　县视学视察分定期、临时二种。定期视察每一学期中至少须视察一次，临时视察依教育厅长或县长特别命令行之。

第四条　县视学应视察之事项：一、学校教育状况；二、学校经济状况；三、学校卫生状况；四、社会教育状况；五、关于学务各职员执行状况；六、其他特别视察事项。

第五条　县视学届出发时，应将视察区域、预计日程呈报县知事。

---

① 河南省地方史志编纂委员会、河南省档案馆编：《河南新志（民国十八年）》，郑州：中州古籍出版社，1988年，第384页。

② 根据河南省档案馆藏蒋匪河南省教育厅档案M15—2635卷内《各县呈送县视学履历格式表》统计所得。（以下简称“河南省档”）

③ 张钫：《风雨漫漫四十年》，北京：中国文史出版社，1986年，第126—132页。

④ 田正平、张寅：《北京政府时期教育厅长选任研究》，《华中师范大学学报》（人文社会科学版）2013年第3期。

⑤ 覃寿堃，湖北蒲圻人，清末进士，曾任湖北省议会议长，时任教育部参事。

第六条　县视学与下列各事项，得向当事者指示之：一、与教育法令抵触事项；二、县教育会议决定事项；三、学校教授管理事项；四、社会教育设施事项；五、教育厅长或县知事特命指示事项。

第七条　县视学至各地方视察学校，毋庸向该校预为通知。

第八条　县视学遇必要时，得就主管者表示意见。

第九条　县视学所至各地，应与各地方办学员绅接洽讨论，藉知该地方学校已往之历史，现在之实况及将来之计划。

第十条　视察遇必要时，得变更教授之时间。

第十一条　视察遇必要时，得实验学生之成绩。

第十二条　视察遇必要时，得调阅各项簿册。

第十三条　第九条至第十一条临时视察皆适用之。

第十四条　县视学应于每学期依第三条之规定切实调查报告，该管长官于每一学年之终，提出本年度之总报告书，由该管长官转报厅署备查。

第十五条　县视学未届出发时，承本县知事之命令，仍驻县署襄办教育事务。

第十六条　县视学之经费由县知事筹给之，薪俸每月以十六元至三十元为限，调查费每年以四十元至六十元为限，但均不得减少于最低之限数。

第十七条　县视学所用各种调查表另定之。

第十八条　本规程自公布之日施行。①

统计当年3月至4月期间，河南教厅审阅十七县所陈视学员资历，共计核委潢川县视学左世辅、桐柏县视学陈履祥、正阳县视学刘崇勋、郾城县视学杨景震（优附生）、固始县视学李铎、陕县视学秦鉴藻、阌乡县视学张嘉猷、渑池县视学王兆麟、鲁山县视学李孔昭、偃师县视学李成化、卢氏县视学李锦春、尉氏县视学杨书徵、郑县视学黄赞熙、鹿邑县视学张守信、商丘县视学王锡琴、内黄县视学苏同祖、济源县视学齐守藩等②。

在推行县视学员任职前培训和核委之余，豫省教厅还训令各县视学须重视县内学校的办理情形，并递交涵盖两方面内容的总报告：第一类，县内乡镇村立（私立）学校调查，对象为设备（校地、校舍、校具、表簿）、学生（学生学级及人数、学生年龄及程度、学费、历年毕业人数）、职教员（职教员人数及俸额、职教员之职务状况）、教授及训练（教科书、教授时间、教授方法、训练之实况）、养护之方法、管理、卫生、经费（由来、岁入、岁出、支配）、总评等。第二类，管区内教育状况调查，其对象为学校数及位置，统计教育经费、教员待遇、学务委员劝学员任事、学事集会、学龄儿童就学的

① 河南省教育厅：《训令各县修订县视学暂行规程仰转行遵照》，1918年3月22日，河南省档：M15－2636，第1－8页。

② 根据河南省档M15－2635卷内《各县呈送县视学履历格式表》统计所得。

状况，调查民众对于学校的观感，以及对于办事人员之指示及将来改良之要件等。[①]

相对而言，河南此举走在全国前列，因为选任教育督导人员，“是保证教育督导制度正常运行和教育督导工作规范有序展开的关键环节，国家不兴教育则已，苟兴教育，非有视察指导之专员，应能代表视察的人员，则教育无以改进”。[②] 而此时就全国范围来看，县视学之制度规章自民国以来，虽有江苏等省颁布该类规制，但全国统一的县视学规章北京政府尚未颁定，因而各省市基本处于各行其是状态。为求政令划一，1918 年 4 月 30 日，北京政府颁布《县视学规程》，标志着中央政府对县级教育督导制度做出统一规定。《县视学规程》与 1913 年颁布的教育部《视学规程》、1918 年的《省视学规程》一起，初步建构起了民国时期中央、省、县三级视学督导体系，为中国近代教育督导趋于统一、规范和制度化奠定了基础。该《规程》规定各县可设视学 1 至 3 名，其职掌如下：

> 一是督察教育法令之实施；二是督察学务之计划进行；三是查核各区教育经费和学校经费实况；四是查核各区学龄儿童入学实况；五是视察各学校设备编制及管理状况；六是视察课程教授及学业成绩；七是视察各学校训育学风及操行成绩之状况；八是视察各学校卫生体育及学生健康状况；九是视察社会教育及实施状况；十是视察幼儿教育和特殊教育设施状况；十一是视察学务职员履职状况；十二是视察主管长官或省视学所指定之事项；十三是宣达主管长官所指示之事项。[③]

较诸河南省《县视学暂行规程》，1918 年部颁《县视学规程》规定县视学由县知事呈请省教育行政长官委任；遇必要时，可由省教育行政长官直接任用；任县视学者须有以下三类之一经历始有资格：“一、师范学校毕业，任学务职一年以上者；二、中学校或二年以上简易师范科毕业，任学务职二年以上，著有成绩者；三、曾任高等小学校校长或本科正教员二年以上，经省教育行政长官认为确有成绩者。”[④] 此后，豫省教厅遵照部颁标准行令。如，虞城县视学黄荣忠因病向省教厅请辞，教厅令该县开具合格人员履历呈省厅核委。8 月，虞城县知事王崇闻报四名候选人呈省厅“拣定委任”。[⑤] 该县所荐人员如下：

> 张翰臣，年三十九岁，前清附生，光绪三十四年由教育讲习科毕业，派充初等小学教员。宣统元年举充教育会副会长，二年考取河南单级师范，三年毕业，派充

---

① 河南省教育厅：《训令各县修订县视学暂行规程仰转行遵照》，1917 年 3 月 22 日，河南省档：M15－2636，第 10－15 页。

② 张季信：《中国教育行政大纲》，上海：商务印书馆，1934 年，第 200 页。

③ 《县视学规程》，《教育法令汇编》，上海：商务印书馆，1936 年，第 50－52 页。

④ 中国第二历史档案馆编：《中华民国档案资料汇编》第三辑“教育”，南京：江苏古籍出版社，1994 年，第 82 页。

⑤ 署理虞城县知事王崇闻：《呈》，1918 年 8 月 20 日，河南省档：M15－2762，第 2 页。

本县单级教员养成所所长兼教员。民国元年派充官立初等小学教员，五年举充教育会正会长，兼模范国民小学教员。范松朋，年二十五岁，本县高等小学校毕业，民国二年充膺本县国民学校教员，民国三年县公署委任高等小学校司事。李鸿年，年四十六岁，前清附生，法政调查班毕业，曾任高等小学校教员二年以上。祁蔚岚，年四十九岁，前清附生，自治研究所毕业，曾任劝学总董，现充学务委员。①

8月28日，省教育厅审定各履历，拣定张翰臣加以委任："指令虞城县知事，呈附均悉，查张翰臣资格尚合，准予委任。"② 据此可知，省厅选任县视学在执行部颁标准时，倾向于核委师范毕业，且有教育经历者，即有专业素养与有经验者占优。根据此种任职程序，统计部颁《县视学规程》出台至下文李步青赴任视事止，该省教育厅共计核委嵩县、巩县、安阳、内乡、郏县、新郑、泌阳、方城、太康、镇平、鄢陵、宁陵、浚县、沈丘、禹县、封丘、汲县、辉县、获嘉、新蔡、信阳、长葛、兰封、涉县、西华、临汝、通许、西平等二十八县视学。内有前清拔贡一、优廪生一、廪生一、附生三。此二十八县视学任事，均依部颁规程，由各该县知事提供人选上呈省教厅核委，发放委任状。然此际河南计有县112者，其他各县未见委任或复委等情，此则意味着部颁规程之后，各县对此并非在意，或者说各县知事对于新成立的教厅政令不够遵奉，缘于县视学在基层多为当地委任或兼职，又以任事在本籍，人地两宜，间或不乏成绩卓著者。

以卢氏县视学李锦春为例，该县知事称：李锦春于光绪三十二年任该县高小校教员，三十三年兼任校长，三十四年办理毕业一次。宣统元年四月辞职。1913年9月任劝学员长，组织单级教授养成所，于1914年正月成立，不久奉令改为小学副教员讲习所，兼任该校所长，五月任县视学，仍兼劝学所长职务。1919年8月辞劝学所长兼职，专办县视学。"查该员任事以来，成立师范学校一处，女子国民学校一处，男子国民学校一百一十一处，办理高小毕业一次，会办师范学校毕业三次，摄任师范讲习所所长半年，担任师范校国文科三年，兼任劝学所长职七年，均纯粹义务，不支薪水，有案可稽，任事共十一年。"③ 从这个经过县知事核复属实的履历来看，因原呈文不加点，看不出李锦春所称之不支薪水纯粹义务所指者为何职业，即便是取语义最近之劝学所所长一职，也属不易。不过，此等官样文字可以笔意纵横，然1912年起劝学员长这个称谓北京已令改为劝学所长，而河南地方依然沿用宣统二年的旧称，足见民国以来中央对地方的影响力有限，豫省此际各县劝学所编制有二人，一曰劝学所长，另一曰视学。据此可知李锦春在该县七年多来，不任劝学所长，即任视学，二者必有其一。从这一层来说，李氏在卢氏县非为学界元老，即为当地学霸。而这也就是当时河南县视学任职的真正样态。

---

① 《虞城县造送遴选县视学员人等姓名履历清册》，1918年8月20日，河南省档：M15—2762，第3—5页。

② 河南省教育厅：《第81号指令》，1918年8月28日，河南省档：M15—2762，第8—9页。

③ 卢氏县：《呈送县视学履历格式表》，1920年10月，河南省档：M15—2635，第20页。

三、李步青推行县视学教厅委任制

1920 年 8 月 25 日，北京政府发布大总统令，准河南教育厅长吴鼎昌辞职，令李步青接任。[①] 9 月初，李步青到厅视事。[②] 12 月 1 日，李氏上呈教育部长范源濂，称豫省之县视学由县知事呈教育厅核委之法不可取，数年以来形成的局面非常不堪。“各县所呈之人，往往不孚众望，或由一党私推，或凭团体公举，一有党同伐异，遂致甲是乙非，互相争执，县知事又多见好各绅，类皆以圆滑不负责任之语转呈了事”，这样的结果就是，每逢更换人选之际，候选人还未呈报，而针对该人的控告已到厅。或已委派者亦是争讦不休，教育厅就此类事责令县府查复，“则又所见异辞，所闻异辞，按之实际，半属子虚”。所以，各县视学员或有戒心，不敢切实视察尽心指导，即便发现有不合之处，亦多徇隐不以实报；甚或坐领薪俸，或兼代职，并不出外视察。更有县府藉口当地无相当资格之人，权请替行代理。凡此种种，致使各县小学办理数年少有进步，“盖相与敷衍，彼此容隐，一经认真，则互相指摘，失职者甚或假名捏控，局外人益得媒孽交加”，长此以往，河南省教育不堪设想。为此，李氏称将依照教育部颁《县视学规程》第二条内“遇必要时，得由省教育行政长官直接任用”之规定，对豫省县视学一律改由教育厅直接委任，具体办法为，“暂就各县现任视学仿照山西省办法，一律更调，回避本县，至远亦不出二三百里左右”，这样既不至于人地生疏，畛域之见亦少，可以尽到视察指示改良之责；倘若调动之后，有视学仍无成效，一经查明，立予撤换，以示惩儆。据此呈请教育部核准。[③] 12 月 17 日，教育部回复该办法“可行，准试办”。[④]

获准之后，为鉴别在任县视学之优劣，教厅一面下派省视学巡视，同时发放《视学问题二十一条》限期各县视学作答，依照省视学的报告和二十一条作答成绩之优劣来决定各该县视学的去留。《视学问题二十一条》以填报作答形式完成，其二十一问题兹录如下：

1. 该员月薪若干，视察费若干，兼他项职务否？2. 本年视察几次？每次外出若干日？视察若干学校？3. 不外出视察时做何事？4. 每视察一学校班次多少不同？大概各以若干时间视察之？5. 对于所视察之学校用何法判定其优劣？6. 该县共有国民学校若干？所设国民学校之经常费共若干？如何支配？每校学生及经费至多者各若干？至少者各若干？7. 公立学校外，私塾情形如何？8. 地方人对于公立学校与私塾之观感何如？9. 该

① 大总统令：《任命李步青为河南教育厅厅长》，《教育公报》第七年第九期，1920 年 9 月 20 日“命令”，第 2 页。

② 李步青（1878—1959），号廉方，湖北京山县人。12 岁考取安陆府秀才第一名，1896 年入武昌经心书院，后转入两湖书院习经史等科。1902 年 5 月被张之洞选派往日本东京弘文学院俗称师范科，习教育等科。1903 年夏因排满嫌疑被勒令归国，后在两湖总师范学堂等地历任教习。1912 年参加全国临时教育会议，同年入中华书局编修教科书。1917 年 9 月曾简任山西省教育厅长，受地方抵制，两周即辞职。时任教育部视学。

③ 河南省教育厅：《第 494 号呈》，1920 年 12 月 1 日，河南省档：M15—2634，第 10—12 页。

④ 教育部：《第 2345 号指令》，1920 年 12 月 17 日，河南省档：M15—2634，第 15—16 页。

县最优之国民学校有若干所？试详述各校之内容。10. 该县最劣之公立国民学校若干所？情形与私塾异同若何？11. 对于该县此后各校之改良有何计划？[①]

1921年3月，河南教厅下发训令："奉教育部指令变通委任县视学办法，拟将各县视学一律改由该厅直接委任，暂就各县县视学更调，回避本县"，正式开始调委县视学回避本籍任职之事。另外，就1918年该厅所颁《县视学暂行规程》第16条丙款之规定，"县视学之经费由县知事筹给之薪俸，每月以十六元至三十元为限，调查费每年以四十元至六十元为限，但均不得减少于最低限度"，李步青认为本次县视学回避本籍任职，此项薪给太低，实不足以鼓其任事之心，为此修改为，"县视学月薪至少以二十元为限，视察费至少每年以四十八元为限"，至于现任视学月薪在二十元以上者照旧办理。同时规定各视学员到差之日起，即按月支领。[②] 并自当月开始，教厅根据省视学的视察成绩与二十一条作答情况开始撤换并调委县视学。

3月8日，据省视学报称，南阳县视学刘元炳"畏事溺职，视察敷衍"，镇平县视学朱寿庚"缺乏教育学识，视察亦欠得力"，武安县视学霍其忠"学识不足"，淮阳县视学于秉仁"视学答案文理太差，难胜视察之任"。教厅训令"应予撤退"。3月10日，据省视学报告，陕县县视学秦鉴藻"学识浅陋，视察欠勤"、新乡县视学杨锡华"对于教育极为隔阂，无适当之筹划指导"，淇县代理视学马蕙"学识稍旧，视察难资得力"，武陟县视学阎竹铭"缺乏教育知识，未读教育书报"。对此，省教育厅分别训令各该县知事"应予撤换另委"。[③] 汤武县视学郭普庆"缺乏教育知识，除分款外，无他事。似此废弃职务，应予撤换"。[④]

省视学调查了多少县不得而知，但就此八位县视学有关情况来看，其结论之客观性有待商榷。如陕县视学秦鉴藻，"清宣统元年六月入本县初级师范肄业二年半，民国元年六月毕业"，尽管省视学报告其学识浅陋，但该氏"民国元年七月任本县县立高等小学教员，至四年六月。元年十二月被选兼任本县教育会正会长至二年十月止。民国六年元月又任本县县立高小校教员兼任教育会副会长，至七年元月任本县县视学，兼教育会正会长"[⑤]。由此可见，该氏在陕县也算是学界的要角。又如，镇平县视学朱寿庚系前清附生，"光绪三十三年七月入前河南知新中学肄业，民国元年转入前河南第一中学，是年十一月毕业。民国二年肄业江汉国民大学一年，七年一月入河南县视学讲习所肄业三月期满，考验合格"，先后出任镇平县高等小学校教员，1920年6月就任该县视学。[⑥] 可见，此二县视学的任职资格并无不合，而省视学报告稍欠公允，朱氏在镇平视察欠得力的主要原因在于上任时间较短。至于缺乏教育学识，反映出时代背景之下，习儒者与现代教育者

---

① 河南省教育厅：《视学问题二十一条》，1921年3月，河南省档：M15－2634，第66－70页。

② 河南省教育厅：《第30号训令令陈留等县知事》，1921年3月8日，河南省档：M15－2634，第21－23页。

③ 河南省教育厅：《令淇县、陕县、新乡、武陟县等县知事据省视学报告撤换该县县视学》，1921年3月16日，河南省档：M15－2634，第50、74－75页。

④ 河南省教育厅：《第286号训令》，1921年4月25日，河南省档：M15－2634，第86页。

⑤ 陕县：《呈送县视学履历表》，1920年10月，河南省档：M15－2635，第21页。

⑥ 镇平县：《呈送县视学履历表》，1920年10月，河南省档：M15－2635，第10页。

之间观念的差别。实际上也可以看出，省教厅为了推行本次改革，其视察操之过急，遽然下定结论，有走马观花之嫌，这与地方人士的观感和实际情形势必不一。

因此，地方对于教厅下发的二十一条视学调查报告不甚积极，各县视学“延未送齐，又经通令限日呈复，并令行县知事转令知照”，时至4月25日，登封、淅川等县视学仍然未呈复调查答案，教厅认为，“迄无一字呈复，亦未据声明有何障碍，其平时玩忽功令，怠弃职务已可概见”，并下令撤职另委妥员前往接充。[①]

四、县视学调委各地实况

为推行县视学任职改制，豫省教厅从1921年3月8日起至1921年8月13日，先后五次发布调委令，力图覆盖全省112个县视学的回避任职。而实际情形不容乐观，辞不就任或陈情改任别处者众多。如1921年3月8日一天当中，省教厅颁发六十一位县视学的调委（委任）令，至4月20日，“新委县视学呈复到差者不过十余县，余皆一字未覆，是否到差无从查核”，教厅训令各县，“所有新委县视学，究于某月日到差任事，务即速予呈报。如该员任意延误，久不到差，或原充该县视学尚未赴差，亦应据实呈明”。[②] 考察此类情形的出现，主要存在以下实情。

首先，有辞不就任者。如，教厅委任孟县人刘绳武为获嘉县视学，3月26日，刘氏上呈教厅请辞，称“客岁旋里，蒙敝县县长及同人不弃，谬以县立高等小学校校长相邀，武辞不获，勉承其乏。任职以来，恒懔桑梓之敬，兼得不可”，因此教厅委其获嘉县视学一职，“恳请另简贤能”。[③] 4月12日，教厅准其所请，另改陕县视学员王宪章前往接充。刘氏客岁返回本籍孟县，谋得该县县立高小校长职位之后，教厅此间调其任获嘉县视学，已不在其考虑范围，足见本籍高校校长职位胜过异地视学的分量。王宪章原为陕县视学，其接充获嘉县视学之后，原职由胡光斗接任，胡到任之后呈教厅，称“陕县未开校，请改调附近等县”，教厅只得改委其为偃师县视学。又如，调任商水县视学李显荣呈复教厅另有他就，请辞该职，教厅另委鲁炼接充。再如，教厅撤武陟县原视学阎竹铭，委任车青云接任，但车氏上书请辞，教厅再行改委程广运接充。[④]

4月20日，原陈留县视学潘国翰请辞调任杞县县视学一职，“兹奉委调杞县，理宜遵即前往任事，惟职在陈（留）兼办自治及选举事务，经同人等推诚挽留，未便拒情，拟请辞去杞县县视学，本职另委妥员接充，以专责成”。[⑤] 28日，教育厅同意所请。考察陈留县视学潘国翰者，成为兼职事务当中不可或缺之人物。潘国翰本陈留县人，光绪三十四七月入通许县师范传习所学习一年，宣统元年毕业。1918年入河南省全省县视学讲

① 河南省教育厅：《第286号训令》，1921年4月25日，河南省档：M15—2634，第85页。
② 河南省教育厅：《第53号训令》，1931年4月20日，河南省档：M15—2634，第25—26页。
③ 刘绳武：《呈》，1921年3月26日，河南省档：M15—2634，第46页。
④ 河南省教育厅：《第274号训令》，1921年4月14日，河南省档：M15—2634，第82页。
⑤ 杞县县视学潘国翰：《呈》，1921年4月20日，河南省档：M15—2634，第30页。

习所训练二个月毕业。该氏任职情况可谓顺利，“宣统元年六月蒙前何县长委任模范国民学校教员，二年六月蒙前武县长委任劝学员，至三年八月，蒙前杨县长呈请提学使札委任兼教育会长。民国六年一月蒙前黎县长转呈开封道道尹兼委劝学所所长，至十二月，蒙前赵县长转呈前教育厅厅长覃委任县视学。至七年四月在县视学讲习所期满，复蒙前教育厅厅长覃另加委任”[①]。由此可见，自宣统元年到1920年间，陈留县长（令）已有何、武、杨、黎、赵等五姓任职，而潘国翰与每届主官相处不差，此种情形，不愿赴就杞县实乃情理之中事。而教厅对此显然不知，委任者辞不就任，教厅政令之严肃性极度消解。

5月16日，原叶县县视学党子新“函缴委任令”，请辞方城县视学一职，教厅准辞。[②] 6月，调委信阳县视学刘崇勋呈报教厅因病请辞。教厅另委代理舞阳县视学高文炜接任，高氏原职由刘宗琨前往接任。[③]

其次是希望改调别处。4月，调委宝丰县视学李孔昭呈教厅：“昭与宝丰县教育界数人前在临汝县立中学校同校肄业，因性情不合，意见甚深，倘往该县任事，必致掣肘，实于执行职务有碍”，因此请求另调他县，以避免发生冲突。[④] 28日，教厅同意所请，准调李孔昭赴任登封县视学，并改发委任令。5月，林县县视学陈鸣岗，函缴委任令，请求改委他县，教厅准改委涉县县视学一职。[⑤] 同月，原禹县视学员宋庆丰，调委舞阳县视学，宋氏呈报教厅，“惟家严年近八旬，相离较远，省视不易，且对于舞阳人地生疏，赴彼就职，情形隔膜，视察诸感困难”，为此呈请省厅改委邻近各县[⑥]。省厅改委该员为叶县视学。时值舞阳县知事呈请将调委叶县视学的张以鹤留在舞阳，因此教育厅准其所请，将张以鹤与宋庆丰对调。宋庆丰本禹县人，清优廪生，曾由河南提督学政考选送河南师范学习，光绪三十二年毕业，三十四年经河南巡抚考选送入河南法政学堂学习，宣统二年毕业。该氏先后任职经历多地，“光绪三十三年，河南提学使孔委充襄城县高等小学堂主任教员，三十四年转任河南省城实业学堂主任教员，宣统三年转任安徽省务实中学暨高小学主任教员兼监学，民国三年转任河南渑池县高小校主任教员，民国七年转任淮阳省立中学文科主任教员”[⑦]。可见，废科举之后，优廪生也是宦游四方谋业，晚来双亲年事已高，息影田园之心难免。

总之，教育厅所调（委）任之县视学因已谋得新职不愿就任，或者瞻前顾后未能赴任，教厅为推行改革，对于县视学所请有求必应，其结果就是，一视学因故变动而牵一发动全身，引发人事大变动，视学任职之事迟迟难以完成。时至7月9日，尚有新郑、

---

① 陈留县：《呈送县视学履历表》，1920年10月，河南省档：M15－2635，第36页。

② 河南省教育厅：《第2143号指令》，1921年4月25日，河南省档：M15－2634，第91页。

③ 河南省教育厅：《令信阳县视学刘崇勋据呈因病辞职应予准辞另委高文炜接充》，《令舞阳县、信阳二县之事同前因，另委高文炜、刘宗琨为信阳、舞阳县视学》，1921年6月6日，河南省档：M15－2634，第104－106页。

④ 李孔昭：《呈文》，1921年4月23日，河南省档：M15－2634，第38页。

⑤ 陈鸣岗：《呈文》，1921年5月16日，河南省档：M15－2635，第62页。

⑥ 原任禹县视学员宋庆丰：《禀》，1921年4月26日，河南省档：M15－2634，第96页。

⑦ 禹城县：《县视学履历表》，1920年10月，河南省档：M15－2635，第46－47页。

鹿邑、扶沟、临颍、河阴、南召、沘源（今唐县）、泌阳、镇平、内乡、淅川、方城、舞阳、汝南、遂平、罗山、固始、宜阳、洛宁、鲁山、宝丰、陕县、卢氏、临漳、内黄、孟津、济源、孟县等28县尚未呈报调委视学员是否到差。为此，省厅下达训令：

> 令　县知事：为令催事，查调动各县县视学回避本籍，分别委任，并一再令催将各该员到差日期速予呈报，通令遵照在案。迄今呈报新委县视学到差者，将次届齐。惟该县尚未呈复，究竟该县县视学是否到差，殊觉无从查核。为此，令催该县将县视学是否到差，限五日内予呈报。如该员并无他故任意延宕，即应据实声明，以凭撤换另委，以为贻误要公者戒。仰该知事妥速遵办，毋稍延忽。切切此令。[①]

尽管县视学未能全部到任，但各在任者的职责随之而来。因为李步青在接长河南教厅伊初，确有其一番宏愿，也编就《整理河南教育计划书》，[②] 为推行此项教育整理，李步青决定结合本次县视学改革，规定各县视学于寒暑两假中，须将外出视察校数、行程、日期列表，并视察情形呈报教育厅查核，以此作为考察该等勤惰的依据，并据此考察各地学务的实际状况。1921年9月，教厅训令各县知事，“现在暑假已满，此项报告到厅者，尚属寥寥，非怠于视察，即系敷衍从事，毫无指示改进之方向，因循贻误，殊属有负委任，大违整理之初意”。为此教厅再令县知事，“严饬该县视学，限文到十五日，立将视察情形据实具报，以凭查核。如逾期不报，定即分别撤换，勿谓言之不预”。[③] 同样情形，当年寒假，各县县视学呈报视察表册，多不一致，难以作为考核的依据，教厅为此“拟订县视学视察表及全县学校比较表二种”，训令各县转发各该县视学，作为之后视察学校时依式填报。[④] 由此可见，教厅新委的县视学也未能肩负起整理河南教育的重任。

总体而言，此番县视学任职改革，尽管撤换了一批智识不足者，也试行了回避制度，但在实践层面，往往与教育厅的设想存在很大的出入，教育厅从专责角度的考虑并出台的制度，显然有理想化色彩而忽视了各地实情。就实际情形而言，县视学这个职位，在李步青到任之前，多是地方县知事报委的一个可以兼办其他的闲杂职位，提振地方教育依靠该等显然力不能逮。当然，若根据李步青所定视学要求去履行职责，则各县视学势必席不暇暖奔波在各校之间，而该等在异乡视学的种种不便也是李氏始料未及者。

五、县视学教厅委任制的终止

李步青执掌河南教厅期间，正值河南政局变幻不定之际。1920年直皖战争之后，河南渐入直系势力范围，1920年9月起，直鲁豫巡阅副使吴佩孚驻兵洛阳，势力日渐鼎

① 河南省教育厅：《训令》，1921年7月9日，河南省档：M15—2634，第114页。

② 郭戈编：《李廉方教育文集》，人民教育出版社2006年版，第60—69页。

③ 河南省教育厅：《第98号训令》，1921年9月8日，河南省档：M15—2634，第107—108页。

④ 河南省教育厅：《第165号训令》，1922年3月10日，河南省档：M15—2636，第24页。

盛。时任豫督赵倜在直系的威逼之下，竭力想维持暂时的稳定。1921 年 4 月，河南第一师成慎被赵倜撤职，成慎在豫北起兵反赵，“通电宣布赵倜兄弟的罪状，旅京河南同乡会纷纷请求北京政府罢免赵倜”。[①] 5 月豫西洛宁、禹县绿林武装开始起事，督军赵倜和省长张凤台曾出兵而无果。兼以此际地方自治成为风行一时的时髦话语，地方县市主官对于教厅的视学改制并不热心。当年 6 月，河南省议会开会商讨制定省宪和实行地方自治问题。7 月，省府还在开封开办自治讲习所。在此自治大潮之下，加之直系势力环伺，且豫西临汝、鲁山、宝丰、嵩县、方城、邓县等地民众纷纷组织枪会。因此，河南政局处于随时松散的状态，异地任职的县视学多有五日京兆之感。

截至 1922 年 5 月，尚有过半县视学没有依令呈复到差时间。省教厅甚为不解，因为依照规定，本次视学任职改制教厅是下令规定了各该的最低月薪，理应恪尽职守。不过，姑且不论时隔四年最低月薪上调 4 元，能否鼓励县视学办事热情，且从下文看，地方县并未兑现教厅所规定的最低薪。既然如此，则背井离乡去赴任，倒不如在本籍得过且过，这也是一般辞不就任者的真实心情。推行改制年半时间过去，尚有过半县视学久不到任，教育厅决定通过招考县视学员加以补委。不过此时河南政局发生巨变，第一次直奉交恶之际，河南督军赵倜不甘心屈服于直系的威压，结果因一时误判而贸然选择“武装中立”，被陕西督军冯玉祥击败，1922 年 5 月 15 日，冯玉祥挺进开封，取得河南督军地位。[②]

河南政局的变动似乎并未影响教厅招考的推行。5 月 26 日，教育厅发布县视学招考公示：“现因任用县视学亟待委用，特定期招考。录取之后，按次派充。自此次招考之后，并可分届续考，以凭补用除前已加委任外。凡未经过试验者，概不委派，即无论何人均不得再以函章请求推荐委任，以示限制而遴真才。”同时规定报告资格为：“（一）师范本科毕业任学务一年以上者；（二）中学校或二年以上之简易师范毕业任学务职二年以上著有成绩；（三）曾任高小校长或正教员二年以上，经教育行政长官认为有成绩者。”规定的考试科目有：“（一）国文一篇；（二）教育哲学、人生教育、教育心理学大意。”考试时间：“六月廿日上午八时至十时间国文；十时至十二时答案；午后三时至六时口试。”[③] 6 月 22 日，发榜公布考试录取结果：

> 照得县视学考试，业经评定甲乙分别录取，计正取九名，副取五名。正取：李树德、李龙飞、陈象离、庞秀喜、梁守瑞、焦金榜、张季孝、董星海、杜昆山。副取五名：尹兰芳、任锟、黄绍忠、王钊义、刘耕历。[④]

8 月 19 日，教厅举行第二次县视学招考，规定报考资格：“（一）师范本科毕业，任

---

① 陶菊隐：《北洋军阀统治时期史话》第六册，北京：生活·读书·新知三联书店，1978 年，第 33 页。
② 张钫：《风雨漫漫四十年》，北京：中国文史出版社，1986 年，第 136—137 页。
③ 河南省教育厅：《第二号布告》，1922 年 5 月 26 日，河南省档：M15—2636，第 41—45 页。
④ 河南省教育厅：《第一号榜示》，1922 年 6 月 22 日，河南省档：M15—2636，第 47—49 页。

学务职一年以上者；（二）中学校或二年以上简易师范毕业，任学务职二年以上著有成绩者；（三）曾任高小校长或本科正教员二年以上，经教育行政长官认为确有成绩者。”报名日期：“9月1日至考试前一日止。”考试时间为1922年9月25日“上午八点至十二点，午后二点至五点”。本次招考科目在第一次招考基础上更加明晰，规定“国文一篇，杜威教育哲学，密勒人生教育，廖世承教育心理学，口试”。[①] 未料招考视学期间，河南省立第一师范学生揪出了问题，指涉李步青用人徇私。

9月19日，省立第一师范毕业生吴荷清等十人联名呈请教育厅“援例免考委任县视学”，其依据为，教厅原木发布招考县视学，该等准备积极备考。不料看到第十七期《教育公报》公布了任免信息，内有委任陈佩华接充开封县视学，吴荷清等指出：

> 第一届县视学考试系六月二十号，而陈佩华任事在六月上半月，是县视学似不考而可委任。今又读八月二十二日布告，于九月二十五日招考县视学，则生等不无怀疑。查陈佩华系初级师范毕业，资格程度与生等相同而待遇何异？究竟未与考者能否委任，抑必须试验及格后而始能委任耶？况陈佩华系属客籍，而生等均系豫人。我厅长一秉大公，其布告招考，似不能专为豫人而设，陈佩华既开先例，生等自不妨援例请求委任。果生等不能援例，则亦应将陈佩华即日撤换，以重功令而昭大信。[②]

此呈文看似请示，实则问责教厅，其目标所指，不仅指责教育厅出尔反尔，搞双重标准，还点明教育厅不通过考试而委任外省人陈佩华为开封县视学，是搞地域歧视，视学招考是专门针对河南人而设。据此可知，省立第一师范此十名毕业生显系有备而来，表面上是呈请“援例”免试委任县视学，其目的就是指责教育厅（长）徇私。并且，李步青此时被人控告到省署，并且9月15日《申报》已刊登李步青的辞呈[③]，而吴荷清等呈文上还写“谨呈教育厅长李”，显然带有起哄色彩。

与此同时，省会开封正值学潮，豫督冯玉祥对李步青甚为不满。9月22日，冯玉祥邀请固始人凌冰接任省教育厅长。当日，凌冰见冯玉祥，“言第一中学学生赶走校长而教育厅挽留事”，冯曰：“太无纪律，非立严厉规则以整顿之不可，譬如军中营长不好，责罚、撤差、枪毙之责，均在于我，苟有兵将营长赶跑，必枪毙群兵。校规之严，亦当如此。”[④] 9月23日11时，冯玉祥在督署召开各处课长各厅长各局长会议，冯曰：“教育厅长李步青用人不当，已于其赴京时责问之。吾人受国家重任，关于河南子弟之教育，应

① 河南省教育厅：《招考县视学定于九月廿五日考试布告》，1922年8月22日，河南省档：M15—2636，第76—78页。

② 省立第一师范毕业生吴荷清等：《呈为援例免考恳予委任事》，1922年9月19日，河南省档：M15—2636第120—122页。

③ 《李步青辞豫教厅长》，《申报》1922年9月15日，第7版。

④ 《冯玉祥日记》第一册，南京：江苏古籍出版社，1992年，第220—221页。

特别注重。中国不少讲话之人及敷衍之人，最少者是任劳任怨之人，故吾人应为国家任劳任怨。”12点集合各校职教员讲话，“略谓教育固须改革，惟改革时须遵道而行，不可有轨外行动。李厅长用人不当，固属非是，惟学生胆敢驱走校长，纲纪荡然，尤可痛恨”。可见冯氏对于李步青在豫的业绩相当不满，冯随后训诫，“现今人民欲食树皮草根而不得，犹出银钱供养吾等，吾等身负教育重责，应如何自策自励”。随后冯谈到凌冰出任河南教育厅长之事，“吾与凌厅长非有私情，因其在南开办理学校成绩极善，故特请来帮忙”。① 9月23日凌冰到任当日，教厅即发布公告，“本厅长对于县视学录用一节另有计划，自应暂停考试”。② 第二次招考县视学一事遂为中断。

揆诸史实，1922年5月，冯玉祥击败赵倜，并不顾吴佩孚旨意而执意挺进开封，取得河南督军一职。而直鲁豫巡阅副使吴佩孚大本营设在洛阳，5月14日冯玉祥挺进开封之际，吴佩孚保举为河南军务帮办的宝德全前来车站迎接，亦为冯玉祥当场拿下处决。且吴氏后来向冯举荐之人，冯一概拒绝。冯氏在豫，日渐为吴佩孚所不能忍受。而此时豫西悍匪“老洋人”张庆等众伙正破遂平诸县，越平汉铁路攻城略地，冯玉祥治下的河南可谓动荡不安。③ 时值北京政局动荡之际，直系尽管控制北京，然直鲁豫巡阅使曹锟与吴佩孚之间裂隙渐生，兼以法统重光之后复任大总统职位的黎元洪延请唐绍仪组阁而唐不敢就。9月，受洛派吴佩孚影响至深的王宠惠“好人政府”应运而生，冯在京也渐渐听闻己身将上调虚职之事。因此在此期间，冯玉祥一直心神不宁。而9月正逢梁启超访汴，11日演讲当中盛赞冯氏治军有方。冯氏对自身“遭遇”益加悲愤。然则此际省会开封发生学潮，县视学改制迟迟不定，冯氏觉得此举就是趁机后院放火，是为吴佩孚驱赶自身造势，李步青主导下的河南教厅已为豫省当局所不容。

1920年李步青乘兴而来，1922年9月辞职离去，其辞呈略谓：“窃步青承乏豫省教育行政职务……因种种窒碍，而谋事不遂，挟私见者，惟图破坏，而不图建设，营权利而罔恤是非，甚至流造蜚语，阻挠行政。步青既不能曲意瞻徇……惟有退让贤能。”④ 悲愤之情跃然纸上。10月底，冯玉祥亦被调任北京任陆军检阅使一职。⑤ 接任河南教厅之凌冰氏亦不到两月即离职。豫省为吴佩孚所得，吴氏请撤河南督军一职，改设河南军务善后，由其心腹张福来接任，吴氏参谋长李济臣任省长。1922年11月，安阳人王幼侨被豫省地方当局任命为教育厅长，“近来各省重要官吏，多由各省军民两长只有委代，不过再请中央经过一任命手续而已”。⑥ 王氏颇为熟悉省情，上任即行收拾残局，有关县视学选任之事渐次回归旧制，县视学原委他乡者纷纷呈请回任故里，教厅大多无可无不可。如1922年调委淅川县的原内乡县视学杨兰芳，原尉氏县视学调委通许县的杨书徵，在

---

① 《冯玉祥日记》第一册，南京：江苏古籍出版社，1992年，第221页。

② 河南省教育厅：《县视学暂停考试布告》，1922年9月23日，河南省档：M15—2636，第123页。

③ 河南省地方史志办公室编纂：《河南省志·人物传记（上、下）》，郑州：河南人民出版社，1995年，第735—739页。

④ 《李步青辞豫教厅长》，《申报》1922年9月15日，第7版。

⑤ 沈云龙、谢文孙：《石敬亭将军口述年谱》，台湾“中研院”近代史研究所，1997年，第39页。

⑥ 国内要闻二：《张福来电保财教两厅长》，《申报》1923年1月18日，第6版。

1923 年 8 月教育厅发布的委任令重又出现，“委任杨兰芳为内乡县视学，杨书徵为尉氏县视学”。[①] 如此种种，不一而足。

六、县视学异地任职之生活图景

民国以来，尤其是袁世凯死后，武人集团崛起，中央与地方成弱干强枝的政治格局，省署教育行政职能一度弱化，至 1917 年始得重设教育厅，而地方督军即认为“无设置此项机关之必要”，[②] 如此际李步青简任山西教厅一职，即遭晋人抵制而辞职，足见中央政令之推行起码需得地方之谅解方可。至本次李步青改革河南县视学选任，李氏振兴教育之心不容置疑，反映出五四新文化运动之后知识分子知行观念的合一。须得指出的是，李氏上任之初，向教部缕析河南基层教育种种非是，然主要原因不在县视学，他们作为地方的闲杂官佐，恰恰也是民国初期地方失序状态下之无辜者。为振兴地方教育而试行县视学易地就任制，理论上可回避人情做到一秉大公；但是客观上，这场 1921 年 3 月开始的视学改制，直到李步青离任亦未搞定，实则说明李步青改制过于理想化。一方面是原有视学人员或不到任，或辞不就任，或视事不久即呈请改调；另一方面则又是一次次招考，且有不经过招考而免试委任者，并被人举报。由此留个公众的印象绝非一心为公办理教育，而是无事生非，形成“官不聊生”局面，所以为河南当局所不许，认为是浪费民众的钱财。尤其是冯氏督豫期间，正值悍匪“老洋人”张庆纵横河南祸害各地之际。1922 年 5 月之后，第一次直奉战争当中赵倜之弟赵杰被冯玉祥打败之后，其溃兵在“老洋人”张庆的纠合之下，攻城略地，并以宝丰为中心联合豫西杆匪，打出“河南自治军”旗号，窜扰整个豫西、豫南。督军冯玉祥大为不安，开始进剿。该部突出重围，10 天之内横贯河南省，一路陷鲁山、方城、叶县、舞阳、郾城、西平、确山、固始、上蔡、项城、新蔡等地。整个河南被其祸害至 1923 年 11 月乃至。[③]

在此动乱岁月，各异地就任之视学，到达他乡大多居无定所，且经费难以落实，履责视导之间掣肘多多。更有甚者期间遭遇匪劫，其人生际遇更是一言难尽。

如李孔昭，“三十四岁，河南鲁山县人，由河南省立中学校暨省立第一师范学校、省立县视学讲习所先后毕业。历充许昌、巩县、临汝、鲁山等县师范讲习所、高等小学校主任教员。曾蒙省视学孙崇文加以‘教授合法’之评语，省视学李豫杰加以‘讲解清晰教法亦合’之评语。又充鲁山登封等县视学。曾蒙省视学黄守璠加以‘学识优裕，视察精详’之评语，省视学陈天煦加以‘视察认真不辞劳怨’之评语，又蒙前教育厅长吴奖给二等褒状”。其后调任登封县视学，据其称，“到登（封）年余，倍感困难，执行职务，

① 河南省教育厅：《第 486 号训令》，1923 年 8 月 9 日，河南省档：M15—2636，第 137 页。

② 《进退维谷之教实两厅厅长》，《民国日报》1917 年 9 月 21 日，第 6 版。

③ 参见宝丰县史志编纂委员会编：《宝丰县志》，北京：方志出版社，1996 年，第 319—321 页；息县志编纂委员会：《息县志》，郑州：河南人民出版社，1989 年，第 200—201 页；第中国人民政治协商会议汝州市委员会学习文史委员会编：《汝州文史资料》第四辑（总第八辑）（内部资料），1994 年 11 月，第 84—96 页。

横行掣肘，支领薪费，百端把持。自愧才短不能进行无阻，家道寒素枵腹，实难持久”。为此提请省教育厅改调他县。[①] 教厅改制可谓良法美意，然县视学异地就，既难以持家，也难以在当地开展工作。教厅批准其调任襄城县，遗缺委任任锟接充。可见在政权尚未实质性统一情况之下，政令在地方形同具文。因此，李步青主政河南教厅期间发布的指令、训令多至千份，多是围绕县视学的委任、调任。而部分视学因时局不靖，薪俸不丰选择了辞职还乡。

1922年6月，襄城县原县视学周景阳上呈称，“去年八月奉委派充襄城县视学，遵即到差任事认真视察。奈今年阴历四月，适值直豫战争，溃兵土匪混合为乱，距远铁道之县，其炽尤甚。襄城乡间学校现已停办，城门昼闭，路断行旅，学租被匪焚掠者已十分之七”。周景阳指出“但办学必须有款，视学必须有学”，其目前的状况则是“尸位素餐”，不如及早辞去差事，“免误将来”。[②] 省厅同意辞呈，改上文呈请改调之李孔昭接任。

又如，1922年6月，鲁山县县视学赵秉璋上呈省厅要求调离该地，因为鲁山县“土匪遍野，村镇学校实行开学上课者十校。职视察乡校，微服而行，数遇土匪，皆幸免。今年春土匪大肆猖獗，大小杆约万余人。连破鲁邑数寨，其势愈炽，村镇学校概为倒闭，无一存焉，所余者，仅城关七校。自本年三月以来，屡攻鲁城，陈门终日坚闭，城外四关烧房架人者，日不绝迹。至六月四日夜分，鲁城失守。职为匪杨老三系绳架去，枪对职胸，命在片刻，囚城内吕姓家，是日夜为警察所巡长陈儒珍救出”。第二天土匪散去，该员物件遗失约值洋百元，物尽钱绝，“寄食友家”。为此赵秉璋上呈省厅要求“调缺他县”[③]，省厅准请，于7月18日改为其为杞县视学，赵秉璋于8月2日到任。[④] 鲁山县视学另委尹兰芳前往接充。原杞县视学詹炼调委永城县视学。原永城县视学吕浚源“前送视察报告语多笼统，视查疏略，对于教育显形隔阂，应即撤换，所遗视学一职，已委詹炼前往接充”。[⑤] 詹炼8月6日到差视事，被撤职之吕浚源办理交接。其中，永城县知事所呈詹炼的履历，足见当时河南教育形势的混乱。

詹炼，现年三十九岁，河南光山县人，由河南优级师范选科理化科毕业，于清宣统三年，前河南提学使孔派充息县师范学堂监督，民国元年前河南提学使陈派充省立第二中学校学监，三年前河南教育司使派充省立第一甲种工业学校主任教员，九年前河南省长王派充省署调查员，十年四月河南教育厅长李派充商水县县视学，十一年一月调任杞县县视学，是年七月又调任永城县县视学。[⑥]

复如，周其昌系1921年4月27日由教厅委任为息县视学，到任之后无处办公，寄居城隍庙至9月才移居该县劝学所，但是所得经费难以维持办公，屡次援例向该县知事

① 李孔昭：《履历》，1922年8月12日，河南省档：M15—2636，第69—70页。

② 周景阳：《为呈请辞职事》，1922年6月28日，河南省档：M15—2636，第72—73页。

③ 赵秉璋：《呈》，1922年6月，河南省档：M15—2636，第74—75页。

④ 杞县知事周湘：《呈》，1922年8月12日，河南省档：M15—2636，第66页。

⑤ 河南省教育厅：《第462号训令》，1922年7月13日，河南省档：M15—2636，第57—58页。

⑥ 永城县知事王瑞祥：《永城县造送县视学年岁履历清册》，1922年9月9日，河南省档：M15—2636，第61—62页。

申领，再三商榷，始得承认每月由劝学所按三十二串发给，而且发给的多是当地的商号钱票，使用起来极不方便，尤其是这三十二串钱，“按照当地市价折合银元，每元一串九百四十文，折合也仅十六元余，[①] 而视察旅费及办公应用笔墨纸张，邮寄公文函件等费，均在其内”，周氏在息任职年余，“囊底空虚，所有应行更换衣服，捉襟露肘，未敢另制。似此所得，殊难顾及个人本身”。1922 年 7 月，该视学上呈教育厅请辞。[②] 据此可见，教厅一纸令下上调县视学最低薪金之事地方并未落实，教厅为此采取的措施并不是督饬地方落实本规定，而是改调周其昌为淯川县视学，其职位教厅另委王钊羲接任。9 月 18 日，周其昌呈复，“奉此遵即由息县驰抵就职，只因沿途地方不靖，道路梗塞，视学历经艰辛，克于九月十八日莅淯接差视事”。[③] 10 月 9 日，署理息县知事侯必昌呈教厅，王钊羲 9 月 5 日到差。至于淯川县视学之所以出缺，是因为原任视学马得一为孟县人，1921 年 12 月委充淯川县视学，1922 年 6 月上呈教厅，称“任职以来，兢兢从事，不敢怠忽，惟念亲老子幼，事蓄难周，孝慈之道，诸多未尽”，请求改调。[④] 8 月，修武县视学郁作桂谋得沁阳县劝学所长一职，呈请辞去修武县视学，教厅调委马得一接任。

再如，1921 年 11 月，信阳县视学高文炜呈请辞职，另委方文良前往接充，前委杞县视学张效勋呈请辞职，另委王延煦接充。1922 年 2 月 22 日，调正阳县视学胡道仁为罗山县视学、罗山县视学李铎调委潢川县，左世辅为正阳县视学，1922 年 4 月 22 日，泌阳县视学朱祖祐调委郑县视学，原郑县视学陈其纶调委许昌县视学，杨兰芳为泌阳县视学。1922 年 4 月 26 日，临汝县视学张漪呈请改调，教厅准改委荥阳县视学。遗缺委叶县刘宗琨接充。原荥阳县视学郑廉慎呈请改充循环教员，业经委充滑县循环教员，遗缺由张漪接充。原叶县视学由禹县视学高文炜接充，禹县视学委任张荄。前委刘宗琨调委临汝。总之，围绕视学委任调任之事，令人眼花缭乱。

扶沟县视学莫文华被劝学所长控“亏职请予撤委”，教厅另委黄绍忠接任，9 月 30 日，代理扶沟县知事赵佩兰呈教厅 9 月 10 日到差。莫文华为林县人，1921 年 3 月，省教育厅第一次调委是武安县，不知何时改调至扶沟县。总之上任得经过新乡、开封到周口扶沟，总之离家直线距离已过 500 里，超过了教厅在呈报教育部所说的“至远亦不出二三百里左右”，在县视学颠来倒去的调委当中，教厅原定规则在具体推行过程中愈来愈走样。1922 年 8 月，扶沟县劝学所长关金鼎，高等小学校长施景伯，乙种农业学校校长严励，教育会长王劭，通俗教育图书馆长路天性，五区学董王谦、何绍武、吕应中、何介、宋绍汤，五区学务委员何建鼎、单东藩、梅廷馥、齐荣光、宋长贞一干人等，联名上呈教育厅，称：窃查县视学莫文华品行污劣，有玷学务。自五月到差，迄今抛弃职务，未

---

① 此处银钱兑换系数相对可信，有关情况参见（徐）沧水：《物价指数与铜元兑价之对观》，《银行周报》第 6 卷第 26 期，1922 年 7 月 11 日，第 1—3 页。

② 周其昌：《呈为薪俸不足顾身恳予辞职另委妥人接充事》，1922 年 7 月，河南省档：M15—2636，第 98—99 页。

③ 署理淯川县知事王棻：《为转呈事案据属县县视学员周其昌呈称为呈请转呈事》，1922 年 10 月 6 日，河南省档：M15—2636，第 93—94 页。

④ 淯川县视学马得一：《为路途遥远恳请该派事》，1922 年 6 月，河南省档：M15—2636，第 105 页。

出城门一步，对于城乡各学校无一过问。每日滥赌，暇则在妓女阿暖家留恋，甚至三五日不回。更可鄙者，县城失守时，各局人员逃匿一空，该视学员匿居所内床下，俟匪出门，趁隙将教育款藏去铜元五十仟。嗣经查出，伊言在院中拾取。绅等劝其全数交出，伊不得已仅交出二十串。似此贪财堕行伤风败俗，实属有玷学务。为此，公恳转详，迅予撤换另委，以儆溺职，实为公便，等情。据此，查县视学为视察学务而设，责任綦重，宜如何束身自爱，靖共厥职。该视学莫文华被控各节，证之平日所闻似非无因。据呈前情，理合据情具文呈请厅长鉴核，准赐撤换另委，以昭儆戒，而维学务，实为公便。[①]

上文所陈可谓言之切切，实则难以经受推敲，县视学月薪区区 16 元能否狂嫖滥赌不言自明，但就此等呈控者的视野而言，一个当地可以保委兼任的县视学，何劳教厅另委他人前来。那么，莫文华在当地尽职教育督导其中的掣肘可以想定，畏首畏尾不愿得罪地方，则可能就是上文所陈的这般如此卑污不堪。一个教育厅委派的视学，实则是当地多余之人，因而陷入了扶沟县人民战争的汪洋大海，日常生活的一举一动都处于监督之下。而地方激于义愤者揭发手段尤其老到，陈述莫视学懒政、贪色，还讹财，总之是痛陈其流品不行，道德亦很败坏。莫氏路途遥遥来此谋业，遭遇匪患[②]，中间还被控告趁机讹财等卑污情节，如此不堪。回避本籍的县视学改制可以休矣。

因此，冯玉祥批评李步青“教育固须改革，惟改革时须遵道而行，不可有轨外行动”，[③] 此番言论不无道理。

七、结语

视学，本为清末自日本国移植而来的教育督导职官，就其职事而言，其中的部视学和省视学稍好，颇类似于教育界的谏官加督学性质，其品秩也低。至若县视学之类，多为闲差，在多数地方，往往是县府用来平衡当地学界关系时的一个自由职位，并且部颁《县视学规程》载明，该职位是由县知事保委，提名权在于地方，1921 年之前，河南县视学任职亦属如此。李步青改河南县视学为教厅委任制，则与地方主官形成分权，与当时鼓吹的“地方自治”不合。而最为重要者，县视学的薪资经费均由各县给付，这就是本次视学改制久不能定的症结所在。并且废科举之后，教育的功用不如既往明显，朝为田舍郎暮登天子堂已是陈年往事，在 1920 年代的一般民众当中，读书成就不了功名，而学校教育之费用远比科举时代为多，因此如新乡等县视学调查，民众对公立学校之感情远逊于私塾。而教育厅至 1917 年重新设立，其本身说明教育在当时各省并非急务。那么，曾经首任山西教厅即遭抵制的湖北人李步青，三年之后在河南兴师动众推行县视学委任制，不仅显得小题大做，且有矫枉过正之嫌。时代潮人易于把自身的愿景与实践达

① 代理扶沟县知事赵佩鹤：《呈为据情转呈事》，1922 年 8 月，河南省档：M15－2636，第 107－108 页。

② 1922 年 6 月 12 日，老洋人率“宏毅军”（即赵倜弟赵杰部队称号）300 余散兵攻陷扶沟县城。河南省地方史志办公室编纂：《河南省志·人物传记（上、下）》，郑州：河南人民出版社，1995 年，第 736 页。

③ 《冯玉祥日记》第一册，南京：江苏古籍出版社，1992 年，第 222 页。

成即知即行，黄炎培与李步青同时，且经历亦颇类似，黄炎培则认为教育尤需考察，“外国考察，读方书也；内国考察，寻病源也”，因此其中华职教事业颇能落地生根。李步青对河南基层教育的病源显然拿捏不准，所出具的药方势难对症，部分视学拒绝赴任就是对此改制的回应，而有前清功名之视学异地上任，怆然发“薄宦梗犹泛，故园芜已平”之叹，最终也不愿为此薄宦而奔走他乡。因此，李步青药不对症的改制不仅难得地方政府的支持，即便是理应受惠的县视学也不认同，辞不就任和频繁请求改调印证了本次改制没有下层基础。另一方面，变幻不定错综复杂的河南政局也难有改制的上层支持，尤其是吴佩孚心腹张福来领兵北上，河南督军冯玉祥心急如焚，本场改制历时年半犹未完竣，兼以招考当中徇私委任致人言啧啧，增添豫省不宁系数，冯氏视此如同后院放火。兼以此际正值梁启超应邀访汴，省会恰学潮迭起，使得豫省当局情不能堪，李步青自然为河南当局者之不容。

总之，在一个标榜军民分治和地方自治的时代，不顾及督军和地方二者利益，李步青的改制必然受挫，其离任也是必然。冯玉祥与吴佩孚争夺失败之后，张福来接手豫省，1923 年 8 月起，吴佩孚干脆令河南省府迁往洛阳办公。在武人政治时代，所谓政府也者就是各地实力派的自留地，“刘项原来不读书”，书卷亦不如武力管用，无论是奔波各地就任的县视学，还是曾长河南教厅的李步青，都如乱世飘蓬。

龙泉档案中的一起绅警之争

刘陈皓

浙江龙泉诉讼档案是最近整理出版的一批民国司法档案，完整记录了龙泉地区晚清民国时期的案件。龙泉诉讼档案较为完整地记录了晚清民国，尤其是整个民国时间段的当地诉讼案件，借由此可以清晰地看到当地剧烈的社会阶层冲突，对于地方社会的运作能够形成更加丰富的认识。本文选取 1913 年李兴唐等控卓识等纵警仇学案①，首先对案情进行梳理介绍，并随后进行分析。

一、波澜初起

根据《民国二年六月八日李兴唐等控卓识为巡警私殴知法犯法事刑事诉状》所载，本案缘起为六月五日下午放学时，龙泉县八都镇巡士卓识遇见养正学校学生，对学生进行辱骂殴打，"骂其乳臭小儿，如一群白羊，任人牵舞。学生李起唐适在蓝天宋草药店门首，学校对门。不料卓识大肆凶横，竟将该学生揪倒，奋拳毒打"。从诉状上可以看到，本案缘起于一起警察伤人事件，诉状所描述伤势为："拳伤背脊左边一处，宽二寸三分，肉肿色红；足踢伤腰臀右边一处，宽三分五寸，肉肿色青。"根据这一事实，李兴唐以学校校长的身份，携其他教员向龙泉县审检所提出控诉，要求将卓识革办。这份诉状似乎得到了部分承认，在批词中，知事答复"据状已悉，已令行警察所长转饬惩办矣"。

尽管有这样的批示，但是案件后续的进行却没有能让控诉一方得到满意。六月十四日，李兴唐继续提出控告。在诉状中，他直陈"窃查民国法律，并无等级之分，不问何人凡有不法之行为，均受法律之制裁"。然而从后文批词看，知事认为"此案两造各执一说，孰是孰非，殊难臆断"。这一批词表示知事审理在这份案件时，还接受了来自被告的辩护。尽管材料缺失，我们无法看到申辩的内容，但这也反映出对方提出了强有力的反对意见，使得司法官认为卓识并未真正触犯法律，而不能直接准许李兴唐的诉讼请求。批词同时提出，"仰候敕派密查，再行核办。"可见对于案件事实，仍有待于调查结果。

值得注意的是，在李兴唐提出的这两份诉状之间，八都镇商人于六月十一日联合递

---

* ［作者简介］刘陈皓：华中科技大学博士。

① 本案载包伟民主编：《龙泉司法档案选编（第二辑）·一九一三》，北京：中华书局，2014 年，第 500—567 页，下文如不特殊说明，引文皆出自此范围。

交了一份呈文，联合控诉地方警政腐败，呈文称“本区自设有警察以来，巡士[①]日以多事，人民愈不安宁。所员如醉如泥，警察似狼似虎。敲诈银钱，冶游土妓”。对八都镇的警察风气进行了控诉。然而诉状笔锋一转，又联系到了李起唐被殴事件，称“且动辄殴人，时常惹祸。刻复将绅士李镜蓉之三子，即养正学校学生李起唐无辜揪打，体受重伤。”对此商人认为“伏思校生尚任意欺凌，则弱民更恣睢毒虐”，于是“照会警务所长，大加淘汰，重整警纲。”

综合这三份材料，可以看到本案从一开始就杂糅了地方商人与警察之间的强烈冲突。本案缘起极其细微，即便从最开始所呈交的诉状看，本案无非是警察致学生轻微伤，但是李兴唐却一再提交诉状，要求惩办警察。从其他材料中可以看到，警察一方同样在不停地进行抗辩。在前文中可以看到，六月十四日批词中提及双方“各执一说”，另一份由李兴唐于六月二十四日提出的诉状中，更是直陈卓识“负隅砌词抗令”，认为原本知事已经下令要求惩办，但是“现被告人原状究具何理由抗辩，未蒙送达，不得而知。其出于分所员之教令？出于砌词脱罪，可不言而喻”。

警察一方究竟如何抗辩，档案中已经缺失了原始材料，但是六月二十四日李兴唐诉状后的批词，透露了部分信息：“该所员面称：当时该警被学生扣留在校，即派警长前往斥责。正在带回，适该校长在所，又复面加训斥。”批词中所称所员为八都镇派出所负责人薛瑞骢，从批词中看到，知事认为所员薛瑞骢已经训斥处理。而且警察的行为属于职务行为，“此次使学生让路亦为职务上应有之事”。更重要的事，知事认为这件事包含了其他隐情，“本所以学生与警察结成交涉，未免犹有别情”。因而可以结案，对于李兴唐提出的追究刑事责任的请求，“应毋庸议”。

对于这个结果，李兴唐一方当然不满意。在七月一日他提出了一份声明抗告的诉状，列出六点不服之处：

1. 针对“所员面称当时该警被学生扣留”，李兴唐提出“高初小学生，类皆未成年者，在家有家庭约束，在校有学校规条……何敢与巡警冲突？何敢将巡警扣留在校？”

2. 针对“当时该警被学生扣留在校，即派警长前往斥责。正在带回，适该校长在所，又复面加训斥”，李兴唐主张自己当日“亲赴该所投诉，讵所员薛瑞骢声称区区小事，何关紧要？”认为薛瑞骢偏袒手下。

3. 针对“学生与警察结成交涉，未免犹有别情”，李兴唐认为这是“不先求之证据，质之当场证人，而另于题外设想”，是在为“巡警架桥挑剔”。

4. 针对“该警生长八都，其品行尚无逾闲，充当警察，向无过失”，李兴唐提出卓识“于前年在本校后园，黑夜扒墙而进，窃盗塘鱼，经众族人等处罚”的事实，认为卓

① 巡士一职，《上海乡土志》中有记载：“城南及南市向设巡防局，不能得力，故近年一律裁撤，改办警察，法至良、意至美也。惟巡士在学堂中不过三月而已毕业，未免期限太促，且其中品类甚杂，资格不及，往往有不守规则之事，是宜从速改良，以免贻笑外人。”（李维清著，吴健熙标点：《上海乡土志》，上海：上海古籍出版社，1989年，第98页）由此可见巡士应当是一种低阶警察。

识原本就行为不端。

5. 针对“此次乃使学生让路，亦为职务应有之事，惟用力过猛，推跌学生”，李兴唐认为当时卓识便衣出巡，而且嘲骂学生，这些均非职务行为。而且卓识殴打学生，“经知事亲自验明，犯罪当场又有蓝天宋、吴长高、郑土生、汤通儿等见证”，并非无心推搡。

6. 针对“经一再申斥足以蔽其辜”，认为刑法明文为罪，“新刑律三百另七条第三项[①]，何所用其规定？若果巡士犯罪，申斥即足蔽其辜，则非请钧所转咨立法机关修正刑律条文不可”。进而上升到国民平等，“否则普通人犯罪，则依律处断；巡警犯罪，申斥蔽其辜。中华民国国民，何能谓为平等？”

综上而言，这份诉状展现了李兴唐对警察的不信任，上升到了对县知事的不信任，认为知事行事偏袒，进而提出控诉。双方矛盾，开始显现。

二、再生冲突

七月九日，浙江行政公署向空权限公署发出一份训令，发出训令的原因在于，龙泉县民众三次向省政府控诉龙泉警政问题。分别为：

> 1. 六月二十四日据该县县□□□□□，龙泉警务所长夏涛违法殃民，扰乱地方，城乡盗窃，已经迭见，毫不查察，反纵警横行，强奸拐盗，无所不为，至腐败已极，确有实据，合邑公愤，速请严查撤办以维警章而保地方。
>
> 2.（六月）二十五日复据西乡养正高初小学校长李兴唐电称，龙泉西远区第三派出所所员薛瑞骢、警务所长夏涛同乡朋比为奸，违法殃民，纵警率警殴学生李起唐，伤乳处，报县验明，沐批。转饬惩办。诉薛瑞骢袒护，该警凶极，请速撤办，以维学务。
>
> 3.（六月）二十七日据西乡商务分所电称，西乡三派出所所员薛瑞骢擅理民词，违法敲诈，纵盗行窃，呈【逞】凶殴人，罚金不示所门，县控有案，请速严查撤办，以保治安。

这里提到的三次控诉，主体各异，所指控的对象亦有所不同，但共同点都是针对龙泉警方。其中尤为值得注意的是，这三份控诉的时间，分别为六月二十四日、二十五日以及二十七日，时间非常集中。再结合材料四，可知在六月二十四日这一天，县知事在批示中驳回了李兴唐的诉求。两个事件先后发生，这说明李兴唐一方在诉求被驳回后，立即采取行动，联系了本县各方，对警察进行投诉，并且使用了当时最为迅捷的电报。这三份指向龙泉警政的电文，应当出于李兴唐一方的策略，希望通过省一级的行政力量，

① 本条应为第三百一十三条之讹误。

实现诉讼目的，即对抗地方警察。

这份训令在援引三份呈诉内容后，指出“查警察官吏，知事有监督之责，来电所控各情，果系实在，殊属失察”，进而要求知事彻查。可见通过呈诉至省，八都镇地方获得了优势。然而就在这时，突然连续发生两件警民冲突事件，使得案情变得更加复杂。

首先是七月九日养正学校学生吴斌被巡士徐岩祥殴打，其父吴维周于七月十一日提出刑事诉状，称吴斌于“阴历六月初六日午膳放学回寓，行抵派出所门口。至郭老满饭铺门前，遇有巡士两名，一为徐岩祥即岳祥，其一不知姓名，均穿便服，携行前来。怒目挺身，拦住去路。……该巡士不分皂白，即将民子手击一掌，后猛力一推，跌倒在地。损伤左手，全掌青黑，五指浮肿，腰臀伤痛”。而后投诉至派出所无果，故诉至龙泉县公署。

该诉状的提出，无疑显得八都地区的警务状况更加不堪，加上前件训令，使得县知事有些紧张，在批词中提出“览状实堪痛恨”。但是知事同时也认识到，“该校与该派出所警察兵屡起冲突”，这表明在知事心目中，本件案件与之前两案均有关联，属于学校与派出所的冲突。进而他还是认为“称警察徐岩祥无故推击该民之子吴斌，究竟有无别情，殊难臆断。候即令行该派出所明白回复，一面将该警兵解送到县质讯”。

另一事件则发生在七月十一日，根据档案材料《（民国二年）七月十一日龙泉县西乡派出所为迅赐验明伤痕事函》所述：“下午九点时，敝所警察陈赐超、吴水云二人巡逻至八都两等学校门首，被该校学生黄云、李起唐二十余人，以木棍拦路毒殴。陈赐超身受重伤，左手臂一伤，右手臂一伤，左乳之上一伤，右肋一伤，右脚一伤，军衣军帽俱被踏破。事关紧急，先函送验，仰即祈知事迅赐验明伤痕，填注人格，按律惩办。”

这份信函极为匆忙，甚至出现了“实为公便，呈文再补”。从文中所呈现内容看，事件发生于“本日下午九点”，已经深夜，想必起草文书时，警方在仓促之间无法准备相应格式文书，于是暂以信函方式递交。如此急忙地反映这次事件，说明警方对这件事的重视程度。结合本事件发生的时间节点，正好发生在省政府开始介入本案后，两天前的训令给了警方非常大的压力。而这一殴警事件的发生，使得警察的形象转而成为弱者以及被害者，从而减轻警方的压力。

县知事在收到这份函件后，认为这三个事件应当一并处理，于是通知当事人黄云、卓识等到案接受质讯，而双方也借此机会，提出了自己的事实与主张。此黄云提交了一份《为奉谕传知遵纪到庭巡警诬告要求反坐俾彰刑罚而免无故受人诬告并附带请求名誉赔偿事》的诉状，他不仅不承认殴警，“兹阅知事朱谕，竟传及云。论理该警兵既控人殴打人，人证耶？物证耶？总要交一点出来，云曾好到庭质讯。若无证据，云即无到庭之义务”。在此基础上，黄云还反诉警方诬告，“学生身分虽小，名誉为人生第二生命，凭空受人指摘，关系人格事大”。甚至提出“如其诬也，知事按照诬告律问拟，并附带声请名誉赔偿”。

另一方面，西远区派出所所员（即负责人）薛瑞骢也提交了一份呈文，对事实进行辩驳。呈文中警方提出，“查当日王礼芬将其甥吴斌送所请验时，并未言及腰臀等处损伤”，“询问门岗警察有无殴打情事，据说并无”，而徐岳祥则称当日“因外出购菜，行至罗巨昌店西之剃头店门首，学生吴斌迎面而来，两不提防，误将该生之左手撞着，实非出于故意”。换言之，这原本就是一个意外事件，“情节细微，原想和平了事。因李校长之父李镜蓉执意不肯，强使维周具呈控告”。随后提出“查李镜蓉自其次子起唐与观察卓识冲突后，屡唆学生与岗警寻衅生事”，“今又唆使吴维周诬告徐岳祥”，进而推论“由此推之，陈赐超之被殴，亦未始非镜蓉之指使”，将后两次警学冲突，视为李镜蓉即李起唐父亲的唆使。

为彻底调查案件，县知事于七月十四日举行了一场庭审，从点名单上记载情况看，吴斌、黄云、李起唐、陈赐超、吴水云、卓识、王殿勋、徐岳祥等均到庭。

三、相争省府

开庭审理不仅没有推动案件终结，反而使得矛盾更加激化。七月十八日，龙泉县警察事务所所长夏涛向知事提交一份呈文。本呈文重新强调了一遍开庭前呈文的内容，但除此之外，夏涛还控诉李镜蓉“素行卑污，好与地痞赌棍辈结交”，更认为他存心破坏社会秩序：“警察成立后，禁烟禁赌，商业减色，并屡次催纳警捐，抗延不缴。”并且将陈赐超被殴事件归结于此。这一呈文的诉讼策略在于，将警察与学校的冲突，上升到地方社会与公权力的对抗。呈文中指出“龙邑僻处山陬，民气强悍”，并指出“去年（即1912年）围攻官长、毒殴法警”等群体事件，进而认为李镜蓉的控诉，是这一系列事件的延续，从而将矛头直指李镜蓉，以维护公权力的角度，来实现辩护。而值得注意的是，这份呈文的制作者，从以往派出所，变成了龙泉县警察事务所，可见双方斗争级别，已经开始升高。

李兴唐同样在庭审后于七月十九日提交了一份诉状，对庭审中提出的诸多问题进行了回复，并坚称应当处理西远乡警务。但是这并不是最终手段，学校一方更是寻求到了县里相关机关的支持，并持续向省呈控。七月二十八日，浙江行政公署向龙泉县公署发出一份训令，内容仍为要求龙泉县调查本次事件，但是在事由上，则是因为“七月二十二日据龙泉教育会电称”，内容直指“龙泉警务所长夏涛纵警仇学”等事项。可见学校一方寻求到了教育会这样一个机构的助力。

龙泉教育会对此事件积极介入，不仅于七月二十二日向浙江省发电呈控，于七月二十九日还具呈文汇报此事。在七月二十九日龙泉教育会的呈文中，提到了“七月二十二日据西远区八都养正学校校长李兴唐具意见书云，称以该区警察派出所巡士无端生事”，又可确证七月二十二日电呈发生的过程，应当是李兴唐到龙泉教育会活动，从而推动了事件进展。

呈文中还提供了一份龙泉教育会关于陈赐超等被殴事件的调查报告：“敝会以事未察

实，难以遽信。旋于十五日特派员密查，详细察访，始据调查员函复，称该地议论纷纷。有谓该所巡士于十一晚，有三四名在伊兄弟卓识家吃酒，泥醉后经过养正校门前跌倒，借此行诈。有谓该警于是晚吃酒后兴高采烈，在该巷调笑妇女，被游手打到，改诬学生。又有谓飞空生事。……大致于巡警方面，不外谓其酒后生事。而于学生方面咸谓是晚确闻其铃声，上堂温课，书声未断，并无学生出校。”这份“密查”无论是时间还是语气，都更像李兴唐一方自主提供的报告，但是教育会无条件接受这份报告，并向浙江省提供，说明教育会对李兴唐一方的支持。

除教育会之外，李兴唐一方还继续运用了商人力量。根据八月七日与十二日两份浙江行政公署对龙泉县公署所下训令看，前后分别援引了“该县商民郭吉兴、天福堂、黄荣记等呈”“八月七日据龙泉商务分所电”，内容均为控诉警方不法。

与此同时，警方也开始向浙江省政府提出自己的抗辩。在八月八日李兴唐再度提出的诉状中，他提出“兹阅报载，县警务所长夏涛已具名出头杠帮，电省诬攀唐父；派出所员薛瑞骢闻，亦电省污蔑”，诉讼的战场已经由县上升到了省。八月十二日浙江行政公署第二千六百六十三号令中披露了夏涛具呈的内容，其中尤为值得注意的是针对李镜蓉的控诉：“查李镜蓉由市侩起家，虽为西乡殷富，素行卑污，好与地痞赌棍结交。现在八都开有吉春字号、南货店，兼宰卖猪肉。警察成立后禁烟禁赌，商业减色，并屡次催纳警捐，抗延不缴，钉憾在心。故多方与警察为难，是镜蓉能唆使吴维周诬控徐岳祥。此次陈赐超之被殴，亦未始非镜蓉之指使。”并且最后提出“今李镜蓉挟警禁赌禁烟多方不利于己之嫌，抗捐不已，犹复鼓动学生殴警，破坏警政。所长想文明之世界，出此凶殴警察之学生，则下流社会，群起效尤，其害不知伊于胡底？更可异者，本月十四日审检所开庭质询，李镜蓉窥朱知事卸任在即，毫无顾忌，公然出头包庇，强词狡辩，以致案悬未结，而学生狐假虎威，扬扬志满，傲慢倍胜于前。现闻李镜蓉鼓动各党会学校尤力，如果长此以往，警政与学务，前途何堪设想?”这说明警方注意到，本次事件真正的幕后推手实际上是地方商人李镜蓉，积极针对李镜蓉进行抗辩。

双方数次向浙江省提出控诉，而浙江省民政长也要求彻查，于是新上任的知事黄黼重启了调查。档案中保留了此次调查的结果，根据记录，调查分三次进行，每次都留下了详尽的调查结果：

第一次调查结果分为五点。（一）龙泉有神会习惯，而神会举办期间，往往有人放赌，因此警方禁止神会。但神会期间有演戏，学生往往邀集看戏，但是看戏后吹哨喧闹，警察因此批评学生，进而双方发生矛盾，积怨已久。（二）学生在校门口阻塞交通，卓识要求让路，学生不从，因而推人，引发纠纷。（三）徐岳祥确实撞到吴斌，但吴斌手上原本有肿毒。（四）警察确实被打，但绝非学生所打，具体何人不知。（五）有学生联名具控，均非本意，是有人因为烟赌不自由，挑唆所致。

第二次调查结果并未分点，但仍可以依调查事件分为六部分。（一）关于卓识伤人案。远因在于警察约束不严，而学生经常讽刺警察，因而结怨。近因在于有外地学生旅行至学校门口，李起唐等围观，阻碍通行，被卓识推到。（二）关于学生殴警案。调查认为这是警学积怨的结果，“案起细微，本易息讼”，“各逞意气，所以前波未平，后波又起”，造成所长夏涛控诉学生殴打警察。不过此案经调查，警察应是第三人所打，与学生无关。（三）关于李镜蓉为讼棍一事。调查认为李镜蓉并非讼棍，只是“好办交涉”。（四）关于控诉薛瑞骢违法殃民事。调查称查无实据。（五）关于县议会弹劾所长夏涛。调查显示，舆论对于本地警政确有不满，警察消极工作。但是对于扰乱地方秩序等问题，调查称“尚不至此”。（六）关于八都商务分所电控事。如包揽词讼，是基于违警律对乡间纠纷进行裁决，而罚金均已公示。

第三次调查结果分为八点。（一）派出所与学生经常有纠纷。（二）卓识打李起唐因学生堵路，用力拉学生时致学生跌倒。（三）徐岳祥打吴斌是因为撞到“痴毒”。（四）警察被打是因为禁赌被报复，而误认为是学生所为。（五）警察确实有消极怠工的不作为情形。（六）警察确有调戏妇女的行为。（七）警察包揽词讼实为便利乡民，便捷解决纠纷。（八）“所有警察终欠督率”。

基于调查结果，最后县知事黄鼒起草了一份发送夏涛的令文：

案本民政长先后令饬，查覆本邑警察冲突，互相电□各等情一案。业经本知事一再确查，亲加□访，俱得端倪，并就曲直是非，已为双方解决。

查警察保卫治安，学校培养人才，均为地方切实要政，本不容各逞意气，稍有歧视。此案之丛生，由于西乡派出所警察，饬令养正校学生让路不允，猛力向推。该学生未及防范，跌碰伤臀而起。其余枝节，悉胎乎此。自应推因解决，免致各尚意气，续酿后衅。

学生李起唐在休息时间，出校散步，原为学堂规则所不禁，然究非排队出操可比。行人往来，自应退让，以开揖让之风，亦示我资格之不凡。来者为谁，尽可不问。

在警察见幼童中通而立，虽有饬其旁立、以便行人之责，亦应原其幼稚，善与之说。不当行其权能在学生一面，应责成该校长循循开导，毋得自大。薄视警察，乃该警察卓识明知李起唐系养正校学生，不向理喻，亦不往告该校管理。辄用武力，推倒成伤，殊属非是，碍难宽容，应即由所斥革，以示惩儆。

陈赐超伤系何人所殴，衣被何人扯碎，尚未查实下手主名。即不应徒凭臆度，诿为养正学校有意逞凶，借图报复。□以疑似之意，牵扯多人；以无据之言，一味毁谤，致使激动公忿，群己攻讦。本知念其伤，应为查凶获办，以重警政按其情，即当暂予开除，以平众愤。仍由该所长核饬派出所，嗣后□饬各警，务按规矩，勿任违背，□以地方善政，转为地方借口。

除将□查此案确情，详该校学生不得挟私自大，轻视警察。再滋事端者，合行令□□长克日饬令派出所，遵照前指，分别办理，勿任违延。切切。此令警察事务所所长夏涛。

这份材料被整理者定名为《民国二年八月廿二日龙泉县知事黄黼为斥革推跌学生巡警事令（稿）》，然而虽然是一份稿件，但案件应该最后按照这个方案解决，针对卓识伤害李起唐一案，认定事实为李起唐阻碍交通，卓识在恢复秩序过程中，将李起唐推倒在地，以致成伤。卓识成为本案最终责任人，对其处理结果为要求派出所“斥革”。而另一方面，对学生阻碍交通，目无警察的行为进行了批评。针对陈赐超被殴一案，认定事实为确实被殴，但打人者并非学生，因此控诉学生殴警，属于“毁谤”，结果是开除。本案至此并无后续文书，可能以此结果终结。

四、绅警之争

从材料中所呈现的案件事实来看，确实可称“案起细微”，但本案又结合了龙泉地方警政混乱，并李起唐系李镜蓉幼子两原因，使得本案直奔警民关系与地方警政而去，以致案件愈演愈烈，数起波澜，冲突不断升级，从偏远山城，直诉至省。尽管档案大部分原告的诉状由李兴唐所作出，但无论是从身份还是从警方呈词看，最后都是李镜蓉在“鼓动各党会学校”，动用各种地方资源，实际上可以化约为李镜蓉与薛瑞骢的矛盾。进而更深层次地考察，实际展现了地方士绅与公权力之间的紧张关系。

从档案材料中，我们可以看到李镜蓉所动用的力量包括商人与教育两方面的势力，最后推动本案得以解决。李镜蓉本人就是商人，《龙泉文史资料（第7辑）》中有记述：“先父李镜蓉、字谔臣，生于清咸丰九年（1859）。原籍江西省乐安县垟坎村，随祖父李承祚因经商定居于本县旧西远区八都。少年好学，为前清贡生；民国二年曾任西远乡自治会议员、商会董事。民国十二年冬任浙江省参议员。”[①] 可见李家由商而兴，逐渐进入学界与政治界，是地方士绅的代表性人物。

值得注意的是，李镜蓉所代表的李氏家族，并非八都本地势力，相对来说，反而是外来家族。笔者曾随浙江大学团队在八都镇调研，获知李镜蓉后人仍然以江西为祖坟所在，每年仍回江西祭祖。这样一个外来家族，在短短两代人的时间内，就获得了如此多的资源，至少可见八都镇的地方社会变迁极为复杂。

回到事情发生的原初地，即西远区八都，即今龙泉市八都镇，在地理位置上位于浙赣闽三省交界处，距离市中心30公里左右，而且山路崎岖。但是恰恰这一三省交界的位置，使得八都镇成为三省交界处的经济中心。流经八都的八都溪作为瓯江上游，又为八都提供了较为良好的水运条件。在八都镇考察时，当地人即指出老街外的一处码头遗迹，可以直通龙泉县。

① 李盛唐等：《先父李镜蓉生平》，中国人民政治协商会议浙江省龙泉县委员会文史资料研究委员会编：《龙泉文史资料（第7辑）》，1988年，第142页。

正因为这样活跃的经济环境，使得当地商人阶层逐渐成长。从警方的呈词看，他们对于八都的控制也极为有限，民元即发生过群体性事件。1912 年“时值阴历六月，正是青黄不接之时。八都附近高浦、吴公、东音等村农民，要求义仓开放积谷，经纪人吴绍唐与官府勾结，派兵弹压，为首农民李本华（绰号广丰台）于阴历六月初一被斩首示众，发生了广丰台事件”[①]。这一起事件同样反映在警方呈词中，即认为八都地方民风彪悍，“去年围攻官长，毒殴法警，宰杀殷户之猪，击毙哨官之马”。

警方对此案件十分敏感，极力保护涉事警察。龙泉县警务所长夏涛甚至为了一件偏远山区的低级巡士，向浙江省内提出辩诉，究其原因，就在于警方认为如果此案不能妥善解决，往后在八都必然更难行事。“下流社会，群起效尤，其害不知伊于胡底”一语，可谓警方内心真实动机。

由此，这起案件看似是一起简单的警察推搡学生的案件，但是因为学生的特殊身份，即本地由商人而跃为地方士绅的李镜蓉之子，使得本案背后涌动起了地方阶层与公权力之间的对抗。

除开商人阶层之外，李镜蓉还动用了教育会的力量，而教育会同样为地方士绅力量的代表。教育会是近代一种地方教育机构，其成立始于光绪三十二年（1906）《学部奏定各省教育会章程折》，认为：“窃维教育之道，普及为先。中国疆域广远，人民繁庶，仅恃地方官吏董率督催，以谋教育普及，戛戛乎其难之也。势必上下相维，官绅相通，借绅之力以辅官之不足，地方学务乃能发达。”[②] 可见在教育会设定之初，就是一种地方士绅力量的集合。

龙泉县教育会应当成立于 1908 年，而且成立之初就展现出其权力：“龙泉县生员程步云拟于龙邑设立劝学所，禀奉浙抚批，云现在学务情形，教育全出于劝学所，盖教育会为地方学务议事机关，劝学所为地方执行机关，二者同时并立，易启争端。若先组织教育会，并由会员用投票选举法公举劝学所总董，则议事执行两机关无冲突之病，足补部章缺憾，仰提学司转饬该县陈令会绅遵照办理可也。”[③] 从这份批文可见，劝学所为行政部门，而在运行中会受到教育会的影响，为了避免冲突，甚至要通过教育会选举产生劝学所。

值得玩味的是，从档案中所见的龙泉县教育会会长为李为凤，他是龙泉本土人士，“李为凤（1864—1934），字翥轩，别号竹音山人。龙泉县青溪乡毛山头村人。清同治三年（1864）生。清末庠生。光绪三十四年（1908）在家乡黄南庄创办公立南溪初等小学堂，任堂长兼教员。民国元年（1912）调任县立剑川高等小学校长。四年（1915）9 月，成立县师范讲习所，调任所长。十三年（1924）11 月，县劝学所改为县教育局，调任局

---

① 中国人民政治协商会议浙江省龙泉县委员会文史资料研究委员会编：《龙泉文史资料（第 10 辑）》，1990 年，第 3 页。

② 陈学恂主编：《中国近代教育史教学参考资料》，北京：人民教育出版社，1986 年，第 598 页。

③ 《预防教育会与劝学所冲突》：汪林茂主编：《浙江辛亥革命史料集（第 1 卷）》，杭州：浙江古籍出版社，2014 年，第 272 页。

长。十七年（1928）11月，卸去局长职”[1]。而另一份材料《民国二年八月八日李兴唐控薛瑞骢等为侯查多时谅得真相事刑事诉状》则又提到教育科长为李为麟。教育科长即为县行政公署下设教育科之负责人，而据前引《李为凤传略》，李为麟与李为凤系兄弟。可见教育系统所拥有的权力，是基于地方社会而产生的。进而言之，教育会所拥有的权力，是传统地方社会中士绅权力的现代延续。在本案中，教育会如此支持李镜蓉，其中是否包含了地方权力之间的联系，尽管没有确实材料，然而亦可以窥见一斑。

再回头看最后所见的处理结果，亦难以认为李镜蓉获得了完整的胜利。县知事仍然“偏袒”警方，仅仅处理了低级的警察：斥单卓识，暂予开除陈赐超。对于派出所负责人，即所员薛瑞骢，则毫无处理。但是按照李兴唐的诉状，薛瑞骢同样地有放纵管理的嫌疑。

当然在法理上看，本案警方坚持推搡李起唐是职务行为，这涉及行政法的问题。但此时只是民国二年，在制度设计上并没有行政法，或者说并没有以围绕行政行为相对方为核心而设计的行政法，行政法多涉及官制等内容。在制度设计上，也只有民事刑事诉讼，而没有行政诉讼。“1914年民国北洋政府平政院的设立及其《行政诉讼法》的颁行，标志着近代中国行政诉讼百年法律移植大幕的开启。”[2] 由此，当事人为获得救济，则只能通过民事或者刑事诉讼的手段。甚至可以说，本案的救济在法律上，一旦认定为职务行为，就难以实现。但在令文稿件中，知事却强调学校与警方“均为地方切实要政，本不容各逞意气”，以一种居间调和者的姿态处理，就更加彰显了本案社会学的意义。

总而言之，本案实际展现了民初地方社会，以士绅为核心的地方权力，同以警察为代表的公权力之间的对抗。

---

① 季中：《李为凤传略》，中国人民政治协商会议浙江省龙泉县委员会文史资料研究委员会编：《龙泉文史资料（第12辑）》，1992年，第148页。

② 吴欢：《清末民初行政诉讼法制中的“民告官”传统遗存》，《北方法学》2014年第2期，第152页。

地方精英与民国川北盐场治理研究

——以南阆盐场公署档案为中心

杨田华*

民国时期，四川制盐业分布在川北、川南和川东的大片区域，共有盐场二十余个。各区盐卤资源、技术、产量以及盐业经济、社会组织、盐场治理都有很大差异。其中川北盐场地域范围最为辽阔，盐场数量与从业人员众多，在生产方面保留了更多传统手工业的因素，这在很大程度上决定了盐场治理的格局与特点。民国时期川北盐场采用公派人员与地方精英共同参与的治理格局，在推动官方的盐务治理及节省治理成本的同时，也给国家的盐务推行和盐政改革设置了重重阻碍，地方精英是其中值得关注的重要群体。

学界对近代中国地方精英的研究已经有深厚的学术积淀，产生了一批有重大影响力的研究成果。费孝通、瞿同祖都曾将传统士绅称为地方精英。魏光奇以地方精英泛指各个时期在地方社会有声望和影响的社会阶层。① 周锡瑞和兰金认为地方精英是在地方舞台上（指县级以下）施加支配的任何个人和家族，这些精英往往比士绅的范围广泛得多，也更具有异质性，既包括持有功名的士绅，也包括韦伯论述过的地方长老，此外还有各种所谓“职能性精英”（functional elite)，清末民初的绅商、军事精英、教育家、资本家、土匪首领等。② 川北盐场地方精英是以灶户或盐商身份参与国家盐务管理的地方社会实权人士。本文在民国时期川北社会政治变迁和国家盐政变革的背景之下，围绕川北盐场基层盐务治理的若干历史事实，展现盐务官方与地方精英之间的权力博弈与互动、透视川北盐场社会的结构及其运作规律，并对黄宗智的“集权的简约治理”理论进行反思。地方精英与盐政研究的结合，可以深化历史学与社会学领域的地方精英研究，并拓宽区域社会以及国家与地方社会互动关系的研究，对地方精英、盐史和区域社会史研究，都是全新而且有益的尝试。南部县档案馆藏“南阆盐场公署档案”的系统运用，也为盐史研究提供了新的资料来源。

一、川北盐场概况

川北地区的盐井分布在沱江、涪江和嘉陵江之间的广大地区。盐矿资源主要来自地

* ［作者简介］杨田华：博士，西华师范大学副教授。

① 魏光奇：《国民政府时期新地方精英阶层的形成》，《首都师范大学学报》2003 年第 1 期。

② 李猛：《从“士绅”到“地方精英”》，邓正来编，《中国书评选集》，沈阳：辽宁大学出版社，1998 年，第 676—680 页。

层黄卤，其特点是储量大、埋藏浅，盐井最深者不过四百米，浅者有不及一百米的，锉井甚易，“共有盐井约十余万之多”[①]。民国初期川北盐区包括南阆、射蓬、简阳、乐至、三台、蓬中、蓬遂、绵阳、射洪、南盐、西盐、中江共十二个盐场。[②] 地域范围涉及南部、阆中、射洪、三台、乐至、蓬溪、中江、西充、遂宁、简阳、盐亭、绵阳等十余县。至于盐区面积，据民国《四川盐政史》记载：“大场宽阔数百里，小亦数十里至十数里，非若两淮、长芦之盐田一望而可以尽之也，且场区多未测量，仅能得其大概，欲求准确则殊难耳。”[③] 该书对川北各场进行了较为详细的介绍，现将各场所属县份及大致面积开列如下：

表 1　1930 年代川北各盐场所属县份及大致面积[④]

场名	射蓬	简阳	南阆	乐至	三台	蓬中	蓬遂	绵阳	射洪	南盐	西盐	中江
所属县份	射洪 蓬溪	简阳	南部 阆中	乐至	三台	蓬溪	蓬溪 遂宁	绵阳	射洪	盐亭	西充 盐亭	中江
面积（里）	330	20	700	155	320	130	350	100	260	100	150	300

川北地区有悠久的产盐历史，最早可追溯到秦汉时期。据《隋书·地理志》记载，金山郡巴西（今绵阳市）“有盐井”。又“蜀郡阳安（今简阳县东）有盐井”。又据《旧唐书·地理志》记载，川北盐区 32 县“有盐”。其中梓州郪县（今三台县治）有盐井 26 所，为数最多。其次，梓州通泉（今射洪县东南 70 里），遂州方义（遂宁）、蓬溪，普州安岳、普慈（今乐至县东北 35 里）等县各有盐井十至十四所。宋代，据《宋史·地理志》记载，川北盐区的盐井主要分布在潼川府境内，包括今三台、中江，射洪、盐亭等四县，其中“郪（今三台县治）有三十四盐井”，比唐代增加了八所。又据《元丰九域志》，上述地区内共有盐井 78 所。其中在今三台县境内的，除“郪县三十四盐井”外，还有“涪城县（今三台县西北 60 里）二十七盐井”，合计有 61 盐井。[⑤]

---

① 夏湘蓉编著：《中国古代矿业开发史》，北京：地质出版社，1980 年，第 371 页。

② 1935 年裁撤中江场，1936 年蓬中场改称蓬溪场、蓬遂场改称河边场、西盐场改称西充场。

③ 吴炜辑：《四川盐政史》，卷二《场产》（上），民国二十一年（1932）铅印本，第 25 页。

④ 吴炜辑：《四川盐政史》，卷二《场产》（上），民国二十一年（1932）铅印本，第 28—30 页。说明：这里的“里”，按原文的理解，当属于周长性质的东西，一般用“宽阔数百里”来指面积，不是现在理解的“平方里”。

⑤ 夏湘蓉编著：《中国古代矿业开发史》，北京：地质出版社，1980 年，第 371 页。

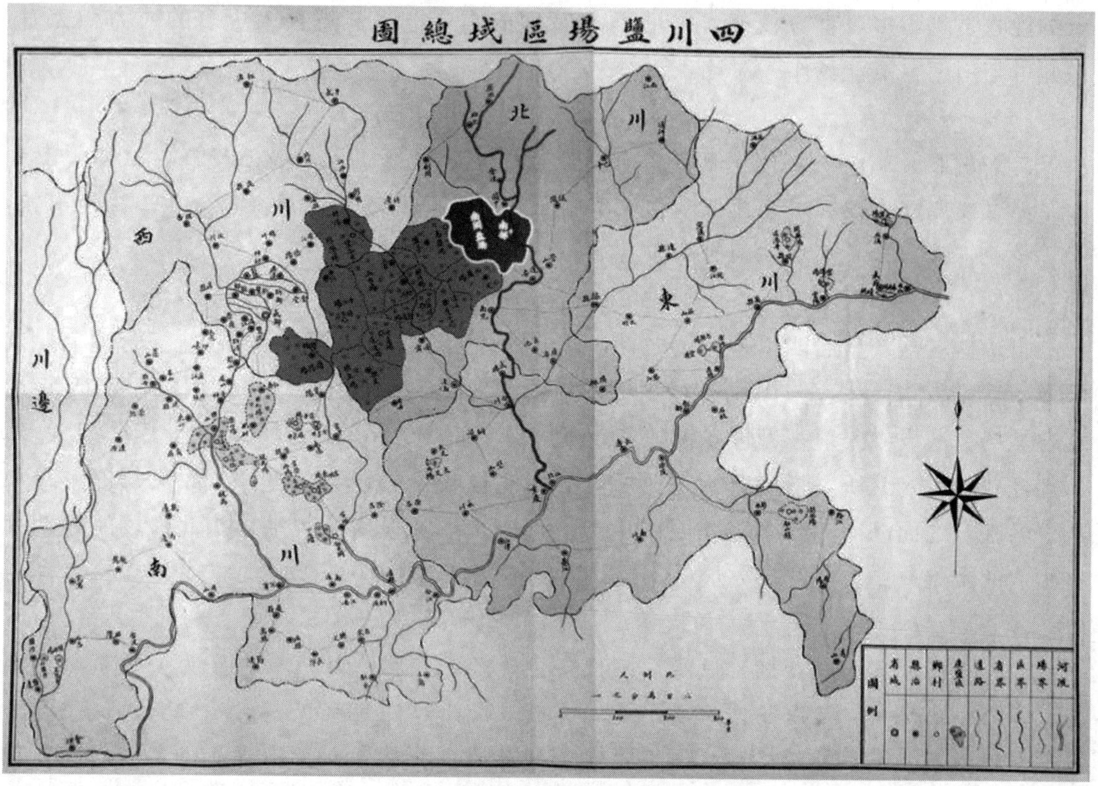

图 1　民国时期四川盐场区域总图①

川北盐场走过漫长的历程，对区域社会的发展变迁产生过举足轻重的影响。但总的来说，由于地理环境、盐卤资源、燃料供应等因素的制约，川北盐区一直采用传统制盐技术，规模小、产量低、成本高、利润薄，远不能与川南自贡、犍为等大盐场相比。盐业无法成为地方社会的支柱性经济，而只能采用家庭手工作坊式生产，作为农业经济必要的辅助和补充，是农村的传统副业之一。

二、地方精英参与川北盐场治理情况

（一）川北盐场二元治理结构的形成

民国时期川北盐场的治理采用盐政官方与地方人士共同参与的二元结构体系，这与盐场的地理环境、生产特征及国家的盐政投入有密切关系。川北盐场大多以家户为单位展开生产，导致盐井和灶房等设施极为分散，井灶“星罗棋布”，遍布于川北广阔的山间谷地，从业人数达十几万，盐业管理本身就存在极大的困难。而清末民国时期动荡的政局以及中央政权的衰弱和乏力，特别是民国前期四川曾经历了较长时期的军阀割据混战，盐业管理混乱，政府的投入也明显不足。再加之川北盐场家庭作坊式的生产特征，为国

① 来自《四川盐政史图册》（第三卷），民国印制。

家的税收贡献不多，官方权衡经济收益与管理成本，也不愿意投入更多的人力和物力。在此可与川南自贡盐场作一对比：

> 川北盐业，较之自贡迥不相同。盖自贡等区井灶团聚，盐业畅旺，盐工管理方面自能照章办理。川北盐业多系农家副业，且盐井涣散、生产微薄，盐工生活困苦，执业不专，忙时务农，闲时从事盐业。①

自贡盐场盐产量居四川各盐场之首，且“井灶团聚、盐业畅旺”，在盐务管理上投入不多，盐税收益巨大，与川北盐场正好形成鲜明对比。《四川盐政史》记载，1915 年川北各盐场普遍设立公垣，管理乡镇盐务，本应派驻官方人员管辖，但“川北因公垣太多，所加经费较巨，北所（指川北稽核分所，为川北税收机关）不予赞同，故只每垣派缉私兵一名驻守之而已”。② 因盐场本身的生产特点以及国家投入的欠缺，川北盐场的管理存在很大的困难，主要是官方人员的不足，对此盐场档案中多有记录：

> 查川北各场井灶极为散漫，不便集中管理，日常查灶缉私，警力又感不敷，而各场一般灶户，又以贫苦为多，是以一般灶民走私漏税之风，实所难免。试就各场缉案观察，则平时所获私盐，每以零星灶私为多，至于大批偷漏，尚不多睹。关于上述灶私，固属斤两无几，数目极为零碎，但此类情形，颇为普遍，各场各垣，风气咸同，如不设法严禁，势必聚少成多……③
>
> 查盐税增加，走私利厚，少数不肖灶商难免不有乘机偷漏情事，兼以本区产场辽阔、井灶散漫，山路崎岖，条条是道，尤易寻觅走私捷径，亟应严密管理、加强查缉，以收杜私裕税之效。④

又如 1943 年抗日战争盐专卖期间，官方对盐务管理已投入比以往更多的力量，但南阆盐场官署在年终报告中仍然抱怨人手不够：

> 查产员虽于本年第一季组设竣事，但以井灶零星、地区散漫，常有入不敷用之感。且本年百物高涨，各灶制盐折本，以致形成私漏风气，加以不肖军警贩私护私，更觉查产人少，不能达到缉杜任务。倘今后层峰不设法充实人位、配备武力，则于增产补产前途，必大受阻碍。⑤

---

① 南部县档案馆：《民国档案》，全宗 11，南阆盐场档案，卷 1732，第 35 页。
② 吴炜辑：《四川盐政史》，卷四《场产》（下），民国二十一年（1932）铅印本，第 25 页。
③ 南部县档案馆：《民国档案》，全宗 11，南阆盐场档案，卷 1872，第 125 页。
④ 南部县档案馆：《民国档案》，全宗 11，南阆盐场档案，卷 1118，第 58 页。
⑤ 南部县档案馆：《民国档案》，全宗 11，南阆盐场档案，卷 1280，第 13 页。

因而在民国时期，有相当数量的盐场地方人士参与了南阆盐场的管理，形成了公派人员与地方人士共同治理盐务的二元格局。笔者在田野调查中访谈民国时期曾任职于南阆盐场官署的衡元长老人，他说南阆盐场公务人员的地位高、待遇优厚，有比较强的优越感，瞧不起地方人士，也不屑于与地方人士为伍。他在描述中虽然有刻意拔高公派人员的倾向，但南阆盐场中公务人员与地方人员泾渭分明应该是实情。而笔者在盐场档案中所见，则是另一番景象，官方人员往往陷入地方势力的汪洋大海之中，以致推行公务困难重重，遭受辱骂、殴打等情况也不鲜见，如一名公派人员描述地方环境之恶劣：

> （南阆盐场）山路崎岖、人多刁蛮，当地人士意见纷歧、勾心斗角，公务人员若失精当处置，失意者轻则破口辱骂，重者权杖交加，似此亦一人之体力心智，何能敌众力之圈套……须场务、警士各添数人以增力量……若仍到往日之生不如死境地，恐此地即同仁之屠场矣！①

公务人员将工作的环境称为“同仁之屠场”，如人间地狱，也许有夸张成分，但由此可见盐务人员理想与现实的差异。究其根源，在于南阆盐场采用公派人员与地方精英共同管理的二元模式，虽然大大节省了官方的管理成本、维持了地方盐务的正常推进，但同时也引发了无穷的矛盾与纠纷，特别是在川政统一国家加强对地方盐务的控制之后，矛盾更趋于白热化。

（二）地方精英与盐务官方的权力互动——以拆并碾垭公垣为中心

以川政统一为分界线，川北盐场的治理风格与治理方式呈现出显著变化。民国前期，由于盐务官方力量的衰弱，以垣长为代表的地方势力一度控制了行政事务的管辖权。1935 年川政统一之后，特别是随着抗日战争的爆发，国民政府盐政部门加强了对基层盐务的投入与管控，盐务官方与地方势力展开了激烈的权力争夺战，前者逐渐压制了后者的越位侵权，但后者又凭借其地方势力对盐务行政管理施加了重重阻力。民国时期川北盐场的行政治理与盐政建设之路曲折而漫长，呈现出地方势力与盐务官方之间长时段的权力博弈与互动，从 1936－1937 年南阆盐场拆并碾垭公垣引发的矛盾纠纷，就可初见端倪。

① 南部县档案馆：《民国档案》，全宗 11，南阆盐场档案，卷 1144，第 198－199 页。

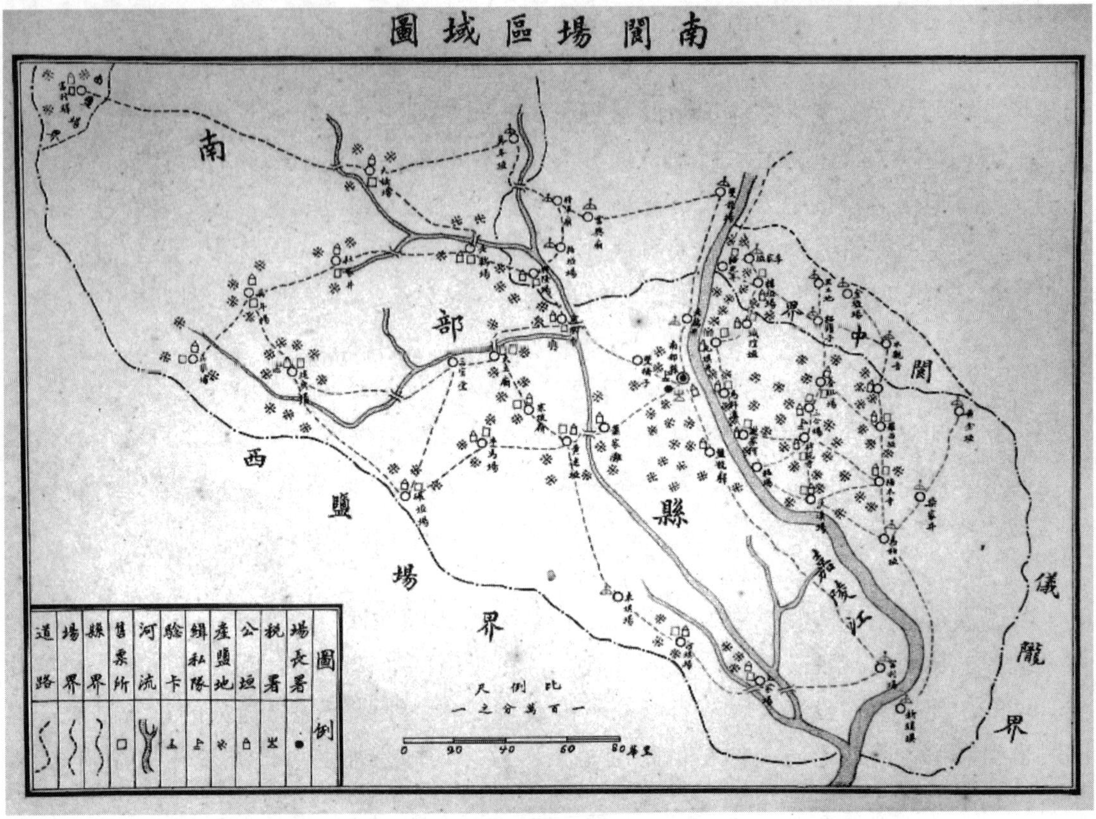

图 2　民国时期南阆盐场区域图①

1915 年，川北各产盐乡镇普遍设立公垣这一基层组织，管理盐斤储存、售卖、发放票证、税收征缴等事宜。其中南阆盐场公垣多至 29 家，数量远远高于川北其他盐场，管理极为散漫。川政统一之后，官方提出了拆并公垣的办法，希望以此改变基层盐务散漫的现状，加强官方在税收、解款等方面的管理，同时也能节省管理经费，碾埡公垣即在拆并之列。南阆与西充两盐场相邻之处，各有一处碾埡场公垣，在此分别称为南垣与西垣。由于分属两县，为调和当地灶民意见，官方于 1936 年 10 月确定了将南垣并入西垣，撤销南垣售票所，但在南垣保留一处分仓储存盐斤以便利当地灶户。这一决定立即遭到了南垣灶户们的强烈反对，向官署呈文请求保留。追究南垣灶民不愿归并的原因，根源在于南垣所产之盐成本较西垣高，因而盐价也高，以后若与价低之西垣混合销售，难免遭受经济损失，同时南阆盐场实力较西充盐场强大，销售地域也更广。

南阆盐场官署深知其中原因，为缓和矛盾，同时也为了维护本场利益，于 1936 年 11 月 19 日向川北稽核分所提出了另一种归并办法："其灶户盐斤愿入西垣者，即划归西充管理。如因便利销售，愿入南阆场附近各垣，则仍由本场管理。查该垣距建兴、流马两

① 来自《四川盐政史图册》（第三卷），民国印制。

场，均二十里，其接近之灶户，自可准其改进，以资便利。”[①] 官署提出灶户如果愿意并入西垣，就划归西充管理，若不愿意，可以并入南阆盐场的其他各垣，以打消灶户们在盐价方面的顾虑，利于归并，本场也没有损失。但川北稽核分所的回复中却断然否定了此项建议，仍然要求按原定计划并入西垣。就在此时，事件发生了戏剧性的转变，西垣12名灶户联名请求并入南垣。这一事件的发生与南垣垣长王丹九和灶户代表谢梦良的积极活动密切相关。

笔者在南部县碾垭乡的田野调查中了解到，王丹九为前清秀才，是当地屈指可数的参加过科举考试的文人，家境殷实、热心公务，社会威望很高，村民有纠葛争执发生，都请他去评理。王丹九担任南垣垣长多年，不仅负责管理公垣，而且积极推进社区公共事务，每逢年节做会、唱戏的开支，都由公垣担负。因而王丹九自然成为反对归并的带头人。谢梦良曾担任流马乡乡长，家中有好几套灶房，1930年代曾担任南阆盐场评议公所评议员，[②] 是当地豪绅和袍哥大爷，也是王丹九的坚强支持者。[③] 可以猜想王丹九发动西垣灶户并入南垣，必定也是在盐价方面加以利诱，西垣灶户贪图利益，因而提出与官方完全相反的归并计划。如果此计可行，则皆大欢喜，西垣灶户能以更高的盐价而获得更多的利益，南垣也能免除拆并痛苦，官方也达到了归并的目的，垣长王丹九这一计划可谓完美。但事情并非如此简单，南阆场长向西充场长商议此事，后者虽表示对如何归并“无成见”，但随即命令西垣垣长调查此事。不久西充场长提供了一份由西垣垣长、评议员以及12名灶户签名的证明书，完全否认了西垣并入南垣之事，称“其事系一二灶户受人愚弄，今已觉悟”。[④] 考察西垣灶户的两份文书，王丹九发起的联名信中，12名灶户皆盖有私章，而后一份否认此事的证明书中，仅有两名灶户盖章。因而证明书的真实性值得怀疑，即使为真，也不能排除西充场长和西垣垣长背后施压的可能性。

王丹九对计划的失败万分气恼，联合南垣33名灶户，再次向官署呈文，揭露了西充场长阻止归并的行为：

> 西垣销售疲滞，当议归并之时，西垣多数灶民均愿归并南垣，书有合同文约可据。殊西盐场长尹两次来场，勒令该垣灶民保存销岸，不准归并。[⑤]

同时，对南垣并入西垣所造成的灶户痛苦进行陈述：

> 西垣产额，每月最多不过三万，南垣产额，每月除分销城区第一公垣外，至少亦三万有余。以售地论，西盐（指西充盐场）仅销该籍鼓楼各场及营山数处，南盐

① 南部县档案馆：《民国档案》，全宗11，南阆盐场档案，卷46，第53—54页。

② 南部县档案馆：《民国档案》，全宗11，南阆盐场档案，卷1327，第79页。

③ 笔者于2014年8月11日访谈碾垭籍退休教师王炳尧所得。

④ 南部县档案馆：《民国档案》，全宗11，南阆盐场档案，卷46，第67页。

⑤ 南部县档案馆：《民国档案》，全宗11，南阆盐场档案，卷46，第72页。

则售地良多，以比较多、售地广之灶民，反落他人之后，退既不可，进又不能。属垣灶民，势成僵局。而况灶民燃料用炭居多，盐去炭来，故分销城区者众，若归并西垣，则不能以盐易炭，危困何堪设想。即云归并仍可援案分销，归并在此而销售又在彼，宁莫不并为宜。马前场长当未请假以前，曾来垣说明西垣并南，以利营蓬商贩。此次西垣既保留成立，南垣亦可依旧存在。①

而如何归并非南阆场长所能决定。1936 年 12 月川北稽核分所召开各场场长会议，决定南阆盐场“应归并者，计碾垭一处”，命令南垣遵照办理，“限于十二月内完成交接”。同时，官方也考虑到归并的困难，做出了让步，同意南垣灶户若不愿并入西垣，也可并入附近的建兴或流马公垣。南垣和西垣的售票所很快完成了交接，但王丹九拒不移交九百斤存盐，且南垣全体灶户不服从西垣管辖，将盐远道运至城关销售，也不运入西垣，且称“建兴、流马公垣，路途均在二三十里之遥，运售不便”。归并陷入了僵局。

面对川北稽核分所、南阆及西充场长的反复催促，南垣垣长王丹九仍然不断呈文，陈述归并的种种不适宜及困难之处。由于官方意志坚决，成命不可收回，南垣又提出了另一个方案：

两垣归并后，准由两垣灶商各推举一人充任正副垣长，和衷共济主持垣务进行。所产盐斤仍应各销各岸，并准南阆之盐照旧分运城关售卖。②

由西、南两垣各委任一名垣长，此方案得到了官方的认可。1937 年 1 月 30 日，西南两垣所有灶户在当地集合商讨归并，南阆与西充盐场场长亲赴现场监督办理。在此之前，南垣垣长王丹九与当地灶户经过了周密的商讨，于归并当日抛出了一个详细的“议决条件”，即必须满足以下十个条件，南垣才能答应归并：

民国二十六年一月三十日南阆灶民合组西垣议决条件

1. 西充碾垭南阆分仓不得失去南阆名称，应称为“碾垭南阆分仓”；

2. 南阆分仓应住公役一人，负管理盐斤之责；

3. 西南合组，各储各仓，各销各岸，彼此不得混淆；

4. 南阆分仓推仓长一人，请由上峰委任主持垣务；

5. 南阆分仓灶民门牌、盐斤登记簿，应由南阆场署发交西盐场署，转发分仓各灶；

6. 南阆分仓购盐商贩，向碾垭售票所扯取税票，应加盖“南阆分仓”戳记，以资识别而免验卡员丁阻拦；

① 南部县档案馆：《民国档案》，全宗 11，南阆盐场档案，卷 46，第 72—73 页。

② 南部县档案馆：《民国档案》，全宗 11，南阆盐场档案，卷 46，第 119 页。

7. 西南合组后，商贩大多裹足不前，如马鞍、大堰、窑场、河坝、王家、富利、东坝、李家、金源等场。请求南阆场署分别布告，各销各岸情形，以广招徕而免南阆疲滞之苦；

8. 各灶民如有特殊情形，俟后愿意改隶南阆附近各垣者，准其自便；

9. 此次合组后，已由川北盐务稽核分所核准各销各岸，并准南阆之盐照旧分销城关以便采购燃料；

10. 南阆分仓灶民以后关于请愿事项，南阆场署不得歧视。①

细考上述条款，可以发现垣长王丹九等人为保持本垣的独立存在确实费尽了心思。以上条款虽然在形式承认归并，但南垣仍保留了作为南阆盐场的一个独立公垣的所有要素，仅仅作了名称上的细微改动。如南垣改称“碾埡南阆分仓”；设仓长一人，由上峰委任；灶民的牌簿仍由南阆场署发颁发，只是形式上转由西充场署发给各灶；税票上保留“南阆分仓”戳记。第十款尤其有趣，南垣担心以后遇到需要维护自身权益的请愿事项时，在西充盐场得不到充分的保护，仍然要以南阆盐场灶民的身份参加请愿，“南阆场署不得歧视”。如此则南垣变成了南阆盐场在西充盐场中的一块“飞地”，不仅没有达到精简机构和人员的目的，反而带来了更大的繁冗。为了抵制归并，南垣可谓机关算尽。在官方强力推进盐务改革时，垣长总是能找到与官方博弈竞争的方式和手段，南垣垣长王丹九面对归并这一无法更改的现实，以近乎“狡猾”的手段，竭力维护本垣的利益。

官方对南垣提出的“苛刻”条件自然不予答应，为了消除南垣灶户对归并的疑虑，官方再次强调“归并系为管理便利起见，对于销岸毫无变更，所填运盐票照亦应将销岸名称，照旧分别注明。”而南垣仍然坚持必须答应上述十项条件，否则所有灶户将不接受西垣的管辖。无奈之下，官方只得再次让步，选择性地同意了其中的部分条款：

1. 南阆碾埡公垣名义应行取消，改为西充碾埡公垣分仓，不得冠以“南阆”二字。又分仓灶户盐斤除运存分仓外，得运南阆城关公垣销售，但进盐凭单统应由西充场颁发。

2. 分仓进出盐斤之单照上面，可加盖西充碾埡公垣分仓戳记，勿得添用“南阆”二字。

3. 各该归并后之灶民，如有愿意改隶其他公垣者，应先呈由西充场署核准后方能变更，免碍稽查。

4. 归并灶户三十三家，应完全由西充场署管辖，以后该灶户等如有呈诉或请愿事件，均应向西充场署声请，南阆应不受理。

5. 西充碾埡公垣分仓驻公役一名，专司管理收放灶盐事务，应由南阆场署抽调公役一名，前赴西充场署报道，听候派往该分仓服务，以免牵动预算。

① 南部县档案馆:《民国档案》，全宗11，南阆盐场档案，卷46，第124—125页。

6. 该垣垣长由西充灶户推选，分仓仓长由原南阆灶户公推，均准如拟办理。[①]

如果逐条查对，则南垣提出的十项条件，官方批准了六条，只是不准再保留“南阆”之名称，以符合官方“归并”之意旨。可见官方已经作了最大限度的让步，只要能达到裁剪机构的目的，其余细枝末节皆顺从民间意愿。1937 年 3 月，南阆盐场官署正式发布了南垣并入西垣的告示：

查碾垭西南两垣归并后，即将本场碾垭公垣，改为分仓，以便南阆各灶所产盐斤，与西垣分别存储，各销各岸，仰各商贩照常到仓购运盐斤，在碾垭票所一处纳税扯票，注明南阆销岸，以免彼此混销，有碍稽查。该商贩等勿得徘徊观望，自误营业。此告。[②]

但南垣灶户仍然置若罔闻，不服从西垣管理。其实，对南垣灶户来说，只要官方能保证销岸不变，就对灶户的利益无伤。而如此顽强地抵制归并，也许与此地作为南部与西充交界地带长期的争斗纠纷有关。民国期间“两县乡民、商贩为争摊位、为交易纠纷，经常发生斗殴，以致打群架”。由于分属两县且关系不睦，有些灶户还考虑到“若划属西充，我们得重新结识朋友、重新活人”，[③] 反对归并也在情理之中。但在官方意志坚决且又作了很大让步的情况下，南垣仍然拒不同意归并，其中缘由是引人深思的。笔者猜测其根本原因也许在于，如果南垣作为一个独立公垣的地位被取消，将极大地损害垣长的个人利益，理由如下所述。

民国前期的公垣如同垣长掌控下的独立王国，垣内人员大多由垣长委任。虽然有售票所作为官方机构与公垣并立，负责盐的秤放、票证的发放及税收等事务，但由于垣内事务繁杂，公务人员多来自外地且人数有限，往往不能事事兼顾。以南垣为例，总面积约为一百平米，公派人员仅有秤员、公役两名，其余二三十人皆由垣长委任的地方人士充当，承担了盐斤收放、宣达政令、管辖灶户等多种职责。[④] 而垣长并非官方委派的公务员，且本身就是当地盐业生产者，却担负着盐业管理的诸多职责，其为自身谋利益的企图是显而易见的。同时由于官方监管的乏力，公垣最初成立时由灶户募集的股本几乎被垣长私吞，日常管理中盐的秤放登记、费用的征缴、盐质的鉴别以及卤耗、黑盐、沮水[⑤]等方面皆有漏洞可寻，垣长以权谋私成为灶户们心照不宣的秘密，因而这一职位也成为

---

① 南部县档案馆：《民国档案》，全宗 11，南阆盐场档案，卷 46，第 147－152 页。

② 南部县档案馆：《民国档案》，全宗 11，南阆盐场档案，卷 46，第 24 页。

③ 王炳尧：《南部县边界往事》，政协南部县委员会社会联谊文史工作委员会编：《南部文史资料（第 20 辑）》，2009 年，第 52 页。

④ 笔者于 2014 年 8 月 11 日访谈碾垭籍退休教师王炳尧所得。

⑤ 盐运入和运出时仓房内外地面散落的盐粒，称为黑盐，可回收制盐。沮，音“胆”，南阆盐场盐包储存过程中析出的浓度较高的盐水，当地人称之为沮水，南阆盐场档案中有时也称卤水。沮水可回收利用，价值较高。

当地实力灶户竞逐的肥缺。而一旦南垣合并于西垣，垣长所有的特权将被剥夺。因此可以看到，此次反对归并最激烈且领头者，一直是王丹九、谢梦良等较为殷实的灶户。

南垣灶户拒不接受西垣管辖，官方也无可奈何。这一僵持的局面直到1938年终于被打破，两名西充籍官员改变了南垣和西垣的力量强弱对比。这两个人一个是军阀王缵绪，此人于当年4月任四川省代主席，权势炙手可热；另一个是何庆延，于12月任南部县县长。王缵绪以省主席身份派专员出面调和劝说并施加压力，南垣乡绅不得已之下接受了归并。县长何庆延又极力促成将南部县碾垭场联保划归西充管辖，1941年，西充县在南垣建立了“邮政代办所”及其他政府机构，当地的许多事务由西充管辖，只是没有抽兵和征田赋。因这一历史纠葛，南部县在碾垭建立乡政权推迟至1951年秋，西充县征收南垣的盐税则一直持续到1962年夏。①

碾垭公垣合并风波是在川政统一之后，中央加强对地方盐政的统管并推行盐务改革的背景下，垣长与盐务官方的第一次交锋。以垣长为首的地方势力运用当地各种权力和利益资源，与官方讨价还价，迫使官方多次做出让步。但因双方无法达成一致意见，拆并一直无法进行，最终在外来强力干预下才得以实施，垣长的权势和社会影响可见一斑。之后，随着官方控制的逐步加强，国家盐政与地方群体之间的矛盾和冲突逐步升级，地方社会不同利益集团之间的关系也发生着变化，基层盐务的治理格局也在发生着变迁。②

三、结论——对“集权的简约治理”的思考

黄宗智先生提出“集权的简约治理”理论，认为这种行政实践产生的必然性在于“一个高度集权却又试图尽可能保持简约的中央政府，在伴随人口增长而扩张统治的需要下所做出的适应”。③ 总体说来，黄宗智对国家行政的简约治理实践持肯定态度，“这个来自中华帝国的简约治理遗产，有一定部分持续存在于民国时期、毛泽东时期和现今的改革时代。我们或许可以把它看作为中国政治的‘传统’、‘前现代’和‘近现代’中特别执着的特性”。并乐观地预言“国家和社会在‘第三领域’的良性携手，能够释放出极大的能量……它很可能会在塑造有中国特色的政治现代性中扮演一定的角色”。④

然而，这一治理理论忽视了一个重要问题：如何保证半行政的准官僚的地方治理模式能够贯彻实现国家的意志？如果地方日常运作不能维持国家的利益和贯彻国家意志，

① 王炳尧：《南部县边界往事》，政协南部县委员会社会联谊文史工作委员会编：《南部文史资料（第20辑）》，2009年，第52—53页。

② 参见笔者论文《南京国民政府的国家盐政建设研究——以1937—1939年川北盐场改革为例》，《中国社会经济史研究》2018年第1期。

③ 黄宗智：《集权的简约治理——中国以准官员和纠纷解决为主的半正式基层行政》，《开放时代》2008年第2期。

④ 黄宗智：《重新思考“第三领域”：中国古今国家与社会的二元合一》，《开放时代》2019年第3期。

那国家管理秩序如何维持和保证?① 以本文的研究来观照上述理论，笔者认为，在类似盐政等涉及重大权力和利益关系的领域中，集权管理与（地方精英）简约治理是一对悖论，国家力图掌控盐务管理的所有职权，在专制力量完全控制的领域，不需要也无法实现简约治理。只有在集权力量无法到达或难以控制的区域，国家才有可能让渡一部分权力，但这就可能以地方精英对盐务的侵蚀为代价。

与“集权的简约治理”中所描述的国家与社会的良性携手不同，由于盐场治理内在的结构性矛盾，基层盐政始终处于一种紧张的态势，盐场官方与地方精英之间充斥着错综复杂的矛盾与利益纠葛，双方冲突的烈度与官方的控制强度成正比。纵观民国时期川北盐场基层行政治理的历程，是盐务官方与地方精英之间近乎胶着的权力争夺战，1935年川政统一之后尤为激烈。从公垣时期的地方精英权力扩张，到随着国家权力强势入主川北盐务管理，地方精英的管理职权被迫萎缩，二者之间的矛盾日渐明显，冲突迭起。国家欲加强控制，却无力承担巨大的管理成本；欲假手于地方精英，又恐其营私舞弊。官方对地方精英既充满了防备和不信任，但为了盐务管理的顺利推进，又不得不勉强加以任用。基层盐务治理就在官民之间彼此忌惮又不得不勉力维持的局面中艰难推进。川北盐场治理中涉及的地方精英与盐务官方，二者之间虽有通力合作、互动互补的和谐场景，但更多的则是互有进退、此消彼长直至强强对峙的局面，“冲突”是其突出特征。这与黄宗智教授所描述的传统中国行政和法律事务中国家与社会的携手共治有较大区别。

① 郭伟和：《街道公共体制改革和国家意志的柔性控制——对黄宗智国家和社会“第三领域”理论的扩展》，《开放时代》2010年第2期。

抗战后川康区盐运失吉溢领运费的收免之争

董清平

一项制度的变革或新的政策的出台，如果改变固有的习例，不可避免地会触及一部分人的既得利益，引起反弹与抗争。在盐运秩序中，自然也不例外。1946年盐政总局以通令的形式规定了商运官盐受损运费支付办法。其后，川康盐务管理局随之跟进，特别是“失吉”溢领运费[①]提收归公一节，饬令各地船户（承运商）遵从，引起川康盐务管理局辖下的船户（承运商）、船业公会、盐业运商联合办事处等的极大反弹，纷纷上书，或鼓动当地的盐务局向上反映它们的诉求，呼吁豁免失吉溢领运费。其中，川康盐务管理迫于呼声，在政策上出现过一时的松动，但在请示盐政总局之后，盐政总局“碍难收回成命”[②] 而作罢。

对于这场官方与船方之争，其问题的焦点在于盐载失吉溢领运费该提收归公还是应豁免赔缴？因为对船户（承运商）而言，它受官方的雇佣进行运盐，目的在于赚取运费。而对官方来说，雇佣船户（承运商）的目的则是希望其能够将盐完好地运到目的地。但“天有不测风云”，盐船在运输途中失事，对于双方来说是两者俱伤之事：对船户来说，盐船受损，本身损失惨重；对官方而言，盐船没有运达目的地且盐斤有损或全部淹没，而其运费已支付给船户。因此，两者产生了不易调和的纠葛。就目前学界对于这一方面的研究而言，仅是在关于近代四川保险业研究中看到只言片语[③]，鲜有专门的论述。而这一问题的探究，不仅有助于认识变动社会下盐运秩序中的冲突处理，管窥基层社会的官方、船方、公会之间的互动与博弈；也可以考察国民政府在覆亡前，中央权力对于地方的影响力。为此，本文拟以四川省自贡市档案馆和重庆市档案馆所存的盐业档案为主要史料，辅之时事报刊等，从盐运秩序冲突协调的角度对此问题做一探讨，以期拓宽相关

* 基金项目：四川省社会科学规划青年项目（项目号：SC19C042）；国家社会科学基金一般项目（项目号：20BZS094）。

［作者简介］董清平：博士，西华师范大学历史文化学院副教授。

① 过去，在食盐运输中，运盐船只失事，被认为是不吉利的，四川地区称之为失吉，在两淮地区称之为失水（四川自贡市盐业历史博物馆编：《中国盐业史辞典》，上海：上海辞书出版社，2010，第143页）。失吉溢领运费，即失吉未终运费，具体来说，就是指盐船失事地点到原目的地之间的运费。

② 《关于遵照办理失吉盐斤之运费事宜致各盐号的函》（1947年4月16日），重庆市档案馆藏，民国档案，档号：0364000100242000059。

③ 在近代四川保险业的研究中，涉及川盐失吉方面的成果可参阅石丽娟：《四川盐载保险研究》，四川大学2013年硕士学位论文；刘朋辉：《川盐银行业务变迁1937—1945》，西南大学2010年硕士学位论文；袁媛：《抗战时期重庆保险述论》，西南政法大学2011年硕士学位论文；刘志英主编：《抗战大后方金融研究》，重庆：重庆出版社，2014；郑皓月：《民国时期川盐水运保险制度研究》，西南财经大学2018年硕士学位论文等。

问题的研究。

一、盐载失吉溢领运费提收归公

运费是盐运秩序中的一项重要项目，关系着盐运秩序的正常运转。但问题是盐船在行进过程中，因受到各种因素的影响难免出事。在这种情形下的运费，该如何支付，有何标准？对此，盐政总局于 1946 年应云南盐务管理局的请示，做出权威解释，并形成第 50 号通令转发全国。通令指出，“凡奉准核销之损失官盐，税本既属有所取偿，对于承运商人应得之运费，自应予以照发”，其前提是“惟应自起运地点计算至损失地点为止”。而“其预领运费，如有超溢或不足者，并应分别追缴或补付。至因承运人过失行为所致之亏损，应由承运人负责照章理赔，亦得发给运费，惟免赔注销者，不发运费”①。

对于这一解释，其后，两浙、两广、湖南等盐务局仍有疑惑，尤其对“免赔注销者，不发运费”之说大惑不解。就此，盐政总局再次做出法制解释，形成第 61 号通令再次转发全国，指出，“查本局前令所示‘免赔注销者，不发运费’一节系指运盐因某种不可抗力损失，而未办理该种保险，或已办理保险而不合乎保险规定，属于应赔范围又不能归责于承运人之盐而言”。强调，“此项损失官盐，公家税本既已无所取偿，对于承运人运费，自属亦无所出。至由承运人负责照章理赔之盐，所发运费，亦以计算至损失地点为止”②。

川康盐务管理局在接到这两个通令后，随之“以副份分发各该分局遵办”，并指出，盐政总局这“两通令规定失吉盐载计算运费办法（该项通令已分发各岸局遵照）核与本局规定不无出入”。对于超溢困难问题，川康盐务管理局除要“维持该局原定办法”外，并做了进一步细化、规定了支付对象，“要在追缴超溢困难问题，惟官方结算运费，系以运商为对象，所有追缴补付手续，为商船两方间事，应由承运商负责，困难亦应自行补救，官船两者间并无直接关系，损失盐载运缴计算办法自应恪遵通案办法”③。而通案办法就是，“失吉盐斤凡向保险公司投保或提款，自保者承运人应得运费应予照发，惟应自起运地点计算至损失地点为止”，“其预发运费，如有超溢或不足，应分别追缴或补付，至应由承运人负责。照章理赔之盐，所发运费，亦以计算至损失地点为止”④。

从上述可看出，盐载失吉所发运费，以起运地点计算至损失地点为止，已是官方的共识，但在失吉里程计算上仍有疑义。自贡市运盐商业同业公会就鄂处令失吉盐按规定里程表计算运费及途耗问题，于 1947 年 6 月上书川康盐务管理局，指出，自贡运至宜沿

---

① 《法制解释：商运官盐受损核给运费标准》，《盐务月报》1946 年第 11 期。

② 《法制解释：再释商运官盐受损核给运费疑义》，《盐务月报》1946 年第 12 期。

③ 《关于告知失吉盐载计算运费办法仍遵总局第 210 号通令的函、训令》（1947 年 2 月 18 日），重庆市档案馆藏：《民国档案》，档号：02790001001510000004。

④ 《关于失吉盐斤核发运费应计算至损失地点为止给川康区重庆盐务管路分局江北官仓的训令》（1947 年 1 月 17 日），重庆市档案馆藏：《民国档案》，档号：02780005000620000157000。

途各处水陆里程表，仰仍遵照前令按照里程比例结算失吉船户运费途耗，但盖所颁里程概系较大城镇，而船只失吉地点，往往多为闻所未闻者。例如三轮子、老鼠锉、幺姑沱、红石子……其上下距离如何划分？如根据一船所报里程是否确实，皆是问题[①]。对此，重庆盐务分局也于 1947 年 5 月呈请川康盐务管理局明示，并反映，"失吉盐载运费应计算至损失地点为止，但该项损失地点，往往不在重要港口，对载结算时，关于失吉里程苦无合法根据可□依照"，虽然"航政局三十六年一月一日核定之里程表上所列各据点，为计算里程标准。如盐载于离开甲据点，尚未到乙据点，其运费并准计算至乙据点为止"。针对此，川康盐务管理局批示指出，"失吉盐载运费似仍应计算至损失地点为止，如因失吉地点不在重要港口时，自可按习惯所称之华里之计算"[②]。

对于未开行而发生失吉，运费该如何核算。就此，泸县盐务分局于 1947 年 7 月专门向川康盐务管理局请示，"惟值洪水期间，盐载初经接齐，尚未开行，而过雇工工资例先开付给船行用具及伙食等均以备妥，如因洪讯或擂帮及其他意外事件发生失吉，且损失重大，或全船大丢，运费究因如何核计之？"得到的批示是"船只尚未开行，发生失吉，所发运费，似应完全追回，以杜流弊"[③]。

同年 9 月，重庆盐业运商办事处发出通函，明确指出"对于船只未开行，而发生失吉，其所发运费应完全追还，以杜流弊"，"并转各运商遵照"[④]。其中，对于运费收缴的情节也做了规定，指出，当盐载发生失吉后，对于损失地点到到达地点的运费，官方要求提收归公。如在涪龚段，其运费向系在涪陵起运前一次性发给承运船户，但如发生失吉，"其损失地点至到达地点之运费，应予提收归公"[⑤]。而失吉后，对于救全盐斤的运费支付，规定"救全盐斤运费，应在追回失吉地至到达运费内按途程及救全数核给"。在原船修复后，续运之费，"由原船户负担"，"溢领失吉运费，应予追缴"[⑥]。

对于上述失吉运费提收归公事项，贵州盐务管理分局一开始也是遵从盐政总局的命令。并在其失吉盐载核发运费事项致江津盐务局的函中，作了细致的说明："黔边委运盐斤，盐本部分系核给水险费税费及岸口差价部分由本局提款，自保如过损失分别由商自理及由本局拨赔，惟失吉盐斤运费，既奉核定计算至损失为止，则由损失地点至到达地点至免发部分应予提收归公"，"盖该项盐斤托运成本因原已核给全部运费，根据上项规

① 《为鄂处令失吉盐按规定里程表计算运费及途耗一案施行困难转请核办由》（1947 年 6 月 20 日），自贡市档案馆藏：《民国档案》，全宗号 3，目录号 5，案卷号 2805，第 81 页。

② 《关于失吉盐担运费计算至损失地点为止一案呈请核示由》（1948 年 5 月 9 日），自贡市档案馆藏：《民国档案》，全宗号 3，目录号 5，案卷号 2805，第 117—118 页。

③ 《奉核饬关于免扣失吉盐载余程运费一案陈复鉴核由》（1947 年 7 月 26 日），自贡市档案馆藏：《民国档案》，全宗号 3，目录号 5，案卷号 2805，第 42—43 页。

④ 《关于检送船只尚未开行发生失吉所发运费应完全追还致各盐号的通令》（1947 年 9 月 6 日），重庆市档案馆藏：《民国档案》，档号：03640001000860000007。

⑤ 《据陈涪龚段失吉盐载应提运费请准援案免扣等情转请核示由》（1947 年 4 月 17 日），自贡市档案馆藏：《民国档案》，全宗号 3，目录号 5，案卷号 2805，第 148 页。

⑥ 《电复失吉盐载支付运费办法》（1947 年 4 月 7 日），自贡市档案馆藏：《民国档案》，全宗号 3，目录号 5，案卷号 2805，第 180 页。

定，既有一部分运费未发经发给承运人，故应提收”。

为了说得更清楚些，贵州盐务管理分局还举例说，“例如由合江运赤水盐斤100担，合赤取全程运费为每担5000元，该批盐斤行至全程一半之地点失吉，则该批盐斤运费，应按每担2500元计给，其余半数运费应提收归公”。对于包括此项之内的办法，贵州盐务管理分局指出，“所有委运盐免发部分运杂费提收归公事项，由各该支局负责办理，并按月列表报解释，除呈报并分行外，仰遵照并参照总局原通令办理”①。对于盐载失吉余程运费提收归公的规定，实际上在以往的法规中也有类似的提法。如在清末的《运送章程》第二十二条提到，“运送之货物，如因天灾及其他不可抗力而遗失时，运送营业者只能按照路程收费，不得向索全费。若已收全费者，应匀算退还”②。《中华民国民法》第六百四十五条规定，“运送物于运送中，因不可抗力而丧失者，运送人不得请求运费。其因运送而已受领之数额，应返还之”③。

上述规定，“就性质而言，运费是对运送的报酬。如运送物在运送途中毁损灭失，便已失去了运送的目的，自然也无报酬可言，如不允许返还，势必加重托运人的损失，难以体现公平”④。从这个意义上讲，在运盐过程中，实质上船户（或承运商）扮演着“运送人”的角色，而官方（或盐商、或盐号）扮演着“托运人”的角色。这种办法，虽说是为体现公平，但根本意义上为保证托运人的权利，防止承运人中途舞弊而骗取运费。这应是盐载在失吉时，“总局核饬办法，其溢付运费仍须追缴”的重要目的。

在失吉余程运费的支付上，川康盐务管理局规定，“失吉盐载余程运费核付办法，系指代运官盐而言，至商运盐失吉余程运费之结付，应由商、船两方自行洽办，公家概不过问，亦不予弥补”。对于盐载中途失吉，需另行雇船装运，请予弥补超支运费的，如是商运盐的，其超支运费，也“应由该商自理，公家未便予以弥补”⑤。

而在代运官盐运费的领取程序上，一般是“于起运时，即须先发全程运费八成，庶足往返途缴”，这是因“运输工具，专赖招募劳力支持，遇有失吉情事，国税商资均取偿无着，至于支付运费更属无法收回。盖运盐贫民大多毫无资力”⑥。据川康区赤水盐务分局于1947年2月向贵州盐务管理分局反映，赤猿段船户经营船业原属劳工为商，又属独资，造每船成本均在二三百万以上。如在现时新建一只，则需要船本四五百万元，方能完成，以资运盐为业，历来受载之前一日，即将核实运费全数承领，当即开支应雇船员四人、管事一人、纤夫十人等身工价及航行十五天，米粮与日需消费菜蔬及添购船上器

① 《关于告知失吉盐载核发运费事项致江津盐务分局的函》（1947年1月6日），重庆市档案馆藏：《民国档案》，档号：02790001001510000009。

② 《法制：运送章程》，《吉林司法官报》1911年第4期。

③ 杨立新主编：《中国百年民法典汇编》，北京：中国法制出版社，2011，第458页。

④ 陈安主编：《台湾法理大全》，北京：中国大百科全书出版社，1998，第447页。

⑤ 《关于弥补承运在途失吉盐斤超支运费给中和盐业股份有限公司的函》（1947年11月17日），重庆市档案馆藏：《民国档案》，档号：03640001002370000037。

⑥ 《据呈失事盐斤运费请准按全程计算一案转请核示由》（1947年2月20日），自贡市档案馆藏：《民国档案》，全宗号3，目录号5，案卷号2805，第192—193页。

械、家具牵索棚席一切用品[①]。

由上可看出，如此庞大的缴用开支，一般船户是无法承担的。因而，在盐载行运前，官方需提前预付船户运费。当然这种运费，除支付船工的工资之外，还包括日常开销费用。如果运费不敷，很可能遂使船户铤而走险、盗卖盐斤[②]。所以，在正常期间[③]和正常情况下，船户预领的运费是足以保证往返途缴用的。

二、各方呼吁豁免失吉溢领运费

针对川康盐务管理局“如失吉盐载运费计算至损失地点为止，并将损失地点至到达地点之运费提收归公”的规定。作为实施对象的直接当事人——承运船户或承运商而言，是尤难接受的。为此，他们四处奔走呼吁豁免失吉溢领运费。在此过程中，由于船户或承运商以及船业公会的不断请求，川康盐务管理局辖下的一些基层盐务局也参与到这种要求豁免失吉溢领运费的“队伍”之中。

船户作为运盐的直接承担者，其失吉溢领运费是否豁免，对于他们利益的影响是首当其冲的。因此，他们对请求豁免失吉溢领运费之事相当积极。1947 年 5 月，船户卢绍三、任炳发等因失吉就向泸县盐务分局申请免予退还溢领运费。在卢绍三的申请书中，首先向盐务机关交代了盐船失吉的经过，指出“因当时遭受损失过巨，无力运行，即另由商方自行雇舟载运至渝”。但“自船民泸沐，悉商号请求官方饬还在泸承领运费，兹将实难退还运费一部分”，对其理由做了较为细致的陈述：

（一）查船民前在泸岸拈派蜀通蜀余涪巴二载，曾经在岸领得全部运费，所有领江桡工、食米、杂品等项种种费用全部照涪岸开支付给购置，所余不过零碎费用而已。不料船至江津地界遇险失吉，至于涪岸支给各项费用亦因之全部受损，有何余款返还？自失吉地至渝岸，另雇船载之运费，且民船损失之巨，几乎停业。商号、官方应予原请豁免方适情理。兹返不予以援助，竟贸然嘱还在岸已支运费，以嫌失平，应请鉴核转请免追之一也。

（二）查本段运盐长船前曾定有规定，凡在岸领用运费船舟开头启行，不问失吉、还近运费概不退还，应请转报免追之二也。

---

① 《呈为据赤猿合赤两段船会呈以奉令盐船中途失吉所领运费应算至失吉地点为止因种种困难恳仍以旧办法以免妨碍盐运一段祈鉴核示遵由》（1947 年 2 月 2 日），自贡市档案馆藏：《民国档案》，全宗号 3，目录号 5，案卷号 2805，第 206 页。

② 《为拨船户刘青云盗卖未遂报请饬罚办由》（1946 年 6 月 24 日），自贡市档案馆藏：《民国档案》，全宗号 3，目录号 5，案卷号 3018，第 291 页。

③ 正常运盐行程的期间，即正常的盐运行程时间。运盐程期该如何核算，据档案记载，贵州盐务管理分局的办法是自应按照规定运盐程期计算，如仁边盐，合江至赤水为 4 天，合江至茅台为 43 天。惟猿土郎坪等处，因非交斤据点，故无程期规定。倘盐载在未经规定程段失吉，则此项期间经准由各该支局酌为核定，但分段程期之总和，不得超过全段程期 43 天之总数为限。[载《关于失吉盐担运费计算至损失地点为止一案呈请核示由》（1947 年 5 月 9 日），自贡市档案馆藏：《民国档案》，全宗号 3，目录号 5，案卷号 2805，第 117 页]。

（三）查船民历以操舟有年，素识水性。此次遇险失吉，船民克尽能力，死劲施救，方得保存五百余包。否则，其他恐有包斤未救之举，船民顾公废私，应予相当慰助，鼓励将来。兹商方不但不问，反以饬还已领而支运费，未便苛刻。应请核免之三。

从字面看，上述三点理由，言真意切，有理有据。最后，卢绍三提出“综上三端，统祈俯予转请盐局鉴原豁免此项运费”①。

实际上在此之前，泸县盐务分局针对船户卢绍三、任炳发失吉退还运费之事，于4月向船户所在的泸县运盐长船业商业同业公会专门发训令，“转饬该船户卢绍三、任炳发等退缴溢领运费数额”。随后，公会遵照盐务分局的命令，转饬该船户等“遵令照退”。但“兹据船户卢绍三、任炳发等具文声明该船户失吉惨状，及无力退还之实情与理由，并据官商船户联名声请”。公会认为，此事“众情难却”，关系全体船户之利害生存，请予召集全体船户开会讨论，以凭据情，转请豁免。于是专门召开了会议讨论。

后于5月29日向泸县盐务分局呈文，提出“请层峰体恤豁免，以维船业，而利盐运”，再次陈述了理由，指出：

其一，查航运失吉为古今中外，人力不能避免之事。在盐运旧例，往昔曾经川康局俯察实情，详研运务，凡大丢失吉，船身不能再运者，剩余盐斤，另雇运费纯由商号付给，船户不能负担，早成定案。似此规定乃于情、理、法三方兼顾。因船户承运盐斤，无论运费之多寡，途程之远近，所领运费，原以食费、工资、购置器物，一切需用组合规定，汇集付给船户，将费领入不待隔宵，即将各款转付工人或购置器料、食物等，支付将罄。开船之日所余小款，不过沿途零星之用而已。但“一旦不幸船身失吉，不维众工人之工资及食料、器物等难于收回，且全家生活所依之船身，亦已丧失。此破产倾家之际，生活尚然断绝，何能有款退还？”

其二，已行支出之运费，故往昔川康局之规定，由商号付给，纯由真理实情。“而定本年盐政局虽规定饬船退还，首则未洞悉本省船户失吉之痛苦；次则此种规定行之外省，沱河或尚可以，而川河之滩险鳞集，风俗习惯，较之其他省均有特殊。如必饬船户退还，只须工人之工资及其他各款，于饬地方退还，船户即能遵令，否则，船户何幸独应退还？”

此呈文还指出“昔人有言，因地制宜为立法要道，且本省商道各货，无论启行之远近，一经失吉历无船户退还运费之理”。并且“如本省盐运规定退费，诚恐各地船业人等均视盐政为畏途。因航行原属危险业务，谁能期必无失吉之虞。万一不幸，不但破产，且以后累谁，甘蹈此覆辙之徒”。于是他们开会“一致决议、立予据情陈情钧局转请层峰，俯念弱小船民艰苦，收回成命，以维船业，而利盐运”②。

从船户卢绍三与泸县运盐长船业商业同业公会的申请与呈文看，实际都在表达，一

---

① 《为奉令转饬失吉船户卢绍三任炳发等退还运费据情申复请予鉴核转请层峰体恤豁免以维船业而利盐运由》（1947年5月29日），自贡市档案馆藏：《民国档案》，全宗号3，目录号5，案卷号2805，第98—99页。

② 《为奉令转饬失吉船户卢绍三任炳发等退还运费据情申复请予鉴核转请层峰体恤豁免以维船业而利盐运由》（1947年5月29日），自贡市档案馆藏：《民国档案》，全宗号3，目录号5，案卷号2805，第100—102页。

旦盐船失吉，船户有可能会倾家荡产，再者所领运费有限，也无剩余费用可以缴还。其次，过去就没有这种规定，且这种规定有欠因地制宜的考虑，未将川河险滩众多的实情考虑在内。这种做法还可能引起连锁反应，导致无人再去敢运盐，从而影响整个盐运秩序。该船户与船业公会更多地从船户的利益出发来陈请盐务当局收回成命。

针对此两份申请，泸县盐务分局不知“究应如何处理?”于6月上书川康盐务管理局，指出“是项溢领运费，如即饬由运商负责，则将无法取偿。运商斤斤计较利益，势须向船方索回，而船方船既飘没、财产荡尽无有余资缴还，亦属实情。双方各具理由，遂致案悬不结”①。

对此，因盐载失吉溢领运费而导致承运商与船户之间的纠葛，自贡市运盐商业同业公会于1947年6月在给川康盐务管理局的呈文中，也反映指出，“查船只失吉皆出于人力不可避免，无论撞损或全沉，船户损失俱极重大，再令其赔缴途耗及运费，不惟事实上困难太多，实行不易，且徒增商船纠纷”。因而，提出“查船户失吉，本身既已破产，其应退还运费，无论多寡，均无法退回。此确为不移之事实”。又，“兹鄂处规定里程表，对失吉地点或上下之距离，应如何划分？与不足一载，或一载以上者，其途耗又如何扣除？均未明定，尤增加失吉后结算之麻烦”。因此，“为免除施行困难起见，仍应恳豁免追还余程运费，以示体恤”②。

除了像泸县运盐长船业商业同业公会、自贡市运盐商业同业公会等市县级同业公会，向盐务当局主动、直接地提出豁免失吉溢领运费的呈请外。更为基层的船业公会，为使得的盐务当局豁免失吉溢领运费，它们也积极地鼓动当地的盐务局向更上级的盐务当局表达意见。

1947年2月赤水盐务支局在当地枝赤猿合两段船业公会的呈请下，转呈向贵州盐务管理分局表达追回失吉运费有种种困难，恳求仍以旧惯例办理失吉溢领运费。据这份呈文反映，虽然承运船户在盐运开行前，领取了运费。但由于物价的高涨，在每次盐载尚未解缆开放时，对运费即已全数用完，即沿途需用杂缴，即无费用开支，概由承运人在片各自设法借冲作为航行中之用支，“所以每次均有垫赔之累”，且“弥补不足”。此外，盐载在航途中一旦遇有失吉情事发生，船户员、纤工人“当然竭力施救盐斤”，虽盐斤有淹消，而船同时遭受损坏。如原船不能驾驶，则必提交同单船载运猿站交卸，而原船之员须工人亦当加入同单船拉驶前进，使失吉船回修整。但“现时修补船只，其工资与板片、物价均高，少损失亦当花费数十万，否则不能修整完”，“固倘遭过重大不测之损失，船被分家，全部无存，盐斤同时亦淹消完净”，这种情况下“船户独资经营即荡尽无”。从而，对于中途失吉船之运费，殊难以损失地点为止计算，否则，“如饬其退还归公时，则在半途中，对所有未淹消之盐，又交与何人运至接受地点？且员须工人之身工价亦向

① 《关于失吉盐船户任炳发等陈请免予退还溢领运费一案陈请鉴核示遵由》(1947年6月4日)，自贡市档案馆藏：《民国档案》，全宗号3，目录号5，案卷号2805，第96—97页。

② 《为鄂处令失吉盐按规定里程表计算运费及途耗一案施行困难转请核办由》(1947年6月20日)，自贡市档案馆藏：《民国档案》，全宗号3，目录号5，案卷号2805，81—82页。

系光解用去养家活口，又何能逐一收回，实属困难”。因而，“无有可缴上项规定办法，碍难遵办”，所以“特请收回成命，仍以惯例办理，以俾维劳业，以利盐运”。

赤水盐务支局给贵州盐务管理分局汇报说，对于该公会提出的情况，经查“尚属实在”。并指出，发生失吉，船户“所领运费自难扣回”。如全舟覆没，“该船户本身船只业已牺牲，职业生活尚属发生问题，更难再有余力缴递预领运费，亦属不虚”。赤水盐务支局还指出，“复查本岸各段船户承运盐斤预领运费，自开岸以来，行之已成惯例，且过去并无因失吉，而退还运费情事。今将成例更饬会助所领运费算至失吉地点为止，实有种种困难，拟恳准予仍以旧例办理，俾免妨碍盐运”①。

从赤水盐务支局在呈文之后表达的意思来看，显然它也加入到了呼吁豁免失吉溢领运费的“队伍”之中。据档案显示，这种有盐务机关呼吁豁免失吉溢领运费的事例不光这一例，事实上在此之前及之后，也有盐务机关向上级的盐务当局呼吁豁免失吉溢领运费。1947 年 1 月 4 日和 21 日，涪陵盐务分局与龚滩盐务支局前后向川康盐务管理局反映，查涪龚段运盐运费，均系于起运时，全部由商付给承运人。在途遇有失损，轻微者莫不仍由原船运交指运地点，但承运船户既未因盐斤损失后补装，其他货物而其运缴所需复未因盐斤损失而减轻。抵岸后既无运费、水费可领，自难扣回。至于在途大丢板片无存者，则更因船户财产荡尽，追收尤为困难②。

贵州盐务管理分局在承运商组织和下级盐务机关不断地呼吁和呈请下，对于川康盐务管理局关于失吉运费的规定办法，也积极地向上表达自己的意见。在 1947 年 2 月，它向川康盐务管理局在呈文中指出“查核发代运商垫付运费同时应予核给规定待遇，惟盐斤起运时，代运商即已付运费，且运盐遇险失吉又为人力不可抗拒，运盐损失地点至到达地点之一段运费，既应扣回。如再扣缴应扣回运费部分之全部待遇，殊欠公允”③。4 月又向川康盐务管理局转呈了涪商驻事务所的电文，反映“损失地点至到达地点之运费，应予提收归公一节，在事实上殊难办到”，指出“盖盐载如遇失吉船户则家产荡然，情殊可悯，无法向船户追回运费，且属商系承转机构，运费既于盐载起运时付出，途中因遭意外，而随之商人何辜受此赔累”。因而，提出“请俯豁免赔缴”④。

8 月，贵州盐务管理分局再次呈请川康盐务管理局对失吉未终运费准免赔缴。指出，“将损失地点至到达地点之运费提收归公，事实上殊难办到”，并“拟恳对失吉未终运程运费准予豁免赔缴，以恤商艰”。为将自己的意见说地更充分些，贵州盐务分局还抄呈了

---

① 《呈为据赤猿合赤两段船会呈以奉令盐船中途失吉所领运费应算至失吉地点为止因种种困难恳仍以旧办法以免妨碍盐运一段祈　鉴核示遵由》（1947 年 2 月 2 日），自贡市档案馆藏：《民国档案》，全宗号 3，目录号 5，案卷号 2805，第 206—209 页。

② 《为关于失吉盐斤核发运费应计算至损失地点为止一案转请核示由》（1947 年 1 月 21 日），自贡市档案馆藏：《民国档案》，全宗号 3，目录号 5，案卷号 2805，第 230—233 页。

③ 《关于失吉盐斤运费应计算至损失地点为之所有应行扣回损失地点至到达地点运费并拟扣回垫款月息一项乞核示由》（1947 年 2 月 21 日），自贡市档案馆藏：《民国档案》，全宗号 3，目录号 5，案卷号 2805，第 196 页。

④ 《据陈涪龚段失吉盐载应提运费请准援案免扣等情转请核示由》（1947 年 4 月 17 日），自贡市档案馆藏：《民国档案》，全宗号 3，目录号 5，案卷号 2805，第 148 页。

川黔涪运商筑所主任雷子璋的来电给川康盐务管理局。其电文主要表达了四层意思：

第一，过去有豁免赔缴运费的先例。“据呈边盐及保计盐委托涪商承运核有保险费，而自运济湘盐斤亦已向保险机构投保，如遇淹消官商均无损失，惟船户则家产荡然，情殊可悯。为免影响盐运起见，嗣属无论委托涪商承运之边盐及保计盐或自运济湘盐斤，如盐船失吉，经查明确系人力不可抗拒，并无舞弊情事者，其失吉部分运费，拟请准予豁免赔缴等情准予照办，并于奉电之日起实行”。

第二，过去也未有责令当地盐务机关赔偿的事例。对于“将损失地点至到达地点之运费提收归公”，事实上“亦难办理”。而“复查过去存仓官盐遭遇淹消损失，未闻责令当地盐务机关赔偿，亦仅以核销了之”。

第三，豁免损失转嫁商人负担有失公允。“商人办运方式，虽殊其理，则一且同属人力不可抵抗，何能徒责商人赔偿？总局对于船户体恤其倾家荡产，既予豁免，今将此豁免损失转嫁商人负担，于情于理均欠公允。”而且“运费向系先付，欲向船户索回，不啻虎口索食”。

第四，失吉未终运费提收归公的决定是不合事实的，此法难以执行。“总局今文系理论，不符事实，必欲执行，亦须先饬船户同意，似不能舍本逐末，而徒饬运商负责。”该电文的最终意思就是，“请黔局对于失吉未终运程运费，准予豁免赔缴”①。

由上述贵州盐务管理分局给川康盐务管理局的呈文来看，实质上它已认同川黔涪运商筑所的电文所提，亦希望对失吉未终运费予以豁免赔缴。

三、盐载运费支付方法的变异与遵守

在各界呼吁豁免失吉溢领运费的同时，一些船业公会及地方盐务当局也在不断反思此前的盐载运费支付办法，并提出了一些变通的方法来支付盐载运费。

首先，在一些船业公会与盐务机关看来，盐载起运前一次性支付运费的方法存在弊端，因而需要变通，其方法之一就是将直放段的运费改由分段分次支付。

1947 年 4 月，自贡市运盐商业同业公会关于失吉盐载重庆办事处曾奉盐政总局核示仍须追回运费一案。向川康盐务管理局反映，“官方核示各情，纯系将责任委诸商人，实欠允当”。理由是：按船户盐斤，其应得运费均次启运岸口，一次付清，虽有一二成水尾，留至交斤岸发给。然各船户亦多于运程中途，即已因原发运费开支不敷全部支付。盖以运费虽送经迭次调整，如与生活程度相比较，仍属瞠乎其后，此为官方所深知，而无可讳言者。故实际上殆，非将运费全部付清，几不能运达指定地点。苟于承运途中，一旦因不可抵抗之损害而致失吉。就船户而言，每有身家性命，亦同归于尽。其本身所蒙之损害，已属惨重。如按总局核饬办法，其溢付运费，仍须追缴，不仅事实上绝不可

① 《据呈请对失吉未终运程费准免赔缴等情转请考虑示遵由》（1947 年 8 月 13 日），自贡市档案馆藏：《民国档案》，全宗号 3，目录号 5，案卷号 2805，第 32—35 页。

能，而于情于理，尤欠允当。如果因此种措施，而迫使船户铤而走险，发生腾空放炮等情事。其责任又由谁负？此官商各方，均不能不做彻底之考虑也。

因而，提出“复查运商承运盐斤，竭尽财智、旨在为公家服务，所得合法利润，本极微博复何堪此无法弥补之亏累，是以除非运费分段分次给付”。这种方法该如何操作，它举例说“例如渝宜段全程分为渝涪、涪万、万宜三段，以资兼顾，否则失吉后之溢付运费，追收既不可能，运商又不胜其赔累，自应呈请官厅收回成命，准予核销，用符实际，而恤商船两方之艰困”。出于这些考虑，自贡市运盐商业同业公会向川康盐务管理局呼吁“请查照前函，从速赐办”。

自贡市运盐商业同业公会还在上述呈文中指出，在此前曾准前县办事处函。兹大昌裕函请，规定今后渝宜段运费，分为渝涪、涪万、万宜三段付给，在运商方面，虽增加分段付给之麻烦。然为使公私兼顾，舍此别无他法。虽经明令规定，但事实上确属碍难施行，应恳收回成命，予以核销，以恤商船两方之困难，而解永远难结之纠纷，理合具文呈请。对此，自贡市运盐商业同业公会恳请川康盐务管理局“恳祈并案核办”[①]。此呈文上书给川康盐务管理局后，并没得到明确的回应。而川康区重庆盐业运商办事处，在接到大昌裕盐号的呈请后，提付其十七次大会决议，参照大昌裕盐号呈文，于4月22日向各盐号发出通函“渝宜段运输奉令由商自理，所请准将运费分段分次给付一节，可由各商自行查酌办理”[②]。

自贡市运盐商业同业公会针对上述此类情况，于6月又向川康盐务管理局呈文，“转请令行泸分局由泸直放万县盐载之运费应改为泸渝两地分段给由”。据呈文介绍，通计盐号曾联络大通盐号、建大盐号面陈泸县盐务分局，请将运费改为泸渝两地分给。因运费在泸县一次发给，设若泸渝段内发生失吉情事，船户退还运费易滋纠纷。结果未获泸县盐务分局肯准，只得暂照办理。通计等盐号呈请泸县盐务分局不成后，于是发函请自贡市运盐商业同业公会直接转呈给川康盐务管理局，由川康盐务管理局体恤商艰、迅赐核准后，转令泸县盐务分局遵理。

函件指出，查官方令饬将万计盐，由泸直放以济岸销自应遵办，惟泸局规定运费在泸一次付给，一层碍难遵行。值兹洪水时期，倘遇盐载在泸渝段内发生失吉，其已付之下段运费，实感无法追回，而失吉盐载之二道运费官方又不予弥补。为防患未然，免致失吉后，加重商人负累起见，由泸直放盐载之运费，应恳川康局转饬泸分局，仍改由泸渝两地分段付给，以资兼顾，且官方对万盐本渝万段运费，列属下段运缴范围，自渝段放之日起，息该段运费自应改由渝地付给，方为合理。自贡市运盐商业同业公会认为，“查搁息既分上下段核给，则由泸直放万计盐运费，自应分别在泸两地付给，方与核本相

---

① 《为转请将渝宜段失吉盐载下段运费免予追回并规定今后渝宜段运费分为三段付给以资兼顾由》（1947年4月30日），自贡市档案馆藏：《民国档案》，全宗号3，目录号5，案卷号2805，第132—135页。

② 《关于核算盐商呈请收回实行失吉盐斤运费计算办法成命经过情形各盐号的通函》（1947年4月22日），重庆市档案馆藏：《民国档案》，档号：0364000100826000005５。

符”。因此，呈请川康盐务管理局“恳予转令泸分局照办”①。

对此，川康盐务管理局迅速做出反应。随之，向泸县盐务分局指令，“查由泸直放万岸盐载在泸一次发给运费，得为争取时间，避免在渝耽延，于船于商均属便利。兹该公会为免追收失吉盐载余程运费起见，拟改为泸渝两地分给运费，原则自属可行，应由该公会迳向船方洽办，惟在渝船户领取运费，各商应迅速发给，不得拖延，免误运销为要”②。

在一些盐务机关和船业公会看来，追缴失吉溢领运费确实不可行，解决方法之一就是重新拟定盐载二道运费办法。

1947年2月，五通桥盐务分局向上书川康盐务管理局上书题为“为拟呈犍乐场船筏二道运费办法仰祈核示由”的呈文：

其一，首先向川康盐务管理局反映了，自贡场运盐与乐场运盐有很大不同：自贡场运盐至岸水势平坦、沿江顺流，失吉盐载损失较少，发给的运费“尚无任何问题”，但乐场运盐系完全逆流，未及六里就有众多险滩，其他所经之地也是险滩众多，一旦失吉，运费“即有剩余行江，亦不过沿江打杂小菜，区区之数”，“此运道艰困，环境特殊之下，扣其失吉运费，对于人工耗缴丝毫决不容减，唯有逼于亏斤之一途，自不能与自贡相提并论”。

其二，指出，盐船失吉损伤，余盐不能自运，须待修理，工料费用动辄至七十万元以上，再负荷另雇船装，运费如余一百包，则由运商垫付二道运费八十万元。如此庞大的费用支出，“区区余数，何能敷缴，以致出关即行告罄”，因而“迫不得已，盗卖盐斤”。

其三，指出，乐场盐船失吉，大都短牵搁浅顶漏、损坏底盘，大丢板片无存之事鲜有见者奉示“不能修复再运之商船，即将扣存水尾照发”，如此端一开，今后失吉后，似必听其盐斤淹化，坐视冲没不救，立法以启弊端之路。因而，它们曾开会讨论，佥以逆流上运险滩重叠，关于失吉之船不能修复，余盐须另雇船装运者，所需二道运费应恳盐务官厅核发。

其四，再次强调，“乐盐上运与自贡犍运道显有不同，载量既不可一概而论，失吉又不完全，大丢且最厉害之险滩，均在出场不及三分之一路程以内。若二道水力，仍由失吉船户赔偿，则将来演变一遇失吉，则坐视不救，国家损失物资不少”。则此种二道水力由运处垫支，损失船户无能再作船业，亦无处可扣。为此，它们召集船运两处负责人到盐务局反复商讨的唯一解决办法就是，比照盐务总局1946年五月二日局通（卅五）第（16）号通令解释盐斤保险应包括水力、船只盐本税费等项规定，定将水力与船只一并投

① 《转请令行泸分局由泸直放万县盐担之运费应改为泸渝两地分给由》（1947年6月30日），自贡市档案馆藏：《民国档案》，全宗号3，目录号5，案卷号2805，第85—87页。

② 《为陈由泸直放盐载请在泸渝两地发给运费案核示由》（1947年6月30日），自贡市档案馆藏：《民国档案》，全宗号3，目录号5，案卷号2805，第84页。

保。此项保险费用拟请核入运本，“始能解决根本问题”。

综合上述，五通桥盐务分局根据犍乐场近场地带滩多、水险及失吉船损伤，船户难胜二道运费之负荷的情况，拟具了犍乐盐引二道运费办法：

（一）查犍乐盐引系按仓价投保（除税费自保及四联处，按固定保额承保外，其差价系本机关提款自保），已将运费包括在内，如盐引失吉亦不致损失运费，故拟失吉船只，尚能将余盐续运到岸者，不分失吉之多寡、途程之远近，一律按起运数量发给运费。

（二）盐船失吉大丢片板无存，不能修复再运者，即将扣存水尾照发，其救余盐斤由运商另行雇船装运。其运费由商垫支列入运杂费证明单，报请公家弥补。

（三）盐船失吉损伤须待修理，余盐不能自运抵岸。经查证属实者，由运商另行雇船装运，其运费即以扣存，水尾支付不敷时，列入运杂费证明单，报请公家弥补，惟应按实际途程比例核给。

（四）商盐之二道运费应由各运商自理，公家不予弥补①。

对于此办法，它还向川康盐务管理局汇报说，已奉渝分局副本核示二道运费核发办法，由它“遵经转饬各运商、各船筏遵照，去讫”②。

对于失吉盐斤二道运费的办法，川康盐务管理局在核示之后，特于5月6日发出指令，“核示请免扣失吉盐斤二道运费一节”，但“核与通案相违，应毋庸议”。对此，自贡市运盐商业同业公会将其提付二十四次大会讨论后，于5月15日向川康盐务管理局提交了“为失吉盐载二道运费再建议办法四项请予核示由”的呈文，佥以：

（一）已付全程运费，因船户损失过重，无法收回，剩余盐斤，必须再付二道运费，已成铁定之事实。故过去委运时代，对于二道运费，应蒙予以核入证明单，以资补救。现虽改为商运，而按实核定标准成本，仍与委运无殊，应恳援委运成案，由公家设法弥补。

（二）如不可能，应恳在运费内增列失吉余盐重付运费科目，酌定数目，缴由公家专账存储，以作发生此类事件之补偿基金。

（三）征取基金，如认为加重盐本，则恳准照本会三一〇号呈，将渝宜段运费，规定为渝涪、涪万、万宜三段付给，以轻商累。

（四）在上述二三项办法未核准前，所有失吉盐载重付之运费，恳准照一项所呈，予以弥补，豁免追扣，用解商船两方难决之纠纷。

对于上述四法，自贡市运盐商业同业公会表示已经全体通过。从而呈请川康盐务管理局“俯赐核办令遵”③。

---

① 《为拟呈犍乐场船筏二道运费办法仰祈核示由》（1947年2月15日），自贡市档案馆藏：《民国档案》，全宗号3，目录号5，案卷号2805，第216—220页。

② 《为拟呈犍乐场船筏二道运费办法仰祈核示由》（1947年2月15日），自贡市档案馆藏：《民国档案》，全宗号3，目录号5，案卷号2805，第215页。

③ 《为失吉盐载二道运费再建议办法四项请予核示由》（1947年5月14日），自贡市档案馆藏：《民国档案》，全宗号3，目录号5，案卷号2805，第136—137页。

实际上，对于盐载二道运费的办法，川康盐务管理局并没有持支持的态度。这固然与其遵从盐政总局的第 50 号、第 61 号通令有关，即“运费开支失吉地点为至，自不再支二道运费”[①]。另从川康区万县盐务支局在 4 月 15 日给川康盐务管理局的“为失吉盐载二道运费不予核证一案呈请鉴核示遵由”呈文中，亦可看到这点。呈文反映，万县盐业运商联合办事处曾发电文，呈称：“查失吉救全盐载二道运费不予核证一节，自应遵办”，但“惟核诸事实，倘官方不予核证失吉盐载二道运费，则商号实有莫大困难”。对于盐载二道运费官方不予核证的情况，万县盐务支局先从船户承运盐载其起运时一次全程付足的用途，及盐载一旦失吉非但公家物资受损，对船户而言本身破产之一大惨剧，其无余力缴还下段运费说起。再道，盐船失吉后，修复船只与续运救全盐斤仍需大量费用，对商号与船户都会带来“难以弥补之累”。“如于此时强令其退出淹消盐斤部分之下段运费，实属不可能之事”。除此，失吉盐载运费之追缴对商船两方来说都是“无法追收之款”，且“必将强加于商号负担”，而商号“势必无法负荷”。提出它作为官方与船户间桥梁之作用。“若强令船户因惧于官方追缴法令或将对于盐运裹足不前，影响盐运前途，其弊害诚不言而喻。”

因此，万县盐务支局综合上述种种困难，电请川康盐务管理局“核转请援情，收回成命”，“对失吉救全盐载二道运费，仍照向章核证。其失吉部分下段运费，仍照向章免予追缴”。据该呈文还反映，此前重庆运商联合办事处将“失吉盐载二道运费”问题，曾提呈过盐政总局，但总局的核示是“不予核证，由承运商自理”。对于此，万县盐业运商联合办事处仍是不甘心，于是转请万县盐务支局“坦陈困难情形”，寄希望请求川康盐务管理局“收回成命”[②]。

但川康盐务管理局并没有答应其请求，在这一希望落空后，万县盐业运商联合办事处又转请自贡市运盐商业同业公会向川康盐务管理局提出其请求。4 月 19 日，自贡市运盐商业同业公会为此向川康盐务管理局上书，题为“为转请将二道运费仍请照向章核证及免予追缴下段运费，以解商船两方困苦由”的呈文。在呈文中，首先指出，“为失吉盐载，所付二道运费不予核证，并追缴船户下段运费”的规定，“事实上无法执行，徒增加商船两方莫大之困苦，及长久不决之纠纷”。

其后，呈文又将上文所提，官方不予核证失吉盐载二道运费会给商船两方带来种种困苦的情况，做了再次陈述。自贡市运盐商业同业公会在呈文汇报说，查万县盐业运商联合办事处函件所称得各节，“确属实情，理合具文转呈”，进而请川康盐务管理局“仰祈核办示遵”[③]。但川康盐务管理局对此并没有做正面回应，而是在 6 月 8 日发给重庆、

---

① 《拟陈杨肇章船失吉救全盐支付二道运费请核证（核示遵照》（1947 年 3 月 17 日），自贡市档案馆藏：《民国档案》，全宗号 3，目录号 5，案卷号 2805，第 172 页。

② 《为失吉盐载二道运费不予核证一案呈请鉴核示遵由》（1947 年 4 月 15 日），自贡市档案馆藏：《民国档案》，全宗号 3，目录号 5，案卷号 2805，第 159—160 页。

③ 《为转请将二道运费仍请照向章核证及免予追缴下段运费以解商船两方困苦由》（1947 年 4 月 19 日），自贡市档案馆藏：《民国档案》，全宗号 3，目录号 5，案卷号 2805，第 163—165 页。

涪陵、五通桥、邓关、泸县、江津、合江各分局的指令中，表达了其对失吉盐载二道运费核发办法的真实想法，其意是仍奉盐政总局第 50 号、第 61 号两通令规定的失吉盐载计算办法办理[①]。

四、结语

纵观上述，川康区官方与船方这场失吉溢领运费之争，其导索为 1946 年盐政总局所发的第 50 号、第 61 号通令中对失事盐载运费的规定。从以往盐载失吉运费支付办法看，这一规定打破了盐运秩序中在运费问题上的惯有习例，从而引起船户（承运商）、船业公会等组织的极大反弹。为此，它们积极游走，不断向盐务当局反映盐载失吉后会给它们带来种种困难，无余力再上缴失吉溢领运费，并一再呼吁恳准予仍以旧例办理，俾免妨碍盐运。

一些基层盐务局在其不断呼吁与鼓动之下，失吉溢领运费支付政策上也出现松动，渐以加入这种豁免失吉溢领运费的“队伍”之中。而作为川康区最高盐务管理机构的川康盐务管理局，迫于呼声，甚至也一度做出过“将黔边各段失吉盐载运费，一律免予扣缴，以利盐运”[②] 的决定，并在川康区运盐（34）字第 4358 号训令中指令表现得更为明显：“边盐及保计盐委托涪商承运，核有保险费，而自运济湘斤，亦已向保险机构投保，如遇淹消官商均无损失。惟船户则家产荡然，情殊可悯，为免影响盐运起见，嗣后无论委托涪商承运之边盐及保计盐，或自运济湘盐斤，如盐船失吉，经查明，确系人力不可抗拒，并无舞弊情事者，其失吉部分运费，拟请准予豁免赔缴。”[③] 然而，这一决定却因盐政总局“碍难收回成命”而作罢。盐政总局指出，关于失吉盐斤之运费，“应由承运商自行设法弥补”；“关于损失盐载运缴计算办法，应恪遵通案办理，毋庸单独规定，免涉分歧”。川康盐务管理局也只好转令各盐务分局“转饬各商切遵总局规定为要”[④]。

其后，虽有船户（承运商）及船业公会等组织仍请求豁免失吉溢领运费，但是川康盐务管理局仍以遵守盐政总局的通令作为回应。因此，它们的呼吁收效甚微。这从侧面反映了国民政府在政权崩溃前的最后几年，局限于维护官方的利益，对于基层民意置若罔闻，公会等行业组织的呼声很难影响官方的决定。此外，从川康盐务管理局对失吉运费政策的松动到仍以遵从盐政总局通令的行为看，说明中央权力对地方当局仍有着较大的影响力，中央法令仍能畅通地贯彻到地方。尽管中央权力有着较为强大的影响力，但也表露了国民政府政权危机的迹象。

---

① 《关于失吉盐载计算运费办法奉总局核示令遵照》（1947 年 6 月 8 日），自贡市档案馆藏：《民国档案》，全宗号 3，目录号 5，案卷号 2805，第 238 页。

② 《据陈失事盐斤运费请准按全程计算转请鉴核由》（1947 年 4 月 1 日），自贡市档案馆藏：《民国档案》，全宗号 3，目录号 5，案卷号 2805，第 185 页。

③ 《据陈涪龚段失吉盐载应提运费请准援案免扣等情转请核示由》（1947 年 4 月 17 日），自贡市档案馆藏：《民国档案》，全宗号 3，目录号 5，案卷号 2805，第 149—150 页。

④ 《关于遵照办理失吉盐斤之运费事宜致各盐号的函》（1947 年 4 月 16 日），重庆市档案馆藏：《民国档案》，档号：0364000100242000059。

历史文献与社会治理

蓬安艺文与地方社会

金生杨 刘艳伟*

蓬安现存有《正德蓬州志》《道光蓬州志略》《光绪蓬州志》《民国蓬安县志稿》4部旧志，保留了大量地方艺文。在此基础上，考索文献，搜集、整理、编纂完成的《蓬安艺文》，为考察蓬安艺文与地方社会提供了极大便利①。以此为例，既可以一斑窥全豹，认识地方艺文与社会治理的大体情况，又可推进相关研究的深入，为地方社会治理提供借鉴，促进地方社会的发展②。

蓬安县地处四川省东北部，为典型的丘陵地貌。其地先秦属巴国，秦时属巴郡，汉为宕渠、安汉。蜀汉属巴西郡，晋因之。南朝宋属归化郡，齐因之。南朝梁天监六年(507)，置相如县，兼立梓潼郡。北周时废郡而县存，置蓬州，治安固县。隋州废，以其地属巴西郡。唐武德四年（621)，以相如县属果州。北宋因之。南宋淳祐六年（1246)，徙蓬州治云山（今燕山寨）。宝祐六年（1258)，郡守张大悦以城附元，遂以相如县拨属蓬州。元至元十五年（1278)，蜀定，令毁云山寨，复徙治相如县。明洪武中以州治相如县省入，隶顺庆府，领营山、仪陇二县。清顺治七年（1650)，蓬州改为散州。民国二年(1913)，改蓬州为蓬安县。③

一、蓬安艺文与地方官绅

蓬州地方官员以及蓬安本地士人，或著书立说，或吟诗作赋，撰记作序，或书碑刻铭，留下了大量的诗词文章。蓬州地方官员，如唐代相如县县令陈子良有《送别》《七夕

* ［作者简介］金生杨：博士，西华师范大学历史文化学院教授，中华档案文献研究院院长，主要从事地方档案整理与研究、巴蜀易学史等方向的研究。刘艳伟：博士，西华师范大学历史文化学院讲师。

① 地方艺文的编纂不少，以巴蜀为例，现存如《成都文类》《全蜀艺文志》《补全蜀艺文志》《蜀藻幽胜录》《剑阁芳华集》《蜀雅》《国朝全蜀诗》《宋代蜀文辑存》等皆是，甚至还有如《乐山历代诗集》《乐山历代文集》等当代新编之作，但以此为基础综合研究地方社会的成果尚未得见。

② 马春晖《中国传统方志艺文志研究》(国家图书馆出版社，2015年）第四章“方志艺文志的价值”针对收录诗文性质的地方艺文志的价值做了宏观的分析，有“文学和艺术价值”“记录地方史料的载体”“抒发乡乡情的媒介”三个方面；第五章第一节“方志艺文志之弊病”，简要地概括了地方艺文的价值和弊病，较为全面，但杂糅各地域，在研究具体地方社会上，仅具指导、参考意义。

③ 历代地理书言蓬州者，多以行政区划言其沿革，而非以自然地理论，即蓬安而言，元、明、清固当溯自蓬州，而唐、宋则当溯自果州，而非蓬州。此行政区划沿革与地理沿革之异，需特加分别。可以说，唐、宋之蓬州与清代之蓬州，在地理上少有交合重叠之处，大致分布于两片相领的地理区域上。清姚莹《寸荫丛录》卷2《蓬州》考蓬州治所的不断变迁，将行政区划与地理相结合，稍能厘清其间的变化与误会。

看新妇隔巷停车》，宋皇祐年间蓬人有《送吴几复》诗，宋、明时期，蓬州有不少石刻，明正德间提学副使卢雍、清道光间知州姚莹诗作尤多、吟咏几遍。民国时，伍彝章纂《蓬安县志稿》，于卷17《艺文》著录蓬人四部之作，然除伍非百之作外，罕有流传于今者。

在地方官员中，吟咏蓬安诗文著述较多，特别需要提及的有好几位，但其作品不少或者佚，或者难得一见，只有知州姚莹之作，多且流传较广。卢雍（1474—1521），字师邵，江苏吴县人，于正德十三年（1518）以监察御史巡抚四川，有惠政，后迁四川提学副使，著有《古园集》12卷，今有明嘉靖六年卢襄刻崇祯六年卢翰重修本。刘崇文，字汝质，号洞衡，湖南澧州人，明嘉靖四十年（1561）举人，官广元知县，升蓬州知州，撰有《蜀道探奇集》《夔合纪行诗》《益昌诗文稿》《咸安诗文稿》《洞衡草堂稿》《千首和唐》《书衍》《孟衍》《战国策衍》等，今佚。钱应晋，字次卿，海盐人，万历三年（1576）举人，知蓬州，著有《蜀游草》《江行杂咏》《阆风馆集》，今佚。合肥人洪运开（1779—1847），字芰塘，嘉庆七年（1802）进士，知蓬州，所著现存《劫灰集》4卷、《卦名肤解》1卷，上海图书馆藏道光十七年（1837）鲁公石南轩刻本。在蓬州任上，洪运开著《读书说》《重修蓬州学记》《修学宫上梁文》《创修棚号碑记》，以教育激励州人士；撰《团练说》《团练后说》，以保治安；吟《八景诗》《马鞍山道中》《登伴江山楼次前牧岭南周君韵》《桂皮赞》，以赞蓬州之风景与物产；撰《养济院碑文》《吕仙祠碑文》《凿平八字脑险滩碑铭》《前学正王玑墓志铭》，以记兴作等事，而编纂《蓬州志略》，更详记蓬州自然人文。高士魁（1792—1866）字映斗，号紫峰，山阳人，知丹稜，升至蓬州知州。所著有《蜀游手记》1卷、《虚静斋诗稿》1卷、《虚静斋赋草》1卷等。其子高延第（1823—1886）随侍入蜀，著《涌翠山房集》（含《涌翠山房文集》4卷、《涌翠山房诗集》4卷、《老子证义》2卷），光绪十四年（1888）山阳高氏刻本，中国国家图书馆、武汉大学图书馆等地藏。其文集收录83篇，诗集收录315首。《诗集》不分体，大抵以时间为序，卷1多为早年随父客居四川蓬州之作，如《渝州织锦词》，颇具地方民情。咸丰元年（1851）春，由于"蜀水程险阻，不得归应郡县试"，高延第由川赴京，"援例（入太学）应京兆试"，"往返万里，所过山川兴亡古迹必流连凭吊而后去"，不仅吟咏有诗，载于《涌翠山房诗集》，而且著为《北游纪程》，成为蓬安往返京师的重要行纪。姚莹（1785—1853），字石甫，安徽桐城人，任台湾道，因得罪当道而于道光二十六年（1846）贬知蓬州，于任上吟诗2卷，收录于《后湘续集》之中，又有《蓬州新建玉环书院碑》《蓬州新建龙神祠碑》文，则是其兴建玉环书院、龙神祠的文字记录。江怀廷（1815—1878）号兰泉，福建长汀县人。咸丰三年（1853）进士，历署温江、蓬州、南溪、双流、崇庆、南充等州县，光绪八年卒于南充任上。所著《道腴室遗稿》2卷，多为四川任上作。方旭（1851—1936），号鹤斋，安徽桐城人，擅诗书画，任蓬州知州，编纂《蓬州志》。晚年始存其诗文为《鹤斋诗存》《鹤斋文存》，不及蓬州之事。然其蓬州诗文，仍多传世者。

文人骚客与蓬州官绅唱和往来，为蓬安人文增色不少。如杜甫《玩月呈汉中王》《行次盐亭县聊题四韵奉简严遂州蓬州两使君咨议诸昆季》、李白《赠蓬池隐者》、欧阳修《赠李士宁》、王安石《寄李士宁先生》《赠李士宁道人》等。这些诗文内容丰富，格调高雅，具有较高的历史价值和文学价值，于蓬安地方文化的发展进步，有积极的促进作用。

二、蓬安艺文与地方景观

蓬州“凤凰山峙于前，五马峰拥于后，连巴引梓，蔽蜀控夔。双凤飞其左，五马驰其右。嘉陵漾其前，翠屏绕其后。东有黄鹤之奇，西有洪厓之固。南有合峰之险，北有清溪之浴。群山环拱，大江襟带”①。蓬州八景，最为一州之胜。明代卢雍题诗，记其胜状，清知州洪运开赓续有作，但其中“双蓬叠翠”等景，已非今蓬安所属。八景而外，嘉陵江、龙角山、洞仙观、嘉祐岩、鲁公石、云山（披衣山），题写诗文为多。整体而言，状写蓬山名胜，诗文有限，而究其原因，乃在相如县分合隶属不定，蓬安县域作为独立行政区划，为时太短。

交通与自然的结合，成为诗文的重要吟咏对象。蓬安处地偏僻，不当孔道，但在历史上，仍产生了一些重要的文学作品，特别是随着交通的改善，有关诗文更多。蓬安是嘉陵水道的重要支点，在此曾设有龙溪驿，嘉陵江山水柔美，便成为文人吟咏对象。唐代诗人元稹《感梦》诗称：“十月初二日，我行蓬州西。三十里有馆，有馆名芳溪。”颜真卿贬蓬州，取道阆州，至新政县，再折而东行。“阆州之东百余里有县曰新政。……乾元改号上元之岁秋八月哉生魄，猥自刑部侍郎，以言事忤旨。圣恩全宥，贬贰于蓬州，沿嘉陵江而路出新政。”② 据《太平寰宇记》卷86记载，新政县本唐武德四年割相如县、南部县而置，今归属仪陇，但嘉陵江边的新政坝紧邻蓬安。南宋时，何弱翁吟咏红崖铺、射洪铺、三溪铺、石佛铺、罗村铺，连结这些州属铺舍，就是当时重要的交通线路，至清不废。清咸丰、同治年代，骆秉章平乱，小川北路兴起，蓬州交通有了明显改善。“自府经渠，以达绥定、万，所谓小北路也。……昔由之而溯重庆，以达于成都，其程十八；今由之而溯顺庆以达，其程十四，则昉自骆文忠公（骆秉章）督师以来，昔非然也。”③“光绪二十有一年，定兴鹿公（传霖）督川，以夔、绥文牍淹由号书积压，乃彻查酌改之，于小北路设步站焉。（蓬）州属境有罗家场者，西距南充之跳墩坝，东距渠之新市镇皆四十五里，乃设腰站一，司籍者一号书，司接递者二健步，藉以时送州，而月计于省。自是夔、绥文报无愆期。”④ 蓬安作为小川北路交通重要节点，往来此道的中外官绅、学者，在其行纪之中，间有记录吟咏，如方浚颐《出蜀记》、孙毓汶《蜀游日记》、粟奉之《蜀都日记》、王闿运《湘绮楼日记》、孙海环《夔辎日记》等，皆于出入小川北路时记及

① 嘉庆《四川通志》卷9《舆地志·蓬州》。

② （唐）颜真卿：《颜鲁公集》卷13《鲜于氏离堆记》。

③ 光绪《蓬州志》卷8《职役篇》。

④ 光绪《蓬州志》卷8《职役篇》。

蓬山。吴省钦、孟超然、郭尚先等以学政按临，顾光旭以四川按察使行经蓬州，高延第进京入试，咏诗作记，详略不一，既记事，又写景，则又另一番蓬州交通之景。

蓬安诗文是蓬安地方社会的历史写照，折射出蓬安自然，尤其是人文的底蕴。自然虽属天设，人文确乃人造。自然与人文的结合，更能产生出最美的诗文。蓬安古为相如县，司马相如有关遗迹历来受到学者的关注。宋胡宿，明李铎、草窗等有诗咏及相如祠堂。草窗疑为按察使刘原博，咏诗言“千载蓬山尚有祠”，写实显意，贴近蓬安。营山知县严杰咏王文正公庙。颜真卿谪蓬，蓬于是有颜鲁公庙，宋李壁为《颜鲁公祠堂记》记之，宋梅江、明徐泰等为诗咏之。死节王源，明朝敕建忠节祠祀之，马廷用因撰《忠节祠碑记》。一时州中官绅讽咏者众，宪使余姚邵赍、知州阎侃、学正徐泰、训导张璠、训导王明通、雅州王庭简等纷纷咏诗。至于伴江山楼、古佛寺、濂溪祠等人文景观，诗文及之者众。其他兴作之记咏更多。

三、蓬安艺文与兴学教化

在历史上，蓬安兴学有丰富的历史渊源，值得认真梳理。今蓬安县，其县学当溯源于唐宋之相如县，属果州，南宋理宗时升为顺庆府；其州学则当溯源于唐宋之咸安郡、蓬州。其间的兴替变革，特别是官员在其中所做的努力、教育的理念，更值得梳理和反思。

（一）宋代兴学记

北宋时，刺史王旦建南山书馆于凤凰山麓嘉陵江岸①。宋仁宗兴州县学，相如县亦建县学。南宋初，宪使提学太中于氏制释奠礼器，试图因器以明礼，因礼以右文。绍兴十四年（1144）八月一日，果州相如县尉文蕃题刻《释奠礼器碑》记其事。绍兴二十三年（1153），相如县进士王钺题登科士名于县学，绵谷县令冯辰撰写《相如县学题名记》。宝庆（1225—1227）进士相如县人何弱翁建县学文明楼，著名理学家临邛魏了翁篆扁。开庆元年（1259），宋代最后一次刊刻相如县学题名。“自太平兴国五年迄开庆己未，凡三百有余祀，登巍科者若而人，历显任者若而人。火德之际，于斯为盛。”②

除县学外，还有州学。今蓬安县于唐、宋虽属果州，但元、明、清时州学则渊源于宋咸安郡而非果州。崇宁（1102—1106）兴学，咸安郡初“置学通衢，湫隘喧嚣，士弗安处”③。政和五年（1115），李处遁出任利州路学事，至咸安郡，“推原学校教化之美”，讨论周文武作辟雍、鲁僖公兴学、孔子教七十子、文翁化蜀，宣布宋帝圣训，行三舍法，

---

① 嘉靖《四川总志》卷7《顺庆府·学校》、正德《蓬州志》卷5《学校·书院》。按：南山书院，万历七年《四川总志》卷10《郡县志·顺庆府·宫室》作“南山书馆”，康熙《顺庆府志》卷3《学校》作“果山书馆”，雍正《四川通志》卷5中《学校》、嘉庆《四川通志》卷79《学校志四·书院》、道光《蓬州志略》卷4《学校志·书院》、光绪《蓬州志》卷7《学校篇第七》作“果山书院”，乃混淆南充谯周所建果山书院，非是。

② （元）王亨于：《跋相如县学题名记》，正德《蓬州志》卷9《科贡·进士》。

③ （宋）李处遁：《改建咸安郡学记》，正德《蓬州志》卷4《学校》。

建师儒，辟黉宇，选拔人才，一道德，同风俗，以道术教化士人，因移建咸阳郡学于郡城东南，“学官宫宇与蓬池县学附焉”，撰《改建咸安郡学记》以记其事。

绍兴十一年（1141），郭由中出任蓬州知州，以学宫“疏陋荒残”，士子“离群索居”，以“教学为先”，修起州学，为《蓬州修州学记》。记中言及南宋“兴太学，置明师”，乃“推究古意以兴者”，大力倡言学之宗旨：“凡学之道，务求所谓远者、大者，周万物，齐天下，志不在己，三代以上是也；或谓小者、近者，营一身，苟目前，志不在人，三代以下是也。”① 淳熙二年（1175），郡教授冯先之于学建桂华楼。六年（1179），连氏出任郡守，谒学而大书其名，蓬州儒学教谕黎筹为《桂华楼记》。

绍定六年（1233），蓬州知州侯懋在蒙军南侵，“军旅馈饷，所在骚然”之际，汲汲于州学田，“损梁山、营山两邑拘役之田与屋而隶之学”。蓬州州学教授李宜之为《州学田记》以记其事。其首言宋代兴学：“国朝右文崇儒，自宝元（1038－1040）、庆历（1041－1048）以来，天下郡县无小大，咸立学，作孔庙。圣圣相承，无替有引，以迄于今，凡以共天命而植民极也。”② 若此，相如县学自当兴起于北宋仁宗时。其次以理学论人物之辨，以为人物同一气，清浊有异而已，故“圣人修道之教，建学立师，以迪其德性之知”③，而严人心、道心之辨。再次言学之养，三代授田，士耕且学，弗尽仰给于公上；汉唐兴学有限，弟子员数有限，而设食狭且吝，“至有广文饭不足之嘲”④；宋朝则士皆得入学，又有田以为廪士之给。再次具体言蓬州学廪，而颂知州侯懋之功。最后倡言养士，提出古有耳目气体之养，今其养既废，“独有义理之养与口腹之养，天理、人欲并行而不可废”，强调“士而于斯二者，无以小害大，无以贱害贵，闲邪收放以实其存，切问近思以真其知，人一己百、人十己千以强其志，事亲从兄、信交国人以力其行，信夫人所当为之职”⑤，意在劝导士子向学，无愧于廪食。此记论古言今，提倡学养，将天理、人欲有机地协调在一起，而与理学普遍倡言的天理、人欲尖锐对立观不同，在思想史上值得关注，对如何兴学教化更具有重要的指导意义。

蓬州儒学随州迁徙不一。蒙古军南侵，制置使余玠经理四蜀，定建山城以防御之策。淳祐六年（1246），蓬州知州杨大渊徙治云山，余玠亲相视筑城。州学因随之移建于云山⑥。杨大渊移治碑称：“载念文事当修，亟起郡学，立孔殿，寺观、神祠咸鼎新之。”⑦

（二）元代兴学

元至元十五年（1278），元朝平定四蜀，令毁云山寨，“移治相如，仍县学为州庠”⑧，将原相如县学改为蓬州州学。至元十七年（1280），蓬州学掾王亨于作《跋相如县学题名

① （宋）郭由中：《蓬州修州学记》，正德《蓬州志》卷4《学校》。
② （宋）李宜之：《州学田记》，正德《蓬州志》卷4《学校》。
③ （宋）李宜之：《州学田记》，正德《蓬州志》卷4《学校》。
④ （宋）李宜之：《州学田记》，正德《蓬州志》卷4《学校》。
⑤ （宋）李宜之：《州学田记》，正德《蓬州志》卷4《学校》。
⑥ （明）王俱：《蓬州改建儒学记》：“州有学在云山，宋淳祐间建。”
⑦ （宋）杨大渊：《南宋移治碑》。
⑧ （元）任化龙：《重修州学记》。支渭兴《蓬州改建庙学记》亦称：“蓬州庙学在城东北隅，故相如县庠也。”

记》，一方面有慨于宋人才之盛，一方面回应宋开庆后题名已而中绝。至元二十九年（1292），蜀省右丞张德润重修州学，至大元年（1308），知州韩永昌复增广而更新之，至皇庆元年（1312）始毕役。皇庆二年十二月夔州儒学教授任化龙撰《重修州学记》。记中除言元代崇儒重道，建学立师，张德润、韩永昌重修州学外，更力言其“新美士习”之功：一则延请耆宿，日省月试；二则旦望升讲，讲求《四书》奥义；三则月书季考，黜陟诸生，选送其优者，升之路泮，登之台省。这些地方官重学兴教的举措，值得记取。

至正元年（1341），监牧塔海改建庙学。八年（1348）七月，支渭兴撰《蓬州改建庙学记》。记中详载改建之役，又言其选子弟入学，延名士为师，取户绝田隶学，建教官治事之所，市礼乐器以实庙等具体举措，实则全方位办学。其末言及石室较艺，不失为元代四川教育之重要史料。

至正十一年（1351），达鲁花赤拜都至州，于州学树加封孔子碑亭。十五年正月初九立石，涪陵贾元长卿记之，是为《元加封圣制碑记》。文中详记元代各帝王兴学历史，实为珍贵的元代教育史资料。

此外，延祐（1314—1320）初，元明诏天下，以科举取士，蜀人因复治文昌祠，顺庆路蓬州相如县清泉乡慕蔺里宝华祠由是以兴，兴建者卫琪请虞集为宫记。虞集因作《四川顺庆路蓬州相如县大文昌万寿宫记》，以为“足以见吾蜀之文运果非他乡之所及”①。

（三）明代兴学

成化七年（1471），毕宗贤知州事，改建州学于旧学东偏，修葺礼殿，亲为诸生讲学，南京国子祭酒王㒜为《蓬州改建儒学记》，详细记载兴建始末，而推论州县立学之义。成化十年（1474），毕宗贤重修蓬州谯楼，四川学政石淮记其始末、规制。其《重修蓬州谯楼记》赞毕氏“爱民不伐”，以为“广是心，可为牧民者劝”②。

正德十年（1515），知州阎侃以前所修州学因时难未及完具，汇集在官羡余，大修州学，马廷用记其事，成《蓬州重修儒学记》。其文称“人性不甚相远”，学校旨在“开治化之原，端风俗之本”，守令有“户口增、田野辟六事”，而“固以兴学校为之先”③，深刻揭示了兴学兴教的重要性。阎氏又建景贤堂以祀名宦乡贤，学政徐泰记其事，成《景贤堂记》。明代理学家罗伦称：“古之贤而列于祀者，必其道德之尊，名节之重，事功之隆，足以为后世之劝者也。徒有名位者，不得而与焉。此圣人之法也。”④ 徐泰赞同其言，对蓬州郡邑学所祀名宦乡贤进行分析，以为德惠在人，于道德、名节、事功、文章、学行，或得其一，或得其全，无忝于贤者之称，而益于风化，惟谯周偷生卖国，不可取。

万历三十四年（1606），曹宸知州事，加意学校，重修刚刚迁复故址而未竣工的州学，广安王德完为《重修学宫并魁星楼记》记之。天启六年（1626），知州陈汝德因州学

① （元）虞集：《道园学古录》卷46《四川顺庆路蓬州相如县大文昌万寿宫记》。

② （明）石淮：《重修蓬州谯楼记》，正德《蓬州志》卷3《公署》。

③ （明）马廷用：《蓬州重修儒学记》，正德《蓬州志》卷5《学校》。

④ （明）徐泰：《景贤堂记》，正德《蓬州志》卷4《学校》。

未备，复加修缮，又“每一视学，必坐于讲堂，与师弟子阐经义，咨访民情”[①]，作《修学记》记其事，又劝励诸生。他认为“显而持世者治统也，默而持治者道统也”，二者“未尝不互为隆替”，诸生习学，“入而佩服，出而阅历，阐道术以佐治术，缘紫阳以溯阙里”[②]，将治统、道统有机地统合在一起，足见其对学校教育的重视。其所作学记中，陈氏还回溯于先秦以来的地方学校教育。

崇祯八年（1635），李闻之知蓬州，以州学倾圮，复加建修。剑州人朱彩为作《建修黉宫记》，刊于碑。记中追述蓬州学之迁变，州学建修的具体情况，强调建修不扰民，不费公，如物材职采民间，人夫职取闲旷兵皂及讼决应赎者，匠作付廪饩、酒肉，监督选有守有能官吏，可见其行政运作的灵活性，又记知州李氏于朔望讲课之余，训诫诸生，劝勉其敦本刊华，去佻崇正，务于修己。

州学外，明代蓬州书院蔚然兴起，而且作用重大。明成化十一年（1475），知州毕宗贤重修南山书馆。嘉靖时，称之为蓬莱书院[③]，或为蓬山书院之讹。正德年间，知州潘时宜于学校之外，因旧州学废址而建振德书院，适提督学政姜宝两校士于蓬、果之间，而之记，是为《新修蓬州振德书院记》。在文中，姜宝就振德之名而倡言其理学思想，以为性一而伦五，学与教皆此一与五。监察御史卢雍亦为之记，方志不载，或存于其《古园集》12卷中，未得见。潘时宜自己也撰写了《振德书院记》，首先讲述了自己在学校从学、从教的经历，而深有感情，故于蓬兴起书院，又申其博文约礼的劝学之说。

嘉靖三十二年（1553）正月，蓬州知州钱雍熙等刻《明佥事杨瞻查理社学文刻石》，记其行文蓬州，令其重修或创建社学，以诱进后学之事。张佳胤《蓬州儒学训导勤轩胡公墓志铭》，则记载万历五年（1577）除蓬州训导铜梁胡敏赴任舟行，溺死秭归。

（四）清代兴学

乾隆二十四年（1759），知郑文坦修缮蓬山书院。二十七年（1762），知州张彦烈捐银劝课。四十年（1775），知州周天柱迁书院至梓潼宫外，并加增修，捐俸银，延山长，赎学田。四十三年（1778）复增学田。佚名《蓬山书院碑》记其事。

清乾隆三十七年（1772），知州周天柱重修州学。三十九年（1774），周天柱以城南嘉陵江废塔为文风所关，重加修建，取名青云，训导刘敬临为作《青云塔记》。

道光三年（1823），洪运开履蓬州知州任，查看州学，见其荒废，于是捐钱置礼乐器。道光六年（1826），复募修州学，撰《重修蓬州学宫记》《重修学宫上梁文》。重修学宫后，洪运开又以余资建童试号舍，撰《创建棚号碑记》。文中记诸童就试州署，辛苦万状，而新建号舍不仅解救其苦，而且为其“制度过于壮丽”找托词[④]，以为待学政之按临为宜，又追记其廨原乃乾隆四十三年（1778）知州张鉴设以待学政，实补蓬州兴学之史。

---

① （明）陈汝德：《修学记》，道光《蓬州志略》卷9《艺文》。

② （明）陈汝德：《修学记》，道光《蓬州志略》卷9《艺文》。

③ 嘉靖《四川总志》卷7《顺庆府·学校》。

④ （清）洪运开：《创建棚号碑记》，道光《蓬州志略》卷9《艺文志》。

工竣，洪运开又设乐舞生40名，兴起礼乐，其《考设乐舞生案》详记其始末。此外，洪运开录《膏火田地卷案》于所修《蓬州志略》，则记录了自乾隆四十二年（1777）至道光十七年（1837）蓬州州学膏火田增减及用度情况，客观地折射了蓬州教育的情况。洪运开所撰《前蓬州学正王玑墓志铭》，记录了蓬州学正王玑在蓬的贡献。

道光二十六年（1846），姚莹知蓬州，见所谓蓬山书院者名实不符，简陋至极，与学政、训导等议而新建玉环书院。二十八年（1848）落成，但祭器未置，章程未定，而姚莹以病乞退。封允濂继署蓬州，力任未完诸事，而姚莹为记。其《蓬州新建玉环书院碑》先论历代教学养士之法，述成周至元代之学校，而于明清特论书院，以为“先儒过化之地，名贤经行之所，与好事之家出钱粟赡学者，并立为书院”，“大抵官与其地，士庶自出钱粟为之，不尽官力也”①；其次论蓬州书院之废弛及玉环书院之兴建始末，而末论书院之异于官学者，以为“官学者，登进人才之地，而非讲习肄业之区也”②，强调了书院的民间性、以重道德文章艺业为重的本质。

道光二十九年（1849），高士魁守蓬，续修玉环书院，置备田地，以供修脯、膏火之需。其《续修玉环书院序》以为“书院之兴废，视乎掌教”，强调“束之以规矩，稽之以课程”，“严于师表”，“勤于讲习”，因“立戒规十二则”，“重议条规四则”③，亲为修定。

道光三十年（1850），王觐光出任蓬州导训，以文昌宫颓废，欲重新之，未果。至咸丰三年（1853），复与诸生议定重建，并补葺蓬山书院。至咸丰五年（1855）告竣，王觐光作《重建文昌宫记》。文中极为详细地记录了其重建补葺的情况，而篇首追述其源，记录了康熙、乾隆、嘉庆间的包含蓬山书院在内的培修情况，正与洪运开所记《膏火田地卷案》互补。咸丰五年（1855），蓬州教授桀三重修文昌宫，修葺蓬山书院，又以余资筹捐宾兴费。咸丰七年（1857），学正何毓奇撰《宾兴费序》记之。

光绪二十四年（1898），顺庆府、蓬州、南部县联合讯断田业纠纷，刊碑晓谕，明确了所涉蓬州宾兴学田归属。知州方旭将此《顺庆府耆、蓬州汪、南部县袁为遵批立案刊碑晓谕事》录入《蓬州志》中。四川学政吴庆抵通饬各府厅州县变通书院章程，方旭于蓬州建崇实学堂，制定章程10条，深得学政喜欢，“深加奖许”④。事详于《蓬州崇实学堂章程十条》《四川学政吴庆抵通饬各府厅州县变通书院章程札》中。《渝报》则特发《蓬州兴学》新闻，以记方氏兴学等事。

此外，道光四年（1824），蓬州奉札议办乡学，知州洪运开于是筹款买田以岁租为经费，开办乡学12堂。洪氏幕友沈宗敬因拟《乡学禀稿》，附录于所编《蓬州志略》中。清末，举办新学，出现《蓬州各学区筹兴学会章程》及催解学款、整理学费等案。

通过蓬州历代有关艺文，综合反思唐宋以来的兴学，可以鲜明地发现其特征鲜明，

① （清）姚莹：《东溟文集·文后集》卷13《蓬州新建玉环书院碑》。

② （清）姚莹：《东溟文集·文后集》卷13《蓬州新建玉环书院碑》。

③ （清）高士魁：《续修玉环书院序》，光绪《蓬州志》卷7《学校篇第七》。

④ （清）于宝轩：《皇朝蓄艾文编》卷16《学校三·四川学政吴庆抵通饬各府厅州县变通书院章程札》，清光绪二十九年上海官书局铅印本。

特别值得今天的教育借鉴和反思。大体而言，朝廷与地方政府重视教育，官绅在其间又起到了重要作用；地方教育为地方官守之职，学校兴废系之；学校、书院之建虽与朝廷兴学崇教有重要关系，但其修建多官私合谋，而不废朝廷收入，往往捐资共建，官绅协力完成，而民则出其力；学校教育是个系统工程，不仅庙学合一，而且房宇、庙祠与学田、学产相配合，充分保障其正常而长期有效地运转，靠学校自身学田、学产的造血功能维系，而不完全依赖于政府；学政、州县长官等有讲学劝教的义务与职责，其他官绅有助教之义务，而民乐助教又是常态，地方长官的示范、督劝对士风、学风起了十分重要的作用。

四、蓬安艺文与地方行政

梳理蓬安诗文，从社会治理的角度而言，最值得重视的还是地方官绅们兴作记录。为政一方，造福一地，地方官绅的努力与贡献，在流传于今的诗文里占比最多。诗文所记真实事例，其成功经验、失败教训，特别值得今天借鉴。

（一）官署祠庙

古代地方官不乐于治官署，但兴废有时，仍有诗文记之。蓬安于治平时修治官署的诗文不多，仅略及之。徐浩于康熙十九年（1680）出任蓬州守，时经三蕃之乱，蓬官署萧然。其《重修城隍庙序》称：“问所以为城堞者，则颓然废垣也；问所以为官署者，则萧然数椽也。予心焉伤之，筹所以招徕而抚字者，几忘寝食。”又：“余辞渝归蓬，空城寂邃，草木逾丰，豺狼异类，与民分域而居。予率二三仆隶，刈除驱逐，招集逃亡，有可兴利除害者不遗力。”[①] 道光四年（1624），洪运开莅任蓬州，也对州廨做了改建。其《桂皮赞》称：“既受事，廨舍局陋，图构小斋，以对宾客。值民间有撤屋而售材者，以五万钱得之，就前牧之蔬圃而作室焉。”[②] 至于乱世军兴，南宋末《南宋移治碑》《宋宝祐纪功碑》乃是蓬州移治、修缮城池的记录。

兴修祠庙，是地方官乐为之事，蓬安亦不例外，所记不少。相如县旧有司马长卿祠，久而卒吏不知其所。绍兴二十三年（1153），相如县县尉王俦访得其处，见其颓败。次年，邓良摄县事，以三国秦宓宜立祠说为是，修其旧而新之。王俦赞襄其事，撰《司马长卿祠堂记》，除记祠之废兴外，言及琴台、故宅等。此外，兴建祠庙的碑记尚有宋李壁《颜鲁公祠堂记》、明马廷用《忠节祠碑记》、清徐浩《重修城隍庙序》、洪运开《吕仙祠碑文》、姚莹《蓬州新建龙神祠碑》、魏鼎《王公祠碑记》等。

（二）社会公益

记载社会公益的诗文，既有官绅的兴作，也有民间僧侣等的贡献。宋李流谦通判潼

① （清）徐浩：《重修城隍庙序》，康熙《顺庆府志·艺文》。
② （清）洪运开：《桂皮赞》，光绪《蓬安志》卷15《艺文篇第十五》。

川府，有《龙角山福志寺修造记》，载福志寺之修造，而《游龙角山福志院》则是李氏咏其游兴。杨琰《重修斜溪罗汉院碑记》“述南山之志行，创造之始末”①。杜源《义冢记》记设义冢以埋弃尸，李公选《麟凤桥记》、沈琡《蓬安县关门溪新桥记》、沈崇垣《重建西拱桥碑记》记建桥以畅通往来，沈琡《画江楼序》记修建画江楼，“以为观游，以资虎符戎幕，与夫少年游侠、群屐联翩公子四时暇日之遣怀”②。民国时佚名《蓬州创建市亭碑记》则记蓬州建市亭之举。

清末，受西方政治的影响，地方自治新政兴起。洪运开《养济院碑文》记建养院以收养孤老，李德迪《创修育婴堂序》记建育婴堂以养齐婴。

（三）水利建设

蓬安贫瘠，田地易旱，境临嘉陵江，水道交通也十分凶险。因此，无论是农田水利，还是水道交流，都需要付出不少努力。洪运开知州事，大力兴修堤堰，四乡共修筑堰塘449道。其幕友沈宗敬《修堰禀稿》详记其事。洪运开对嘉陵江牛毛漩、八字脑阻碍水道交通，十分留心。牛毛漩以自然之力得治，八字脑则得州诸生之力而平，洪运开因作《凿平八字脑险滩碑铭》，“记凿滩之巅末，且旌善人”③。

清末，蓬州知州戴牧赓大力兴修塘堰水井，督宪得报，因委劝业道详勘，有《督宪批劝业道详遵批委查蓬州兴修塘堰水井情形文》。

（四）社会治理

地方诗文中多存关于社会治理的诗文，既有官绅间的捧扬，也有本地民众的颂声，当然也有讽喻。《华阳国志·巴志》载民间诗谣数首，颂当地风土民情，汉《伤三贞诗》赞巴郡三女之贞节，《陈纪山颂》《谯君黄颂》赞二人之忠贞。吴几复离任，蓬州父母歌以别之，颂扬其政。《刺李盛谣》则讽刺李盛之贪财重赋。元代学正袁岱《善政碑》，则是借民之请，颂知州阎氏之善政，以为后来者劝。这与各地大量存留的《去思碑》颇类似，既可能是写实，又可能是官员授意下的自颂。洪运开《挽船说》则讽刺清代赋役之沉重。

在蓬州历史上，迁州治至相如是特别重大之事。南宋淳祐年间，蒙古军南侵，杨大渊移州治运山，因有《南宋移治碑》。宝祐二年（1254），蒙古再侵未果。次年，州守张大悦下令增修以加强戍守，于是有《宋宝祐纪功碑》。明人冯俊《祷雨即应碑》记知州田铎于明代大荒之年赈恤之功，于蓬因旱祷雨以缓灾情之事。

蓬州记录社会治理的诗文中，诸修学记及洪运开《读书说》、方旭《营山晋康图书馆记》倡言教育、劝导学习，洪运开《团练说》《团练后说》《蓬州团户志》讨论团练，刘含章《堵河策》、沈国光《豫备策》讨论防御，颇为显著，借鉴意义较大。方旭于所修《蓬州志》中念念不忘民防，即可见一斑。

① （明）杨琰：《重修斜溪罗汉院碑记》，民国《蓬安县志稿》卷18《金石》。
② （民国）沈琡：《画江楼序》，民国《蓬州县志稿》卷20《文征下》。
③ （清）洪运开：《凿平八字脑险滩碑铭》，光绪《蓬州志》卷15《艺文篇第十五》。

移风易俗是地方治理的重要内容。李德迪《建节孝祠坊序》、黄礼中《嘉德会记》记李氏嘉节孝之德，方旭《喻节妇尹氏寿序》、李惺《沈节妇寿文》为节妇赞寿，王葆善《乡饮高年记》《乡饮后记》记方旭举乡饮酒礼以崇高年。

刘元卿《自焚关节》杂记明代董士毅守官清廉之事，经耿定向《耿天台先生文集·先进遗风》、焦竑《国朝献征录》、过庭训《本朝分省人物考》，尤其是冯梦龙《古今谭概》等的转录后，影响极其广泛，成为宣扬清正廉洁的极为重要的历史典故。董士毅字惟远，号三泉，麻城人，正德五年（1510）举于乡，授西充知县，一介不取，有“青菜布衣、破伞羸马之谣”[①]，为官十数年，升蓬州知州时“仅一青布袍、一革靴”，儿辈惟劝其在任时为自己谋求一副棺木。“守蓬州，益励清节，归时囊无长物，州民留之不得，特勒石以志去思”[②]。其致政回家，仅带回柏树籽以回应家人当年之劝。董士毅本佥事董应轸之曾孙，大参董朴子。董应轸七子蝉联科第，有并时为南北御史者，一时家世极盛。但董氏家世廉介，董朴致仕不入公门，劝戒儿子廉正，堪称佳话。

（五）文书运作

地方档案是地方行政运作的具体反映，新闻报道则记录了社会情况。清末嘉陵道尹戴赓唐著有《嘉陵道署文牍纪要》，有民国年间铅印本，中国国家图书馆藏。戴赓唐同样任过蓬州知州，其文牍于蓬安之历史同样具有重要价值。蓬安地方历史档案，留存有限，晚清民国的期刊、报纸既有选刊档案者，也有关于蓬安地方的社会新闻，对了解蓬安历史社会有着重要价值。

五、余论

地方艺文主要收录于方志之中，但方志滥收、漏收、误收、虚而未核，也带来不少问题。广收博览，考辨核实，可信的地方艺文无疑是考察地方社会的最有效的史料。事实上，地方志的撰写，也大体依赖于此；地方志的重要价值，也在很大程度上能从地方艺文中体现出来；地方志的弊病，特别是编纂中解析史料的问题，往往也能从地方艺文中考察出来。可以说，地方艺文是地方社会的较为原始的呈现，地方志则是在地方艺文基础上加工改造提炼后的系统全面的呈现。

先贤留下的宝贵地方艺文资料，既是我们鉴往事以知来者的重要凭借，也是我们借以吸取智慧的重要内容，对于考察研究地方社会，尤其是地方治理具有极为重要的作用。蓬安艺文所记地方社会自然、人文历史，特别是地方社会治理，可为建设蓬安提供助益，为传承创新传统文化贡献力量。

“睹乔木而思故家，考文献而爱旧邦。”蓬安艺文彰显出蓬人文采、人文底蕴，是蓬安乡土教育的最好资料，可以提升蓬人爱乡、爱国之心，以更加饱满的精神，投入到建设家乡、建设祖国的事业中去。

---

① （明）陆应阳：《广舆记》卷 14《湖广·黄州府》。

② （明）陆应阳：《广舆记》卷 14《湖广·黄州府》。

四川武胜段氏家族教育研究

——以《段氏族谱》为中心的考察

熊　梅　冉桂玲 *

教育作为影响家族发展的重要因素值得我们关注，严奇岩先生就曾对四川客家家族教育进行过探讨[①]，但该地区有关明清时期其他家族教育的研究却依然薄弱。四川武胜段氏家族乃“湖广填四川”移民背景下由湖南祁阳迁入四川定远（今四川武胜）的一支移民家族，通过不断加强宗族建设、积极构建社会关系和全力维持地方秩序，逐渐掌握了地方政治和武装权力，最终成为拥有“段半县”之称的地方豪族，对该区域产生了深远的影响[②]。段氏家族的崛起与族人的文化素质密切相关，本文拟从家族教育的角度探寻段氏一门从清代至民国时期的发展演变，进而揭示教育在段氏家族盛衰中的作用。

一、段氏家族教育的相关背景

元末明初之际，因连年战争、人口锐减、土地荒芜，以江西籍为主的大量移民不断迁入，湖南便成为四方汇聚的移民社会。随着江西移民的迁入，移民所具有的开拓精神、崇文重教精神深刻地影响了湖南社会风气，并促进了湖南文化教育发展[③]。段氏家族受移民社会“勇于开拓、锐意进取”的风气影响，勤奋求实，敢于拼搏。清朝初年，湖南人多地少、生存压力增大，段氏家族积极“顾瞻四方，别创鸿业”，果断前往“土地荒芜、人丁稀少”的四川寻求发展。

清康熙三十六年（1697），段氏先祖段文魁带领全家十八口人户由湖南祁阳迁入四川定远（今四川武胜）。在其后两百多年的时间里，段氏家族通过不断奋斗、及时把握发展机遇，逐渐成长为武胜地方社会拥有一定话语权的地方豪族。段氏家族的崛起离不开其独到且敏锐的远见、超前并准确的预判力以及能力出众的家族话事人，而这正是得益于

---

* 基金项目：四川省社会科学研究“十三五”规划 2019 年度课题“基地重大项目”（SC19EZD043）。

［作者简介］熊梅：四川宜宾人，西华师范大学历史文化学院教授，主要研究中国历史人文地理。冉桂玲：四川阆中人，西华师范大学历史文化学院硕士研究生，主要研究中国古代史。

① 严奇岩：《族群性和地域性：四川客家教育研究——以四川客家“崇文重教”为重点考察》，重庆：西南大学博士学位论文，2007 年。

② 熊梅、冉桂玲：《四川武胜段氏家族演变研究》，《西华师范大学学报》2020 年第 2 期。

③ 吴正东：《明清时期湖南人口与社会变迁》，武汉：华中师范大学博士学位论文，2012 年，第 90 页。

段氏对家族教育的重视。崇文重教的观念深入人心，为段氏家族培养了大批人才，推动家族不断地向前发展。

二、段氏家族的教育理念

在“学而优则仕”的传统社会，考取功名、入仕做官是读书人实现理想、改变命运的重要方式，也是家族走向兴盛的重要途径。家族教育是家族发展的关键，一个家族能否兴起、能否持续保持其社会地位并得到进一步发展，关键在于教育。段氏家族的兴起、发展及其在社会转型时期的兴盛，与其重视家族教育、及时更新教育理念密切相关。

（一）举业为先，汲汲科考

科举取仕是清代人才选拔的基本方式，“在以农业为本、生产不发达的社会中，读书、应试、入仕是士子唯一的本业。……凡子弟尚能读书应试的家庭，无不热衷于科举”①。科举制度提供了相对平等的机会，让普通民众实现阶层的跨越。在清代科举制度下，士子一旦考取功名就可以获得相应特权，身份地位实现巨大飞跃，“士子一朝进学为生员，国家便复其身，免差徭，地方官以礼相待，非黜革，不受刑责”②。且清代培养一个读书人的成本相对不高，一个拥有 13 亩田产的家庭就可以培养一名生员③，这使得有产之家乐此不疲地供养子弟读书，以期考取功名、出仕做官，带领家族实现地位的攀升。士子在取得功名和官职后相应地成为士绅、官僚阶层，他们利用自己的权势与影响，不但抬升了家族地位，也通过购置田产等方式获取经济利益，从而实现家族的发展壮大，进一步使家族成为望族。“在清代，家族中必须有人不断取得科举功名，才能保持望族的社会地位。”④ 重视子弟的教育，尤其是科举教育，成为取得并维持家族地位的必选项。

武胜段氏家族是“湖广填四川”运动初期入川的移民家族。这些较早入川的移民，大多非为生活所迫的穷苦农民，往往是既有财产也受过教育，他们入川是为了寻求比原籍更好的生产和生活条件。⑤ 在川落籍、买田置地，成为力田起家的地主后，这些移民家族逐渐重视对子弟的教育，以便更好地融入当地社会、获得地方认同以及实现家族地位的提升。“一个科举成功、人才辈出的家族会赢得整个封建社会的尊重并享有盛誉，同时在社区生活中取得与其家族地位相称的特权。”⑥ 因此，段氏家族非常重视族人的举业教育。《段氏族谱》卷首《家训》中规定“训耕读”，“子孙虽愚，经书必读，家饶足者，务须专意栽培。”⑦ 段氏在入川之初，就已让家中子弟进学并参加科考。段氏第三代子孙段

① 王德昭：《清代科举制度研究》，北京：中华书局，1984 年，第 66 页。
② 王德昭：《清代科举制度研究》，北京：中华书局，1984 年，第 127 页。
③ 王跃生：《清代科举人口研究》，《人口研究》1989 年第 3 期。
④ 张杰：《清代科举家族》，北京：社会科学文献出版社，2003 年，第 20 页。
⑤ 张杰：《清代科举家族》，北京：社会科学文献出版社，2003 年，第 253 页。
⑥ 党明德，何成：《中国家族教育》，济南：山东教育出版社，2005 年，第 481 页。
⑦ 段氏族谱编纂组：《段氏族谱段氏血脉世系人物事迹史料》，2006 年，第 46 页。

四维出生于入川初年，时段氏家族尚未在定远（今四川武胜）站稳脚跟，已是“幼习童子军，累战未售”[①]。历代段氏族人大都以举业为重、汲汲取仕，终使家族成为有五贡以上功名的地方性科举家族[②]，更凭借士绅的身份在地方事务中发挥着积极作用，使得家族声望和地位得到极大的提升。

（二）不废习业，以立己身

在传统社会，科举考试是实现地位攀升的正途，但举业人众，而科举又有定额，导致不少人终生应试却屡试不中。段氏家族移民前，湖南南北合闱，士子惮泛重湖，赴士者少，获隽困难[③]，在原籍难有机会取仕。清初的四川百废待兴，科举一途竞争趋缓，官府亦规定，凡流寓垦荒居住者，将地亩给为永业，同时还准许移民入籍子弟，可一体参加科举。[④] 然而定远（今四川武胜）深居内陆，位于重庆府、顺庆府和潼川府三府交界边地，经济文化不甚发达，举业一途并不兴盛。段氏家族虽对科举十分看重，族中最高功名者也仅为贡生，但良好的教育氛围和文化基础为族人提供了从事其他行业的前提。通过族人在各种行业的发展，段氏实现了家族声望和影响力的提升。

明清时期随着商品经济的发展，以及清初“经世致用”实用主义思想的传播，“士农工商”四业皆本的观念逐渐被大众所接受，民众的择业观随之发生变化。段氏家族作为新兴的移民家族，思想开化，倡导“人必各执一业以养生”[⑤]，但不限行业选择，官吏、业儒、塾师、农民、医生、职员、商人、阴阳、堪舆、工匠、行伍等，皆可成其业，并形成了父子相承、兄弟相继的职业传承。

科举入仕是最理想的职业选择，但现实却是，残酷的科举竞争使大多数人并不能成功，不少人便退而求其次，只求子孙能读书识字、立身成人。[⑥] 段氏家族亦是如此，当科举无望，便及时鼓励族人结合自身专长，转投他业、以立己身，而从事各行业的族人将聚合力辐射到社会生活的各个层面，推动着段氏家族的影响范围不断扩大。

（三）追求荣耀，注重现实

家族重视教育，有助于对族人进行教化，维持宗族稳定发展；但根本在于教育是取得具有社会威望的职业的垫脚石[⑦]。族人接受教育，成为官吏、士绅、儒医、教师等具有权势、地位以及声望之人，他们因之获得的荣耀又反馈给家族，维持了家族在地方的权势和威望。

族人的职业，关乎宗族的盛衰，宗族对族人从事何种职业有着严格要求，禁止从事

① 段氏族谱编纂组：《段氏族谱段氏血脉世系人物事迹史料》，2006 年，第 281 页。
② 张杰：《清代科举家族》，北京：社会科学文献出版社，2003 年，第 24 页。
③ 吴正东：《明清时期的湖南人才发展》，《六盘水师范学院学报》2014 年第 2 期。
④ 曹树基：《中国移民史》第 6 卷，福州：福建人民出版社，1997 年，第 80 页。
⑤ 段氏族谱编纂组：《段氏族谱段氏血脉世系人物事迹史料》，2006 年，第 41 页。
⑥ 吴建华：《清代江南人口职业观念》，《安徽史学》2003 年第 4 期。
⑦ 周荣德：《中国社会的阶层与流动》，上海：学林出版社，2002 年，第 127 页。

被社会歧视的行当。[①] 清时，以往被认为传统的、卑贱的职业逐步受到正视，人们的择业范围扩大。入仕做官，既可进入特权阶级，又能光宗耀祖、提升家族地位；“为人师表”受人尊敬，享有一定的社会地位；医、卜、书、画、算法之路作为儒士驾轻就熟的职业道路，是不仕不师儒生借以谋生的体面出路；[②] 职员、书吏虽曾受歧视，随着基层政权机构运作的需要，其声誉和地位大幅度提升。在大家庭中，各成员的职业不同，而这种一家人从事多种职业的现象也是大家庭之所以有权势的一个原因。[③]

段氏家族入川后，一面买田置地、积累财富，一面引导族人接受教育，为家族的发展打下牢固的基础。段氏族人在重科举正途，期望以功名、官身提高家族地位之时；亦广涉他业，意图多途并举，实现家族兴盛。段兴国屡试不中，后捐增贡身份，咸丰初“滇匪之乱”中，组织乡勇筑寨抵抗，守卫地方；段邦贞[④]捐廪贡入仕，历任数地学官；段邦彦累战未售，退而教育；段盛能未及弱冠即辍读理家政，刊善书、助义学、创十全[⑤]、兴平粜，善行不断，望重乡里；段治纲、段兴诗、段邦显一门皆善阴阳堪舆；段平均、段兴校叔侄以医道济世；段盛大、段盛辉兄弟屡试未第，后课读育人兼行医济世。功名官身是段氏族人长久以来的追求，但从现实来看，依自己天赋择业、持家理业才具实际意义。宗族在乡土社会权威的建立除了依靠功名官身，更重要的是对地方事务的参与度，维护地方社会的安全、稳定，参与地方公益事业，更有利于赢得地方民众的认同。

三、段氏家族的教育举措

家族的绵延振兴需要人才，人才则产自教育。为了家族的兴旺和显要，宗族采取多种举措兴学助学，以期培养出士人官宦，提高宗族地位，望重乡里；次也可提高家族整体文化水平，使家族不受欺凌。[⑥]

（四）开办学塾

在传统社会，学校分官学、私学，官学作为培养士子科举入仕的官方学校，在清中后期时已名存实亡，私塾或带有私学性质的书院实为学子求学之地。宗族为更好地培育本族子弟，常会开办族学。族学也被称为“义学”“塾学”，“塾学有两级，一级是满足家族子弟读书识字需要的普及教育，以蒙学教育为主体；另一级是为了满足家族子弟应试科举的需要，即以入仕为目的的教育”[⑦]。

段氏族学兴办于乾隆年间，为段氏族长段永科建宗祠时所立，“公以睦族善俗，宜期

---

① 冯尔康、常建华：《清人社会生活》，沈阳：沈阳出版社，2001年，第111页。
② 吴建华：《清代江南人口职业观念》，《安徽史学》2003年第4期。
③ 周荣德：《中国社会的阶层与流动》，上海：学林出版社，2002年，第134页。
④ 段邦贞，廪贡生、候选中书科中书衔、前任直隶泸州训道，历任剑州、简州、云阳、三台、万县儒学。
⑤ 十全会是清末民初时期，盛行于四川各乡镇、由地方乡绅组建的民间慈善团体。
⑥ 冯尔康：《清代宗族的兴学助学及其历史意义》，《清史研究》2009年第2期。
⑦ 党明德、张婷：《中国家族教育的特点》，《齐鲁学刊》2007年第6期。

久远，乃建宗祠，置祀田，立族规，设义学”①。段氏义学设立于家族供养的寺庙龙伞寺中，主要接收家境贫寒子弟，以读、写、算等基础的蒙学教育为主；义学教育结束后，有天资者可再入私塾、书院进行更深层级学习。宗族蒙学教育也是对族人进行教化的一种手段，有利于提高家族整体的文化水平，增强家族凝聚力和影响力。

以蒙学教育为主的族学提升了家族整体的文化水平，具有普及教育的意义，但家族教育的“根本目的是培养家族科第人才，提升家族声望、振兴家族”②。在族学不能实现这一目的的情况下，家境宽裕的家庭便会独自或几家合力延师开私馆，或送子弟入书院求学。如段邦璿夫妇聘有学行的廪生入家课子孙，“延邑廪生陈君蔼馆其家者三十余年”③；段盛昭外出求学于川东渝郡书院。私塾和书院有专业而系统的入仕教育，学生中试机会更大，段邦璿之孙段绩禹就在陈姓塾师的教导下考取了秀才。

段氏家族开办族学和私塾，既培育了科举人才，使其改变身份，进入特权等级；也让普通族人接受了教育、提高了文化水平，令职业发生变更，由农民转而成为与文化有关的职业人士，如塾师、医师、风水师等。④ 段氏对教育的重视使家族人才辈出，不仅改变了族人个人的命运，也提高了家族的声望和地位，使家族发展长盛不衰。

（五）善待良师

家族绵延振兴的关键在于教育，塾师的选择尤需慎重。塾师既要言教，更需身教，直接影响生徒思想品德和行为，宗族必持隆师重道的原则，选择性的聘请。⑤ 族学多为蒙学教育，德好才优的生员即可胜任；有科考需求的学子，常聘举贡以上功名者为师。

段氏家族未曾记载其族学教师，但就当时社会普遍情况而言，段氏义学教师应多为学优行端的生员，也不排除个别虽无功名但才学出众的儒生。⑥ 族中有科考入仕需求者，其师多为学高名盛、科场经验丰富的功名之士。如段兴国“先受业于邑孝廉刘公世昌，聂公元璋；继受业于邑孝廉彭公昌集，副贡何公苏”⑦；段邦璿“延严邑廪生陈君蔼如馆其家者三十余年”⑧；段盛昭受业于川东渝郡书院进士出身何荣楠。当然，段氏族中业儒之士和习举业者亦会参与族中教育。

良好的经济基础是聘请名师的重要前提，“修金的多寡，直接反映尊师重道的态度，没有像样的修金，师道尊严体现不出来，先生就很难自觉地、高度责任感地从事教学，难于耐心教导、严格要求学生”⑨。塾师的修金主要包含三个部分：束脩、膳食和节礼。

① 段氏族谱编纂组：《段氏族谱段氏血脉世系人物事迹史料》，2006 年，第 264 页。
② 胥文玲：《宗族塾学与闽北家族教育考略》，《教育评论》2014 年第 10 期。
③ 段氏族谱编纂组：《段氏族谱段氏血脉世系人物事迹史料》，2006 年，第 273 页。
④ 冯尔康：《清代宗族的兴学助学及其历史意义》，《清史研究》2009 年第 2 期。
⑤ 冯尔康：《清代宗族的兴学助学及其历史意义》，《清史研究》2009 年第 2 期。
⑥ 刘天宇：《重庆地区清代私学的研究》，重庆：重庆师范大学硕士学位论文，2016 年，第 22 页。
⑦ 段氏族谱编纂组：《段氏族谱段氏血脉世系人物事迹史料》，2006 年，第 268 页。
⑧ 段氏族谱编纂组：《段氏族谱段氏血脉世系人物事迹史料》，2006 年，第 274 页。
⑨ 冯尔康：《清代宗族的兴学助学及其历史意义》，《清史研究》2009 年第 2 期。

段氏聘请的塾师束脩金额已不可考，但族谱中记载，主家对塾师膳食的整治极为恭敬。段平正力农家贫，待其子之师，修金从厚并款以鸡黍；段邦瑢妻对家中塾师“必为洁治食饮，厨中茶铛酒盏，虽端日不厌”①。教师待遇也会因为任教的级别、类别以及自身能力而不同。相对于有培养功名之士要求的驻家塾师，只需进行普及教育的族学教师，因水平要求较低，相应待遇也低。《民国新修武胜县志》记载，嘉庆时所设官义学学师岁薪三十六两，道光时所设官义学学师岁薪二十四两。② 段氏义学虽为族学，但就学师待遇来说与官方义学相差不会太大，段氏义学学师平均薪资也应在其二十两至四十两之间③。

（六）资助子弟

教育耗资巨大，宗族开办族学需有雄厚的财力为支撑。“唯有财力雄厚的宗族，或财力有限而有特别热心人经营的宗族，才能实现办学的愿望。”④ 段氏家族设有学田作为族学经费，宗祠也会从族产中划拨银两作为对优秀学子的奖赏和学子赴试之资。段氏家族还设置了一套完备的励学机制：

> 一议，本族文武生童生应试资斧，县试每名给钱陆百文。府试壹千陆百文。院试壹千陆百文。乡试、教职、杂职、贡监、文武生，各给钱肆串，俟试毕。始行发给。家富有时不取者。听之。
>
> 一议，本族取进文学，给衣顶钱壹百串。进取武学，给衣顶钱伍拾串。文生补廪，给奖赏钱叁拾贰串，其出保本族应试文武生童，概免贽仪。
>
> 一议，本族于酉年考取拔贡，给廷试资斧壹百串。每科乡试中式举人，给会试资斧壹百陆拾串。中式副榜，给奖赏钱捌拾串。中式武举，给会试资斧钱壹百贰拾串。
>
> 一议，本族武职由行伍出身有凭者，外委以上给奖赏钱叁拾串，守备以上给钱陆拾串，游击以上给钱壹百串。⑤

读书科举的花销不小，求学时的束脩，应试时的路费、试卷费等各种杂费都需自备，因而薄产之家举全家之力才能供养出一个读书人。清前中期一个生员应试之资约需十两，省试、会试花费也就更多，许多贫寒士子无力应考，不得不放弃科考，因此族中士绅富家资助族人读书、科考之事屡见不鲜。⑥ 段氏家族宗祠会资助优异子弟，族中士绅也常常资助族中子弟，段邦彦对族中“有贫不能读者，且赀以助其读”⑦；段邦瑢也对“族有贫

① 段氏族谱编纂组：《段氏族谱段氏血脉世系人物事迹史料》，2006 年，第 269 页。
② 罗兴志修：《民国新修武胜县志》第 6 卷，学校，民国十九年（1930）刻本。
③ 刘天宇：《重庆地区清代私学的研究》，重庆：重庆师范大学硕士学位论文，2016 年，第 23 页。
④ 冯尔康：《清代宗族的兴学助学及其历史意义》，《清史研究》2009 年第 2 期。
⑤ 段氏族谱编纂组：《段氏族谱段氏血脉世系人物事迹史料》，2006 年，第 290 页。
⑥ 罗检秋：《族学与经学——从基层社会探寻清学的源头活水》，《湖北大学学报》2018 年第 3 期。
⑦ 段氏族谱编纂组：《段氏族谱段氏血脉世系人物事迹史料》，2006 年，第 271 页。

而好学者，廪给之，赴试则赀以行”[①]。宗族和族人的助学行为，使更多族人接受了教育，让成绩优异者有机会进场科考，不仅帮助族人改变了自身的身份地位，也为宗族培育出更多的人才，壮大了宗族的实力。

四、段氏家族教育的转型及其影响

（一）开办新式学堂

教育服务于现实社会，是一定历史阶段的政治、经济和文化的反映并反作用于政治、经济、文化。[②] 鸦片战争后，中国社会发生了“三千年未有之大变局”，“社会性质的变迁决定着家族教育的变革，在诸多因素的冲击下，传统家族教育对自身做出适应性的调整成为其必然的选择”[③]。为培育适应新社会要求的人才，新式教育逐渐在中国社会推行开来。

晚清以来，西学逐渐传播开来并冲击着传统旧学系统，清廷内部为救亡图存，要求学习西学、兴建新式学堂、培养新式人才。清末新政时期为求才，朝廷主动改革教育制度，变革学制、兴办学堂并推行至全国。1901 年清廷谕令全国建各级学堂，“著各省所有书院，于省城均改设大学堂，各府及直隶州均改设中学堂，各州县均设小学堂，并多设蒙养学堂”[④]。政府开始自上而下实行教育改革，推行新式教育。1905 年，朝廷正式下令废除科举，科举制的废除切断了家族借助教育进入上层社会和维护家族利益的重要途径，家族教育不得不根据社会新需求而转变。[⑤]

在清末新政的大背景下，公职、教职以及其他种种行业都急需新学背景的人才，进入新式学堂与出国留学便成了士民获取功名和社会地位的主要途径[⑥]。家族为在社会变革中维持其原有社会地位以及实现平稳发展，一面鼓励、支持子弟接受新式教育，一面积极开办新式学堂，把对传统教育的经费转移到对新式教育的投入上来。段氏家族追求上进，对社会变化极其敏感，顺应时代转变家族教育形式，积极接受新式教育并跟随社会潮流开办新式学堂。

在教育投入上，段氏家族助学奖学原则转变，把对传统的科考试毕后发放的应试补贴转变为对进入新式学校学费等内容的资助。如段学新在武胜简易师范学校读书时，段氏宗祠每学年发给其济贫助学谷 200 市斤，作为交“尊师米”、购文具、制校服之用。在家族的资助及族人自身对新式教育的重视下，段氏家族培养了一批接受过新式教育甚至

① 段氏族谱编纂组：《段氏族谱段氏血脉世系人物事迹史料》，2006 年，第 273 页。
② 王笛：《清末新政与近代学堂的兴起》，《近代史研究》1987 年第 3 期。
③ 党明德，何成：《中国家族教育》，济南：山东教育出版社，2005 年，第 206 页。
④ （清）朱寿朋编，张静庐等校点：《光绪朝东华录》（四），北京：中华书局，1958 年，总第 4719 页。
⑤ 陈虹：《清末民初嘉兴地区望族的家族教育研究》，杭州：浙江大学硕士学位论文，2007 年，第 25 页。
⑥ 萧功秦：《从科举制度的废除看近代以来的文化断裂》，《战略与管理》1999 年第 4 期。

是高等教育的人。如段含尧、段含鑫兄弟二人就读于国立东北大学；段含暄、段含淼于四川大学毕业；段绩成于中央政治大学毕业；段芳槐于中央陆军军官学校毕业等。这些接受了新式教育的族人回乡后，凭借新学背景进入武胜政府、教育部门等各行业中，使段氏家族在地方社会的权势和威望得到了进一步的提升。

新学在政府的极力倡导下成为大势。为了培养更多优秀的人才，鼓励族人接受新式教育是宗族教育转变的第一步，建立新式学堂则是第二步。民国八年（1919），段氏家族在族学原址龙伞寺开办了新式学堂并更名为“区立第二小学校”。该新式学堂的前身即为段氏族学，后由段氏宗祠捐资筹建，但也接受官方补贴，具有官民合办性质。由于办学方式和教学内容发生改变，办学经费上调，宗祠资助和官方补贴也加大了比重。直至20世纪20年代末，在“庙产兴学”的背景下，龙伞寺僧田被划拨为办学经费，段氏宗祠才停止了对该校的捐助。新学十年间，该校校长多由段氏族人担任，大多数教职员工亦皆为段氏子弟，段氏家族一直掌控并参与教学事务。区立第二小学校成为段氏家族跻身地方学务的重要平台。

（二）新学与段氏家族的发展

在清末废科举之前，科举入仕是改变个人及家族现状、地位的重要途径，宗族倾注大量心血培育士绅、官宦，以期获得地位提升、实现宗族兴盛。段氏家族同样如此，虽在科举一途少有进益，但也培养了一批区域功名获得者，在地方社会具有相当的地位和权势。清末民初社会转型时期，家族教育的方式和方向也随之转变。特别是在科举制废除后，士绅科举入仕之路被堵死，家族转而鼓励、资助族人接受新式教育，获得适应近代社会需求的专门知识和技能，使之投身于近代社会政治、经济和社会生活的各个方面，寻求更为宽广的权力空间。

清末新政时期，朝廷通过开办如法政学堂之类的专门学堂培养新政人才。在地方筹备的各自治机构中，具有新学背景的人才炙手可热。不少士绅通过参加法政学堂为自己镀金转而进入自治机构，获取地方社会的权力资源。科举制度废除及至民国建立后，新式学校出身的新学人士在正式行政权力体制中占据主体。① 段氏家族作为能顺时而变的家族，造就了不少新式教育的人才。如段含江，初中文化，民国时期历任龙女粮库主任、龙林乡副乡长；段含淼，川大毕业，曾任龙林乡乡长、区立第二小学校校长；段芳槐，中央陆军军官学校毕业，曾任少校政治指导员；段含秀，国立北洋大学土木系毕业，民国三十六年（1947）为国民大会代表候选人。② 更多具有新式教育背景的族人进入到武胜地方社会的教育、政治、经济等领域，把持和影响着武胜地方社会的方方面面。

清末民初之际，段氏家族顺应时代潮流在教育方式上做出变革，不但及时输送子弟

---

① 王先明：《乡绅权势消退的历史轨迹——20世纪前期的制度变迁、革命话语与乡绅权力》，《南开学报》2009年第1期。

② 段氏族谱编纂组：《段氏族谱段氏血脉世系人物事迹史料》，2006年。

接受新式教育，且通过开办新式学堂来培养更多适应社会需求的人才，这些新式人才涌入各行各业，成为段氏家族在新时期如鱼得水的人脉基础。

（三）新学与地方社会的发展

新学教育在地方推广普及，是教育近代化的过程，是社会近代化的重要部分。清末民初时期，“新学”教育得到政府重视并被广泛推行，却具有偏向城市、疏离乡村社会的历史特征。① 新式学堂主要集中于都市，高等学校集中于各大中心城市，中等学校设置于县市，初等学校也主要分布于城市社区，乡村社会仅零星散布。② 新式学堂的布局，使乡村与城市的教育差距越来越大，广大乡村地区教育仍以传统私塾为主，教育近代化程度较低。段氏家族主持开办的“区立第二小学”，是位于武胜乡村的一所新式学堂，学校推行“四二”学制，开设国文、英语、体育、音乐、图画等各类课程，在教学形式和内容上转向近代化，客观上推动了武胜乡村教育的近代化。

新式学校使用新式教科书，采用新式教学法，教授近代科学文化知识，让学生建立了新式生活态度和行为模式，传统儒学思想体系受到冲击，迷信盛行之风气有所缓解。而接受新学教育的人，在受到现代工业和文明的熏陶后，以各种方式将城市的生活方式和价值观念渗透到原居地，进一步加速了传统乡村观念的改变。③ 区立第二小学的设立，让周边社区的学童就近接受教育，学习近代文化知识，客观上起到了传播近代文明的作用，有利于乡村社会的近代化。初等小学教育也为学子接受高等教育打下良好基础，使其顺利成长为对社会有用之人，回流到乡土社会的人才也推动着乡土社会不断向前发展。如段可大、段之大 1921 年小学毕业后，继续学习至大学，并毕业于北大工程系。1930 年，段可大回到保国民学校④任教，为武胜乡村教育尽力。段氏家族作为扎根武胜地方社会的乡土宗族，在清末民初社会转型之初，通过新学教育培养了适宜社会发展的人才，推动了家族发展，而这些具备工业化社会知识和技能的新式人才，在回流到武胜地方社会后，也推动着武胜地方社会的不断发展。

新学教育在促进地方社会现代化的同时，也加速了城市和乡村社会的分化。新式学堂集中分布于城市，城市成为教育的中心；“新学”教育传授工业社会所需的知识和技能，不切合乡村社会的需求，使乡村精英不断流向城市。⑤ 对家族来说，“新学”教育传递着自由、民主等进步思想，以父子关系为中心，以孝和服从为基本准则的传统家族血缘伦理观念受到冲击，家族存在的思想基础逐渐消散，家族开始走上漫长的解体之路。⑥

段氏家族在不同的社会时期，都能顺应时代潮流，通过教育培养出符合时代需求的

① 郝锦花、王先明：《清末民初乡村精英离乡的“新学”教育原因》，《文史哲》2002 年第 5 期。

② 郝锦花、王先明：《从新学教育看近代乡村文化的衰落》，《社会科学战线》2006 年第 2 期。

③ 郝锦花：《新旧之间——学制转轨与近代乡村社会》，太原：山西大学博士学位论文，2004 年，第 110 页。

④ 1929 年，姚新吾担任区立第二小学校长时，将学校校址由龙伞寺迁往万善的罗国寺，龙伞寺停止招收高年级的学生，只招初小，即保国民学校。

⑤ 郝锦花、王先明：《清末民初乡村精英离乡的“新学”教育原因》，《文史哲》2002 年第 5 期。

⑥ 陈虹：《清末民初嘉兴地区望族的家族教育研究》，杭州：浙江大学硕士学位论文，2007 年，第 40 页。

人才，从而保持家族的持续发展。传统社会大背景下，在重视举业的同时，通过开办族学来提高族人的整体素质，使族人有着从事更多与文化相关职业的可能性，以此对族人进行教化，增强宗族的向心力，提高家族在地方社会的声望和实力。科举废除后，适应时代需求的新式教育在全国确立，段氏家族通过家族公产支持族中子弟接受新式教育，继续为家族培养了众多适应社会新需求的人才，并通过这些新学人才逐步全方位地掌握了地方社会的控制权。但是，随着社会向前发展，接受新学教育的族人，更倾向于留在适宜他们发展的城市，家族观念也越发淡薄，回流到地方社会的人才越来越少，段氏家族也渐渐走向没落。

清代的乡土社会治理路径及其现代价值

——以《徐公谳词》为核心的考察

洪　洋*

在以无讼与息讼为主旋律的中国古代社会中，交争兴讼往往被打上了扰乱法律秩序、危害社会和谐稳定的烙印。儒家先师孔子所主张的“听讼，吾犹人也，必也使无讼乎”①的法律理念一直被习儒学之道、遵圣贤之礼的封建统治者奉为治国理政之圭臬，为了实现国家安泰、政平讼理的社会治理目标，位于官僚体制顶端的封建统治者常会把社会治理的统治权能交付于奔波在“乡土社会”② 一线的基层官员们，基层官员们惯用的规制民间争讼的理讼解纷范式俨然成为社会治理最稳妥的载体。可以说，乡土社会治理路径的延伸正是调处化解矛盾纠纷的过程展现。至中国封建社会的末代王朝，由“身份到契约”③ 的社会发展趋势进一步强化，繁荣的商品经济为民间“细故”纠纷培育了滋生繁衍的土壤。清代的基层官员们紧密围绕在有效化解“细故”纷争这一社会治理的核心问题周围，努力把民众之间集中反映社会物质利益需求的权利义务关系调整到较为合适的程度，由此开辟了乡民自治与官府控制有机统一的社会治理路径，在多维度的治理空间内建立起了调处家庭、邻里与宗族争端的坚固堡垒。笔者拟以《徐公谳词》为考察视角，分析清代基层社会治理路径形成的历史必然性，再依次从乡民自治与官府控制两个维度阐述具体的治理范式，并在此基础上探究其镜鉴意义与现代价值。

《徐公谳词》辑录了被乾隆皇帝誉为“卓越一代之完人”的清代名吏徐士林在担任安庆府知府与汀漳道道员期间所作的优秀判词，一方面描摹了清代基层社会冗繁的民间纷争以及地方理讼解纷的实际境况，另一方面则反映出以徐士林为代表的基层官员们站在“法情允协”的立场上缓和矛盾、消弭争讼的社会治理逻辑。因此，在《徐公谳词》所辑录的判词语境中能够探寻颇具时代特色的社会治理背景，还原清代真实的社会治理路径。

---

* ［作者简介］洪洋：山东济宁人，中南财经政法大学法律硕士教育中心 2018 级硕士研究生，研究方向为法律史学。

① “无讼”的概念由儒家先师孔子提出，语出《论语・颜渊》。

② 中国传统的基层社会可以劈划为乡土（乡村）社会与市镇社区两部分。本研究以《徐公谳词》为考察视角，将研究的目光聚焦在清代乡土社会的民间纠纷调处化解机制之上。

③ 两宋以来高度发展的商品经济动摇了宗法等级制度赖以生存的根基，创造了越来越多的建立在契约关系之上的平等主体。参见张晋藩：《中国法制通史（第五卷）》，北京：法律出版社，1999 年，第 118 页。

一、乡民自治与官府控制治理路径的社会基础

在封建王朝绵延发展的历史进程中，乡土社会的治理历来都是统治者热切关注的话题。他们深知乡土社会的和谐稳定对巩固国家政权、维护官僚秩序的重要意义，遂建立起以权力关系为主体的治理模式，希望将远离统治中心的乡土社会尽快地纳入皇权专制的版图。其从政治、经济、文化这三个方面开展了自上而下的秩序构建，即通过保障臣民的基本物质需求以避免其因生活困难“铤而走险”，反复向臣民灌输从儒家学说中严格筛选出来的道德教条以使其认同或接受现存的统治秩序，以不断监视臣民为前提查出“奸民”并及时采取措施。[①] 但不可否认的是，具有自我完善与净化能力的乡土社会与官僚体制之间总是呈现相互对立的矛盾关系，深涵情理的乡土文化在强势的治理文化面前并未屈服与退缩，而权力关系下精英化的官僚阶层在整合社会资源调处化解民间争讼时亦会受到治理能力不足的困扰，无法事无巨细地将统治者的秩序构建意志深入到乡土社会之中。正所谓乡土社会秩序的维护是可以在“无法”的情境下存在的，因为其本质上是教化养成的“礼治”社会。[②] 民间自治与皇权统治的博弈最终使清代的统治者做出了适当的妥协与让步——虽然王朝国家的统治理念历来排斥“乡村自治”，但将其作为一种“专制政策”下的“统治策略”亦未尝不可[③]——承认并依靠民间社会中所孕育的本土治理力量，赋予其合法化的生存空间，并将官府的直接治理模式转变为以监督与控制为中心的间接治理模式，由此形成了双层治理格局下集权而又简约的治理形态，即乡民自治与官府控制和谐共生的社会治理路径。该路径“同时具有官方的与民间的，以及道德的和实用的这两个层面”[④]，可以有效保证社会治理预期效果的实现。其形成的社会基础主要包括如下三个方面。

（一）官僚体制下“案多人少”的困惑

若揭开笼罩在郡县制国家政治体制上的神秘面纱，令统治者无法回避的难题便会浮出水面——官治动能乏力与基层社会风险——对国家的治理体系与治理能力构成了严峻的考验，在有清一代表现得极为明显。官治动能乏力集中反映在税务管理机制的底层支撑与家族政权约束这两个维度，前者在实践中的主要运行模式是“由乡地先预付应征款项，然后再由他们在社区成员中分配税额，收缴税款”[⑤]，只有在该模式出现问题时官府才会介入；而后者则为精简官僚体制的规模、限制官僚系统的扩张创设了条件，精英化

① 萧公权：《中国乡村——论19世纪的帝国控制》，北京：九州出版社，2018年，第3页。

② 费孝通：《乡土中国》，北京：生活·读书·新知三联书店，1985年，第49页。

③ 鲁西奇：《“下县的皇权”：中国古代乡里制度及其实质》，《北京大学学报》（哲学社会科学版）2019年第4期。

④ ［美］黄宗智：《清代的法律、社会与文化：民法的表达与实践》，上海：上海书店出版社，2001年，第18页。

⑤ ［美］黄宗智：《集权的简约治理——中国以准官员和纠纷解决为主的半正式基层行政》，《开放时代》2008年第2期。

的基层官员们常常集“法官、税官和一般行政官”① 于一身，难以从容应对州县事务，繁多的积案即是官治动能乏力最形象的体现。如在嘉庆十二年，根据安徽等九省省府衙门的上奏，有四个省府衙门的积案超过了 1000 件，分别是湖南（3228 件）、福建（2977 件）、广东（2107 件）、江西（1610 件）。② 省府受理的案件毕竟是少数，州县衙门的讼案与积案必然有过之而无不及，而其中正包括徐士林任职的皖闽两省。同时，积案问题也与放告制度紧密联系在一起。清代汲取明代州县放告的惯例，亦实行“三六九放告”的规定，有限的放告日期不仅压缩了基层官员们治理社会的空间，更为乡土权威们自行处理乡土内部的事务提供了可能。不难发现，受“制度资源”所限，清代统治者并未通过增设包括州、县官在内的常规官僚方式来有效应对由于经济社会生活日益复杂与人口渐繁而不断扩大的民间词讼规模。③ 因此，与其说乡民拥有一定的自治权，毋宁说并不是官府有意赋予乡村自治的权利，自治实质上暗含着中央集权尚未完成的旨蕴，正所谓“中国行政管理史上充满了朝廷力图在城区以外发挥行政功能的努力。除了在税收方面达成了妥协，这种努力只获得了短暂的成功……一出城墙，皇家行政的威力就一落千丈，无所作为了”④。

此外，作为蕴含着封建权威的“硬规则”，以清代统治者的名义制定、修改或补充的带有强权色彩的法律政令不可避免地与民间生活相脱节，固化层面上的“国法”与因境而异变化多端的“民情”之间具有天生的分离张力，国家的法令框架无法从容地涵摄冗繁的民间纷争，难以及时有效地调和两造之间的利益纠葛，“刑定律有限，情博爱无穷”⑤ 即是最形象的印证。为了打牢封建统治的根基，最优的选择便是在官府与乡民之间构筑相对平稳的“缓冲区”，运用自下而上形成的具有深厚社会基础并体现了乡土民众对法的共同认知的“软规则”，走灵活高效的间接治理之路，充分发挥宗族尊长、乡约保甲等乡役人、中人群体乃至乡绅们的理讼解纷作用，使此类“乡土精英”成为官方治理的有效补充。如此既能降低根深蒂固的官民冲突风险，又能实时控制与消除乡土社会中潜在的威胁因素。

（二）商品经济与农耕经济之间的张力依旧

清代的商品经济达到了鼎盛的高峰，作为债之产生形式的契约制度已近完善成熟。契约准则引领下的商品经济看似与“细故”纷争并无任何纠缠的连接点，但或由于契约

① 瞿同祖：《清代地方政府》，范忠信、何鹏、晏锋译，北京：法律出版社，2003 年，第 11 页。

② ［美］梅利莎·麦柯丽：《社会权力与法律文化：中华帝国晚期的讼师》，明辉译，北京：北京大学出版社，2012 年，第 116 页。

③ “制度资源”是指现有制度框架内可以在一定程度上加以扩充或限制地利用的各类实体性资源，主要包括内部惯例、人力资源、财力资源等。参见尤陈俊：《“案多人少”的应对之道：清代、民国与当代的比较研究》，《法商研究》2013 年第 3 期。

④ ［德］马克思·韦伯：《儒教与道教》，王容芬译，北京：商务印书馆，1995 年，第 145 页。

⑤ 元代官员杨维桢在《沈氏刑统疏序》曾言：“刑定律有限，情博爱无穷。世欲以有限之律，律天下无穷之情，亦不难哉。汉初约法三章，未几九章，遂至三百五十九章，后代滋至一千五百三十七章，何其所教之多也，然不能以数究情。”可以说，国法与民情始终处于不可调和的矛盾状态，有限的国法难以涵摄无限的民情。

历年已久损毁遗失，或由于契约真伪不明备受争议，由此产生的利益“葛藤”远远超过了基层官员们的心理预期。徐士林在判词中亦指出了商品经济对乡土社会秩序带来的消极影响，如受到利益蛊惑的乡民们或“因坟界毗连，屡讼成仇”①，或“冒祖争山，千态万状”②，或“争立继，争逐继”以致“两造戚族，各怀其私，情理二字，固言难之”③，或“假契混冒，以刁健妄讼为能事”④。在争讼风潮的推动下，乡土社会俨然成为“诉讼社会”⑤，其集中表现为“挟县官，贿经承，翻前招，捏假勘”式的“访之又访，告之又告，罗织无辜，何有底止?”⑥ 当然，官方话语体系中的“细故”纷争在国家统治与官僚秩序的维护层面无需承担过重的压力，虽然法律要求“州县自行审理一切户婚、田土等项”⑦，但其更乐意将“从公契勘”与调处矛盾的权力交给集官府的代理人与村社的代表等职位于一体的“乡保”⑧，而纠纷当事人经由乡保的调处取具甘结进而不愿诉诸官府再次挑起争端则是基层官员们历来倡导的“无讼”选择。

不应忽视的是，传统的农耕经济面对资本主义的冲击始终保持封建性的本色，其依然可以为聚族而居的乡民士族们创造相对封闭的生活环境。在这一熟人社会里发生的纠纷自然拘囿于亲友族邻的关系网络中，具有浓厚的亲情与族情色彩，由扎根于基层社会一线的“乡土精英”调处纠纷通常会起到春风化雨、两造皆服的治理效果，即“乡党耳目之下，必得其情……是在民所处，较在官所断，为更允矣”⑨。徐士林也深谙熟人社会的情理逻辑，其秉持“不以刑讯，而以理折，不以迹拘，而以情求”的理讼之道，力求

---

① 陈全伦、毕可娟、吕晓东：《徐公谳词——清代名吏徐士林判案手记》，济南：齐鲁书社，2001年，第94页。

② 陈全伦、毕可娟、吕晓东：《徐公谳词——清代名吏徐士林判案手记》，济南：齐鲁书社，2001年，第205页。

③ 陈全伦、毕可娟、吕晓东：《徐公谳词——清代名吏徐士林判案手记》，济南：齐鲁书社，2001年，第171页。

④ 陈全伦、毕可娟、吕晓东：《徐公谳词——清代名吏徐士林判案手记》，济南：齐鲁书社，2001年，第365页。

⑤ 有学者认为，明末以降，中国的多数地区进入了“诉讼社会”的运转轨道，乡土社会正是“诉讼社会”最真实的写照。参见［日］滋贺秀三：《明清时期的民事审判与民间契约》，王亚新、梁治平编，北京：法律出版社，1998年，第411页。

⑥ 陈全伦、毕可娟、吕晓东：《徐公谳词——清代名吏徐士林判案手记》，济南：齐鲁书社，2001年，第73页。

⑦ 田涛、邓秦点校：《大清律例》，北京：法律出版社，1999年，第480页。

⑧ “乡保”是乡约、保甲的简称，二者均为“以民供事于官为役”的“职役化”的基层社会治理组织。康熙四十七年对联保联甲的组织办法进行了详细的规定：“一州一县城关各若干户，四乡村落各若干户，户给印信纸牌一张，书写姓名、丁男口数于上……十户立一牌头，十牌立一甲头，十甲立一保长。若村庄人少，户不及数，即就其少数编之。”参见张廷玉：《清朝文献通考》，杭州：浙江古籍出版社，1988年，第5051页。在设立保甲制度的同时，承担宣扬教化职能的乡约制度亦随之兴起，如《清史稿》载：“又请饬督抚严饬所司，复社学，讲乡约，举节孝，立义冢，不力行者，不得与卓异。”又载：“行乡约，察保甲，多为文告，反复晓譬，务去斗很轻生之习。”由于基层官员们面临着治理动能不足的尴尬窘境，是故以官府权力为媒介的熟知乡土社会人际关系的乡保群体承担起了调处化解矛盾纠纷的重任。

⑨ 袁守定：《图民录（第二卷）》，转引自俞政：《案例背后的晚清史》，苏州：苏州大学出版社，2014年，第48页。

“揆之天理而安，揆之人情而准，比之国家律法而无毫厘之出入”①，而情理准则的实现无法脱离“乡土精英”的协力支持。诚然，因乡保失职、中人贪利而悖于情理进行调处的情况亦时有存在，随着利益受损的一方诉诸官府，由官府出面解决纠纷是约束与控制乡土社会治理运行轴线的必然要求。

（三）德治路径的推崇与宗族组织的支撑

自从董仲舒提出“罢黜百家，独尊儒术”的治世主张以来，儒家学说一直都被封建统治者尊奉为显学，并且在经历法律的儒家化与儒教的法律化这一双向运动后，儒家的治世理念便渗透到传统中国的制度层面与实践运行之中，历久而弥新。② 儒家伦理道德观念给予清代的基层官员们深刻的启迪，让其对蕴含着和谐观与礼治观的德治路径有了更为全面的认识，即在满是“熟人”的乡土社会中，强调“力”的法治应让位于标榜“理”的德治，其应然的治理轴线指向了儒家修齐治平的乡治理想，通过以“礼”化“俗”的途径在本乡实现“纵不能行之天下，犹可验之一乡”③ 的儒家乡治目标是最终的价值皈依。因是之故，为了有效协调熟人社会的人际关系，基层官员们将无讼与息讼、仁爱与良善作为社会治理征程中奋斗的目标，其与宗族尊长、“乡保”等乡役人、中人群体一道，在以调解与教化为核心的德治路径上渐行渐远，为广袤的治理空间描绘出了“孝行纯至，友爱着闻”的和睦景象，以最小的经济与社会成本换取了经济活动与社会生活秩序的正常化。④

此外，宗法等级制度的强化与宗族组织的发展壮大为社会治理目标的实现铺好了另一条捷径，正所谓“国权不下县，县下惟宗族，宗族皆自治，自治靠伦理”⑤。在家国同构的封建政治体制下，乡土社会“宗法若立”，那么在以宗法制度为前提开展的规制民间争讼的乡土治理实践对“朝廷大有所益”⑥。同时，“宗法既为养民教民之原本”⑦，作为族内权威人物的宗族尊长拥有治理族众的“自教养”权力，其深知“厚人伦者莫大于孝慈，正家道者无先于敦睦”⑧ 的重要性，遂围绕在宣扬儒家的伦理道德与纲常名教周围，以“礼”作为立身之本与治理宗族的纲纪，以和为贵、让为贤的忠孝美德谆谆教诲卑幼，力求为宗族成员提供一套为人处世的“量”与“度”的生活范式。可以说，在法律传统较为缺乏的国度里，让渡一些非国家行为来调控乡土社会，利用带有“软规则”性质的

---

① 于植元为《徐公谳词》作序。陈全伦、毕可娟、吕晓东：《徐公谳词——清代名吏徐士林判案手记》，济南：齐鲁书社，2001 年，第 8 页。

② 汪世荣：《“枫桥经验”：基层社会治理的实践（第二版）》，北京：法律出版社，2018 年，第 30 页。

③ 路新生注说：《近思录》，开封：河南大学出版社，2016 年，第 288 页。

④ 俞荣根、魏顺光：《中国传统“调处”的非诉讼经验》，《中国政法大学学报》2012 年第 1 期。

⑤ 秦晖：《传统中华帝国的乡村基层控制：汉唐间的乡村组织》，《中国乡村研究》2003 年第 1 期。

⑥ 张载：《张载集》，章锡琛点校，北京：中华书局，1978 年，第 259 页。

⑦ 冯桂芬：《校邠庐抗议》，北京：朝华出版社，2017 年，第 218 页。

⑧ 徐松：《宋会要辑稿》，北京：中华书局 1957 年，第 6496 页。

宗族制度来解决某些范围内的纠纷是确有必要的。[①] 宗族尊长以教化的方式分化瓦解族人妄自争讼的内心以营造“无讼是求”的宗族氛围只是其治理乡土社会的一个方面，面对族人之间的纠纷，其更多是肩负起了有效息讼的重任。聚家而成族，聚族而成国，中国传统诉讼的二元结构决定了国家司法与家族司法相互依存的关系。[②] 作为最初级的司法机构，宗族族长享有“初审”的权能，凡家族内的纷争首先应由族长依据家法族规裁断，若宗族司法的治理机制受阻或不肖子孙对宗族自行开展的惩戒措施产生了免疫力，那么族长会将纷争上交官府从公判决。由此观之，官府治理与“宗族自治”[③] 在理讼解纷的消弭化解层面已经成为不可分割的统一整体，官方美教化、厚风俗、息争讼的期许与民间正名分、重义礼、善调处的实践不谋而合，乡民自治延伸了官府的治理深度，而官府控制又保障了乡民自治在国法、天理与人情之上的平衡统一，互为表里、上下贯通的乡土社会治理路径因儒家伦理道德的牵线搭桥而最终形成。

二、社会治理的根基：官府控制下的乡民自治

若以横向与纵向两个维度对清代的乡土社会治理路径进行考察，可以发现封建统治者治理社会的淑世理想逻辑地指向了“保甲为经，宗法为纬”这一半官方、半民间的社会监督控制系统的构建，在稳定乡土社会经济发展秩序的进程中扮演主角并起基础性作用的便是族正制、保甲制与乡约制。[④] 申言之，官府控制下的乡民自治实际上由两类并存的治理系统组成，分别是以乡约与地保为代表的由官府设立的社会监督控制系统以及以宗族尊长为代表的由乡土社会自发产生并受官府承认的自治系统。两系统虽然紧密地交织在一起，但其实质上均为“官治”的延伸与变异——具有“以民治民”属性的乡民自治谨遵皇权的“礼法而治”与儒家的伦理纲常，其统摄乡民的方式更加隐蔽，能够为乡土社会治理的时效性注入持久的动力。[⑤] 从《徐公谳词》辑录的判词中可以窥见，乡民自治效果最佳且经常运用的方法论选项是集劝导与说教于一体的调解，通过调解使两造之间永存睦族亲邻之谊，永葆和善谦让之情，而其亦与官方以德化民、以情感民、以理服民的治理价值追求相融合。因此，笔者拟在调解的视域内对乡民自治展开详细阐述。

---

① 田成有：《中国农村宗族问题与现代法在农村的命运》，《法律科学西北政法学院学报》1996 年第 2 期。张金俊：《宗族制度控制与社会秩序——以清代徽州宗族社会为中心的考察》，《天府新论》2010 年第 5 期。

② 李交发：《论古代中国家族司法》，《法商研究》2002 年第 4 期。

③ “宗族自治”的概念是相对于官府治理而言的，这其实是一种“以民治民”的治理模式，如下所述的“乡民自治”与此同义。值得一提的是，虽然清代宗族活动具有自治的性质，但宗族的自治只能在政府允许的有限范围内进行，也即自治无法脱离官治模式的束缚，自治服从并服务于官治；并且在其内部实行严格的宗法族长制，极其缺少民主成分，因而与近代的自治团体不能相提并论、等量齐观。参见冯尔康：《简论清代宗族的“自治”性》，《华中师范大学学报》（人文社会科学版）2006 年第 1 期。

④ 春杨：《清代半官方性质民事纠纷调解初探》，《法律文化研究》（第四辑），北京：中国人民大学出版社，2008 年。

⑤ 参见刁培俊：《官治、民治规范下村民的“自在生活”——宋朝村民生活世界初探》，《文史哲》2013 年第 4 期。

（一）宗族共同体中的族长自治

“在帝国的统治下，行政机构的管理还没有渗透到乡村一级，而宗族特有的势力却维持着乡村的安宁和秩序”[①]，诚哉斯言！宗族权贵在长期治族的过程中逐渐认识到，治家犹如治国，无法不足以统族，既然“国有典则赏罚以饬臣民”，作为一个大家庭的宗族理应“有规寓劝惩以训子弟”[②]。于是，宗族权贵统筹整合国家法律、民间习惯与纲常名教，拟定了对族内成员具有普遍约束力的宗族法。由于其在支持国家政权、维护封建统治等方面成效显著，并且规范内容几乎涵摄买卖租赁、婚姻继承、祭祖祀宗、禁盗禁赌等族内生活的全部领域，统治者倚重乃至借助宗族组织的积极作用，随即赋予宗族尊长合法化的身份，允许其在催办钱粮、维持治安、处理户婚田土与殴骂窃赌等民事纠纷与轻微刑事案件等范围内代理官府行使某些职能，实行有限度的自治。[③] 馆田李氏《家法》等诸多清代的宗族法记载了调处族内纷争的顺位现象，即族人纠纷必须先“投明（鸣）族长”[④]，由其议论是非、从公处分，不得绕开宗族自治的范围径自诉诸官府。可以说，明代中叶直至清朝，宗族逐渐掌握了乡村司法审判权，经由“宗族法院”仲裁或审判是化解争讼的必经程序。[⑤]

如在“黄香等争继逐继案”[⑥] 中，虽然黄阿查、黄阿徐婆媳两寡，但由于其拥有丰厚的家产而被黄氏宗族内的奸邪小人垂涎不已。面对族人之间掀起的立继纠纷，黄氏族长召集各房尊长进行调处，欲寻求最佳的调解方案，但终因“亲支无昭穆相当者”，不得已立疏支黄宗荣之子黄二为黄阿徐之子，亲支黄乐俊、黄扶武皆画押，此事暂时平息。然黄扶武去世后其子黄香“妒黄二享厚产”，黄乐俊又因黄阿查赠予的田产未满足其私欲，二人遂捏造“黄香之弟黄朝先立，黄二不宗”的谎言控县不休。知府徐士林仔细剖析案件的事理，准律酌情地“断令两立”：一方面，肯定黄氏尊长做出的“爱立”决定，并将此案交由黄氏尊长进行族内调停，另一方面，出于永杜纠纷的需要，“法情允协”地准许黄朝按昭穆之序立继，如此“庶可相安于无事矣”。另在“永定县生员谢润堂占蒸税案”[⑦] 中，在谢氏族长未同意将三十桶祀产分拨于族人谢润堂占有的情况下，贪财心切的谢润

① ［美］古德：《家庭》，魏章玲译，北京：社会科学文献出版社，1986 年，第 166 页。

② 语出《仙源东溪项式族谱》卷一：“家之有规，犹国之有典也。国有典，则赏罚以饬臣民，家有规，寓劝惩以训子弟。其事殊，其理一也。”

③ 张晋藩：《中国法制通史（第八卷）》，北京：法律出版社，1999 年，第 273 页。

④ 馆田李氏《家法》规定：“同姓之亲操入室之戈，是祖宗之罪人也。被害者果有明证，设之祠堂，量其轻重，或责或罚，毋得宽贷。”合肥邢氏《家规》规定：“凡族中有事，必具呈禀于户长，户长协宗正批示，某日讯审。原被两造及祠正先至祠伺候。至日原告设公案笔砚，户长同宗正上座，各房长左右座，两造对质毕，静听户长宗正剖决，或罚或责，各宜禀遵，违者公究。”润城章氏宗族《宗谱》规定：“有事诉祠，用全柬一个，上书启禀二字，内诉原因。启到三日，值年即传唤族众到祠，户长上坐，户评旁列。其伸理不平者各陈实情，或是或非，悉听处分。”

⑤ 于语和、秦启迪：《家法族规中的“无讼”法律传统》，《江苏社会科学》2018 年第 3 期。

⑥ 陈全伦、毕可娟、吕晓东：《徐公谳词——清代名吏徐士林判案手记》，济南：齐鲁书社，2001 年，第 171—175 页。

⑦ 陈全伦、毕可娟、吕晓东：《徐公谳词——清代名吏徐士林判案手记》，济南：齐鲁书社，2001 年，第 344—345 页。

堂私自伪造公拨祀产的簿册，欲将祀产收入囊中，因而与暂收两年该祀产利益的谢景立产生纠纷。原本纠纷双方经族邻调解后已“具结请息”，但谢润堂“贪饕未厌，希图翻案”，竟然绕过族中尊长再次“夺先人之祀田，与族人讦讼不休”。为了实现协和亲族的治理目标，道员徐士林“立即传谕谢姓各房长”，委托其将族内的纷诉彻底消弭。谢氏族长遂召集族众，在族内祠堂中对谢润堂严厉训教，将伪造的簿册尽数销毁，并把仍属于其控制的祀产收归宗族所有，由各房长轮流看管以防止不肖子孙侵吞或变卖。

（二）乡约与地保调处民间纠纷

由明至清，在乡土社会治理进程中发挥主角作用的乡约与保甲出现了明显的融合趋势，其职能与身份的界限由此前的泾渭分明变得虚化模糊，二者的联系愈发紧密，能够共同行使乡土社会公共事务的管理职能。① 乡保是经民间“公举”“报官点充”继而由官府任命的职役化的乡土社会管理者，其在“名”上利用行政管理层级——“乡”的象征性符号，体现了某种官治的韵味，而在“实”上其所具有身份仍是“役于官者，民也”②，其只能沾上衙门气息——早在唐宋社会变革之际就已然揭开了从乡官制向乡役制转变的“县令之职，犹不下侵”③ 的帷幕。“名”与“实”的分离体现了官府节约治理资源、节省治理成本的现实考虑，亦彰显出成为官治与民治的衔接点、乡民与官府的中介人的乡役人之治理地位，正如清代官员张惠言所云：“甲长乡正之名，近于为官役。不若乡设一局，以绅衿一人总理，士大夫数人辅之，谓之董事。牌头无常人，轮日充当，谓之值牌。如此则牌头之名，不达于官，董事民间所自举，不为官役，又皆绅士，可以接见官府，胥吏虽欲扰之不可得矣。”④ 乡保以协助基层官员平息纠纷、宣扬德化为己任，调解息讼自然成为其无可推卸的责任，况且该项职责从官方的文案告示中可见一斑，即“甲内遇有户婚、田土、钱债、口角等项细故，保正甲长妥为排解，以息忿争”“一切牙鼠雀角钱债细故，允当善为排解，毋使滋讼”⑤。通常情况下，发挥“与原有的乡村团体和组织并立，或位居其上，使原有的乡村团体和组织无法发展成地方权力中心”⑥ 之监督乡土社会功效的乡保凭借官方的委托授权，由其出面主持的调解活动会以双方当事人握手言和出具甘结为最终结果，较高的调解成功率彰显出乡保调解在乡村治理实践中的重要价值。

如在“刘隐贤自缢身死案”⑦ 中，刘隐贤与蒋又桓因坟界毗连一直矛盾频仍，蒋又桓

① 廖华生：《明清时期婺源的乡约与基层组织》，《安徽史学》2017 年第 6 期。

② 马端临：《文献通考・自序》，杭州：浙江古籍出版社，1988 年，第 5 页。

③ 顾炎武：《日知录集释》，黄汝成集释，栾保群、吕宗力校点，石家庄：花山文艺出版社，1990 年，第 363 页。

④ 张惠言：《论保甲事例书》，转引自一凡藏书馆文献编委会编：《古代乡约及乡治法律文献十种》第二册，哈尔滨：黑龙江人民出版社，2005 年，第 38 页。

⑤ 四川大学历史系、四川省档案馆编：《清代乾嘉道巴县档案选编》，成都：四川大学出版社，1996 年，第 285 页。

⑥ 萧公权：《中国乡村——论 19 世纪的帝国控制》，北京：九州出版社，2018 年，第 7 页。

⑦ 陈全伦、毕可娟、吕晓东：《徐公谳词——清代名吏徐士林判案手记》，济南：齐鲁书社，2001 年，第 94—96 页。

砍伐其屋后树木，刘隐贤指责蒋家砍伐荫护其本家祖坟的树，二人再生纷争。乡保为了把纠纷消弭在基层，遂以亲邻贵乎和睦之理两下规劝，并采取“处米讲和”的方式使纠纷双方各自作出一定的妥协与让步，情理兼顾地平息了冲突。乡保在调处纠纷方面的优势不言而喻，但如果其受利益的诱惑罔顾事实地进行违背当事人意愿的强制性或威胁性调解，那么在乡民自治失灵后果出现的前提下，官府会行使司法控制的介入权重新衡平两造之间的利益关系，并对失职的乡保轻者严厉训斥，重者罢黜甚至科以刑罚。如在“何玉铉冒祖坛坟案”①中，退职差役何玉铉“仗蠹余威，欺宦衰裔，冒祖坟以侵地”，将原属于吴英山、吴宝城的坟茔悉数占尽。二人讦控于县，前署县随即批示乡约谢洪涛“谕众押和”，以息纷争。但谢洪涛因疏于察访而被何玉铉精心编织的表象所迷惑，遂与其合谋串通，号召族邻多人为吴氏兄弟施压，强迫二人议立和约，并将“何坟立碑，各祀其祖”作为和约的重要内容，何玉铉的奸谋就此得逞。怀宁县令受蛊于众口铄金与谢洪涛呈递的请息和约，将错就错，直至知府徐士林“登山亲勘，玉铉弊窦，实难掩饰”。错案得以平反，而导致本案出现偏差的直接原因在于乡约的错误引导。徐士林认为谢洪涛“徇私扛证，倡首鼓众”，已违背乡约之职，遂作出“不便仍留滋事，革去乡约，不许复充”的惩罚决定。

（三）与当事人无利害关系的中人调处纠纷

在以契约为中心环节的民间经济往来中均可见到中人的身影，究其根源在于清代的法律规范要求契约的成立生效必须具备“三面议定”“三面言明”“三面对头”②等实质要件，中人正是其中的“一面”。对中人身份的界定与划分并无严格意义上的标准，其可以是交易方的族亲或姻亲，亦可以是地邻或约邻。由于其扮演着交易活动说合者的角色，负责为双方传递交易信息、磋商达成价格、监督互相交付、对土地界址进行踏勘等，③所以其必定对交易方的财产纠葛谙熟于心，身份的亲缘性与交易的见证性保证了其调解的可接受性与可执行性。可以说，植根于乡土社会的中人群体是乡民自治的又一主力军，其借助自身的智慧将矛盾化解在萌芽状态，有利于琐事纠纷的消隐遁形。

如在“赵荣泽诬告汪宗南案”④中，汪赵两家因坟山中各自坟茔的界限范围产生纠纷，怀宁县令在参酌乡保、地邻等人提供的调查结果后做出决断，即“汪以谱为凭，赵以契为据，各管各业”，但对双方争议的地界并未做出实质性的调处方案。之后争议双方接受了中人陈既宾的调解，各自让步“具词和息，服输甘结”，陈既宾把和解书送交官府备案，此事争端就此化解。而赵荣泽竟私自伪造契约到府衙翻供诬告，知府徐士林揭露

① 陈全伦、毕可娟、吕晓东：《徐公谳词——清代名吏徐士林判案手记》，济南：齐鲁书社，2001年，第261—265页。

② 李祝环：《中国传统民事契约成立的要件》，《政法论坛》1997年第6期。

③ 春杨：《清代民间纠纷调解的规则与秩序——以徽州私约为中心的解读》，《山东大学学报》（哲学社会科学版）2008年第2期。

④ 陈全伦、毕可娟、吕晓东：《徐公谳词——清代名吏徐士林判案手记》，济南：齐鲁书社，2001年，第152—153页。

了其刁佞伎俩，其秉持“事必清其源，讼必绝其根”的治理理念，再次强调中人在调处纠纷方面的积极作用，遂“着和息人陈既宾等踩明安界，永斩葛藤”。另在“杨正常强抢案”[①] 中，杨四智之子杨正常贪得无厌，其欲效仿其父索加卖田价码，遂以储良相欠债为借口抢走其骡马，二人纠纷顿起。后经中亲议处，储良相出银十六两“输服息结，可以已矣”。但杨正常穷凶极恶，又以储家欠债为由率领一家人众“雀巢鸠居”“破仓搬稻”，经中亲调解后储良相甘愿再出银十六两以免受讼累，并将“日后杨人再不得借端索骗”写入议约，杨家父子签名画押。可是杨正常“心愈贪，性愈辣”，又一次撕毁和约编造理由企图侵占储家的田产，知府徐士林对其违背和约的行为处以严刑，以维护储家的利益为切入点做出了最终的调处方案，并要求中亲予以协助执行。

通过对上述案例的分析不难发现，乡土社会治理是乡民自治与官府控制交互作用的产物，“调审协同”的治理路径为“细故”争讼的分段化解提供了可能。具体而言，诉讼外调解是乡民自治的应有之义，若调解成功则不会“投鸣”官府，但须将两造出具的甘结报请官府批阅，官府的控制职能由此显现。若调解失败当事人经府县控诉，那么基层官员还有两种协调方案，即诉讼内调解与据法审判。诉讼内调解又包含“官批民调”的面向，其是反映官府意志的“官民合作”，能够在诉讼程序终结之前借助民间的力量平息纷争，尽可能地避免以官府强制性判决的形式阻碍乡民自治功能的实现。职是之故，在徐士林等看来，执法决断天平上的砝码理应放在调解的托盘之上，揆之情理的调解是缝合两造之间破损人际关系的灵丹妙药，其作为社会矛盾的“平稳器”与“减压器”博得了官员们的青睐。

三、乡民自治的补缺：官方话语体系中的社会治理

官府控制下的乡民自治以具有“本土资源”特色的乡规民约、宗法族规等内生性规范调处了诸多乡土社会的矛盾纠纷，有效缓和了争讼与息讼、控告与放告之间的冲突。诚然，乡土社会中的不良风气或诱惑因子始终左右着调解协议的签订与执行，始终是埋在乡民自治领域中的定时炸弹，在某种程度上削弱了民间社会自我修复与管理的能力。出于息事宁人的剀切需要，基层官员们会对捏造事由诬告陷害或置合法有效的和约协定于不顾通过伪造证据等卑鄙手段断然控诉的健讼者予以道德层面的训诫，情节恶劣者还会判处“枷号”“杖惩”等严厉的刑罚。与此同时，基层官员们亦清晰地认识到预防走在调处前的重要性，在社会治理的过程中常常秉持系统的预防理论，将矛盾的一般预防与特殊预防作为统一的整体，防范化解一系列社会风险。概言之，双层治理格局下官府控制的主要功能在于克服乡民自治的缺憾，通过对携带风险“病毒”的民众进行多管齐下的矫正治疗，维护乡土社会和谐的生活秩序。

---

① 陈全伦、毕可娟、吕晓东：《徐公谳词——清代名吏徐士林判案手记》，济南：齐鲁书社，2001年，第623—624页。

（一）实行道德训诫，培育笃实的信仰与至善的习惯

面对“族内讦讼”“扛神喊冤”“卖田索加”“冒冢盗葬”等六皖恶习，徐士林以“母子也，兄弟也，天伦也”的儒家伦理系统作为实行道德训诫的依据，以美教化、厚风俗、息争讼为最终目标，通过父义母慈、兄友弟恭的伦理规范谆谆教导民众，力求为乡民们构建一个共同的道德与礼仪标准，敦促刁钻顽劣之人由狡诈贪婪向淡泊明志复归，正所谓“至于家之齐、国之治、天下之平，亦举而措之耳”①。官府的训诫是道德教化的重要一环，但对于监生、秀才等受过良好教育的人群来说，送交县学或府学听凭教官的惩戒或许效果更佳，因此，学堂训诫完全可以视为补充环节。

如在“龙溪县民杨场告陈瑞等案”② 中，徐恰因故与杨质发生琐事纠纷，在保长调处无果的情况下，刀戳杨质致其重伤。此时乡民自治的作用受到调解失败、重伤结果的出现等因素的限制，不得不由官府出面解决冲突。道员徐士林当堂对凶蛮的徐恰予以训教，判处其“枷号三个月，满日重责四十板”，交由乡保严加管束，并对其进行定期的道德教化——“每逢朔望，押令跪听‘圣谕’，三年无过，准其开除”。另在“李乔冒祖占山案”③ 中，武生李乔的祖坟与阮心一的祖坟毗连，李乔蓄志并吞，通过争割朽树、假造契约等手段冒祖占山。对于鄙薄其祖先的李乔，倡导“以孝治六皖”的知府徐士林深为痛恶，“本应详革，置诸重典”，但为了从源头上杜绝其贪利邪念以及重塑其对先祖的信仰，“姑从宽传谕教官，当堂扑责，儆其顽胆”，以县学开展的伦理教化为出发点，矫正其病态心理并督促其“予以自新”。

（二）预防社会矛盾，永杜健讼之风

虽然社会治理目标的实现依赖于矛盾的调处，以促进法律效果与社会效果的双丰收，但在治理实践中起基础性作用的则是矛盾的预防，正所谓“调防结合，以防为主”。通过对《徐公谳词》进行系统的梳理，可以发现以徐士林为代表的基层官员尤为注重矛盾的一般预防，即以儆效尤的预防路径；同时亦强调矛盾的特殊预防，通过刑罚与教化让嚣讼者不敢再次触碰伦理道德的底线与法律的高压线。

如在“龙岩县民林景庵告李允标等案”④ 中，李林两姓因山场的所有权归属发生纠纷，林远庵精心伪造的卖契骗过了前两任县令，以致“案经三令，谳法屡更”。现任县令识破了林远庵的诡计，断令山场归属于李姓，但林远庵之弟林景庵“逞贪肆刁，执从前侥幸之谬断，欲翻后来平允之爰书，哓哓赴道架控”。为了分裂瓦解林景庵贪婪无惧的内心，并使其他民众引以为鉴，道员徐士林判处其“枷号示众，将此看抄贴枷面，押令游

① 萧公权：《中国政治思想史》，北京：新星出版社，2005 年，第 334 页。

② 陈全伦、毕可娟、吕晓东：《徐公谳词——清代名吏徐士林判案手记》，济南：齐鲁书社，2001 年，第 342—343 页。

③ 陈全伦、毕可娟、吕晓东：《徐公谳词——清代名吏徐士林判案手记》，济南：齐鲁书社，2001 年，第 591—593 页。

④ 陈全伦、毕可娟、吕晓东：《徐公谳词——清代名吏徐士林判案手记》，济南：齐鲁书社，2001 年，第 427—430 页。

街十日，仍重责三十板，以儆刁棍”。另在“郭性岳告黄学尹案”①中，郭性岳借助“练保”的身份窃取“空名”的典卖契约伺机敲诈黄学尹，龙岩县令据法而断将其予以杖惩并将契约涂销。然而其“欲壑未遂，讼胆益张，复以赂蠹蔽冤谎词赴道具控”，面对“藐官断如弁髦，视刁告为儿戏”的郭性岳，道员徐士林判处其“枷号两个月，游街示众。满日重责四十板，仍项挂铁牌，发该县朔望跪听宣讲圣谕”。

此外，基于调解协议或司法判决有效执行进而断绝讼根的现实考量，基层官员们还在制度设计层面设立了保证书制度——取具不再妄自兴讼的甘结，以强化来之不易的定分止争效果。如在“林逢春告王抻等案”②中，林逢春“因索利不与，借端抵赖”，妄想凭其“侜张为幻之词，指鹿为马，劈空捏造，希图吞噬”王抻合法占有的家产，“控县控府，又复控道”，如此“刁健之尤，衣冠败类。本应褫革究拟”。但道员徐士林念其是龙溪县生员，姑且将其押送县学教官处“当堂重扑二十板”，“取具该生改过自新，永不生事健讼甘结，并发落缘由报查”，以保证特殊预防卓有成效。

概言之，自郡县制国家建立以来，中国的传统社会虽然在封建君主专制与中央集权的政治体制轴线上随着历史与朝代的演进与更迭而平稳有序地向前滑行，但专制与集权始终难以也无法囊括传统社会的实然结构——在发挥主导作用的公权力结构之外，还存在与此相对应的起到补充作用的私权力结构，用多元权力结构来形容清代乃至中国的传统社会实不为过。诚如学者傅衣凌在谈论秦汉至明清绵延两千余年的社会控制系统时所认为的那样，“公”与“私”交相辉映是社会控制系统的本来面目，自上而下蕴含着强权威信的公权力系统从国家一直延伸到县或次于县的政权体系之中，公权力似是绝对的与没有边限的，但真正对乡土社会进行直接治理的是基于血缘或地缘关系建立起来的乡族组织，乡民们只有在乡族控制网络内才能申明与维护其所享有的社会身份与地位，皇权对乡土社会的治理简单来说正是“公”与“私”两类权力系统化冲突为协作、彼此依赖与利用的过程。③

四、清代乡土社会治理路径的现代价值探赜

通过以《徐公谳词》为视角对有清一代的乡土社会治理路径进行考察，不难发现乡民自治与官府控制这一集权而又简约的治理路径融自上而下各种循循善诱的动员和教化与自下而上多元主体的积极参与和协力配合于一体，集中体现了话语与实践、工具与目的、专业与综合、国家与社会、意识形态与制度运行博弈与互动的复杂交织的关系。④在

① 陈全伦、毕可娟、吕晓东：《徐公谳词——清代名吏徐士林判案手记》，济南：齐鲁书社，2001年，第444—445页。

② 陈全伦、毕可娟、吕晓东：《徐公谳词——清代名吏徐士林判案手记》，济南：齐鲁书社，2001年，第481—482页。

③ 傅衣凌：《中国传统社会：多元的结构》，《中国社会经济史研究》1988年第3期。

④ 汪世荣：《“枫桥经验”：基层社会治理的实践》（第二版），北京：法律出版社，2018年，第257页。

官方话语体系与民间自治体系相融共生的前提下，乡土的、官方的、法治的、情理的治理模式始终保持着多元理性化的内在张力，共同促进了基层官员们所殷切期待的美好社会理想的实现。在民主政权与市场经济共同作用的现代基层社会中，虽然传统的组织优势与文化力量已逐渐淡出了乡土社会的舞台，村庄社会的关联度大幅下降，货币化人际关系影响下的乡民成为原子化的个人，[①] 但基层社会的猛烈转型并不排斥“自治＋控制”的治理路径，清代的社会治理实践依然具有镜鉴意义与现代价值。换言之，和谐的社会定然是国家与各种民间力量平衡互动的社会，虽然国家制定的法律法规是国家机器有效运转的根本依据与内在涵养，但其无法取代民间社会组织的力量，只有给予地方以相对独立的自由，利用民间的乡土化资源，才能在“二元一体”的语境中实现社会秩序的安康稳定。[②]

伴随着“激发社会组织活力”[③] 的深入推进与“枫桥经验”[④] 的传承续新，国家按照“行政吸纳社会”的途径进行社会控制与社会整合致使技术治理的理性逻辑辐射到社会建设各个方面的趋势愈来愈明显，[⑤] 基层社会治理出现了技术化、法治化、多元化等新的容貌。若从本质上对现代乡土社会的治理模式作一全面审视，那么在横向层面，社会组织提供的公共服务与资源分享以及“枫桥经验”一以贯之的人民主体原则与自治、法治、德治完美融合的实践取向无不指向了降低官民冲突风险的治理需求，其利用乡土社会自身的优势条件进行的自治充分反映了治理路径传统的一面。在纵向层面，社会组织的良性运转无法撇开登记备案、行政管理等公权力的监督与纠偏，其作为公私权力之间的纽带，可以确保政府行政命令的上传下达与群体利益诉求的下传上达，通过利益对话的方式将矛盾化解在基层。[⑥] 同时，为“枫桥经验”注入青春活力的“人防、物防、技防、心防”这一系统的预防手段亦需调解、仲裁、行政裁决与复议、诉讼等多元纠纷解决机制的大力支撑，如果脱离了公权力的制约，该治理模式即会变成无源之水、无根之木。显然，现阶段业已定型的“自治＋控制”的治理路径与清代的治理实践一脉相承，二者具有类似的运行轨迹与逻辑基础：在清代，乡土社会惯用调解技艺，“只有当堂外解决恶化

---

① 贺雪峰：《熟人社会的行动逻辑》，《华中师范大学学报》（人文社会科学版）2004 年第 1 期。

② 苏洁：《宋代家法族规与基层社会治理》，《现代法学》2013 年第 3 期。

③ 中国共产党第十八届中央委员会第三次全体会议通过的《中共中央关于全面深化改革若干重大问题的决定》指出应创新社会治理体制，“激发社会组织活力。正确处理政府和社会关系，加快实施政社分开，推进社会组织明确权责、依法自治、发挥作用。适合由社会组织提供的公共服务和解决的事项，交由社会组织承担”。

④ 中共中央办公厅、国务院办公厅印发的《关于加强和改进乡村治理的指导意见》指出，应健全乡村矛盾纠纷调处化解机制，“坚持发展新时代‘枫桥经验’，做到‘小事不出村、大事不出乡’。健全人民调解员队伍，加强人民调解工作……推动法院跨域立案系统、检察服务平台、公安综合窗口、人民调解组织延伸至基层”。“枫桥经验”时代续新的主要内容是在开展社会治理中实行“五个坚持”，即坚持党建引领，坚持人民主体，坚持“三治融合”，坚持“四防并举”，坚持共建共享。

⑤ 渠敬东、周飞舟、应星：《从总体支配到技术治理——基于中国 30 年改革经验的社会学分析》，《中国社会科学》2009 年第 6 期。

⑥ 鲍绍坤：《社会组织及其法制化研究》，《中国法学》2017 年第 1 期。

到极为严重时，衙门才将所收讼案的处理权全部揽回自己手中”[①]，国家权力出现了向上收缩之势；在现代，官府的权力已转化为法律的约束力，乡约地保乃至宗族群体已转变为连接乡民与政府的社会组织或“自治委员会”。虽然作为底层“制度资源”的基层群众自治制度与人民调解制度共同成为乡土自治的中坚力量，但其也具有浓厚的法律与行政色彩，在自治的规范化、法治化得到增强的同时，自治缺憾补漏的法治化——司法审判制度同样如影随形。

以徐士林为代表的基层官员们鼓励宗族、乡保、中人等进行调处，而“枫桥经验”话语体系中“职役化”的社会组织同样注重调解作用的发挥，从植根于基层社会的群众性组织——人民调解委员会的运行机制中便可见一斑。[②] 可以说，清代的治理实践与“激发社会组织活力”“枫桥经验”的契合点就在于致力于和谐无讼的调解制度之上。不容置喙，以清代为代表的中国传统社会的调解模式无不闪烁着“和乡党以息争讼”“明礼让以厚风俗”[③] 的光辉，其重折衷、尚调和、倡中庸，蕴含着重义轻利、忍让无争的人生哲学。但是，无讼的根源在于事物内部对立面的矛盾，若一个民族只追求和谐而轻视造就和谐的矛盾，这不仅在哲学上是一大缺陷，更不利于民族的健康发展。[④] 质言之，徐士林等基层官员们赞同与支持的调解模式建立在义务本位的基础之上，其按照“妥协让步——利益的再分配——获利息讼”的演进轨迹，以压制与牺牲个人权利为代价换取家族与社会秩序的安定，不利于民众权利意识与法制观念的形成。[⑤] 对此，应以思辨与批判的态度挖掘清代调解模式的现代镜鉴价值。

首先，应健全人民调解员队伍，加强人民调解工作，充分发挥“三治”融合的积极效用，在法安天下、德润人心的精神指引下宣扬道德教化、普及法律知识，使基层社会的调解者依据法律规范调处纠纷，使民众因知礼知法而免生妄讼、健讼之心。此外，还应针对不同案件选择相应的调解人，使其凭借个人威望与道德涵养化解纠葛纷争，尽可

① 尤陈俊：《清代简约型司法体制下的“健讼”问题研究——从财政制约的角度切入》，《法商研究》2012 年第 2 期。

② 根据《人民调解法》的相关规定，在民间自治层面，人民调解委员会是依法设立的调解民间纠纷的群众性组织，人民调解委员会委员或由村民会议或者村民代表会议、居民会议推选产生，或由企业事业单位设的职工大会、职工代表大会或者工会组织推选产生，其工作制度应听取群众意见、接受群众监督。同时，在国家控制层面，国务院司法行政部门负责指导全国的人民调解工作，县级以上地方人民政府司法行政部门负责指导本行政区域的人民调解工作，基层人民法院对人民调解委员会调解民间纠纷进行业务指导；县级人民政府司法行政部门应当对本行政区域内人民调解委员会的设立情况进行统计，并且将人民调解委员会以及人员组成和调整情况及时通报所在地基层人民法院。可以发现，国家权力对人民调解委员会的控制无不渗透到其自治功能发挥的各个方面，人民调解委员会与清代的保甲制、乡约制一道，共同成为“职役化”“半官方化”的基层社会治理系统。

③ 语出康熙《圣谕十六条》：“敦孝弟以重人伦，笃宗族以昭雍睦，和乡党以息争讼，重农桑以足衣食，尚节俭以惜财用，隆学校以端士习，黜异端以崇正学，讲法律以儆愚顽，明礼让以厚风俗，务本业以定民志，训子弟以禁非为，息诬告以全善良，诫匿逃以免株连，完钱粮以省催科，联保甲以弭盗贼，解雠忿以重身命。”

④ 胡旭晟、夏新华：《中国调解传统研究——一种文化的透视》，《河南省政法管理干部学院学报》2000 年第 4 期。

⑤ 田小梅：《中国古代实现社会和谐的法律途径——以“戒讼”、“息讼”为主线的探讨》，《理论学刊》2009 年第 7 期。

能地满足纠纷解决的类型化需要，延展调解的矛盾预防功效。其次，应重构调解的制度定位，以和谐社会的权利本位为导向，以维护纠纷当事人的合法权益为重心，以公平正义、民主法治为原则，避免出现拘囿于情理的“和稀泥”式调解与久调不决的现象。再次，应突破调解者身份与调解理念的束缚，由“父母官”或“亲民官”转变为手执法纪的“仲裁员”，由“动之以情、晓之以理、慑之以法”的追求无讼与息讼的传统调解转变为以事实为依据、以法律为准绳的“教之以行、喻之以法”的现代调解，将国法与基层社会所孕育的情理人伦观念有机地融为一体，不断完善我国的非诉讼纠纷化解路径。最后，应明确民间调解与国家公权力干预之间的张力，建立调判结合的多元化解纷机制，由国家公权力保障调解向审判的有序过渡，使精细化、专业化的司法审判成为调解失效的最后防线。唯有如此，我国的调解制度才会在汲取历史先进经验的基础上愈走愈远，基层社会的治理路径才会更加畅通无阻。

清末民初欧美教会在南昌的发展

——以契约文书为中心

高劲松*

中外学者对于基督教在中国，特别是在江西地区的发展有较多的论述和研究成果①，其成果多集中于利玛窦在江西南昌的事迹以及20世纪初南昌教案的发生、缘由等热点事件中。但是对于欧美教会以传统方式通过购买当地土地（地基）建立教堂、医院、育婴堂、学堂等形式来传教的研究内容和成果却是凤毛麟角。本文以江西省博物馆及省档案馆藏百余件欧美教会购买南昌地区土地的契约文书为载体，勾勒出清末民初欧美教会在南昌的发展脉络。

一、江西省博物馆及档案馆藏教会契约文书简介

江西省博物馆是江西地区重要的契约文书收藏机构，馆藏契约文书数千件（套），其中有关天主教堂购买房产地基契书及产业执照的文书共计72件（套）。这批文书的时间从清光绪七年（1881）迟至民国十七年（1928），历时近半个世纪。涉及南昌城德胜门外、进贤门内、老贡院、罗家塘、松柏巷、塘子河等处，以及南昌县谢埠、茌港和安义县等地区。其中尤以南昌城内罗家塘地区最为集中，共计20件（套）。此外，72件（套）契约文书均为官契，其中二联契6件（套），三联契48件（套），四联契12件（套），财政部执照6件（套）。

---

* 作者简介：高劲松，江西省博物馆馆员。

① 关于江西近代传教士与教案的研究，国外研究成果主要有，［美］拉德瑞特（Kenneth Scott Latourette）：《基督教在华传教史》，伦敦：基督教知识推广会，1929年；［法］谢和耐：《1900年以前的基督教传教活动及其影响》，收录在《剑桥中国晚清史》，北京：中国社会科学出版社，1993；［美］史维东（Alan Richad Sweeten）：《冲突和适应：1860—1900年的江西基督教》，安娜堡：密歇根大学出版社，2001年；［美］史维东（Alan Richad Sweeten）：《中国乡村的社会与官僚：以江西教案为例，1860—1895》，加利福尼亚大学博士论文，1980。国内学术成果主要有，方豪：《中国天主教史人物传》，北京：中华书局，1988年影印本；顾长声：《传教士与近代中国》，上海：上海人民出版社，1991；许怀林：《江西史稿》，江西高校出版社，1998；梁洪生：《明清在华耶稣会士面向西方描述的江西》，《江西师范大学学报》（哲社版）2003年第1期；罗志田：《传教士与近代中西文化竞争》，《历史研究》1996年第6期；余三乐：《利玛窦在江西》，收录在陈文华主编：《江西历史名人研究》（第一辑），北京：中国人事出版社，1995年；吴孟雪：《利玛窦在南昌的文化活动及影响》，《江西社会科学》1992年第1期；吴薇：《明清江西天主教的传播》，《江西师范大学学报》2003年第1期；杨雄威：《杯酒之间：1906年南昌教案的叙事、考证与诠释》，复旦大学博士论文，2010年；彭志才：《清代以来江西地区社会经济若干问题研究》，河北大学博士论文，2014年。

表一　南昌天主教会购买土地（地基）房产简表

序号	时间	地点	数量（件/套）
1	光绪七年四月至民国十一年十二月	南昌县谢埠	28
2	光绪二十八年四至六月	南昌城进贤门内盐局、盐义仓	2
3	光绪二十九年至民国十三年	南昌县茌港	6
4	光绪三十二年七月	南昌城松柏巷	3
5	光绪三十四年七月	南昌城罗家塘	20
6	宣统元年七月	南昌城德胜门外华光庙	1
7	宣统元年九月	南昌城德胜门外河伯巷	2
8	民国五年、十七年	南昌城德胜门外荷包巷	2
9	民国六年八月	南昌城德胜门外石灰窑	4
10	民国八年十月	南昌城德胜门外塘子河	1
11	民国九年、十四年	南昌城老贡院	3
小计			72

从上表我们可以看出，72件契约文书及地产执照中，清代共计52件（套），其中，光绪年间49件（套），占整体的68%，宣统年间3件（套），占整体的4.2%。民国时期共计20件（套），占全部的27.8%。从侧面可以看出，自光绪朝以英、法两国为主的西方各国宗教势力进入江西地区购买土地，建立教堂等设施活动达到了高潮。

江西省档案馆藏主要为美国美以美会、美国天主教会购买江西省内各地房产、地基、山地等契约文书24件（套），时间为民国元年（1911）至民国26年（1937）。其在南昌主要购买地点集中在南昌德胜门外大街。

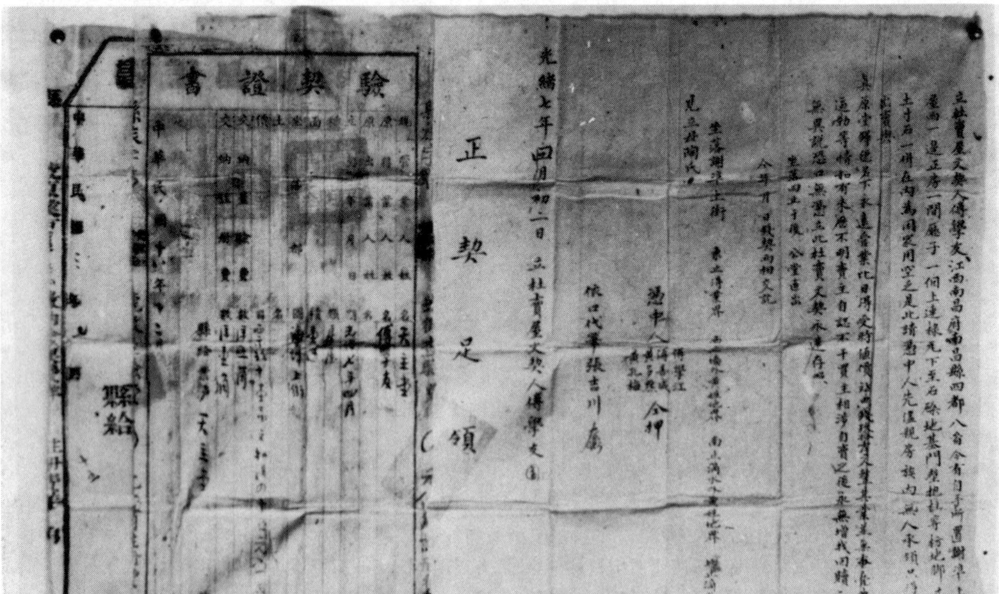

图一　傅学友杜卖屋三联契

傅学友杜卖屋三联契

立杜卖屋文契人傅学友，江西南昌府南昌县四都八鄗，今有自手所置谢埠上街土库房屋西一边，正房一间，厅子一个，上连椽瓦，下至石磉，地基门壁抱柱穿枋地脚，寸木寸钉寸土寸石一并在内，为因家用空乏，是此请凭中人先尽亲房族内，无人承领，只得叩托中人出卖与真元堂铎德名下，永远管业。比日得受时值价九四典钱九十一千文整。其业并无重叠典卖准折逼勒等情，如有来历不明，卖主自认，不干买主相涉。自卖之后，永无增找回赎，二比情愿，各无异说。恐口无凭，立此杜卖文契，永远存照。

坐落四址于后公堂直出

仝年月日钱契两相交讫

坐落谢埠上街　东止得业界　西止墙外黄姓地界　南止滴水外黄姓地界　比止滴水外万姓地界

见立　母陶氏（押）

凭中人　傅学江　傅善成　黄多然黄孔梅　仝押

依口代笔　张吉川（押）

光绪七年四月初二日立卖屋文契人傅学友（押）

正契足领

验契证书

现业人姓名：天主堂

原得业人姓名：傅学友

原出业人姓名

立契年月日期：光绪七年四月

种类：房屋

面积：一边

坐落图：谢埠上街

土名

价目：票九十一吊文扣样四十五元五角

交纳查验费数：洋五角

交纳注册费数：洋一角

县给业户天主堂收执

中华民国十八年十二月日

这件傅学友杜卖屋三联契文书是七十二件文书中较早的一份。文书由三部分组成，其一是正契，即契约文书最重要之部分，记载了买卖土地的地点坐落于南昌府南昌县四都八鄙谢埠上街；买卖内容则为地产，即土库房屋西一边，正房一间，厅子一个，上连椽瓦，下至石磉地基门壁抱柱穿枋地脚，寸木寸钉寸土寸石一并在内；价格为九十一千文，买卖双方傅学友、天主堂等核心内容。其二是验契证书，即官方调验平民不动产所有权的契据，证书中标有交易种类、面积、地点及查验和注册费用，时间为民国十八年（1930）十二月，验契证书多为前南京国民政府颁发。其三为契尾，契尾是粘贴于田地房产买卖契约文书正契之侧，由官府征收契税后发给业户的收据凭证，一般是在交易双方在缴纳契税完成后附在正契之后。我们所见教会购买土地的文书都以类似格式书写（图二、图三），即出卖原因，出卖人，出卖地点，购买人以及双方认定的价格，最后双方画押等内容。中法定约之时，法方曾擅自加入准许购买土地做教堂的条款，引起朝野争议。而《江西官报》也曾刊登札文："其卖契内只可载明作天主堂公产字样，若系洋人在内地置买私产，与条约不合，仍应禁止。"① 但是我们事实上看到的数份交易文书中，仍有多份文书中出现教会教士的名称。如"真原堂铎德""天主堂戴俊道""天主堂白日老"（即白主教的音译）反映了清末地方政府在教产问题上官方政府文本与实践，司法与实际执行中存在差异。

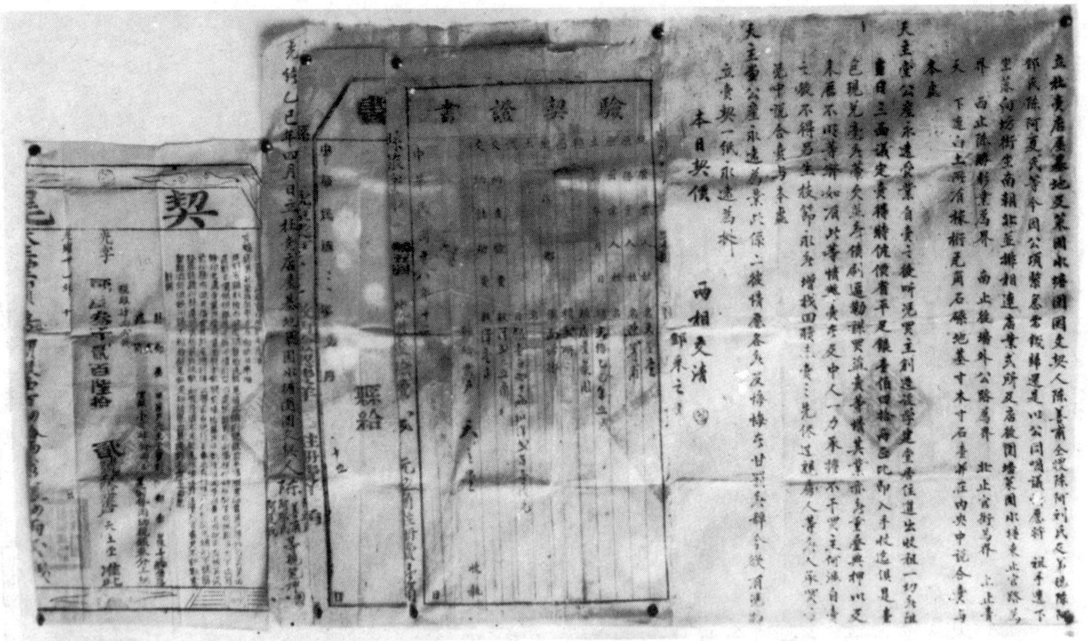

图二　陈善甫等杜卖店屋基地及菜园水塘围圈四联契

① 《派办处通饬各属教堂买产须遵章书明教堂公产札文》，《江西官报》丙午第四期。

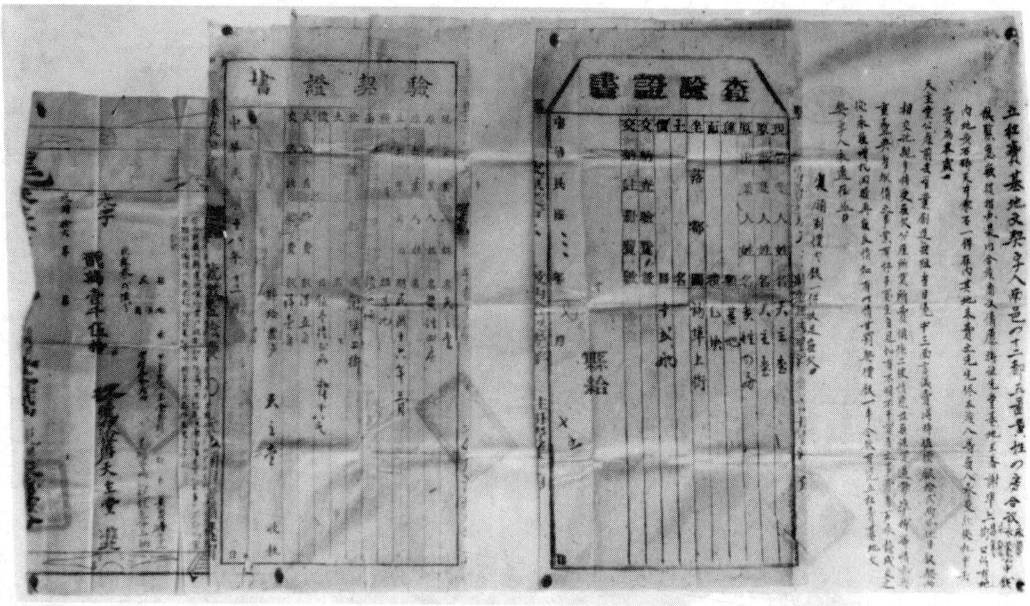

图三　黄氏家族杜卖基地三联契

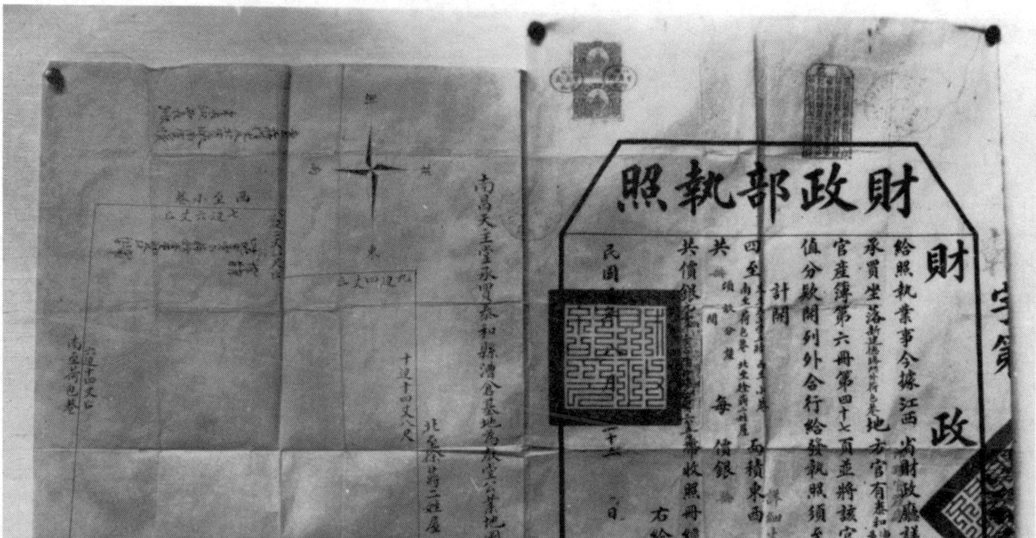

图四　前南京国民政府财政部执照

财政部执照

财政部为给照执业事，今据江西省财政厅详报，南昌县天主堂承买坐落省城德胜门外石灰窑地方，官有弋阳、龙泉二县漕仓地一块为教堂公产。除由该县登记承买官产簿第五册第四十八页，并将该官产四至丈尺间亩数，暨应缴价值分款开列外合，行给发执照须至执照者。

计开四至：东至天主堂、西至河塍、南至崩塍、北至本屋滴水。面积东西二丈七尺，南北东十丈、西九丈二尺五寸（顷亩分厘）。共（无）间（无）。每价银（无）详细丈尺另载图中。共价银洋三百八十九元八角一分二厘五毛，带收照册经费一十一元七角九分四厘四毛。合并遵照，右给承买人南昌天主堂准此

附粘地图一纸

民国五年四月七日

南昌天主堂承买弋阳、龙泉二县漕仓基地为公产地图

东至天主堂为界一边十丈正

南至崩塍为界二边二丈七尺

西至河塍为界三边九丈二尺五寸

北至滴水为界四边十丈七尺

图四为北洋政府出售给天主教会的官产发给的执照。进入民国以后，北洋政府和以后的南京国民政府大量出售前清时期的官产，这份执照就是民国五年江西地方政府经北洋政府财政部批准，将南昌德胜门外的官有弋阳、龙泉二县漕仓土地出售给天主教堂。出售价格为银洋三百八十九元八角一分二厘五毛。

二、欧美教会在南昌的发展

欧美教会在南昌的传教活动由来已久，据《江西省志·宗教志》记载，元朝末年已有传教士到达江西南昌开展传教活动[①]。至明代以来葡萄牙传教士即以里斯本—印度—澳门—广东—大庾岭—赣州线路经赣江溯流而下经南昌而到达南京、北京。利玛窦通过这条线路来到南昌传教达3年之久。清雍正元年（1723）的“福安事件”，拉开了清代禁止天主教传播发展的序幕。[②] 鸦片战争以后，欧洲各国传教士利用《黄埔条约》获得的侵略特权纷至沓来。咸丰十一年（1861）九江被辟为通商口岸后，以英、法为首的各国宗教势力相继进入江西境内传教。根据江西省档案馆资料记载，法国天主教会在老贡院、马厂站二处各建一所教堂；英国教会则在南昌城内罗家塘设救主会一所。契约文书中多次

① （同治）《南昌府志》卷6《地理·市镇》。

② （同治）《南昌府志》卷6《地理·市镇》。

提到“老贡院”“罗家塘”等处则均有明确地点，如南昌城内曾有两座贡院，一处位于进贤门内，进贤门内处贡院始建于南宋时期，历史悠久，所以明清以来被后人称为“老贡院”，其原址位于今天的松柏巷和廉让里巷之间的巷道间，即今天的老贡院巷老贡院社区，此处即为南昌地区最为有名的松柏巷天主堂。“马厂站”位于进贤门外，今天的象山南路与绳金塔街之间的耶稣堂路中。进贤门，又名抚州门、望仙门，是南下抚州、吉安等地的必经之路，人群从晨至晚川流不息。罗家塘则位于惠民门内，今天的南昌六眼井以西罗家塘路处。惠民门，又名寺福门，位于今船山路与南浦路之处，城门因临近普贤寺和惠民粮仓而得名。民谚中有“烧香拜佛寺福门”“千船万帆惠民门”之说。可见惠民门过往车船络绎不绝。传教士选择在这些地方设立教堂，亦非随意所为（见图五：清光绪三十一年南昌城区图）。美国美以美会进入南昌时间较晚，根据《江西省志·宗教志》记载，九江美以美会在清光绪十五年（1893）派遣美籍传教士列克士首先到南昌租房传教。两年后在南昌半步街购置土地，建造在江西的第二座教堂。其后，美以美会先后在南昌设立学校、门诊、医院、教堂等机构，以教、学、医三种手段并进的策略在南昌地区进行传教。而我们所看到的这些契约文书正是对这一历史时期的见证。

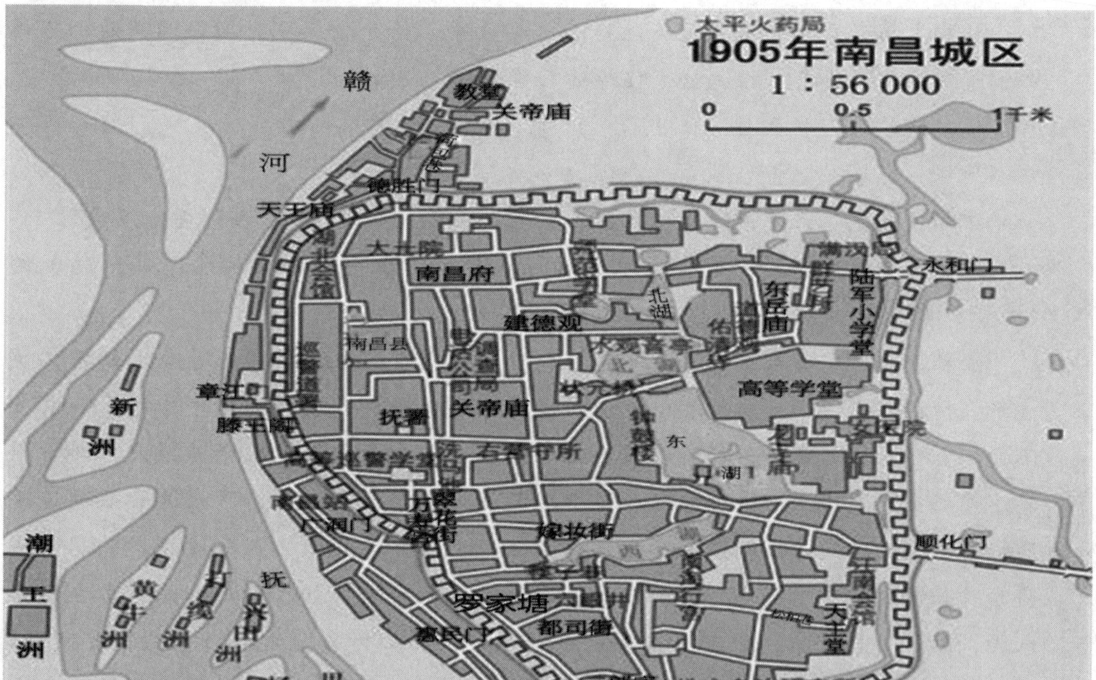

图五　清光绪三十一年南昌城区图

江西省档案馆藏契约文书

编号 7046-1-00541-0141

罗时宽、罗时旨、罗会胜关于出售德外后街北坛东侧地基

立杜卖基地文契，南昌府新建县人罗时宽、罗时旨、罗会胜，今有祖遗产基地壹片，坐落德外后街北坛东侧。为因正用不足，无处借贷，惟愿将祖遗基地出卖光尽，亲族人等无人承买，只得请讫凭中出卖与美以美会公产名下，永远管无阻。当日二面言定，实卖得时值价纹银一百六十正俱是一色现银。入手收讫，并无重叠典当，亦非谋买劝逼等情，如有来历不明概归卖主一力承担，不干买主之事。自卖之后永无反悔、异说。恐口无凭，立此杜卖基地文契，永远存照。

比日　文银　契两相交讫

计开四址於后

坐落德外后街北坛东侧　东址罗姓及山地为界　西址大路为界　南址胡姓地及得业为界　北址得业为界

凭中人　李春棠　萧日长　陈廷云　胡立平　徐介伯　罗时衡　闵芝廷　万昌平　谌守江　杨茂泉　徐统绪　程幹廷　罗时秋　胡泉生

依口代笔人　罗春山

地保　熊耀发

中华民国元年六月十四号　立杜卖基地　立契人　罗时宽　罗时旨　罗会胜

罗时炜、罗时旨、罗时宽、罗会胜、罗莲来关于出售白衣庵北道山地的契约（编号 7046-1-00541-0141）

立杜卖山地文契人罗时宽、罗时炜、罗时旨、罗会胜、罗莲来等今立杜卖文契壹帋，情因祖上遗下坐落德胜门外古白衣庵北首山地壹片出卖为因手中紧急，管业不便，需钱正用，是以合家商议情愿将租业出卖，未卖之光尽问亲族戚友人等，俱各不愿成交，然后只得请凭中证说合出卖与美以美会女布道会名下永远管业创造无阻，当日三面言定卖得时值价纹银三佰两正，系是一色现银，入手收讫，并非谋买盗卖具等情，亦无重叠典押之弊。业有好歹，买人目见，如有来历不明，卖主一力承担，不干买者之事，所有上首原红白老契贰张，缴付自卖之后，永无增要回赎，二家各无反悔，如悔者甘罚契价一半，恐口无凭，立此杜卖山地文契一张，永远为据。

比日　银契两相交讫

计开坐落四址于后

坐落德胜门外古白衣庵基地北首山地壹片

东址得业为界　西址德业为界　南址　魏谌　姓圆地及东首得业界　北址来往路为界

凭中人

罗时海　胡建中　周树芬　熊海弼　萧日长　罗时秋　魏安佰　杨茂泉　万昌平　谌厚桢　胡成贞

地保　熊光汉

依口代笔人　罗春山

中华民国贰年旧历十二月　日立杜卖山地文契人罗时炜、罗时旨、罗时宽、罗会胜、罗莲来

从时间上来看，光绪七年（1881）三月南昌府南昌县谢埠上街的《李一招杜卖土库房屋三联契》及光绪十四年《黄永荣同族卖地契》（图六、图七）为时间较早的两件文书，从侧面反映了西方教会在这一时期已经公开地走进了南昌地区进行购买房屋土地，开展传教活动。从光绪十八年（1892）及至民国以来，各国教会的购买房屋地产的活动再次进入高峰期，在南京国民政府处理前清官产之际，先后在南昌城德胜门外石灰窑、荷包巷及老贡院等地购买包括官产在内的 9 处地产，南昌周边荏港、谢埠 12 处地产，（见图八：民国十五年南昌城地图）进一步扩大了教会地产。

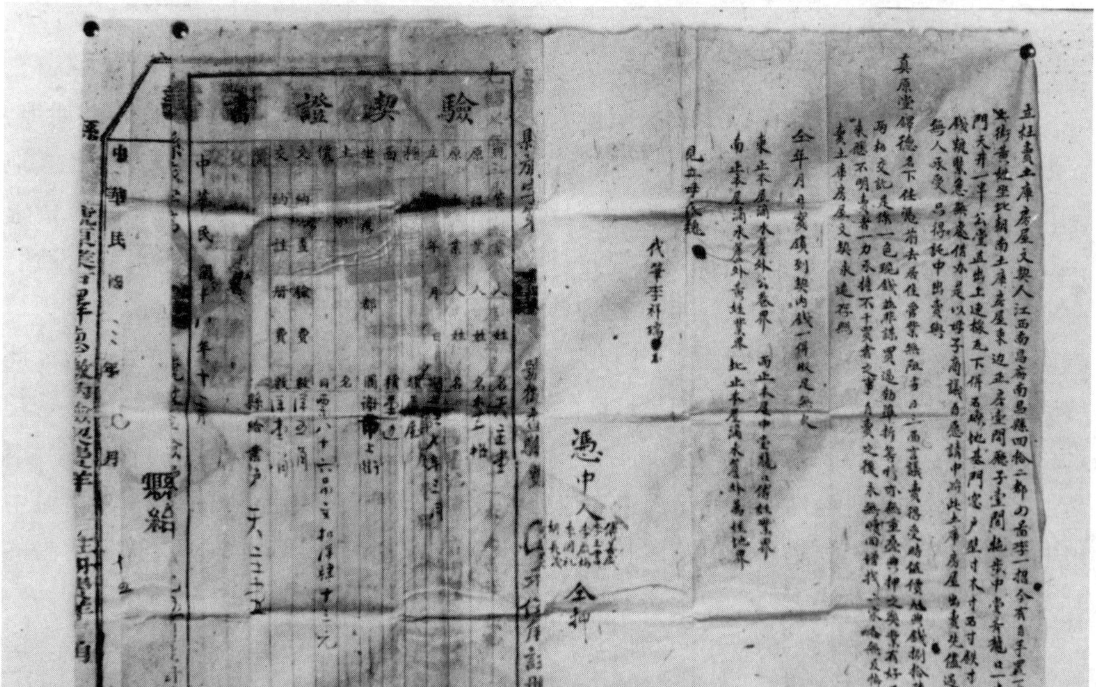

图六　李一招杜卖土库房屋三联契

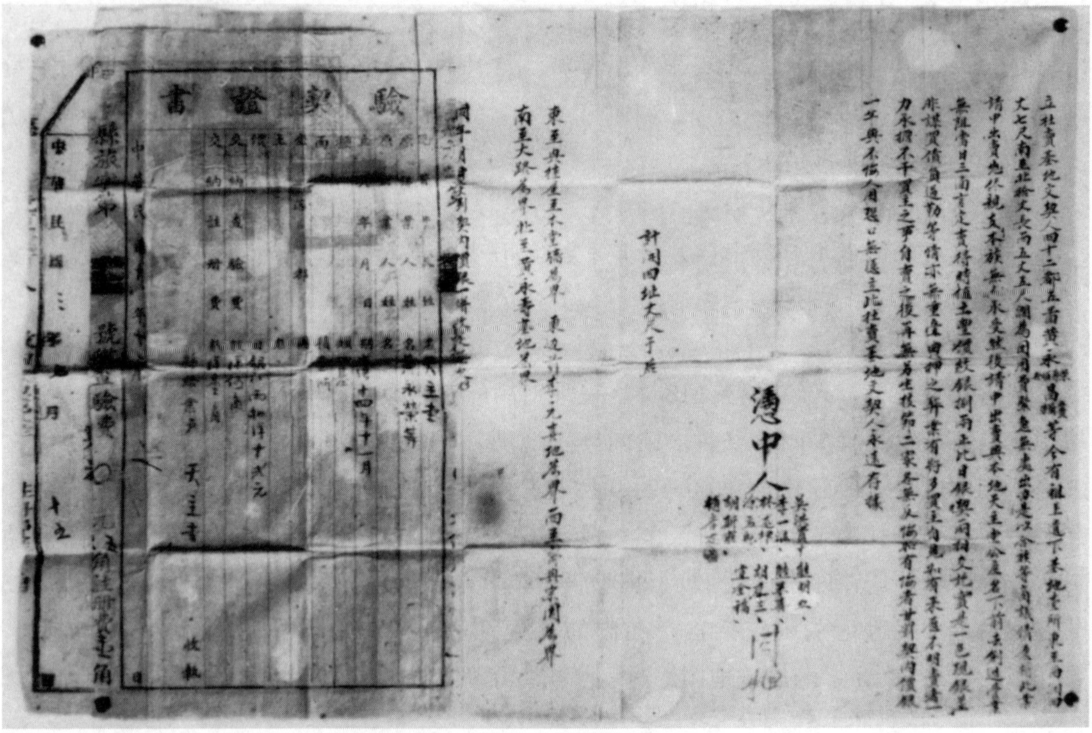
驗契證書

憑中人

图七　黄永荣同族卖地契

从空间分布上来看，英、法教会所建立的教堂主要集中于南昌周边的商镇—谢埠、茌港以及南昌城的进贤内、德胜门外等区域. 如茌港，位于今南昌县武阳镇以西，其地“距城六十里，地临大河，上通抚建，下达省会，地密人稠，一四七日（集），百货辐辏”。[①] 茌港之地临抚河，上通抚州、福建，下达南昌、鄱阳湖，交通便利，商业发达。谢埠交通更为方便，“距城三十五里，濒河”。[②] 两处商埠处于交通要道，商家众多，人口流动性较大，适宜宗教的传播发展。因此，法国天主教会选择在两地建立教堂传教。此后逐渐向南昌城内发展，集中在南昌城区的教会购买房产地基文书共计 37 件（套），超过总数的一半。可以说，天主教会发展的核心仍然集中在具有重要影响力的省城——南昌。其基本走向由外而内，由南昌周边商业繁华商镇而逐渐深入南昌城内，在南昌城中集中于进贤门内、外，惠民门内及德胜门外等重要区域。由于美国美以美会进入南昌的时间相对较晚，其购买土地、房产则主要集中南昌城北的德胜门北大街的区域。

教会进入南昌后购买大量房产和地基，不仅仅是建立教堂，还修建了西文学堂、医院、育婴堂等大量辅助传教的建筑设施。如在“南昌教案”发生后被损毁的法文学堂，除此以外还包括仁爱会女修士的育婴堂，以及法国天主教会于 1922 年 2 月 25 日创办的

① （同治）《南昌府志》卷 6《地理・市镇》。
② （同治）《南昌府志》卷 6《地理・市镇》。

图八　民国十五年南昌城地图

法人南昌圣类思医院等一系列机构；[①] 英国教会同样建立了多处教堂及附属设施为其传教活动进行服务；美国教会则通过设置男布道会、女布道会的形式，开办小学、女校、门诊、妇幼医院等，如清光绪二十八年康成博士创立医院，引进西药。长孙威廉创办豫章小学，后发展为豫章书院等。

三、政府对教会的约束与管理

欧美各国教会购买大量土地房产的行为促使清政府进一步加强对教会置业的管理和

① 法文学堂位于松柏巷，圣类思医院院址设在南昌仓 1 号，并在章江路设有门诊分部。

规范。第二次鸦片战争以后，中法《北京条约》中之第六款有专门的条例应对欧美教会在中国地域范围内添置房产等内容，“应如道光二十六年正月二十五日上谕，即晓示天下黎民，任各处军民人等传习天主教、会合讲道、建堂礼拜，且将滥行查拿者，予以应得处分。又将前谋害奉天主教者之时所充之天主堂、学堂、坟茔、田土、房廊等件应赔还，交法国驻扎京师之钦差大臣，转交该处奉教之人，并任法国传教士在各省租买田地，建造自便。”① 除有归还学堂、土地等要求，还增加了教会购买房产土地的途径。天津教案之后，清政府收紧了对教会购买土地、房产等的政策。1871 年，总理衙门颁布的《传教章程》之第八款规定“传教士不可凭私意指请索还教堂，买地建堂须呈报地方官，查明于风水有无妨碍，经地方官核准及本地民人同声无怨始可”。② 尽管此章程受到各国抵制，但各地均按此执行多年。至 1911 年，清政府外务部与欧美各国驻京公使拟定了六条管理教会购买土地等内容的章程，下令各省准照办理。“一、业主得自由卖产，教会欲购产者，不得迫令出卖；二、教会购置任何产业前，应商明地方官，请为丈量备案；三、既买以后，应请地方官发给税契；四、所购之产，永做教会公产，并竖界石，刻明产系教会所有；五、教会置产后，倘欲售于华人，即禁止其秘密鬻于洋人；六、凡以教会名义购买，而并不作传教之用，及所购房产，系为洋商营业之用者，地方官得禁止其购买。”③ 此章程从三个不同角度明确了欧美教会在中国境内购买土地、房产的方式。其一，确定土地、房产的所有权，教会购买的地产皆为教会公产。因此，我们在契约文书中所见有“出卖与美以美会公产名下”“出卖与美以美会女布道会公产名下”等语。其二是明确购买程序暨房产过户手续的问题，欧美教会购置地产之前应告知当地地方政府，与当地百姓交易均有“其业并无重叠典卖准折逼勒等情，如有来历不明，卖主自认，不干买主相涉。自卖之后，永无增找回赎，二比情愿，各无异说”等说明，买卖双方为公平买卖，无强制、被迫等情况，所见买卖文书均为红契，经过官方认定，并发放税契作为凭据。其三，章程中规定教会置产的用途，如医院、学校等，不得转卖营业等要求。可以说该章程是欧美教会在中国境内购买地产的重要依据，但随着清王朝的灰飞烟灭，该章程亦成一纸空文。

江西地方政府对于教会购买地产的要求着重从契税方面着手。在光绪年间印制的《江西官契银》中相关条文要求：“嗣后教堂置买公产，既由司另给教堂官契纸，以示区别。从前如有私买产业未税白契，不得朦混，补税粘贴此项契根。”通过加强对民间契税管理，间接地对天主教会购买房产的行为进行管控。如光绪三十二年，江西税契总局针对外国传教士在境内私置产业“故意隐匿洋商字样，托名华人，蒙混纳税投印”等行为，

---

① 王铁崖：《中外旧约章汇编》，第 1 册，北京：生活·读书·新知三联书店，1957 年，第 147 页。

② （清）李刚已：《教务纪略》（卷一章程）上海：上海书店出版社，1986 年，第 14 页。

③ 顾维钧：《外人在华之地位》，长春：吉林出版集团有限责任公司，2015 年，第 197 页。

借鉴他省的“刊发官契纸，并分刊教堂公产官契纸，以免蒙混”的办法，[①] 对欧美各国宗教势力的嚣张气焰进行了有力的压制。此外，清政府先后制定了《教堂置产专章》等专项制度并同时照会欧美各国及在华教会，做出“蒙混纳税投印及冒领华民官契纸者，查出均应注销作为废纸”的严正声明。可以说，清廷和地方政府在制度建立方面做了相对有效弥补的同时，减少了民间社会与欧美教会之间间发生冲突的隐患。

进入民国以后，北洋政府及南京临时政府都奉行保护外国人士传教事业的政策。因此我们可以看到契约文书中，民国以后，欧美教会加大力量在南昌等地购买房、土地，甚至是山，96 份契约文书中有 34 份是在民国以后发生的，占总数的 35.4%。原国民政府江西省府对于教会购买土地也有一定的要求，对于各地呈报的天主教会购买土地做了一定的限制，“查契内承租人应书某某教会，不能填写私人名义，原送契约不合，应予发还，仰即遵照，此令”[②]。对于天主教会购买、承租等形式上使用土地、房产，在书写上必须照实填写，不能只书写私人姓名，而故意遗漏教会名称。对于教会的发展是一种实际上的控制。

四、结语

陈平原先生曾经说过：“所谓触摸历史，不外是借助细节，重建现场；借助文本，钩沉思想；借助个案，呈现进程……”[③] 诚如陈先生所说，我们通过史料的分析就是要达到“触摸历史”的目的。但是，没有一件件历史文物的还原和细节的构建又如何能够成功地使历史重建呢。我们首先应该认识到欧美教会在中国购置地产的特权是近代中国对外不平等条约制度下的产物，正是由于不平等进而产生的教会与中国传统制度下不可调和的矛盾，教民与普通民众的冲突，在各种矛盾积累到一定程度后，产生的第二次“南昌教案”给南昌经济、社会带来了严重的负面影响。本文公开的博物馆和档案藏的这批欧美教会购买房产土地契约文书和执照是研究近代江西地区特别是南昌的地方微观经济、社会、文化等方面的重要资料，使我们对于欧美教会在南昌的发展和目的有了更进一步的认识，这些契约文书的存在记录了教会进入中国购买土地、房产等的一个个细节，它们的存在必然会引发教会与民众的矛盾，中外间的纠纷，影响中国的自主性与独立性，特别是司法的独立性，正如北洋政府外交部所言：“教会在内地任意购置田地，由来已久，弊实日深。来咨既已洞见症结，此事亦早在本部筹划之中。奈国力不充，外交既无后盾，

① 《整顿税契（九江）》，《申报》第一万二千百零八十九号第九版，清光绪三十二年十月二十八日，公元一千九百六年十二月十三号礼拜四。

② 江西省档案馆藏：《民国档案》编号 J016－3－03461－0017，此文件为原中华民国江西省政府秘书处呈省政府主席主席熊式辉的公文。

③ 陈平原：《触摸历史与进入五四》，北京：北京大学出版社，2005 年。

困难情形，中央与地方如出一辙，一旦欲挽回历年之积弊，惟有内外一致，熟思深虑。”[①]正所谓，弱国无外交，地方各省、县则更无以复加也。当然正因如此，中华民国在1928年至1929年期间相继出台了《内地外国教会租用土地房屋章程》《外国教会租用土地房屋应强制于契内载明必要事项四项》等规定，国民政府对外国教会置产约章做出的限制和修改，相对缓和了教会和民众的矛盾冲突，在一定程度上限制了教会在中国的进一步发展。但相对于尖锐的民族矛盾，仍然杯水车薪。总之，对于研究者来说，充分利用好这些珍贵的资料，对于进一步深入解读欧美国家扩大宗教影响、研究第二次“南昌教案”发生的时代背景及其深刻的历史原因、社会矛盾都具有极其重要的意义。

① 《筹议限制教堂置产案》，台北“中研院”近史所档案馆藏：《外交部档案》，档号：03/07/007/01/02。

祖先记忆与国家认同：明清河湟土司家谱研究

代　维*

洪武三年（1370），明军攻克河州，取得了河湟地区的军事控制权。在军事威慑和招抚兼用之下，河湟地方势力相继率土归附明王朝。针对河湟边地夷夏共处的特殊情形，明朝在设置卫所的基础上，采取了土流参治，以土御番的边地治理体系，一大批地方首领被授予指挥、千户、百户等世官，并安置于河州卫、西宁卫等任职，形成了星罗棋布的土官系统。土司在得到朝廷封授之后，随即授予表明身份的诰敕和印章等信物，成为明政府经略边地中的重要一环。这些被纳入官僚体系中的土官基本为地方上层势力，官职可子孙世代袭替，之后成为河湟诸家土司始祖。在成为明王朝官僚体系中一员后，边地诸土司与中原汉族官员同殿为臣，又通过婚姻、儒学教育和参与明廷军事行动等多种方式加深了对中原文化的认识，“渐慕诸夏之风”，汉民族的习俗文化也渐渐感染边地土司，修撰家谱也成为众多土司宗族生活中的一部分。

家谱亦称世谱、族谱、宗谱、家牒、家乘。它以一族之衍变映一地、一邑、一国之衍变，成为颇具特色的文献资料。王鹤鸣认为：“家谱是记载血缘集体世系的载体，‘记’的家谱主要指文字家谱，‘述’的家谱主要指口传家谱。”① 随着家谱的撰写民间化，在与汉民族长期的接触之中，导致文化认同或文化涵化现象产生，众多土司撰写家谱成了不自觉地共同行为。在现存河湟土司家谱中，以连城鲁土司、西宁李土司、民和祁土司保存完好，历史价值较高。土司家谱是家族历史和区域社会记述的重要载体，对河湟地区土司家谱进行研究，有助于建构起民族地区基层社会的运行轨迹。

一、土司群体家谱的历史书写功能

（一）宣扬国家道德，厘正社会风俗

王朝国家的主要职能之一就是教化百姓，利用儒家经典和道德纲常来控制民众、管理民众，使国家共同意志落实到个体民众之上，最终得以实现风俗教化。古人将家谱与国史、郡邑方志放在同等地位，除“记一族之源流”外，还承担着“垂戒后人”、厘正社会风俗、规范基层民间社会秩序的功能。李土司、祁土司、鲁土司等家谱较为清晰地体现了教化百姓这项职能。

*　［作者简介］代维：青海师范大学博士，讲师。

①　王鹤鸣：《中国家谱通论》，上海：上海古籍出版社，2011年，第4页。

李谱《李氏家谱序》：

若家之有谱者，记风尚焉，不惟成一家之教，而且有以风化一乡，以至几乡，皆有风化……于是知其风尚。由家而乡，乡而国，国而天下，莫不向风，则四海荡荡平平，天下咸宁无事。[①]

鲁谱《鲁氏家谱原序》：

垂训后裔，世守忠孝，爱所亲也……鲁氏子姓，捧读王言，宜思委身报国；读族谱，宜思策功绳祖；赠遗讽喻之词，思知所以省察规戒之义。[②]

除上述直接提及教化、规戒外，在鲁氏家谱中，还专设《内传》一章用以介绍鲁氏家族中杰出女性，着力于慈孝、勤俭、相夫训子、敬执妇道等品质书写。其中，鲁鉴之女毁容抗旨一事尤为突出，流传极广。对于鲁氏女“引刀抹项”，“以艾薰灼其面，饮恨成疾，竟以疾卒”之事，鲁谱称其“明天地大义，知从一而终之节”，为其立传也仅仅是“身系纲常之重”，是一“节妇”。[③]

“夫显扬先祖，所以崇孝也；身比焉，顺也；明示后世，教也。”上述诸谱多次强调了家谱宣扬忠孝纲常的教化功能，特别是在“一家之教”的基础上实现“风化一乡，以至几乡”，最终实现“四海荡荡平平，天下咸宁无事”的最高目标。“上纪功德于祖宗，下垂训诫于子孙。”[④] 这里的功德，是契合封建王朝伦理道德、有助于巩固封建王朝统治的。宗族和睦则天下安宁，“民皆化为秀良”，“民敦忠信，从未有争田质讼者”，[⑤] 这正是明清王朝重视家族力量的本意。

（二）呈现区域权力共同体

由于土官世代承袭，家谱实际也成为区域土官官谱。土司于家族内是事实上的族中领袖、部族头人，于外是国家官员，再加上拥有宗教号召力，成为地方上的政治权利共同体。宣德七年（1432），明廷令李文等前往甘州招抚西番阿吉族七百余帐居于野马川。不久之后，“土官所属之番”朵里只领真等六十余帐逃于赤斤，搬卜等三十余帐逃于仙人填，“请仍李文招之”。[⑥]《秦边纪略》载，“三川盖孳牧地，土人皆李土司所部”，而“西川口，土司西祁之所居也。东西二祁所辖之土民，各号称十万”。[⑦] 明王朝为保证土司辖

① 李鸿仪、李培业：《西夏李氏世谱》，沈阳：辽宁民族出版社，1998 年，第 1 页。
② 王继光：《安多藏区土司家族谱辑录研究》，北京：民族出版社，2000 年，第 50 页。
③ 王继光：《安多藏区土司家族谱辑录研究》，北京：民族出版社，2000 年，第 12 页。
④ 李鸿仪，李培业：《西夏李氏世谱》，沈阳：辽宁民族出版社，1998 年，第 15 页。
⑤ 王继光：《安多藏区土司家族谱辑录研究》，北京：民族出版社，2000 年，第 118 页。
⑥ 王雄：《明代蒙古汉籍史料汇编》（第 3 辑），呼和浩特：内蒙古大学出版社，2006 年，第 178 页。
⑦ 梁份：《秦边纪略》，西宁：青海人民出版社，1987 年，第 66 页。

区的安定，防止土司势力肆意拓展，在故元官吏、土官和部落首领归附后，“因其疆域，分析其种落”。同时规定土司嫁娶“不许越省并与外夷交结往来，遗害地方”。[①] 在此规定下，土司只能选择与本地区相邻政治势力结成姻亲关系。

在鲁土司、李土司、祁土司的族谱记录中，可以发现彼此多次联姻。鲁土司二世祖巩卜失加娶湟中李土司会宁伯李英之妹，三世鲁贤娶会宁伯李英女，四世鲁鉴娶高阳伯李文女。五世之后，鲁氏联姻范围开始突破明朝廷规定，进一步扩大。五世鲁麟娶羽林卫都指挥王振女，六世鲁经先后娶西宁清远侯王氏、张掖伏羌伯毛氏、张掖指挥范氏等女。到了清代嘉庆年间，鲁氏又与阿拉善蒙古多次联姻，四次联姻都是阿拉善蒙古王女嫁入鲁土司家族。[②] 会宁伯李英与朵氏之女，嫁恭顺侯吴谨，与刘氏之女嫁西宁卫指挥吉祥。故云：男娶妇，女适人，皆名门右族。长期以来，土司群体间的联姻，进一步密切了彼此关系，呈现出强烈的民族性、地方性，达到了共同依存的目的。如面对李自成起义军时，鲁允昌“力抗贼氛，约西宁土官祁廷谏、李天俞等合兵拒战”。[③] 在此基础上，土司还凭借宗教、经济等特权，产生更为广泛的社会影响，使区域性权力共同体更加稳固。

此外，在河湟土司各个家族所修家谱以及墓志铭中，地方官员身影俯拾即是。当然，地方官员赠序和撰写墓志铭，固然有推行封建教化，以仁孝化人的目的，更多还是和家族地方声望有密切关联。河湟土司家谱在明代多由政坛高官或者文坛名流撰写，但及至清代，撰写者多为幕僚、儒学训导、生员。这种不同时期撰写者身份的改变，亦能昭示土司群体在不同历史阶段的权力展现，以及其在王朝国家政治格局中的地位变化。

与此同时，在以土司家族为代表的边地民族上层间通婚的影响下，世居本地的不同民族相互通婚更加普遍。“近边土人居民因与番人结亲，或通吐蕃”，[④] 这种不同民族通婚，和睦相处的情形也与明王朝民族政策密切相关。朱元璋称帝不久，鉴于国土境内蒙古人、色目人等交错分布情形，“诏蒙古、色目人既居中国，许与中国人家结婚姻”。[⑤] 河湟边地不同民族的相互通婚，促进了区域内不同民族的交往交流，推动了民族间的融合。经过数百年发展，到雍正年间之时，河湟地区已是“番人与百姓杂处者，向通汉语”，“其服色与汉民无异”。

（三）血缘亲疏辨析，保障土司权力正常承袭

明清时期，家谱区分门第的社会政治功能逐渐消失，但在土司家谱中，表明家族演变脉络的政治功能则以特例呈现。为约束土官和防止土官随意冒袭，明廷于洪武二十六年（1393）对土官承袭做了具体规定，除地方官员具结作保外，还要求提供“宗支图本”，若无则不准承袭。相较于明代，清代在明代规定基础上，更加完备和明确。乾隆三

① 谈建成：《西南地区土司法治文献选编》，重庆：西南师范大学出版社，2019年，第141页。
② 梁丽霞：《阿拉善蒙古研究》，北京：民族出版社，2006年，第168页。
③ 赵鹏翥：《连城鲁土司》，兰州：甘肃人民出版社，1994年，第156页。
④ 马文升：《禁通番以绝边患疏》，陈子龙：《明经世文编》，北京：中华书局影印，1962年，第512页。
⑤ 沈家本：《历代刑法考》（刑事卷），北京：商务印书馆，2017年，第362页。

十三年（1748），清廷规定："土官袭替定例，必分嫡次长庶，不得以亲爱过继为词"，对于有破坏继承顺序的要给予处分。嘉庆《大清会典事例·兵部·土司袭职》载：

由督抚具题，将该土官顶辈宗图、亲供、司府州邻印甘结及原敕印，亲身赴部，由部核明，方准承袭。

袭职时，文武土官造送宗族图册，将本支各系全行开列逐一添注，以备稽查。

承袭人有宗派不清、顶冒、凌夺各弊，查出革职，具结之邻封土舍。照例议处。

为防止争袭诡冒，每到年底，地方土官需要将世系履历及有无子嗣情况向布政司书面报告一次，三年向兵部报告一次。这样，就在中央建立起了详细的土司世袭宗支档案体系，有利于杜绝土司争袭。① 以河州撒拉族韩土司韩旭为例，其父韩文广为撒拉族土千户，乾隆十一年（1746）病故，旭按例承袭，应当依次上报。据所报文书：

查旭现年十六岁，实系保安撒拉土千户韩文广原配正妻马氏所生嫡长男，并无庶出过继、乞养异性假冒情弊，理应承袭父职，相应造具宗图亲供清册，取具邻户族众乡老头人并亲叔韩文锦、邻封土司何福慧保结，同原领号纸以及旭父韩文广病故各结，一俱具详呈请。

明清土司承袭有着明确规定，土司病故或者年老时，准由嫡子嫡孙承袭，承袭对象除地方官员核查外，须提供能够证明自己符合承袭资格的"身份证明"，同时亦要有身份明确的亲邻作保。由此可以看出，家庭族谱无疑是能够为承袭人提供身份证明重要材料，能够有效保证承袭人的真实性、合法性，体现国家权力在基层社会传承的权威性。

在提供有效的宗族亲供清册和各结后，经兵部议奏，乾隆十三年六月二十三日朱批"依议"，韩旭顺利承袭其父土千户一职。

（四）补正史之不足

由于家国同构的特殊情形，土司家族对所在区域保持着政治、经济和文化重大影响，其活动轨迹远远超越家族本身。土司家族家谱不仅是区域家族志，也是区域民族史。明清两代，河湟土司参与政府军事行动无数，其家谱多有不同程度记载。如明末农民战争中贺锦西征之事，相较于《明季北略》中寥寥数语，李氏、祁氏等家谱记载则更加详实。《李谱》：

流寇猖獗，会兵捕剿，阵亡土兵三百余名。时当明末，遭闯逆乱，公（指李天俞）抗节不屈，被逮河东。伪将朱永福横恣妻孥，投于岩谷。昆仲毙于锅锋，部落

① 崔永红：《土官与土司》，西宁：青海人民出版社，2004年，第105页。

死难者千余口。

《祁谱》：

明甲申年，闯贼大坏三秦，逆贼贺锦率领凶党挠害西宁。适值廷谏率子兴周竭忠报国，点齐部落，斩贺锦，并杀贼党三千有余。

崇祯癸未冬，逆闯据西安，逆党贺锦据甘州，率众掠西宁。

若将两谱与其他史料对照来看，对于重构明末农民起义军在甘青地区的活动轨迹具有重要作用。明清时期国家权力作用于边地基层社会，亦可通过土司家谱予以呈现。族谱第一部分为“纶音”收录了明清时期敕谕历代土司诰敕，是土司与中央政府密切交往最真实的记载，可考史事颇多，是家谱中最有价值部分之一。梁启超将家谱誉为“史界瑰宝”，顾颉刚称之为两个“大金矿之一”。显然，在传统官方历史书写之外，土司家谱不啻为西北边政记载的重要载体。

二、土司群体祖先记忆的建构

“族谱者，谱其族属崇卑疏戚，使子孙笃尊亲亲之谊，而或以之述门望，显畜聚，表交游者也。”① 编修家谱的目的，概括起来就是“敬宗收族”，建构祖先形象，强化家族意识。河湟土司利用族谱连续不断的撰写，保存、强化、重温、重构了自己的祖先记忆，逐渐使祖先形象日趋丰满，家族成员得之以长久凝聚。②

（一）显贵

每一个家族在叙述已逝祖先的故事时，往往用较多笔墨，描绘自己家族在某个很古老的时间起点处开始发展。于是，在河湟土司的家谱中，我们便能清晰地看到这个“古老的历史起点”。

李谱《李氏忠贞录序》：

……仆自始祖拓跋思恭以平黄巢功，赐姓李氏，世长西夏。至赏南哥，元封鄯善王，驻节湟中。传至南哥公，归附我太祖。

李谱《李氏世系渊源谱》：

① 李修生：《全元文》（第60册），南京：凤凰出版社，2004年，第571页。

② 张生寅：《国家与社会关系视野下的明清河湟土司与区域社会》，银川：宁夏人民出版社，2011年，第216—217页。

按李氏系出元魏，本姓拓跋。宥州刺史拓跋思恭，会鄜延节度使李孝昌，同盟讨黄巢，屡战皆捷。……以战功钦封夏国公，赐姓李。

祁谱《皇明镇国将军承袭世次功劳历履考》：

始祖祁贡哥星吉，系元朝后裔，初封金紫万户侯，历任甘肃省理问所官，世守西土。

祁谱《湟中华胄寄彦才沟祁氏世系略记》：

吾祖之兴也，在唐宋为扎撒兔金革思汗，入元封金紫万户侯，铁券金印，子孙世守焉。至贡哥星吉者，官甘肃理问。

鲁谱《始祖传》：

始祖讳脱欢，元世祖之孙。仁宗皇庆二年，晋爵安定王，历事英宗、泰定帝、明宗、文宗。

鲁谱《鲁纪勋重纂世系谱》：

余系出自元宗室，而谱不及者，不敢祖天子也……而始祖在元为安定王。

对共有祖先的追述，是共同体历史记忆的重要组成部分，也是共同体塑造和强化成员认同感的重要方式。[①] 上述族谱中，尽管李、祁、鲁先祖来源于不同的地方，“古老的历史起点”也不尽相同，甚至关于祖先的历史记忆也并非无懈可击，但在追述祖先时均将源自中央政府的“显贵”作为共同记忆。历史记忆不仅是一种指向过去的回忆，更是一种朝向现在、指向未来的表述。对祖先的记忆看似是描绘过去，实则指向未来。对祖先的记忆，源自现实的需要，李土司等借助祖先力量，构拟血缘关系，并在此基础上营造自身统治的合法性和正统性，以期获取更多的国家资源。纵观不同时期鲁、李、祁等土司的族谱，其对先祖的记述，始终处于不断重构、变化过程，它们不约而同地将历史上的显贵作为自己的先祖，一个模糊的先祖逐渐变得更为具体。这样，身份异于常人且又拥有正统性的土司家族得以屹立于河湟边地。基于此，事迹昭然、泽被后世的祖先更是被反复提及。李英、李文两叔侄因功勋卓著被明政府敕封伯爵，鲁鉴、鲁麟、鲁经三

① 赵琼：《国家认同建构中的历史记忆问题——以对共有祖先的追述为视角》，《中国政法大学学报》2014 年第 3 期。

代载入《明史》，这些被中央政府承认的“显贵”先祖成为各家族成员间可以彼此分享的共同记忆，有助于强化家族成员间的凝聚。

（二）忠贞

土司官员既是土司家族的领袖，也是国家治理地方的官员，“昭祖宗事君之忠”，是各家族对祖先叙述的一个重点。在现存河湟土司家谱中，对于忠贞朝廷之事一直是着重书写之处。从河湟土司历史轨迹中，我们可以看到他们“信义甚坚”，“不惮勤劳”，对中央政府忠贞不渝。①

鲁氏始祖脱欢“内附年已垂白，而去就不苟，心迹昭然”。② 鲁鉴因累世边功于天顺十一年得以赐坊“世笃忠真，累效劳勋”。崇祯十四年（1641），李自成部攻占西安，鲁允昌“誓以死殉国，与西宁土官土司祁廷谏歃血守城”，③ 率兵至西大通与农民军交战，部卒伤亡殆尽，亡于战阵，嫡子鲁宏被掳。李洪远夫妇殉难，李廷谏父子、李天俞等被掳，“图书法物，烬于兵燹”。

道光七年（1827），甘肃省城修建钱局资财匮乏，鲁纪勋从所管山场中捐“木植数万株”，此举为甘肃当局解了燃眉之急。鲁纪勋作为边地土司，捐献木材之举向清政府表明了拥护态度，其价值远超木材本身。作为回馈，清政府以“加二品顶戴、花翎”作为褒奖。

湟水三万户，李氏之族最繁亦最盛也。作为历史悠久，在边地拥有深入持久影响力的土司群体，面对元明清等朝国家权力续递，其国家认同贯穿始终。清朝建立之后，河湟土司再次获得了清王朝的支持。顺治二年（1645），“英亲王阿济格至关中，流寇溃散，天俞谒王，王赐衣冠、鞍马、银两、彩缎，令回西宁招抚番族”④。李天俞感恩于清政府对其扶持，以“王臣”身份，行使“招抚番族”的国家职能，用实际行动得到了清政府的肯定。⑤ 清廷“仍依先例命尔世袭，照旧管束土官、土军并各家口……禁捕寇盗，遇有边警，听调杀贼”。⑥ 对于与李自成作战死亡的鲁允昌，清廷赞其“忠义可嘉”。又如罗卜藏丹津起兵叛乱，庄浪鲁土司鲁华龄率领所属土兵跟随岳钟琪征讨，杀反叛番民数千人，收复失地无数。有云：“庄浪藉以保障者，非兵之力，土司之力也。”⑦ 众多土司用实际行动继续效忠清王朝，配合政府对边地的治理，成为清政府安定西北的重要力量，这也是清代继续保留西北土司制度的重要考量因素。

明政府长期将屯田作为减轻财政负担，抵御侵扰的有效手段。“屯田守边，今之良法……与其养兵以困民，莫若使民力耕而自卫”。⑧ 河湟边地宜农宜牧，“以根植孳牧为

① 高士荣：《西北土司制度研究》，北京：民族出版社，1999年，第108页。
② 王继光：《安多藏区土司家族谱辑录研究》，北京：民族出版社，2000年，第55页。
③ 杨应琚：《西宁府新志》，西宁：青海人民出版社，1988年，第719页。
④ 龚荫：《明清土司诰敕谕旨辑要校注》，昆明：云南人民出版社，2018年，第412页。
⑤ 高士荣：《西北土司制度研究》，北京：民族出版社，1999年，第150页。
⑥ 王继光：《安多藏区土司家族谱辑录研究》，北京：民族出版社，2000年，第56—57页。
⑦ 梁份：《秦边纪略》，西宁：青海人民出版社，1987年，第87页。
⑧ 《明太祖实录》卷220，洪武二十五年八月丁卯。

业”。剳都为李土司所属，古为赵充国屯田之处，适宜耕种。“值岁若旱，循疆之西南，睹有古沟痕微存，遂勃然感发，即按迹逆上，直穷水源”，李玑“命家众决壅引水，遇山涧断隔，则刳槽百余，首尾相续如长虹横跨”。在李氏整治之后，“禾茂过他稼，收获济济，公私俱足”。雍正十年（1732），鲁凤翥获卫千总职衔，带领所属把总并部卒六百名赴口外赤金布隆吉、踏实堡等处屯田。“躬亲甘苦，与民同作，相土地之宜，种植皆得其理……勤劬三年，未尝堕农功”，所获粮食“常倍于别屯”。屯田结束返回原籍，“督田者咸称之曰能”。①

相对于征伐、科举功名等祖辈功耀，修治剳都水渠和口外屯田似乎不值一提。李、鲁两族却将这些微乎其微的事情纳入家谱，实在令人费解。但仔细揣摩，从中也透露出许多信息，一是表达历代土司对中央政府在边地的屯田政策，始终不折不扣地执行，才有“公私俱足”“常倍于别屯”，是忠于王事的另类体现。二是似乎在暗示自己已经在民族特性、生活习俗等方面“去蒙古”化了，② 与之相符的是对农耕文化，即中原文明的认同。

（三）纯孝

“夫孝，始于事亲，中于事君，终于立身”，“为人孝也悌，而好犯上者鲜矣”。在统治者看来，忠臣出于孝门，孝是忠的基础。因此，历代土司在极力渲染“忠贞”的同时，也着力关注历代先祖孝行。

李氏《家谱八箴》置孝箴于首，其次为弟箴、忠箴、信箴、礼箴、义箴、廉箴、耻箴，要求后世子孙，以此为规劝，“盖将书诸谱端，以勖宗族”。③

鲁帝臣未娶无后，鲁宏抱亲房嫡侄鲁帝心“立嗣承宗”，由其妻汪太淑人抚养。本无血亲之情，但有抚育之恩，汪氏患病卧床，鲁帝心“衣不解带，目不交睫累月”，倾心照料。汪氏亡故后，帝心悲痛不已，“水浆不入口者三日，哀毁骨立几于灭”。乾隆二十一年（1756），鲁华龄辞世，鲁凤翥哀痛至极，“日夜号泣，声不绝者数日，勺水不进，消毁骨立”，“节制三年，未尝见□，而承事祖母尤为谨恪，寝门问视，膻之节□，靡不周至”。④ 祁廷谏因设计杀害贺锦被农民起义军俘虏，其子肇周为救父，诈称“杀贺者肇周，于父无涉”，意图代父赴死。面对祁肇周慷慨赴死之举，农民起义军亦赞其“孝子”。⑤ 河湟土司位居帝国边地，权势显赫。但“番”之身份危机，使得他们需要不断融入华夏话语体系之中，以期获得明清政府接受。忠以报国，孝以传家，“入则为家之孝子，出则为国之良吏”，忠与孝关系实质就是家庭与国家的关系。孝既是个体道德要求，又是封建伦理道德核心要素之一。从记载中不难看出，河湟土司苦心孤诣营造祖先“纯孝”品质，深层次表达的是对明清王朝的依附。

① 王继光：《安多藏区土司家族谱辑录研究》，北京：民族出版社，2000年，第119页。

② 米德昉：《蒙古族鲁土司属寺〈敕赐感恩寺碑记〉考释》，《天水师范学院学报》2012年第1期。

③ 李鸿仪、李培业：《西夏李氏世谱》，沈阳：辽宁民族出版社，1998年，第146—147页。

④ 王继光：《安多藏区土司家族谱辑录研究》，北京：民族出版社，2000年，第116—119页。

⑤ 杨应琚：《西宁府新志》，西宁：青海人民出版社，1988年，第723页。

在祖先形象建构方面，除了在家族至亲中“孝”之外，还有面对所领土民“仁”的一面。鲁谱中记载了三则鲁氏赈济百姓的内容。“岁荒，散米麦千石周乡党急煮粥，全活饥民甚重，人皆呼为活我者鲁公（鲁麟）。”鲁华龄“雍睦素著……置义田一区，以为婚葬之助，迄今亲疏无不德焉”。鲁凤翥“抚民如赤子，凡凶侵旱潦之岁，体意周恤部民，视之如父母”。[①] 这样，鲁氏先祖宅心仁厚的一面就呈现出来了。

王明珂先生认为，边缘族群对华夏文化的认同更依赖共同的起源，这种共同的起源有助于“让所有华夏产生同胞手足的根基历史”。[②] 河湟土司对历代祖先优秀品质、光辉事迹的叙写，使历代祖先形象丰富，达到了敬宗收族的目的。在这一过程中，也日渐强化了群体情感联系的“根基历史”。伴随祖先记忆重构，家族正统性文化身份也日益明朗，与“番”在某些方面划清了界限，加深了河湟地区土司的国家认同意识。

三、国家认同观念的体现

国家认同是一种重要的国民意识，是维系大一统王朝国家的重要前提，它不仅仅表现为社会成员具有国家意识、尊重国家的核心文化，最根本的是忠贞于国家，并将政治忠诚集中于国家。[③] 中原王朝在“边地”创设和实施土司制度，使边地土司和各族民众在各个方面产生了深远的影响。各族土司归附中央王朝，成为王朝国家政治体系中一员后，在治理民族地区和管控乡土社会中，逐渐产生国家认同，把自己视为这个国家共同体的一员。土司对国家的认同主要体现在政治认同与文化认同两方面，即对儒家文化体系、王朝国家权威等方面的接受。[④]

（一）对于儒家文化的认同

国家认同的实质是政治认同，国家认同依靠文化认同来实现。[⑤] 儒家文化对华夏边缘的边地民众拥有较强的生命力、感染力，使“边远民族跨越万水千山阻隔表达慕义归化之情，学习和效仿中原文明”。[⑥] 家谱撰写本为汉民族祖先记忆建构的特有行为，河湟边地土司对于家谱的撰写实际上也体现了他们对汉民族，对儒家文化的认同。

礼曰姓赐于君，赐姓是封建王朝褒奖功臣的一种手段，于边地番民而言更是一种无上荣耀，赐姓客观上也为诸土司编写族谱提供了可能。永乐二十一年（1402），“三世祖（失伽）有大勋劳，明成祖文皇帝嘉其功业，比美周公，赐姓鲁氏”。祁土司先祖贡哥星吉于洪武二年归附，子锁南“累功晋阶，赐姓为祁”。岷州卫指挥佥事后朵儿只班洪武二年率众归附，在入朝觐见期间，授以金简诰命，擢为宣武将军，赐姓后氏。[⑦] 何锁南普，

① 王继光：《安多藏区土司家族谱辑录研究》，北京：民族出版社，2000年，第118—119页。
② 王明珂：《英雄祖先与弟兄民族：根基历史的文本与情境》，北京：中华书局，2009年，第44页。
③ 李崇林：《边疆治理视野中的民族认同与国家认同研究探析》，《新疆社会科学》2010年第4期。
④ 彭福荣：《试论中国土司国家认同的实质》，《青海民族研究》2016年第4期。
⑤ 常建华：《国家认同：清史研究的新视角》，《清史研究》2010年第4期。
⑥ 岳小国、陈红：《不被“整合”的向心力——民族走廊“国家化”研究》，《青海民族研究》2013年第2期。
⑦ 岷县志编纂委员会办公室：《岷州志校注》，1988年，第226页。

为元授陕西平章宣慰使司都元帅，后归附明王朝，赐姓何，授河州卫土官指挥。获得赐姓之后，土司皆以汉名，并效仿汉族名后有字有号传统。赐姓强化了家族认同，使边地土司群体从精神上和心理上巩固了儒家文化认同和国家认同。

明政府为加强对边疆地区的控制，以“文教为先”为理念，采取多种措施推行儒学教化，以期百姓遵王法、晓礼义、革夷俗。作为化边安民、变革民风的重要举措——崇儒兴学也得到土司的支持。天顺八年（1464）冬十月，鲁鉴捐银百两重修庄浪卫儒学。鲁华龄“雅重儒士”，“凡列青矜，加以优礼，勉使勤功；其有材质而力不能者，尝助薪水之资”。此外，部分土司还开设立义塾，接受子弟入学。在儒家文化的长期熏陶下，以鲁氏为代表的边地土司，表现出了较高的文化素养。“鲁鉴之裔颇知文学，自非其他土司比也。”[①] 鲁帝心“莹情山水，寄志琴书，通性于恬淡，以养休和”，鲁凤翥“闲则培松植桂，煮茗抚琴，雅尚情趣，且习书法，善书斗字”[②]。“李氏、祁氏，冶氏皆膺显爵而建功勋”，“且俊秀读书，亦应文武试，如祁伯豸兄弟已登科目，立功名”。李巩登辛丑科进士。他们身体力行推动儒学，推动中原文化的传播，深化了儒家文化体系在河湟边地的构筑，“习俗颇异，高尚气力，轻视诗书，尚鬼信巫”之俗不复再现。[③]

至清乾隆年间，《五凉考治六德集·平番县志》载鲁土司领“有土民三千二百四十五户、二万一千六百八十六人，番民四百五十三户，二千三百六十五人”，作为边地社会显要之族，受汉姓、居汉室之俗逐渐对所在区域形成广泛影响，促成不同民族对儒家文化、汉民族文化的接受。此后，“其土人毡帽褐衣，妇人绾髻，布衣布裙，大概与民间妇女相似，饮食风俗，亦同内地”，[④] “久则化番为汉，番作边地良民”。[⑤] 河湟边地的少数民族对儒家文化的认同，奠定了国家认同的社会文化基础，达到了以夏化夷，臻至天下归心，以文德立太平的目的，取得了令人瞩目的效果。[⑥]

（二）多元信仰体系的建构

庙宇寺观是基层社会中最为常见的宗教文化景观和信仰符号。[⑦] 明清时期，随着国家意识的不断渗透，以各种类型庙宇为象征的地方民间信仰体系开始建立起来。

自宋以降，藏传佛教开始在河湟一带广泛传播。在西番民众多笃信藏传佛教背景下，各类藏传佛教寺院分布各地。明朝根据边地的这一特殊情形，依其旧俗，采取“多封众建，以教固政”的举措，“故大建梵宇，特赐专敕”。[⑧] 此后，大小不等的藏传佛教寺院出现在甘青河湟一带。河湟土司多为元旧吏，久居边地，对藏传佛教极为笃信，新建了众多寺院。宁番寺是李土司建立的众多寺院之一，由李南哥于明初募缘创建，亦名会宁寺、

① 陶保廉：《辛卯侍行记》，兰州：甘肃人民出版社，2000年，第258页。
② 王继光：《安多藏区土司家族谱辑录研究》，北京：民族出版社，2000年，第116—119页。
③ 杨应琚：《西宁府新志》，西宁：青海人民出版社，1988年，第298页。
④ 傅恒：《皇清职贡图》（卷五），扬州：广陵书社，2008年，第272页。
⑤ 邓承伟：《西宁府续志》，西宁：青海人民出版社，1985年，第390页。
⑥ 程妮娜：《中国历代边疆治理研究》，北京：经济科学出版社，2017年，第423页。
⑦ 刘森林：《中华聚落——村落市镇景观艺术》，上海：同济大学出版社，2011年，第177页。
⑧ 甘肃省图书馆书：《西北民族宗教史料文摘》（甘肃分册），兰州：甘肃省图书馆，1984年，第43页。

大佛寺。建成之后，宁番寺迅速成为城中胜景之一，“为四夷瞻仰”。弘治初年，高阳伯李文主持重修，为表明“忠爱如是，与南哥公一气相得”，宁番寺始以李南哥爵位“会宁”命名，并由李文长子李锋后裔世代掌管。会宁寺自创建之后，很快成为附近民众祈福禳灾、举行佛事活动的场所。[①]

真武大帝是道教大神之一，典籍多记作“北极真武玄天上帝”。李英征讨蒙古返程中，受明成祖召见，请求在西宁修建真武庙，“以为边人岁时祝寿祈祷之所”，后宣宗赐名“广福”。在藏传佛教兴盛区域修造道观实属少见，但结合朱棣称帝这一事件似乎又能理解了。《敕赐广福观梦感记》对此有解释，“太宗文皇帝入正统之初，以北极真武之神，尝有阴翊默相之功，命修建太岳、太和山诸宫观，以奉祠事，仍于京师立庙，俾土民之乞灵祈福者，咸有归焉”。朱棣为营造称帝的合法性，把自己塑造成为真武大帝，在京师内外形成一股建观崇奉之风，真武信仰遍布全国。作为颇具政治头脑的李英岂能免俗，故请建真武庙。对于广福观的神祇记载也颇具传奇，如“神冕服执圭，朱鞍白马，道从甚重，仪物类王者”。明清时期，广福观屡遭焚毁，又多次由当地民众修葺。李英建道观并请求赐名，固然有政治上攀附中央、迎合圣意、表达忠心的考量，也从侧面上体现了河湟边地有部分民众信仰道教的历史事实。据说，道观建立之后，“雨旸时顺，岁谷屡登，边人安居，寇盗屏迹”。[②] 每年农历三月初三日，前来焚香祈福之人项背相望，热闹不已。无独有偶，这一时期同为河湟巨族的庄浪鲁土司家族在宗教意识形态上也发生了转变，积极崇道，在辖地修建了大量道观。[③]

藏传佛教在河湟地区拥有巨大影响力，信众遍及各地，“西海境诸民尽衣赭衣，鲜事生产者达几万户”。[④] 与藏传佛教迅猛发展类似，道教在明成祖、明世宗为代表的国家力量推动下，在河湟地区也拥有一定的影响力，逐渐渗透到当地民众宗教信仰体系中。部分祠庙中甚至出现了佛道神祇共存现象，呈现多元信仰。换言之，河湟地区边民崇佛敬道既是个体多元信仰行为，又是国家意识借助宗教信仰体系下沉到基层社会的体现。

（三）尊崇国家权威

土司地方性权力源自中央政府的授予，代表王朝国家治理边地基层社会，掌管“土人户婚，田土争讼等事”。土司家族利用历史优势与王朝国家的权力加持，逐渐在地方上形成了一个优势的权力共同体。要体现这种无人企及的优势，着力书写家族之上的国家权威，强调对国家的忠贞就显得更加重要。

“王言如纶，其出如綍，至重也”，“录王言，顷刻不忘君也”，故土司家族都将帝王诰敕置于卷首。鲁谱“纶音”部分收录了明清两朝帝王敕谕鲁氏历代土司诏书敕令 87 件，雍正乾隆赐封土司夫妇诰命 5 件；所属寺院道观札副 11 件；谕祭文 11 件。[⑤] 土司一

① 政协大通文史资料编写组：《土族风情录》（《大通文史资料》第五辑），大通：1997 年，第 96—97 页。

② 米海萍、乔生华：《青海土族史料集》，西宁：青海人民出版社，2006 年，第 240—241 页。

③ 李勇进：《李土司家族与道教关系初探——以〈建广福观碑记〉〈降母神祠庙记〉及〈碾伯重修真武庙记〉为中心的考察》，《青藏高原论坛》2018 年第 1 期。

④ 杨应琚：《西宁府新志》，西宁：青海人民出版社，1988 年，第 898 页。

⑤ 王继光：《安多藏区土司家族谱辑录研究》，北京：民族出版社，2000 年，第 10 页。

经除授，朝廷即赐予诰敕、印章等信物，作为国家官员的凭证。其始之录敕诰也，以明其祖宗世笃忠贞，功在社稷。土司将皇帝诏书敕令放在首位，既是表达对至高无上皇权的尊重，也表明了自己在河湟边地的统治是得到了国家承认。作为王朝国家官员的优越感在河湟土司群体中产生，从而保持了对中央政府权威的长期服从。历代河湟土司以地方首领身份而被中央政府所承认，并从国家制度体系上确认为民族地区的国家代表。换言之，西宁李、祁土司之所以能牢牢掌控十数万边民，正是由于他们在王朝权力体系中合法管理者的身份。

明代立国之初，以世袭指挥千百户所封者如卜纳剌、锁南谱、汪家奴等，均以封受世官于河湟洮岷之间，“以备羌番，亦各有其土，有其民，有其兵”。然到明末之世，势力与鲁氏相差无几者仅存数家。原因何在？鲁氏直言，“忠贞未逮也。……鲁氏之兴也，以识天命之归。鲁氏之昌也，以尽臣子之分。披肝胆，裂腹心，血染黄沙，捐躯报国，皆所不辞……”① 以鲁氏为代表的河湟土司群体能长久续存，特别是能够在元明清易代之际继续得到政府承认，源于他们对国家权威的高度认同与尊崇。与西南土司不守法度、叛服无常相比，河湟土司则是“敬恭朝命，益殚智谋”，②“有捍卫之劳，无悖逆之事”，“绝不类蜀黔诸土司桀骜难驯也”。③

（四）勤于王事，屡为明清王朝征战

明太祖效仿汉武帝创设河西四郡以隔绝羌胡，“建重镇于甘肃，以北据蒙古，南捍诸番，俾不得相合”。④ 河湟各部土司深受朝廷倚重，被委以官职、授予爵位，协助中央政府管理本地区。作为朝廷官员，河湟土司恪尽臣职，各率部属“以听征调、守卫、朝贡、保塞之令”，⑤ 参与了国家的一系列军事行动。

鲁土司家族世镇西陲，“其族类蕃衍，环内地而耕牧者，无虑千万矣”，其部众因骁勇善战号称“庄浪鲁家军”，《明史·兵志三》载：

> 庄浪鲁家军，旧隶随驾中，洪熙初，令土指挥领之。万历间，部臣称其骁健，为敌所畏，宜鼓舞以储边用。

鲁家军虽为鲁氏私兵，但在明清时期，多次随历代鲁土司参与西北地区军事行动。鲁氏世守西陲，有捍御功，帝“命有司建坊旌其世绩”，⑥ 赞其“功在边疆，名垂竹帛”。嘉靖三年（1524），土鲁番入寇甘州，鲁经以庄浪副总兵选调游骑官军，“前往肃州听都御史陈九畴节制，相机战守”。⑦ 乾隆四十六年（1781），“撒拉回围兰州，（鲁璠）率土番

① 王继光：《安多藏区土司家族谱辑录研究》，北京：民族出版社，2000年，第128页。
② 米海萍、乔生华：《青海土族史料集》，西宁：青海人民出版社，2006年，第266页。
③ 龚荫：《明清土司诰敕谕旨辑要校注》，昆明：云南人民出版社，2018年，第417页。
④ 《明史》卷330。
⑤ 《明史》卷73。
⑥ 陈燮章：《藏族史料集（3）》，成都：四川民族出版社，1987年，第215页。
⑦ 严从简：《殊域周咨录》，北京：中华书局，2000年，第445页。

兵三百人赴援”，身负重伤，裹创力战。鲁璠也因此获得“加一等职衔、花翎”的奖赏。道光六年（1826），“逆回张格尔犯边……璠之子纪勋奉檄购办驼只、运军粮。九年，官兵进剿安集延，仍承办驼只”。[①] 同治至光绪初年，甘肃动荡不止，鲁氏“节奉派在于省城七里河、红马、海石湾等处，带兵防剿”。[②] 祁兴周于顺治二年（1645）调至西安，“自备鞍马、料草、军械征缴郭均镇刘文炳并兴安、郧阳等处贼。复征剿临巩逆贼，恢复甘、凉等处”。[③] 康熙十四年（1675），吴三桂部吴之茂攻陷河东，提督王辅臣亦叛，祁伯豸随西宁总兵官王进宝率土兵参战，复兰州、临巩、秦州等地，“每先登陷阵，身负炮伤几死”。祁伯豸之弟除参与恢复临巩、秦州外，还跟随康熙皇帝征讨噶尔丹。

四、余论

尽管家谱纂修一直强调“信以传信，疑以传疑”，“循实记载”，但也应当看到家谱始终为个体家族的历史书写，为尊者讳，崇祖现象十分突出，一定程度上影响了其可靠性。道光年间罗荆璧等已认识到这一点，称“修谱同于修史，而有不同者，史则善恶毕彰，而谱则隐恶扬善”。[④] 例如，鲁土司族谱载其远祖为元武定王，实有夸耀攀附之嫌，多数学者持怀疑态度。宣德二年（1427）九月，李英以右军都督府左都督进荣禄大夫、柱国、会宁伯，食禄一千一百石，获赐铁券，延及三代及妻。对于祖先李英的荣耀，李氏后人竭力赞美，但对“恶”却选择性遗忘。《明史》《西宁府新志》皆称李英“恃功自傲，所为多不法”。李文镇守大同致敌长驱直入雁门，大掠忻州、代州，京师震恐。李文下诏狱论斩，帝念其功勋，免其死罪，仅降为都督佥事留延绥镇用事。对李英获罪入狱夺爵、李文失事降都督佥事之事，谱讳不书，难见只言片语。

宋代私修家谱日渐新盛，“五服图式”谱法也确定，成为后世基本体例。明清时期，家谱编纂超越前代，达到鼎盛时期。在华夏之风的感染下，边地土司也开始编修家谱。作为牒谱类文献中的重要组成部分，于一家而言，家谱是家族传承，维系家族认同的重要依据，于国家、区域来讲又是一部区域地方史。家谱是家族认同，建构祖先记忆的主要载体，使土司家族—区域权力共同体得以长久凝聚和延续。与此同时，编修族谱的宗族性、社会性活动，实际上表明了以边地土司家族为代表的番民对汉文化、对儒家文化的接受，逐渐淡化了军人身份，是融入地方社会的表现。河湟土司通过家谱书写，强化了祖先记忆，建构起了祖先忠贞、纯孝等形象，彰显了礼仪之家身份，赢得了在国家权力体系中的发展空间，让整个家族在明清两代的王朝国家体系中屹立不倒，使家族认同与国家认同处于最稳洽阶段。

---

① 马成俊：《撒拉族史料汇编，北京：民族出版社，2018 年，第 570 页。

② 米海萍：《乔生华. 青海土族史料集》，西宁：青海人民出版社，2006 年，第 131 页。

③ 王继光：《安多藏区土司家族谱辑录研究》，北京：民族出版社，2000 年，第 180 页。

④ 冯尔康：《清代宗族史料选辑》，天津：天津古籍出版社，2014 年，第 1108 页。

其他

明儒吴伯通著作考述

蔡东洲　方　超

吴伯通（1441－1502），字原明，号石谷，四川广安人。明成化、弘治年间历任河南、浙江、云南、贵州四省提刑按察官，并提督豫、浙学政。在河南“建四书院，开封大梁、辉县百泉、洛阳伊洛、汝宁汝南，酌白鹿洞规为条件，使有持循。”七郡之士云集辐辏，士风振作。守制居家，教授乡里，“学者愈多，有司为建甘棠书院以处其众”①，广安州士民建“当代真儒”坊以旌表之。② 在浙江典乡试，“善奖进人，如胡端敏、孙忠烈、秦从简辈，皆识拔于畴伍中，以国器期之，后皆树忠节，以功德知名”。③ 其服膺程朱理学，“学务躬行，以道自任”④，一时名重士绅间，大儒王守仁未尝及门而私淑为门下士，曾责问浙江官员曰：“理学作人如吴石谷者，乃例以席鄙视之，不立庙祀何也？”⑤

关于吴伯通的著述情况，国子监祭酒王瓒在《吴石谷先生神道碑铭并叙》载有六种：“《达意稿》三十卷、《石谷韵语》十二卷、《策问答》七卷、《顺庆府志》十五卷、《闻见录》廿卷、删正叶采《近思录注》⑥ 犹未脱稿。”⑦ 明清目录书中，黄虞稷《千顷堂书目》著录有两种：“吴伯通《石谷遗言》一卷，又《甘棠书院录》一册。”⑧ 徐乾学《传是楼书目》多出一种，即《吴石谷达意稿》三十四卷。⑨ 地方志中，嘉靖《四川总志》多出《续近思录》一种⑩，光绪《广安州志》多出三种：《近思录》、《甘棠文稿》四卷、《十斋铭》一卷。⑪ 据此，其著述多达十三种。然今仅存三十四卷《石谷达意稿》，其余诸书存亡不

* 项目简介：本文为2019年西华师范大学地方档案与文献研究中心项目“吴伯通诗文辑校”（项目编号：DAWXA1902）阶段性成果。

［作者简介］蔡东洲：西华师范大学历史文化学院教授。方超：重庆奉节中学教师。

① （清）常明等修：嘉庆《四川通志》卷147《人物志》，嘉庆二十一年木刻本。

② （清）顾怀壬等修：宣统《广安州新志》卷38《古迹志》，民国十六年重印本。

③ （明）刘伯缙修：万历《杭州府志》卷62《名宦二》，万历刻本。

④ （清）黄廷桂等修：雍正《四川通志》卷8《人物》，清文渊阁四库全书本。

⑤ （清）常明等修：嘉庆《四川通志》卷45《舆地志》，嘉庆二十一年木刻本。

⑥ “叶采”：雍正《广安州志》误作“叶米”，实为南宋理学家叶采，其著有《近思录集解》，下文均改为《近思录集解》。

⑦ （清）曹蕴锦修，广安地方志办公室校：雍正《广安州志》卷7《艺文志》，北京：线装书局，2016年，第122页。

⑧ （明）黄虞稷：《千顷堂书目》卷十一，清文渊阁四库全书本。

⑨ （清）徐乾学：《传是楼书目》不分卷，道光八年味经书屋钞本。

⑩ （明）刘大谟等修：嘉靖《四川总志》卷7《人物》，嘉靖刻本。

⑪ （清）周克堃等修：光绪《广安州志》卷十二《艺文志》，载《四川历代方志集成》第二辑第27册，北京：国家图书馆出版社，2005年，第566页。

详。学界尚无专文讨论吴伯通著述问题，本文拟就其著作存佚予以考述。

一、现存《石谷达意稿》

《石谷达意稿》又称《吴石谷达意稿》《达意稿》《石谷吴先生文集》，共三十四卷。此稿最早见于徐乾学《传是楼书目》，其后《文瑞楼藏书目录》《藏园订补郘亭知见传本书目》皆有著录。今北京国家图书馆有藏本。

此稿为吴伯通子吴荐编辑，经历了初编和续编两个阶段：初编为卷一至卷十三，于弘治十四年（1501）初完成，卷十二、卷十三末均载有“弘治十四年正月男荐编录于甘棠书院”字样。时吴伯通尚在世，亦当参与或指导这部分的整理。续编为卷十四至卷三十四，吴荐在其父去世后觉得“既多弗得而尽棱，虑恐久而散逸”①，在弘治十七年（1504）完成了后续选编、誊录工作，成册藏于家。

正德九年（1514），汪城任广安知州事，仰慕吴伯通学识，读是稿“叹公所养深粹，所发闳正，一性命道德之文也，岂操觚染翰者所能耶？爰谋锓梓以传四方。”② 便于正德十一年（1516）主持刊刻。

现藏于北京国家图书馆的三十四卷本《石谷达意稿》，即为明正德十一年（1516）汪城刻本。该本每半叶为 11 行 21 字，注文小字双行同；单边，白口，双鱼尾；版心刻有书名“石谷文集”、卷次、页码。封面钤有墨文印“南州书楼藏书，徐汤殷整理，编列明字 23 号，1952 年 1 月 9 日”。扉页有“南州书楼所藏”印一枚。序言页钤有藏书印六枚，自上而下依次为“南州书楼藏书”（同封面页）“南州书楼所藏”“徐汤殷”“桐轩主人藏书印”“太原叔子藏书记”“金星轺藏书记”。卷一首页钤有藏书印四枚，依次为“北京图书馆”“佳贼”“徐绍棨”“南州书楼所藏”。余下诸卷首尾，钤有以上各印不等。③

根据该稿中识别的藏书印，可以大致窥见其流传脉络。自四川到江浙，再传往广州，最后藏于北京图书馆。明正德十一年（1516）刻于四川广安，清初流传至江浙一带。稿内最早的两枚藏书印“金星轺藏书记”和“太原叔子藏书记”，分别出自浙江桐乡藏书家金檀（约 1660—1730），江苏吴县藏书家王闻远（1663—1741），且金檀《文瑞楼藏书目录》卷十一亦著录：“吴伯通《达意稿》三十四卷，四川广安人，甲申进士，河南按宪。”④ 二人先后递藏顺序不详，但金檀先居桐乡，后迁往吴县，是书或在此期间易手。其后再入浙江钱塘汪宪（1721—1771）振绮堂，序言页钤有“桐轩主人藏书印”。20 世纪上半叶，为广州徐绍棨、徐承瑛父子藏于南州书楼，稿内多处钤有数枚“徐绍棨”“徐汤殷”“南州书楼所藏”等藏书印。“汤殷”为徐承瑛的字。该书如何自浙江流传到广州，

① （明）吴伯通：《石谷达意稿》后序《书先公达意稿后》，正德十一年汪城刻本。
② （明）吴伯通：《石谷达意稿》卷首《汪城序》，正德十一年汪城刻本。
③ （明）吴伯通：《石谷达意稿》，正德十一年汪城刻本。
④ （清）金星轺：《文瑞楼藏书目录》，北京：中华书局，1985 年，第 128 页。

已不可考，但徐绍棨祖籍浙江钱塘或为一因。南州书楼虽无完整的藏书目录，但从其藏书印可知，1952年初徐汤殷为此稿整理分类并编号，“南州书楼藏书，徐汤殷整理，编列明字23号，1952年1月9日”。此后徐氏藏书或为其后人捐赠国家，或为国家赎回，此本《石谷达意稿》亦随之藏入北京图书馆。

此稿共三十四卷，分装六册，其编次及内容如下表：

册数	卷次及内容
第一册	1—6卷为韵诗（第二卷缺第十页）
第二册	7—12卷为韵诗；13卷为序
第三册	14—18卷为序
第四册	19—20卷为序；21—22卷为记
第五册	23卷为记；24卷为碑记、墓表；25卷为墓志铭；26卷为字说；27卷为铭、赞
第六册	28卷为祭文（缺数页）；29卷为题跋；30卷为书信；31卷为奏疏；32卷为学规、公移；33—34卷为策问

此稿实为吴伯通多种著述之汇编，上表所示其涵盖诗、文、墓表、墓志铭、公文、奏疏等多种体裁亦可证明此点。今据此体例，结合史料记载，可大致理清该稿经由何种著作编成。

王瓒据“其嗣子荐纂辑事状数十万言”① 撰成的神道碑，为已知记载吴伯通著述最原始的史料。其言吴伯通曾著有《石谷韵语》十二卷、《达意稿》三十卷、《策问答》七卷。分析现存三十四卷《石谷达意稿》之构成，前十二卷为韵诗，对应《石谷韵语》十二卷；三十三、三十四卷为策问，对应《策问答》七卷；而余下二十卷内容，当是《达意稿》三十卷的删减整合，因而书成当日，吴荐将书定名为《达意稿》。此外，第二十七卷《铭》，即光绪《广安州志》载《十斋铭》一卷；第三十二卷《河南提督学校条约》二十一条，则是“复酌《白鹿洞规》，自为条件廿一”所立的学则。

可见，此稿为吴伯通所著《石谷韵语》《策问答》《达意稿》《十斋铭》《河南提督学校条约》之汇编。此五种虽已无单行本传存，但可据现存部分略探诸书原貌。

（一）《石谷韵语》十二卷

此诗集见载于《吴石谷先生神道碑铭并叙》《光绪广安州志》。《光绪广安州志》卷二十《艺文》：“《石谷韵语》十二卷。”② 原集不存，但弘治十七年（1504），吴荐整理其著述时，将《石谷韵语》十二卷编入《石谷达意稿》，并于正德十一年（1516）刊刻，得以保留。今三十四卷本《石谷达意稿》中，前十二卷韵诗即为《石谷韵语》。故在后世的流传中又称作《石谷达意稿》十二卷，如《藏园订补郘亭知见传本书目》载：“《石谷达意

① （清）周克堃等修：光绪《广安州志》卷20《艺文志》，载《四川历代方志集成》第二辑第27册，北京：国家图书馆出版社，2005年，第606页。

② （清）周克堃等修：光绪《广安州志》卷20《艺文志》，载《四川历代方志集成》第二辑第27册，北京：国家图书馆出版社，2005年，第566页。

稿》十二卷，明吴伯通撰，明正嘉间刊本，十行二十一字，存六卷，庚申杭肆见。"[①] 傅增湘在民国庚申年（1920），于杭州书市所见十二卷《石谷达意稿》，即是《石谷韵语》，或可视作三十四卷《石谷达意稿》的残本。今国家图书馆有藏本。

国图藏十二卷《石谷达意稿》由汪城序一篇及韵诗十二卷组成。该本为明正德十一年（1516）刻本，每半叶 11 行 21 字，注文小字双行同；单边，白口，双鱼尾；版心刻有书名"石谷文集"、卷次、页码。卷一首和卷十二尾各钤有两方"国立北平图书馆收藏"印，表明此本原藏于国立北平图书馆。浙江南浔蒋氏传书堂亦曾藏有此书，《传书堂藏书志》卷四著录："《石谷达意稿》十二卷，明刊本，广安吴伯通原明著，像赞，汪城序（正德十一年）每半页十一行，行二十一字。卷末有'弘治十四年正月男荐编录于甘棠书院'一行。"[②] 对比可知，国图藏本遗失"像赞"页。

此十二卷韵诗于弘治十四年（1501）正月完成编录，其时吴伯通方闲居林泉，与诸生讲学，其本人当参与该诗集的收集和编录工作。当然此时完成编录的并非定本，后来有所增补，如卷四、卷十二有《奉送钱别驾朝京诗（有序）》《寄淮教舍弟壬戌二月》等诗皆作于弘治十五年（1502）。[③]

（二）《策问答》七卷

此书见载于《吴石谷先生神道碑铭并序》《光绪广安州志》。神道碑载，《策问答》七卷。[④] 今三十四卷本《石谷达意稿》中第三十三、三十四卷即为策问。显然，吴荐整理《策问答》时，将原七卷的体量缩减到两卷，编入《石谷达意稿》。其中第三十三卷有策问二十七道，三十四卷有策问五十一道，共七十八道。

第三十三卷策问为河南各州县学校及甘棠书院所出，如第九道"问古者穷经将以致用，虽今日诸生之所为学者，亦然也"为"成化十六年正月十七日陈留县"学所出策问；第二十四道"问古者塾庠序学之教，比年入学，中年考校，一年视离经辨志"为"甘棠书院季考"策问。而第三十四卷策问则多为浙江各地学校所出，如第四道"问孟子之论性"为"台州府"策问，第十道"问心性天命"为"温州府"策问，第三十道"问《中庸》，传道之书也"为"宁波府"策问。[⑤] 借此可以断定，明成化、弘治时期，吴伯通提督河南、浙江两地学政，将在各府州县学校、书院所出的策问，并广安甘棠书院策问数道，汇编成《策问答》七卷。内容则多取自四书五经，以性理之学考察生员修身、处事和接物。

---

① （清）莫友之撰，傅增湘订补，傅熹年整理：《藏园订补郘亭知见传本书目》卷 15 上《集部》，北京：中华书局，2009 年，第 1395 页。

② 王国维：《传书堂藏书志》卷 4《集部》，上海：上海古籍出版社，2014 年，第 1155 页。

③ （明）吴伯通：《石谷达意稿》，正德十一年汪城刻本。

④ （清）周克堃等修：光绪《广安州志》卷 20《艺文志》，载《四川历代方志集成》第二辑第 27 册，北京：国家图书馆出版社，2005 年，第 608 页。

⑤ （明）吴伯通：《石谷达意稿》卷 33，正德十一年汪城刻本。

（三）《达意稿》三十卷

此书见载于《嘉靖四川总志》《康熙顺庆府志》《光绪广安州志》，当源于《吴石谷先生神道碑铭并序》。吴伯通卒于弘治十五年（1502），九年后王瓒据吴荐所辑事状撰成神道碑，云："先生既殁，其嗣子荐纂辑事状数十万言，属铭丽牲之石。顾先生道德宏懿，非浅识芜词所能形容，是以执笔复止，今九载于兹矣。……仅具事状及所见，叙次如右。"[①] 因而，神道碑对吴伯通著述的记载不应有误。此书原为三十卷，现已不存，应该是吴荐最终编定三十四卷本《石谷达意稿》时，将其整合、抽减了二十卷。如果加上前十二卷的《石谷韵语》和后两卷的《策问答》，正好合成三十四卷。由此可以断定，今北京国家图书馆所藏三十四卷《石谷达意稿》中存留了原三十卷本《达意稿》的内容。

（四）《十斋铭》一卷

该铭著录于《光绪广安州志》。《光绪广安州志》卷十二《艺文志》载："《十斋铭》一卷，吴伯通撰。"[②]《十斋铭》指广安甘棠书院建成后，吴伯通于各堂斋之上所作的十二篇铭文，"后各为铭，励学者为己之学，使先察乎义利、理欲之辨"[③]。原未单独成卷，亦无书名，吴伯通亦止曰"甘棠书院堂斋铭"[④]，故神道碑及其他目录书均未见记载，而雍正、乾隆两朝《广安州志》皆以散篇收录，自光绪《广安州志》始将此十二散篇铭文冠以《十斋铭》总之。

成化二十二年（1486），甘棠书院落成，吴伯通"取圣贤教人为学之要，揭名以训。堂曰一要之堂，斋左曰敬、曰静、曰明、曰动、曰公，右曰义、曰虚、曰通、曰直、曰溥"。又有"小堂曰俨若思"[⑤]，以二堂十斋作《铭》十二篇，题于甘棠书院各堂斋之上，以示周敦颐学圣之要诀，激励后进。弘治十七年（1504），吴荐将此十二篇铭文编入《石谷达意稿》。今北京国家图书馆所藏三十四卷本《石谷达意稿》卷二十七《铭》部分即是。

（五）《河南提督学校条约》二十一条

成化十四年（1478）至十九年（1483），吴伯通提督河南学政，建书院，育人才，振起士类，"复酌《白鹿洞规》，自为条件廿一，使有持循"[⑥]。吴伯通参照《白鹿洞规》制定学规二十一条，实则仅前二十条涉及生徒读书方法、日常行为规范、师生礼仪、考核

① （清）周克堃等修：光绪《广安州志》卷20《艺文志》，载《四川历代方志集成》第二辑第27册，北京：国家图书馆出版社，2005年，第608页。

② （清）周克堃等修：光绪《广安州志》卷12《艺文志》，载《四川历代方志集成》第二辑第27册，北京：国家图书馆出版社，2005年，第566页。

③ （清）周克堃等修：光绪《广安州志》卷12《艺文志》，载《四川历代方志集成》第二辑第27册，北京：国家图书馆出版社，2005年，第607页。

④ （明）吴伯通：《石谷达意稿》卷29《跋甘棠书院堂斋铭后》，正德十一年汪城刻本。

⑤ （明）吴伯通：《石谷达意稿》卷21《甘棠书院记》，正德十一年汪城刻本。

⑥ （清）周克堃等修：光绪《广安州志》卷12《艺文志》，载《四川历代方志集成》第二辑第27册，北京：国家图书馆出版社，2005年，第607页。

程序等。第二十一条则主要针对当时学校儒师素质低下，提出在河南各处的先贤读书讲学故地，修建四大书院，并详尽规划了书院选址、规制、钱粮物材筹措以及负责人选等问题。[①] 弘治十七年（1504），吴荐将《河南提督学校条约》二十一条编入《石谷达意稿》卷三十二。

二、亡佚著作五种

（一）《顺庆府志》十五卷

王瓒所撰神道碑提及吴伯通曾编修《顺庆府志》十五卷。正德十一年（1516）广安州守汪城刊刻吴伯通著作时，并未刊行此志。至嘉靖二十二年（1543），任瀚在《顺庆府志序》中称，"近世吴使君伯通虽著（《顺庆府志》），则又自以不满，意不欲表行于时，而寻以散失"[②]。可见，此志早在明中期就已散失。不过《石谷达意稿》卷十五尚存一篇《顺庆府志序》。此序共597字，相当清晰地交待了修志缘由、经过和体例，为后世了解成化《顺庆府志》提供了仅有的线索。

据该序交待，顺庆府此前有志，"旧有纂修稿，藏架阁，非完书也"。成化丙午（1486）夏，四川提学佥宪潘璋巡行所属州郡，过广安访吴伯通，"语及府志之阙，慨然兴欲，属余成之"。随后，命顺庆知府陈亨以周洪谟所纂《叙州府志》体例为样式示吴，并检索府库提供旧稿，"乃命知府事莆田陈侯亨，以今大宗伯长宁周先生昔所纂《叙州府志》见示为式。因索架阁旧稿，于府得之"。四川按察司佥宪梅江亦重视此事，督促地方官员予以协助，"复督广安守居巢王侯舆、蓬守华南郭侯瑾同郡博滇南卿君惟贤，遍加采摭，府佐陕右诸侯廷仪行部，又周爰咨访，多得所遗事以助"。次年，吴伯通丁忧守制期满，广安州守樊金催促其速成此志，遂"按稿及考所有书，仿叙志体例，随事纂辑，粗尔成编"。[③] 可知，吴伯通在各级地方官府的支持和协助下，据旧有未完稿，仿周洪谟成化十七年（1482）所修《叙州府志》体例，短时间内编撰成十五卷《顺庆府志》。

今尚可依据此序一窥成化《顺庆府志》之涯略。

> 今志所记，若星分，若祲祥，皆天文也。若形胜，若山川，若疆域，若城池田塘，若津渡关隘，皆地理也。若风俗，若公署，若学校，若邮驿，若宦寓，若人物，若科贡，若贞节孝义，若户口赋税，若庭院轩堂楼阁，若坛墠陵墓，若题咏记述，若仙释寺观祠庙，皆人事也。若物产谷蔬药果花木，若羽毛鳞介昆虫，皆物类也。[④]

---

① （明）吴伯通：《石谷达意稿》卷33《河南提督学校条约》，正德十一年汪城刻本。

② （明）黄宗羲编：《明文海》卷219《顺庆府志》，北京：中华书局，1987年，第2212页。

③ （明）吴伯通：《石谷达意稿》卷15《顺庆府志序》，正德十一年汪城刻本。

④ （明）吴伯通：《石谷达意稿》卷15《顺庆府志序》，正德十一年汪城刻本。

此志体例首分天文、地理、人事、物类四部，下又分若干小类。其修志原则为“志大者繁，贵约而皆；志小者简，当详而悉。其体然也”。因其早亡，清人编修《南充县志》时，未能读到此志，误以嘉靖《顺庆府志》为该府最早地方志，“邑故无志，明嘉靖中豫章刘侯、石溪韩司马，同声相应，毅然秉觚牍为之”①。殊不知成化末，在省、府、州各级官府的支持下，吴伯通已撰有《顺庆府志》，且按照此序的追述，吴志之前顺庆府就有志了。

嘉靖二十二年（1543）前后，顺庆府再次组织编修府志时，吴伯通所撰《顺庆府志》已亡佚。其存在的时间虽短，却对当时川东各地编修地方志有一定影响。

首先，弘治年间其子吴荐曾编修《广安志》②。此志虽然没有传存下来，但必然受到其父修《顺庆府志》的启发和影响，且其内容为后世编修《广安志》者所引录③。此父子两代相继编撰地方志，且不论价值高低，家风可赞。

其次，正德丁丑（1517），蓬州官府组织编修《蓬州志》，曾访得《顺庆府志》，“又求之二邑，既又得《顺庆府志》，遂主《一统志》参互考证”④。此时蓬州所得《顺庆府志》，应为吴伯通成化二十三年（1487）所修。正德丁丑（1517）上距吴伯通成化二十三年（1487）所修《顺庆府志》方三十载，且此期并无其他版本《顺庆府志》问世。故而，现今传世的正德《蓬州志》在修撰时，也应当受到了吴志影响。

另据任瀚所言，吴氏《顺庆府志》失传的主观原因是“自以不满，意不欲表行于时”。吴伯通在其序言中也说道：“粗尔成编，录以塞责。”着手修志的次年冬，吴伯通便离乡赴任，足见当日修志之仓促。在如此短暂的时间内完成十五卷本的体量，除了有旧稿可以依托，更重要的是有完备的体例可参照，故其很大程度上是参考和继承了周洪谟《叙州府志》。其序言所载体例，对研究已散失的成化《叙州府志》也有一定价值。

（二）《甘棠书院录》一册

此书著录于徐乾学《传是楼书目》、黄虞稷《千顷堂书目》和万斯同著四百一十六卷本《明史·艺文志》⑤。《千顷堂书目》卷十一儒家类载：“吴伯通《石谷遗言》一卷，又《甘棠书院录》一册。”⑥《千顷堂书目》是黄虞稷据自己藏书所撰，故而黄氏当时实藏有此书。而《明史·艺文志》又以《千顷堂书目》为底本，遂亦著录该书。徐乾学先后主持编修《明史》和《大清一统志》，黄虞稷均有参与。且康熙二十八年（1689），徐氏归乡续成《大清一统志》稿，又奏请携黄虞稷同归襄助。⑦ 可知二人交情匪浅，《甘棠书院

---

① （清）袁凤孙等修：嘉庆《南充县志》卷首《新修南充县志序》，载《四川历代方志集成》第三辑第7册，北京：国家图书馆出版社，2016年，第358页。

② （清）周克堃等修：宣统《广安州新志》卷首，宣统三年刻，民国十六年印本。

③ （清）曹蕴锦修，广安市地方志办公室校：雍正《广安州志》卷1《山川》，北京：线装书局，2016年，第7页。

④ 《天一阁藏明代方志选刊续编》第67册正德《蓬州志》卷尾《蓬州志后序》。

⑤ 按：学界关于416卷本《明史》的作者说法不一，本文暂取为万斯同一说。

⑥ （明）黄虞稷：《千顷堂书目》卷11《儒家类》，清文渊阁四库全书本。

⑦ （清）徐乾学：《憺园文集》卷十《备陈修书事宜疏》，康熙刻冠山堂印本。

录》或为其先后递藏，或皆有藏本。此后便不见公私藏书著录。

《甘棠书院录》虽亡佚，但依据其书名和各目录书的归类，可推测该书的成书时间和内容。甘棠书院建于成化二十二年（1486）吴伯通丁忧守制期间，在广安州地方官员的资助下，书院“经始于丙午之秋七月，逾四旬而讫其功”[①]。弘治元年（1488）冬，吴伯通守制期满，起复河南，旋即转任浙江提刑按察司副使。故《甘棠书院录》应当作于甘棠书院建成后的两年里。《传是楼书目》和《千顷堂书目》皆将此书归入儒家类，吴伯通在甘棠书院教授生徒，亦主张“励学者为己之学，使先察乎义利理欲之辨”[②]。据此可以断定，《甘棠书院录》成书于成化二十二年至弘治元年（1486—1488）期间，是用于教授生徒的理学著作。其后吴伯通宦游浙江多年，可能将此书随身携带以授生徒，后为明末江浙两大藏书家所收藏。

光绪《广安州志》所载：吴伯通著有“《甘棠文稿》四卷”[③]，应出于辗转抄录之误，将《甘棠书院录》误作《甘棠文稿》，原一册（本）即有四卷。

（三）《石谷遗言》一卷

此书著录于《国史经籍志》《千顷堂书目》以及万斯同著《明史·艺文志》。对于此书的归类，以上三种目录书不尽相同，《国史经籍志》归入杂家类，《千顷堂书目》和《明史艺文志》则归入儒家类。因《千顷堂书目》为《明史·艺文志》底本（见前文），则分歧出在焦竑《国史经籍志》与黄虞稷《千顷堂书目》之间，《国史经籍志》卷四杂家类“吴伯通《石谷遗言》一卷”[④]，《千顷堂书目》卷十一儒家类“吴伯通《石谷遗言》一卷”[⑤]。吴伯通一生服膺儒学，“躬行学务，以道自任”，其所作遗言当不出性命道德之说，断不能为杂家言论。且四库馆臣对焦竑《国史经籍志》评价甚低，“顾其书丛抄旧目，无所考核。不论存亡，率尔滥载。古来目录，惟是书最不足凭”[⑥]。因而，当以《千顷堂书目》为是，《石谷遗言》应为儒学著述。

（四）删正《近思录集解》

据《吴石谷先生神道碑铭并叙》载：吴伯通“删正叶采《近思录集解》，犹未脱稿”。叶采所作《近思录集解》成书于南宋淳祐八年（1248），叶氏自言“凡阅三十年而后成”，可谓付出极大的心力。而吴伯通“于六经、四书及濂洛关闽诸子，每欲因其所已言发其

① （明）吴伯通：《石谷达意稿》卷21《甘棠书院记》，明正德十一年汪城刻本。

② （清）曹蕴锦修，广安市地方志办公室校：雍正《广安州志》卷7《艺文类》，北京：线装书局，2016年，第120页。

③ （清）周克堃等修：光绪《广安州志》卷12《艺文志》，载《四川历代方志集成》第二辑第27册，北京：国家图书馆出版社，2005年，第566页。

④ （明）焦竑：《国史经籍志》卷4《子类·儒家》，徐象枟刻本。

⑤ （明）黄虞稷：《千顷堂书目》卷11《儒家类》，清文渊阁四库全书本。

⑥ （清）永瑢等：《四库全书总目》卷87《史部四十三·目录类存目》，北京：中华书局，1965年，第744页。

所未明，而有所论述，以宦业不克就。既还林下，此志正锐，而疾作矣”①。虽早有撰写理学著作的打算，但为官时政务繁忙未遂。致仕后，正欲倾注精力，删正此书，终因疾病突发，未成定稿。

光绪《广安州志》载，吴伯通著有《近思录》。② 不载卷数。《近思录》原为南宋朱熹和吕祖谦合编的一部理学著作，成书于淳熙二年（1175）。自南宋后期，《近思录》抬高至“我宋之一经，将与四子并列，诏后学而垂无穷者”的地位③，作为“学务躬行，以圣道自任”的理学门徒，吴伯通即便有类似著作，必然不会以《近思录》之名命之。且吴伯通著《近思录》，仅见光绪《广安州志》著录，当出于抄录时遗漏“集解”二字之误。

嘉靖《四川总志》载，吴伯通著有《续近思录》。④ 亦不载卷数。《近思录》成书后，后世儒家不断推崇，对《近思录》进行续编、补编、注释、集解，间有问世。吴伯通服膺程朱理学，续编大儒著述似无不可。成化中，吴伯通提督河南学政时，将《续近思录》列为性理之学的入门读物，写入《河南提督学校条约》，“读性理书，先《近思录》《续近思录》，次《西铭解》，次《太极图说解》《通书解》，次《大学衍义》，次《正蒙》《皇极经世书》，次兼看读《两程先生全集》《朱文公先生大全集》《语类大全》等书。”⑤ 根据这份书单，《续近思录》或为吴伯通之作，亦或为他人之作，但后者可能性更大。因为用作治下生徒习性理之学的教材，当大量刊印才是，何以后世不见流传。故此记载为误说。

（五）《闻见录》二十卷

此书著录于王瓒《吴石谷先生神道碑铭并叙》和《光绪广安州志》。神道碑载：（吴伯通）“著有《闻见录》廿卷。”王瓒为吴伯通学生，“尝受教门下，仰察最真”⑥，与伯通交往密切，直至伯通去世前两年，二人书信往来仍旧频繁，“自杭之别，到滇及到家，两得足下金台之书，皆词意亹亹不已”。二人在信中曾谈论著书立说之事，“若著书之说，才高如退之犹未敢当，某何人，而足与议斯也。然亦未敢自弃，以负明时作养造成之恩，甘与草木同腐也”⑦。可知，王瓒对于吴伯通的著述应相当了解，其说不应有误。而光绪《广安州志》所载：吴伯通著有“《闻见录》二十卷”⑧。此说或源自神道碑，或源自吴氏后人藏书，因该书仅藏于家，不行于世。

---

① （清）曹蕴锦修，广安市地方志办公室校：雍正《广安州志》卷7《艺文类》，北京：线装书局，2016年，第122页。

② （清）周克堃等修：光绪《广安州志》卷12《艺文志》，载《四川历代方志集成》第二辑第27册，北京：国家图书馆出版社，2005年，第566页。

③ （宋）叶采著，张京华校：《近思录集解》卷首《近思录集解序》，长沙：岳麓书社，2010年，第1015页。

④ （明）虞怀忠修：《四川总志》卷10《人物》，明万历刻本。

⑤ （明）吴伯通：《石谷达意稿》卷32《河南提督学校条约》，正德十一年汪城刻本。

⑥ （清）曹蕴锦修，广安市地方志办公室校：雍正《广安州志》卷7《艺文类》，北京：线装书局，2016年，第117页。

⑦ （明）吴伯通：《石谷达意稿》卷30《复王思献内翰书》，正德十一年汪城刻本。

⑧ （清）周克堃等修：光绪《广安州志》卷12《艺文志》，载《四川历代方志集成》第二辑第27册，北京：国家图书馆出版社，2005年，第566页。

三、结论

吴伯通著述丰富，然存亡参半。现存著述仅为三十四卷《石谷达意稿》，该稿为《石谷韵语》十二卷、《达意稿》三十卷、《十斋铭》一卷、《河南提督学校条约》二十一条、《策问答》七卷，重新整理编辑而成。亡佚著述有《顺庆府志》十五卷、《甘棠书院录》一册、《石谷遗言》一卷、未成书《近思录集解》及《闻见录》二十卷。

此外，吴伯通还刊刻过朱熹著《楚辞集解》。据姜亮夫先生《楚辞书目五种》考证："明成化十一年吴原明刊本。诸家书目，多误以为何乔新刊本，其实何乔新为之序而已，刊则吴原明也。"[①] 何乔新在《楚辞序》中说："吴君欣然出家藏善本，正其伪，补其缺，命工锲梓以传，既而以书属予，曰：'使读者知朱子所以训释此书之意，而不敢以词人之赋视之也。'"[②] 可见，成化本《楚辞集解》确系吴伯通出家藏善本，正讹补缺，命工锲梓，并属何乔新为之序。

① 姜亮夫：《姜亮夫全集》，昆明：云南人民出版社，2002年，第51页。
② （明）何乔新：《椒邱文集》卷9序，清文渊阁四库全书本。

来知德《周易集注》版本新考

陈祎舒*

来知德（1525—1604），字矣鲜，号瞿唐，四川梁山人（今重庆梁平区）。他一生专于治《易》，其代表性著作为《周易集注》，在象数易学研究领域有着卓越的成就。《周易集注》作为来知德一生最具代表性的著作，后世经历了多次刊印，版本众多，源流各异。因此，有关《周易集注》版本的研究历来受到学界的重视。然而，当前涉及《周易集注》版本的研究，依旧存在着诸多不足之处。本文在前人研究的基础之上，尽可能搜集《周易集注》的相关版本信息，对诸本之间的联系进行考证，并进一步通过对诸本的校对，力图呈现《周易集注》的版本流传情况，因此也具有一定的意义。

一、《周易集注》之明代版本

关于《周易集注》的成书，据来知德作于万历戊戌（1598）的自序言："始于隆庆四年庚午，终于万历二十六年戊戌，二十九年而后成书。"① 陈培荣在《来知德〈周易集注〉版本初刻考》一文中，考证了来知德《周易集注》的初刻本，认为"来知德《周易集注》于万历二十六年（1598）由时任梁山县令徐博卿及其门人戴诰付梓，次年（1599）刻成"②。而由于郭子章彼时身为贵州巡抚，并于万历三十年（1602），与时任四川总督王象乾向朝廷举荐来知德，故后世多将此附有郭《序》的《周易集注》初刻本视作是郭子章刻本。此本目前未见于世，或已亡佚，然而在此本基础上的几个明代早期重刻本则依旧存世。

吴伟在《〈周易集注〉的早期版本》一文中，将《周易集注》初刻本之后的重刻本归纳为张惟任虎林刻本系统、史念冲刻本系统与刘安刘删芟系统。而笔者在吴伟的研究成果上，根据明代诸本的刊印次序，进一步加以补充说明。笔者发现，吴氏所谓的"刘安刘删芟系统"诸本中，大多都刻有凌夫惇《序》与高奣映《序》，然而其中所附的高奣映序文却与《（民国）姚安县志》中收录的名为"来矣鲜先生易注序"的高奣映序文并不相同。《（民国）姚安县志》高《序》云："当时，中丞郭青螺于万历三十年请公帑梓行是

---

* ［作者简介］陈祎舒：陕西西安人，四川大学古籍所2017级在读博士，现就职于陕西省委党校，研究方向为历史文献学。

① （明）来知德：《周易集注》，北京：中华书局，2019年，第10页。

② 陈培荣：《来知德〈周易集注〉初刻本考》，北京大学《儒藏》编纂与研究中心《儒家典籍与思想研究》，2013年第1期。

书。后十年，学使张之厚刻于成都。历天启乙丑，大史陈明卿重刻于京师。崇祯间，御史刘安刘再刻于蜀。吴守史君应选、皖守田君大本与夫沈际飞诸儒翻刻于姑苏。于皖、于吴者，不一而足，皆同此作《易》之忧患也夫。”[①] 高氏对明代《周易集注》版本流传情况做了较为详细的总结。根据以上高氏所言，有两个问题值得注意：

第一，是对上述版本的补充说明。在高氏所论明代诸版本中，未曾提及张惟任万历三十八年（1610）于杭州虎林所刻之版本。此外，陈培荣在《来知德〈周易集注〉初刻本考》中提到的万历雷叔闻删节本亦未能提及。

第二，高奇映提到了“历天启乙丑，大史陈明卿重刻于京师”，天启乙丑即天启五年（1625），这里的“陈明卿”即陈仁锡，字明卿，号芝台，长洲人。《明史》著其传。陈仁锡作为明末学者，曾跟随钱一本习《易》，他对于来氏易学自然是有所知晓。然而令人疑惑的是，史念冲本中却附陈仁锡《序》，落款时间为“崇祯壬申仲春，长洲陈仁锡书于潜确居”，但陈《序》中并未提及曾于天启间主持刊刻《周易集注》，故高奇映此说可能并不准确。

综合以上信息可知，《周易集注》于万历二十七年（1599）完成初刻，并于万历三十年（1600）附郭子章《序》。其后的版本有：万历三十八年（1610）张惟任虎林刻本，万历间张之厚刻本与雷叔闻删节本，崇祯五年（1632）史念冲刻本，以及崇祯末年刘之勃（字安侯，包括《明史》在内的诸多文献皆作“安侯”，只有高奇映本和《陕西通志》卷六十一《人物志・忠节》中写作“安刘”，疑为误）刻本。其中的张之厚本，现藏于山东省博物馆[②]。张之厚，字铭卿，号盘屿，籍贯湖广应城（今湖北省应城市），万历二十五年（1597）举人，万历二十九年（1601）进士，同年任开州知州，万历三十八年（1610）任成都知府，后官至兵部侍郎。张之厚治《易经》，加之其长期任职于蜀中，这些都可能是促成他刊刻《周易集注》的成因。根据高奇映《序》“后十年，学使张之厚刻于成都”，推测此本与张惟任虎林本成书时间较为接近。至于雷叔闻删节本，现藏于中山大学图书馆[③]。张惟任虎林本与刘之勃本，作为清代《周易集注》版本流传的两支系统所分别依据的祖本，则有必要重点关注。此外，史念冲本于清代虽然未见重刻，但此本作为《周易集注》的早期版本，具有较高的校勘价值，也值得重视。

（一）张惟任虎林刻本

张惟任虎林本成于万历三十八年（1610），又于第二年（1611）主持刊刻了《来瞿唐先生日录》。张《序》云：“……海内称慕之而不尽见其板，在蜀者又多漫漶灭没。予令巫山时，与先生有往还，敬其人，爱重其书，爰历吴越下鹾司重订之，而梓以流布焉。”[④]

① （民国）霍士廉修，由云龙纂：《民国姚安县志（二）》，《中国地方志集成・云南府县志辑 66》，南京：凤凰出版社，第 532 页。

② 中国古籍善本书目编辑委员会：《中国古籍善本书目（经部）》，上海：上海古籍出版社，1989 年，第 69 页。

③ 中山大学图书馆：《中山大学图书馆古籍善本书目》，广州：中山大学图书馆，1982 年，第 4 页。

④ （明）来知德：《周易集注》，北京：中华书局，2019 年，第 17、18 页。

此《序》落款时间为“万历庚戌岁阳月”，而之后的“重刻来瞿唐先生易经集注订校姓氏”落款则为“大明万历三十八年重校刻于浙之虎林郡南屏山”[①]，两处落款交代了此本刊刻的具体时间。考张惟任，字希尹，别号觉庵，陕西潼关人，万历七年乙卯（1579）科陕西乡试第十名，治《礼记》。授巫山县令。万历二十八年（1600）任两浙巡盐监察御史。后升任大理寺卿。天启六年（1626）十二月致仕，死后葬于潼关南原。在张惟任为《周易集注》与《日录》所作序文中，其署名皆为“张惟任仲衡”，可能“仲衡”为张惟任“希尹”之外的另一字。此版（北师大图书馆藏张惟任虎林本）共收录序文五篇，分别为徐博卿《序》，郭子章《序》，来知德《自序》，张惟任《序》以及黄汝亨《序》。其中黄汝亨是除张惟任以外在虎林本《周易集注》与《日录》中皆撰有序文的人。考黄汝亨（1558—1626），字贞父，号寓庸，浙江仁和（今杭州）人。万历十九年辛卯（1591）举人，万历二十六年戊戌（1598）进士，后官致江西布政司参议，明代著名的文学家、书法家。

此本版式为半页九行，行二十字，白口，单鱼尾，四周单边。其中的内容，按顺序依次为：徐、郭、来、张、黄五序，“重刻来瞿唐先生易经集注订校姓氏”，“易注杂说诸图”（此部分最前刻有“易注杂说诸图总目”），“易学六十四卦启蒙”，正文卷一至卷十六，戴诰《跋》。其中，徐、郭、来三序与戴《跋》为梁山本所原有。而卷十六内容为“考订周易系辞上下传”与“补订周易说卦传”。根据笔者所见诸本的“易注杂说诸图总目”中，皆著有“来知德易学六十四卦启蒙”“来知德考订系辞上下传补订说卦传”，其条目在“改正分卷图”与“发明孔子十翼图”之前。梁山本的原貌可能是将这两部分内容皆置于“易注杂说诸图”当中。而张惟任本则将“启蒙”部分从“易注杂说”中抽离出来，作为独立一部分而置于其后，又将“考订系辞上下传补订说卦传”部分独立作为一卷，置于正文最后，从而成为正文的第十六卷。张惟任虎林本在刊刻过程中，还将《旅》卦九四爻象辞及注文内容脱漏，遂导致出自这一系统的版本此处皆脱漏，这一刊刻失误也成为张惟任虎林系统之版本判定的一个依据。

（二）史念冲刻本

史念冲刻本成于崇祯五年（1632）。有关史念冲本的刊刻时间，崔华宝廉堂本王方岐《序》中就已经提到：“瞿唐来先生注《易》若干卷，史念冲先生序而梓之，盖在明季之壬申岁也。先生既没，而西蜀屡经兵燹，板毁无存，世之传者绝少。”此本三篇新序的作者落款，分别是：“崇祯壬申仲春，长洲陈仁锡书于潜确居。”“重光协洽之岁涂月春前一日，和溪田大本道生父题。”“崇祯辛未腊月谷旦，覃怀史应选念冲甫题于姑苏之凝清亭。”即崇祯五年（1632）与崇祯四年（1631）。史念冲本每卷卷首皆题：“明梁山来知德矣鲜甫著，覃怀史应选念冲甫辑，甄胄后学沈际飞订异。”史应选，字念冲，河内覃怀（今河南沁阳市）人。万历四十四年（1616）进士，天启三年（1623）任无为（今安徽无

① （明）来知德：《周易集注》，北京：中华书局，2019年，第21页。

为县）知州，崇祯二年（1629）任苏州知府，后以坐累降去。清初授济南知府，升南瑞道，逾限罢。此本刊刻之时，史念冲时任苏州知府，这也与史《序》落款地点“姑苏之凝清亭”相符。至于此刻本中另外两序的作者陈仁锡与田大本：陈仁锡，字明卿，前文已进行过考证。田大本，四川定远（今岳池县）人。天启五年（1625）进士，曾任安庆知府，精乾象，后致仕去。根据田大本《序》所云：“余生同壤，景先喆，读遗书，以错综印希夷之河雒数，昭察云为，若燃犀牛渚。时联曹念冲先生，湛研理数，每谭辄神往久之，以帙留家笥，未副其请，而念翁出典吴城，南北阻修，是编几与鱼雁共杳。无何，余外补皖城，例谒过吴，欢然道故，秉烛梦寐，载信前约，谊弗敢秘，全册归之。越十五旬，吴门纸价翔涌，而瞿塘氏之教大著，夫行或使之存乎数焉，讵偶然哉?”此《序》落款为“和溪田大本”，考《四川通志》卷二十六“岳池县”：“和溪废县：在县西二十里，宋置……元省入岳池。”可知田氏所谓“和溪”即岳池县，这也符合田《序》中“余生同壤，景先喆”之说。通过田《序》可知史念冲此次刊刻所据底本即由田大本所提供。

此本版式为半页十行，行二十二字，白口，单鱼尾，四周单边。正文为十五卷。至于虎林本卷十六的“考订系辞上下传”与“补订说卦传”两部分中来知德改动和新增的内容，史念冲本具体处理如下：考定《系辞》部分，以“附来知德考订第八章”“附来知德考订第五章”为名，分别附于卷十三《系辞上传》、卷十四《系辞下传》注末。补定《说卦》部分，则以“附来知德补定第十一章”为名，附于卷十五《说卦传》注末。

（三）刘之勃刻本

刘之勃，字安侯，陕西凤翔人，崇祯七年进士。《明史》卷二百六十三《列传第一百五十一》存其传。刘之勃曾于崇祯十五年（1643）出按四川，并于崇祯十六年（1644）八月十三日上《来知德从祀疏》，但因战乱未经通行，刘之勃本人也在第次年八月成都城破而亡。此《疏》中云：“……刊字亦不无差讹，臣亦不敢削正一字，以失本来，除止就原板刷印进览，并送该部备察。”据此可知刘氏并未对《来注》进行删改，仅是“就原板刷印进览”，却与高奣映《凡例》中所言“刘安刘重刻，芟烦覆重复之语”互相矛盾。

根据高奣映在《序》与《凡例》中所言，刘之勃确实进行了重刻《周易集注》的工作，但从时间上来看，刘之勃于崇祯十五年来到成都，次年八月上《来知德从祀疏》，前后仅一年左右，能否主持完成《周易集注》的重刻工作？且当时适逢明末乱世，农民起义风起云涌，刘之勃是否有精力主持刻书？笔者不禁产生这样的疑问。而根据刘之勃《来知德从祀疏》中所言，仅仅是“除止就原板刷印进览”，并未提及重刻之事。故笔者推测，可能是刘之勃所据之板本来就已经过了删芟，而高奣映将此删芟工作归结于刘之勃。据高奣映《凡例》所云：“家承必详，兹存郭、刘，以见后先剞劂。”可见高奣映所据之本，确有刘之勃《序》，笔者推测，刘之勃可能也如同当年的郭子章，仅仅是在原板之前增刻序文。至于高奣映所据刘之勃本，未见于当前各类图书馆藏目录书中，可能已经不存于世。

二、《周易集注》之清代及民国版本

清代乃至民国时期《周易集注》的版本众多，流传较为广泛。根据当前的图书馆藏著录信息以及诸版本的具体内容，大致可分为张惟任虎林系统与高奝映朝爽堂系统两大分支。至于康熙三十六年（1697）高暄刻本，笔者根据内容判定，当是独立于上述两大系统之外的又一版本。而目前可知的清代早期版本还有清初冯邦荣重订本[①]与康熙二十九年（1690）高毓麒光裕堂刻本[②]。

（一）张惟任虎林系统诸本

1. 崔华宝廉堂刻本

崔华宝廉堂刻本是在张惟任虎林刻本基础之上的重刻本。上海书店曾于1988年对此本进行了影印出版。谢开宠《序》云："戊辰春，过维扬两淮转运使莲生崔公祖，余同年友也，雅好藏书，一切典籍购访不遗余力。余以来先生《易注》拳拳者数矣，兹幸于姑苏旧肆中获此遗编，归以示余，相与击节赏叹。因捐俸重镌，公之海内焉。"[③] 崔华本所依据的底本便是此姑苏旧肆所购之本，进一步根据崔华本收录的序文、"来瞿唐先生易经集注原订姓氏"以及内容卷次，可以断定此本便是张惟任虎林刻本。而崔华序文的落款："康熙二十七年岁次戊辰仲冬上浣，赐进士出身，总理两淮江广河南等处都转运盐使司加敕兼盐法道副使，前扬州府事，平山后学崔华莲生父题于盐署之宝廉堂。"[④] 则交代了崔华宝廉堂本的刊刻时间与地点，即康熙二十七年（1688）于扬州（两淮都转运盐使司驻地为扬州）所刊刻。

考崔华其人，《清史稿》有其传。[⑤] 此外，崔华的三个儿子：崔峦齐、崔岱齐、崔蘲齐，也都参与了此本的校订，此本末尾还附有崔岱齐撰写的跋语。崔岱齐本人对易学也有一定的造诣。[⑥] 而崔华的另一子峦齐则与来知德更是颇有渊源，《平山县志》载："崔峦齐：原任四川梁山县知县，敕封文林郎，性情洁清，素守廉隅。"[⑦] 《梁山县志》亦载："国朝知县……崔峦齐，直隶岁贡，雍正二年任。"[⑧] 崔岱齐曾于康熙二十七年（1688）与父兄共同校订《周易集注》，又于雍正二年（1724）赴知德故里任梁山县令，必然对来氏易学在当地的发展有所促进。

---

① 清华大学图书馆编：《清华大学图书馆藏善本书目》，北京：清华大学出版社，2003年，第5页。

② 据陈培荣《来知德〈周易集注〉初刻本考》考证，此本现存于国家图书馆。

③ （明）来知德：《易经集注》谢序，上海：上海书店，1990年，第四页。

④ （明）来知德：《易经集注》崔序，上海：上海书店，1990年，第六页。

⑤ （民国）赵尔巽：《清史稿》第43册，北京：中华书局，1977年，第12993、12994页。

⑥ （清）王涤心修，郭程先纂：《咸丰平山县志》，《中国地方志集成·河北府县志辑10》，上海：上海书店，第172、173页。

⑦ （清）王涤心修，郭程先纂：《咸丰平山县志》，《中国地方志集成·河北府县志辑10》，上海：上海书店，第166页。

⑧ （清）朱言诗：《光绪梁山县志》，《中国地方志集成·四川府县志辑54》，成都：巴蜀书社，第216页。

崔华宝廉堂本此次所刻新序，除崔华《序》外，还有谢开宠、王方岐二序。此外，收录的旧序有：郑继芳《序》、高举《序》、张惟任《序》、黄汝亨《序》、郭子章《序》与来知德《序》。不再收录徐博卿《序》，而最初的戴诰《跋》在这里也被崔岱齐《跋》所替代，未再收录。这里最值得注意的还是郑继芳、高举二序，此二序不见于北师大图书馆藏张惟任虎林本。但高举《序》末落款为“万历辛亥仲春之吉，古淄后学高举撰”，“万历辛亥”即万历三十九年（1611）。郑继芳《序》则云：“关中张仲衡氏刻先生《易注》及《日录》成，授予读之，卒业，予殆规规然自失也。”考张惟任本“重刻来瞿唐先生易经集注订校姓氏”[①]，郑、高二人姓名亦赫然在列。可见郑、高二序当出自张惟任虎林刻本。根据以上二序的信息，彼时张惟任主持重刻的《周易集注》与《日录》业已完成，郑、高二人可能参与了张惟任虎林本后期的审定工作。

此本版式为半页九行，行二十字，白口，单鱼尾，四周单边。版式基本与张惟任虎林本相同。其中三篇新序的行款，崔华《序》为半页五行，行十二字，谢开宠《序》为半页六行，行十五字，王方岐《序》则恢复了半页九行，行二十字。这三篇序文都严格遵守清代行文的抬头制度。这里的“重刻来瞿塘先生易经集注校订姓氏”，是校订崔华本的相关人员名录，而后面的“来瞿唐先生易经集注原订姓氏”，则是所依据虎林本的校订人员名录。崔岱齐《跋》的行款为半页六行，行十五字，与谢开宠《序》同。另外，崔华本虽然收录了张惟任《序》，不过却将其中“犹人终日言宗祖子孙而不知其耦……孔子所谓刚柔相”此段文字脱漏未刻。总的来说，崔华宝廉堂本的内容相较于张惟任虎林本，除了序跋略有增删外，其他皆与虎林本相同。而崔华宝廉堂本也一如张惟任虎林本将《旅》卦九四爻象辞及注文内容脱漏未刻。笔者通过对诸本之间的校勘，发现崔华宝廉堂本虽然因为避讳对其中的一些文字进行了改动，但更正了虎林本中存在的较多刊印错误，堪称精审精校。

2. 俞卿删节本

俞卿本作为张惟任虎林刻本系统的版本之一，其内容和卷数却与张惟任虎林本、崔华宝廉堂本以及四库本有着极大的不同。从俞卿《序》中，可以了解此刻本的相关版本信息：“……又数年，牧秦之冯翊郡，购得平山崔氏本，反复沉思，稍有会心，持至长安，惟恐或失也……原本具在，不敢稍易，字句冗复，僭加删定一二……长洲金圣叹先生，问学源源，性灵炯炯……独注来、金两先生集解，高明之士，有不见而喷饭者乎……《义象合参序》附刻于末。康熙六十一年岁次壬寅嘉平月，古滇俞卿撰。”通过以上截取的序文内容，我们可以知道：1. 俞卿曾购得崔华宝廉堂本。2. 俞卿在崔华宝廉堂本的基础上，进行了删订的工作。3. 俞卿在此刻本中将金圣叹的相关著作即金氏《义象合参序》附于篇末。4. 根据此《序》的落款时间，可以知道此版本大致刊刻于康熙六十一年（1722）左右，俞卿时任绍兴知府。

---

① 北京大学《儒藏》研究与编纂中心：《周易集注》，《儒藏》精华篇第7册《经部·易类》，北京：北京大学出版社，2009年，第22页。

此本版式为半页十行，行二十一字，白口，单鱼尾，四周单边。其中的内容，按顺序依次为：俞卿《序》、郭子章《序》、来知德《自序》。“卷首上”为周易集注诸图，由于正文卷数缩减为六卷，因此略去“改正分卷图”，其他诸图顺序，较之宝廉堂本略微做了调整。“卷首下”为“六十四卦启蒙”。正文卷一至卷六，具体即卷一为《乾》卦到《否》卦，卷二为《同人》卦到《离》卦，卷三为《咸》卦到《井》卦，卷四为《革》卦到《未济》卦，卷五为《系辞》上下传；卷六为《说卦传》《杂卦传》，并将金圣叹著《唱经堂通宗易论》及俞卿自著《〈周易义象合参〉序》附于卷六末。另外，俞卿《序》为楷书手写上板，半页八行，行十八字，其他序文皆与正文行款相同。至于虎林本卷十六的“考订系辞上下传”与“补订说卦传”两部分中来知德改动与新增的内容，在俞卿本中则径直将《系辞》上下传按照来知德的考订顺序进行改动，《说卦传》相应段落注末则附来知德增补之象。从全文来看，俞卿对此本的内容作了较大的删改，正如他序文中所云“字句冗复，僭加删定一二”，使得此本《周易集注》的整体篇幅有了较大的缩减。而俞卿本也一如张惟任虎林本、崔华宝廉堂本，将《旅》卦九四爻象辞及注文内容脱漏未刻。

3.《四库全书》本

《周易集注》作为易学史上极具影响力的著作，因此得以被《四库全书》所收录。《四库全书》本周易集注，根据《四库全书总目提要》中的《〈周易集注〉提要》所云，为“浙江巡抚采进本”，而从内容上对照来看，可以确定此“浙江巡抚采进本”即崔华宝廉堂刻本。书前《提要》所著时间为“乾隆四十六年九月恭校上”，即 1781 年，据此可以确定此本抄录的具体时间。

此本内容按顺序依次为：“提要”、来知德《序》。“卷首上”依次有“上下经篇义”“易经字义”“《周易集注》改正分卷图”“来知德发明孔子十翼图”“易注杂说”。“卷首下”为“易学启蒙”。正文卷一至卷十六。较之崔华宝廉堂本，此本将正文前内容统称卷首，并将其中顺序作了部分调整。而四库本也一如张惟任虎林本、崔华宝廉堂本，将《旅》卦九四爻象辞及注文内容脱漏未抄录。全书“玄”字与“弘”字皆缺笔，而涉及胡虏夷狄类的部分词汇时，也如崔华本，更换字词以代替。不过较之崔华本，四库本的避讳并无前者严格，有时“夷狄”之名径直抄录，并未如崔华本代之以方框。

（二）高奣映朝爽堂系统诸本

1. 康熙高奣映刻本

高奣映刻本系统，最初由高奣映于康熙十六年（1677）刊刻完成。根据此本凌夫惇《序》所云：“偶得瞿唐注于成都肆中，贾用不售，购求以归……甲寅冬，巡宪高公祖来镇渝……偶见惇圈点《来注》，欲刻以传世。”高奣映《序》亦云：“映浪游巴蜀，访获学使凌厚子先生圈点《瞿唐易经图像全解》一书……凌公捐资付梓，庐陵后学高奣映雪君父拜撰于川东官署。”可见，凌夫惇首先在成都书肆中购得旧本，经凌氏圈点注释，最终在高奣映的主持之下得以重新刊刻。凌夫惇，字厚子，永川人（今重庆市永川区），崇祯十六年癸未（1643）进士。高奣映（1647—1707），字雪君，一字元廓，云南姚安人，原籍江西庐陵。号问米居士、结璘山叟，白族（或彝族）。明清之际著名的少数民族思想家，文学家。高奣映博通经史，兼修佛学，曾著《读易要说》《太极明辩》《妙香国草》等。高氏正是在分巡川东之际，与凌夫惇结交并刊刻了凌夫惇圈点的《周易集注》，凌《序》中所云“甲寅冬，巡宪高公祖来镇渝”，当是指康熙十三年（1674）。而《凡例》所载：“刘安刘重刻，芟烦覆重复之语”“《来注》初刻于郭青螺，重刻于刘安刘”“是集经数岁，校经几手，翻写五过，始付杀青。始于乙卯之仲春，告竣于丁巳之孟春，阅月二十四……”根据以上《凡例》中的信息，可知高奣映刻本最初刊刻于康熙十四年（1675），完成于康熙十六年（1677）。据高本《凡例》所云：“其余各序惟掇拾词义，正论《易》之大理，非有加于注，以益后学也。家承必详，兹存郭、刘，以见后先剞劂。”但在目前存世的高奣映刻本系统中，笔者并未发现刘之勃《序》与郭子章《序》，这显然与《凡例》之中所述有一定出入。

据近代学者严灵峰《无求备斋易经集成》影印文选楼藏翻刻高奣映本，此本版式为半页九行，行二十二字，白口，单鱼尾，版心下方有“朝爽堂”字样，四周单边。有关高奣映初刻本的内容，根据《凡例》，可知高奣映初刻本除了来知德《自序》、凌夫惇《序》、高奣映《序》之外，还应当有郭子章《序》与刘之勃《序》。诸序之后有高奣映所撰《凡例》与各部分目录。目录之后有来知德“来图”与“来图补遗”，其中“来图”与虎林系统“杂说”中诸图内容相同，不过其中的“来瞿唐先生圆图”较之虎林系统的同一图“梁山来知德原图”，在图像之中加入了“黑白二路”，反映了阴极生阳，阳极生阴的道理，因此更符合来知德作此图的本意。至于“来图补遗”，则是对《日录》卷一《弄圆篇》内容的收录（文字部分有删减），其中值得注意的是“太极图”，高奣映这里误将图下所附文字“其中间一圈乃太极之本体也”一段刻作“非中间一圈乃太极之本体也”，虽然“其”与“非”仅为一字之差，却使得其中的含义大相径庭，而高本系统的其他刻本也都延续了这一错误。诸图之后为“易学启蒙”部分，其中内容依次为高奣映撰《读瞿唐来夫子易注要说》《瞿唐来矣鲜先生本传》，以及来知德所撰“上下经篇义”“易经字义”“改正分卷图”“发明孔子十翼图”“六十四卦启蒙说”，接着是易学启蒙六十四卦的具体内容，最后附高奣映撰《来瞿唐先生易学启蒙后跋》。

与上述内容对应的目录中，“来瞿唐先生考订系辞上下传”与“来瞿唐先生补定说卦传”虽与虎林系统相同，亦有存目，且高奣映在此二条目下皆附有小字，作“刘删”。但其实高本之中这两部分内容并非真的删去，具体的处理方法是将来知德补定《说卦》内容逐条拆分，分别附于《说卦》相应段落注文之后。至于考订《系辞》顺序，则在不改动《系辞》段落顺序的前提下，在来知德认为当做改动的相应段落注文之后加以说明。高本的《易注》正文为十五卷（其中混入凌夫惇圈点内容），不过在十五卷外附末卷“采图”一卷，这一部分与前面提到的“来图补遗”也成为高奣映刻本系统在内容上与其他版本最大的不同。根据《凡例》所云：“分卷悉依来氏次定，而以‘图像’‘启蒙’列之卷首，‘采图’附之卷末，所以阐前人启迪之心，资后学博览之益。”卷首内容当是来知德所著，而卷末的“采图”则是由高奋映搜集整理前人易图成就所做的资料汇编，并非出自来知德之手。

2. 雍正周大璋刻本

雍正七年（1729），周大璋于南京重刻高奋映朝爽堂本。周氏《序》云：“余少读《易》，每求其象而不得，得来注小刻于坊贾，图不备，注不全，窃意非来子手订也。近得原本于蜀，支分条晰，一睹了然。滁上冯子粹中相与印证，至精且详。喜之甚，不敢自秘，亟授梓以公海内，并望学《易》诸君子即其象而求之，体于心，行于身，以无负来子苦心探索之意。是为序。”落款为“时雍正七年己酉季秋，皖桐后学周大璋聘侯氏拜撰于金陵宝旭书舍。”周大璋，字聘侯，号笔锋，安徽桐城人。康熙五十六年（1717）岁贡，雍正二年甲辰（1724）进士，雍正五年（1727）任湖南龙阳县（今汉寿县）知县，雍正七年（1729）十二月因年老改任华亭县（今上海松江区）教谕。序文中提到的“冯子粹中”即冯祚泰，字粹中，安徽滁州人，乾隆十七年任申（1752）举人。而周大璋所谓“近得原本于蜀”，当指高奋映朝爽堂本。再看周大璋本，扉页牌记“庐陵高雪君先生鉴定，永川凌厚子先生原点”之后，有“桐城周聘侯先生重校”，且每卷首页下方亦如此。此本在版式、字体、内容方面并未做太多的改动，甚至在版心处仍沿袭旧本，下端依旧刻有“朝爽堂”三字。序文方面，此本增加了周大璋《序》，此《序》半页六行，行十四字，楷书手写上板。此外还附高奋映《序》，字体行款，书写格式皆沿袭高奋映本，但删去凌夫惇《序》。此本对部分图像形式稍有改动，将“伏羲六十四卦圆图”中对应两卦之间的连线省去，此后在周大璋本基础上的诸重刻本皆沿用此图形式。

3. 嘉庆符永培刻本

嘉庆十四年（1809），时任梁山县令符永培在周大璋本基础上进行重刻，其版心下端有“宁远堂”字样，故某些图书馆藏目录书著录信息时也称宁远堂本。符永培，字子田，河南宁陵人，监生，嘉庆七年（1802）任梁山知县，后升会理州知州，未任卒。符《跋》中所谓“岁己巳”以及牌记之中的“嘉庆己巳”，即嘉庆十四年（1809），符永培时任梁山知县。

此本前有符永培《跋》，半页五行，每行字数不定，或十字，或十一字，无界行，行书手写上板。符《跋》后为周大璋《序》与高奋映《序》，亦如周大璋本删去凌夫惇《序》。周大璋《序》半页六行，行十二字，无界行，楷书手写上板。至于高奋映《序》，半页六行，每行字数不定，无界行，虽然依旧是楷书手写上板，但其字体已经与朝爽堂原版有了较大的差异。除了上述序文，以及版心由“朝爽堂”改作“宁远堂”之外，符永培宁远堂刻本在版式、字体、内容上几乎延续了周大璋本，因此也与朝爽堂诸翻刻本相差无几。图像上，宁远堂本也继承周大璋本，将“伏羲六十四卦圆图”中对应两卦之间的连线省去。由于符永培宁远堂刻本前有周大璋《序》，周《序》落款时间为“雍正七年己酉季秋”，当前一些图书馆藏目录书据此误将符永培宁远堂本刊刻时间定作雍正七年，这显然与事实不符。吴伟在《〈周易集注〉的早期版本》一文中，认为“宁远堂本是崔华本的另一重刊本”①，之后又说“（宁远堂本）所收序跋与目次与朝爽堂刊本稍异，但其承续关系比较明显”②，二者前后矛盾，可能是由于吴氏笔误所致。另外在宁远堂基础上的翻刻本、递修本也多存于世。

4. 同治刘建德刻本

同治九年（1870），刘建德在湖南长沙据朝爽堂本重刻《周易集注》。此本之中的郭松焘《序》云：“刘馨室观察以吾楚于此书流传未广，刻之长沙。”据此可以确定此次重刻工作的主持者与刻书地点。此《序》的落款时间为“同治十年冬十有二月”，又可以确定此本刻成的大致时间。此本虽然为刘建德主持刊刻，但由于郭嵩焘为之作《序》，加之郭嵩焘声名显赫，为后世所熟知，因此当前诸多馆藏目录书在著录版本信息时，皆称此本为郭嵩焘本，刘建德于同治九年完成刻书并作序文，不过郭《序》与李《序》的落款时间为同治十年，所以版本信息称此本为郭嵩焘本时多以同治十年作为此本刊刻完成的年代。

此外，李元度《序》与刘建德《序》也有此次重刊的相关信息。李元度《序》云：“顾其书虽流布艺林，后学不能尽得而读之。兹同志诸君在湘鸠赀重刻，以表章先儒绝业，甚盛举也。”刘建德《序》云：“早年得读是书，即奉为珍秘。己巳春，由鄂返粤，侨寓湘垣，知湘中此书尚乏，颇思重刊……因思湘阴郭筠仙中丞、平江李次青方伯，夙精易学，爰请商订，皆以为善。乃急鸠赀重付梓人，成此盛举，俾是书流传日广，庶几后之学者，易知四圣人之微言秘旨，而来先生《易注》画图之功亦并垂不朽矣。”郭嵩焘《序》写于同治十年，此时正逢郭氏长沙讲学期间，刘《序》称之为“中丞”，当指其解职之前所任广东巡抚一职。李元度（1821—1887），字次青，又字笏庭，湖南平江县人。《清史稿》列传第二百十九存其传，同治初年，元度于贵州剿教匪有功，擢云南按察使，旋以终养开缺回籍。李《序》亦写于同治十年，此时亦解职在家。刘《序》称之为“方伯”，也是指其曾任云南按察使一职。

此本删去高奣映《序》与凌夫惇《序》，但保留了来知德《自序》。从正文版式与内容上看，刘本依旧沿用了朝爽堂本的特点，甚至在正文的每卷首页，皆刻有“庐陵高雪君奣映鉴定”“永川凌厚子夫纯原点”的字样，这里把凌夫惇之名误刻作“夫纯”，当是一个小的纰漏。不过刘建德本“伏羲六十四卦圆图”中并未将对应两卦之间的连线省去，故推测刘氏所依据的底本并非周大璋本与符永培本，当是高奣映刻本系统的其他版本。刘本版心下端略去“朝爽堂”三字，而在每页鱼尾上端加刻一字，分别以“乾”“坤”“巽”“震”“坎”“离”“艮”“兑”八字进行篇章区分。

5. 民国上海江东书局石印本

上海江东书局本石印本《周易集注》，日本《广岛大学文学部旧藏汉籍目录》载此本

① 吴伟：《〈周易集注〉的早期版本》，《图书情报工作》2011 年第 11 期，第 147 页。
② 吴伟：《〈周易集注〉的早期版本》，《图书情报工作》2011 年第 11 期，第 147 页。

版本信息："《新刻来瞿唐先生易注》十五卷，首一卷，末一卷。明来知德撰，民国八年（1919）上海江东书局石印本，8册。"① 笔者曾目验两套江东书局本，其中内容一致，不过在函套签条处，书名"来注易经图解"下端文字略有差异：一套作"上海江东茂记书局印行"，另一套作"己未夏日唐驼著"。这里的"己未"当是指民国时己未年，即1919年，与上述所载出版时间一致。至于刊印者唐驼（1871—1938），原名守衡，字孜权，号曲人，江苏武进人。我国近代印刷业的开拓者，知名书法家。

三、结语

本文在目前相关研究成果的基础上，论述了《周易集注》撰成之后大致的版本流传情况，从文献的角度反映了明清乃至民国时期诸多学者对于来氏易学的关注与重视。特别是对清代《周易集注》诸本之间关系的考证，廓清了《周易集注》后世版本流传的两条主要脉络：张惟任虎林系统与高奣映朝爽堂系统。尤其是高奣映朝爽堂刻本系统，后世屡经重刻。除上述所论版本之外，目前可知出自此系统的版本还有文选楼刻本、藻文堂刻本、三乐斋刻本、善成堂刻本、积善堂刻本、同志堂刻本、世兴堂刻本、友于堂刻本以及道光二十六年（1846）来锡蕃配补本。上述版本有的为重刻本，有的为递修本。笔者通过版本校勘的开展，在厘清诸本之间关系的同时，也为当前相关文献整理工作的版本选取提供了借鉴。

① ［日］赤追照子编：《广岛大学文学部旧藏汉籍目录》，2016年，第4页。

明清“白牌”新论

黎春林*

牌，最早可追溯到汉代“木传信”。宋时，军中有传信木牌，元代，公事置立信牌，有严格的使用和销缴制度。明代，信牌入律，并得到更广泛的运用，与此同时，“白牌”一词在明代的史料中亦屡次出现。学界对信牌的研究颇多，而对“白牌”的研究甚少①，仅阿风《明代的“白牌”》一文对白牌的性质、功能、演变等方面进行了可贵的探讨。②但该文未对明清地方志予以有效利用，对白牌的性质定义不够清晰，对白牌的功能论述不够全面，尤其对白牌盛行和消亡的原因未从政治和经济的层面找寻。笔者拟以明清档案与地方志为基础，对“白牌”的性质重新予以界定，确定白牌的基本功能，对衍生功能予以补充，并从制度的层面深入剖析“白牌”的置办、功用及其消亡。

一、白牌的性质、置办及其银两

《明代的“白牌”》一文提出，白牌是一种木质信牌，也是一种官文书。然而，明代档案与地方志却表明，在尚未“吏佥官押”之前，白牌实际上是一种常用的办公用具，可以写刻文字，是各种官文书的载体。

《大明律·信牌》规定，“凡府州县置立信牌，量地远近，定立程限，随事销缴”③。明人王宇泰称：“信牌有木制和纸质之别，凡府州县置立牌面，或用木板写刻，或用纸张填刷，发遣干办公文，俱取信于民，故曰信牌。”④ 据此可知，信牌根据材质的不同，可以分为木牌与纸牌。其中，木牌又有写刻文字之前和之后的区分，正如纸牌也有填刷公文之前和之后的区分一样。填刷公文之前，纸牌就是普通的纸张；写刻文字之前，木牌就是具有一定形制的木版而已。又有“凡府州县自上行下以牌为信，故曰信牌。今白牌、

* 基金项目：教育部人文社科规划基金项目“清代生员与地方社会研究——以《清代南部县衙档案》为中心”（项目编号 20YJAZH050）、西华师范大学英才科研基金项目。

［作者简介］黎春林：西华师范大学副教授，主要从事明清史、地方档案文献研究

① 如陈学文：《明代信牌、信票和路引的考释》，《中国典籍与文化》2014 年第 2 期；杜立晖：《黑水城所出元代信牌文书考》，《中华文史论丛》2015 年第 3 期；吴铮强：《信牌、差票制度研究》，《文史》2014 年第 2 期；高进：《清代“信牌”律的归属考释》，《历史档案》2010 年第 2 期；李欧：《“大金会宁”信牌考》，《博物馆研究》2001 年第 2 期。

② 阿风：《明代的“白牌”》，《安徽史学》2018 年第 4 期，第 16－25 页。

③ 黄彰健：《明代律例汇编》，台湾“中央研究院”历史语言研究所，1979 年，第 453 页。

④ 王宇泰：《律例笺释》，明万历四十年（1601）刊本。

纸牌皆是”之说。[①] 朱敬循则称“粉白木牌为版，吏佥官押，用以取信于人，谓之信牌也”[②]。分析上文不难发现，白色木牌必须经过写刻文字、“吏佥官押”才能成为“信牌”，在此之前，只是一种办公用具。

嘉靖三十七年，海瑞任严州府淳安县令，其县衙堂上置有漆桌四张，牙轿一乘，棕罩七个，卷箱四个，扛索三十七根等诸多杂项，俱由库子收存，中有“长柄白牌八面、铜钉白牌六面”。[③]

万历十八年，沈榜担任顺天府宛平县知县，在其著作《宛署杂记》中记录了本县每年为上级各部门承担各项公费、置办各类公物的情况.[④]

表一 《宛署杂记》所记置办白牌表

上级部门	置办名目	白牌形制数量	置办方法
刑部	每年遇大市曹	白牌五十面	行银吏办
马厅	每年出巡点马	全白牌一面	行银吏办
察院	会试场杂办钱粮（万历二十年）	有架白牌二十面	本县铺税银支办
察院	乡场杂办钱粮（万历十九年）	有架白牌二十面	本县铺存银支
本府	武场会试上下马宴（万历十八年）	长柄白牌八面	铺存银内动支
本府	乡场正办家火（万历十九年，下同）	长柄白牌二面	铺存等银内支
本府	乡场杂办钱粮/取进呈本	半长柄白牌三面	本县铺存银支
本府马政厅	乡场杂办钱粮/取造老军册	长柄白牌二面	本县铺存银支
本府理刑厅	乡场杂办钱粮/取造生员年貌册	长柄白牌一面	本县铺存银支

作为顺天府属县，宛平县承担了京师部院及顺天府衙门的各种公费和各类公物置办。仅万历十九年间，宛平县就为包括刑部、马厅、察院、本府、本府马政厅及本府理刑厅等在内的各级上级部门准备各类白牌超过百面。其中，刑部需用白牌最多，每年遇大市曹取用五十面。察院其次，在万历十九年顺天府乡试、万历二十年会试之时均取用有架白牌二十面。顺天府也在万历十八年武场会试上下马宴和万历十九年乡试时各取用白牌八面。可见，大市曹和乡会试是白牌的主要应用场合。白牌可以由宛平县在本县铺存银、铺税银内动支置办，也可由宛平县直接“行银吏办”。在众多明清地方志中，也记载了各府州县置办“白牌”情况。

表二 明清地方志所记置办白牌表（部分）

出处	州县名	名目数额	银两来源
（万历）景宁县志[⑤]	景宁县	上司各衙门并府县及查盘取用卷箱架扛锁索棕罩白牌等项银一两	里甲

① 冯孜：《大明律集说附例》，明万历十九年（1591）博州刘氏刊本。

② 朱敬循：《刻精注大明律例致君奇术》，万历闽潭城余氏萃庆堂刊本。

③ 海瑞：《海瑞集》，李锦全、陈宪猷点校，海口：海南出版社，2003 年，第 372 页。

④ 沈榜：《宛署杂记》，北京：北京古籍出版社，1980 年，第 15 卷。

⑤ 赖汝霖：（万历）《景宁县志》，明万历十六年（1588）刻本，第 143 页。

出　处	州县名	名目数额	银两来源
（万历）遂安县志①	遂安县	上司各衙门并府县及查盘取用卷箱架扛锁索棕罩白牌等项银二两	均平/杂办
（万历）常山县志②	常山县	上司各衙门并府县及查盘取用卷箱架扛锁索棕罩白牌等项银二十两	均平里甲/杂办
（万历）泰州志③	泰州	刑具白牌卷箱扛架共银二十两	里甲
（万历）嘉兴府志④	嘉兴县	上司各衙门并府县及查盘取用卷箱架扛锁索棕罩白牌二十五两	均平/杂办
（万历）嘉兴府志⑤	秀水县	上司各衙门并府县及查盘取用卷箱架扛锁索棕罩白牌等银二十两	均平/杂办
（万历）嘉兴府志⑥	嘉善县	上司各衙门并府县及查盘取用卷箱架扛锁索棕罩白牌等银八两	均平/杂办
（万历）嘉兴府志⑦	海盐县	上司各衙门并府县及查盘取用卷箱架扛锁索棕罩白牌等银六两	均平/杂办
（万历）嘉兴府志⑧	平湖县	上司各衙门并府县及查盘取用卷箱架扛锁索棕罩白牌等银六两	均平/杂办
（万历）嘉兴府志⑨	崇德县	上司各衙门并府县及查盘取用卷箱架扛锁索棕罩白牌等银八两	均平/杂办
（万历）嘉兴府志⑩	桐乡县	上司各衙门并府县及查盘取用卷箱白牌架扛锁索等银六两	均平/杂办
（万历）重修宁羌州志⑪	宁羌州	白牌卷箱银四两	银差
（万历）和州志⑫	和州	刑具卷箱白牌银十两	里甲
（万历）龙游县志⑬	龙游县	棕罩白牌等项银一十两	均平/杂办银
（天启）新修来安县志⑭	来安县	本县刑具卷箱扛架白牌银一十五两	里甲
（天启）同州志⑮	同州	上司并本州应用卷箱绳锁白牌等银十两三钱	银差
（天启）衢州府志⑯	衢州府	上司各衙门并府县及查盘取用卷箱架扛锁索棕罩白牌等项银五十八两（西安等五县征贮听用）	均平/杂办银

① 韩晟：（万历）《遂安县志》，万历四十年（1612）修钞本，第 162 页。
② 傅良言：（万历）《常山县志》，明万历刻清顺治十七年（1660）递修本，第 321 页。
③ 黄佑：（万历）《泰州志》，明万历三十二年（1604）刻本，第 106 页。
④ 刘应钶：（万历）《嘉兴府志》，明万历二十八年（1600）刊本，第 332 页。
⑤ 刘应钶：（万历）《嘉兴府志》，明万历二十八年（1600）刊本，第 334 页。
⑥ 刘应钶：（万历）《嘉兴府志》，明万历二十八年（1600）刊本，第 360 页。
⑦ 刘应钶：（万历）《嘉兴府志》，明万历二十八年（1600）刊本，第 383 页。
⑧ 刘应钶：（万历）《嘉兴府志》，明万历二十八年（1600）刊本，第 409 页。
⑨ 刘应钶：（万历）《嘉兴府志》，明万历二十八年（1600）刊本，第 430 页。
⑩ 刘应钶：（万历）《嘉兴府志》，明万历二十八年（1600）刊本，第 432 页。
⑪ 卢大谟：（万历）《重修宁羌州志》，抄本，第 153 页。
⑫ 唐诰：（万历）《和州志》，万历三年（1575）刊本，第 186 页。
⑬ 万廷谦：（万历）《龙游县志》，民国十二年（1923）排印本，第 52 页。
⑭ 周之冕：（天启）《新修来安县志》，明天启元年（1621）刊本，第 266 页。
⑮ 张一英：（天启）《同州志》，明天启五年（1625）刻本，第 183 页。
⑯ 林应翔：（天启）《衢州府志》，明天启二年（1622）刊本，第 841 页。

出 处	州县名	名目数额	银两来源
（崇祯）义乌县志①	义乌县	上司并府县及察盘取用卷箱扛架锁索棕罩雨衣白牌等银五两	杂赋/杂办
（康熙）霍邱县志②	霍丘县	刑具卷箱白牌额银十两（奉文全裁）	存留
（雍正）舒城县志③	舒城县	刑具白牌箱扛银五两（全裁）	存留
（雍正）蓝田县志④[127]	蓝田县	上司经临并本县应用白牌卷箱等项旧五两自十四年全裁	存留
（乾隆）颍州府志⑤	颍州府	裁扣州县刑具白牌卷箱银四十两	存留
（嘉庆）石门县志⑥	石门县	上司各衙门并州县及查盘取用卷箱架扛锁索棕罩白牌等银八两	均平/杂办

根据以上两表，我们可以明确，白牌在明清各州县均有普遍置办，白牌的性质、置办方法和经费来源都变化不大：

其一，“白牌”在“吏佥官押”之前，只是一种办公用具、文书载体。

在写刻文字、“吏佥官押”之前，白牌只是“粉白木牌”，其形制多样，有全白牌、长柄白牌、半柄白牌、有架白牌、铜钉白牌等。白牌常与卷箱、刑具、杠索、棕罩等物件划为一类，归入办公杂项。白牌可以应用于“大市曹”“点马”以及乡会试之中，也可以在地方供“上司按临、使客往来或查盘”时取用。“白牌”通常由州县准备，日常收入州县库房之中。由于上司使客往来不定，身份等级不一，白牌的用途也不可预知，此时的“白牌”仅有形制的区别和写刻文字的基本功用，并没有明确的等级区分和身份指代，各级各类官员皆可按需取用。显然，这样的“白牌”，只是一种办公用具，作为公文的载体而存在。

表一所示，武场会试上下马宴、乡场正办家火、乡场杂办钱粮取造老军册与生员年貌册时，都使用了长柄白牌，涉及顺天府、顺天府马厅、顺天府理刑厅等三个部门。按照常理，部门不同，公文内容与格式也不同，但他们却使用相同形制的白牌。这更加有力地证明了，木质、白色、半柄、长柄等不过是其表象，公文载体，才是白牌的本质，用于具体部门处理具体事项，按照不同内容及格式写刻公文。当然，在写刻文字、吏佥官押之后，“白牌”便成为“信牌”。随着各级各类官员的频繁使用，白牌最终成为“官文书”的代名词。

其二，白牌由州县公费置办，经费源自州县赋役。

《元典章》记载：“成造信牌、彩画图本、腌藏菜蔬、印色心红并诸名项杂支，今后年销钱粮内遇有似此名项，少者就支，随即申覆，多者预为申禀，明文动支，亦不得冒

① 熊人霖：（崇祯）《义乌县志》，明崇祯刻本，第447页。
② 姬之篚：（康熙）《霍邱县志》，康熙九年（1670）刻本，第120页。
③ 陈守仁：（雍正）《舒城县志》，清雍正九年（1731）刻本，第401页。
④ 李元升：（雍正）《蓝田县志》，清抄本，第127页。
⑤ 王敛福：（乾隆）《颍州府志》，清乾隆十七年（1752）刊本，第439页。
⑥ 耿维祜：（嘉庆）《石门县志》，清道光元年（1821）刻本，第303页。

滥支用违错。"[①] 可见元代信牌由地方成造，经费由公费杂支，需地方预算申请，再由户部支用核销。

明清两代，白牌由州县置办，经费来自地方公费，源于州县赋税。有研究表明，明代地方公费本应由正项钱粮支办，但明中期以降却转嫁给里甲人户承担。随着宝钞贬值和地方财政用银量的不断增大，最终在正德末年形成了规范的"杂办银"制度。[②] 表二显示，万历时，州县大多将白牌等公杂费纳入"杂办"，与"正办""额办"一起，隶属于地方赋税中的"里甲""均平"或"均平里甲"，由里甲人户负担。个别州县则保留了"银差"的名目，"银差者，输徭以备贡棐，佐公府之需者也"[③]。而在清代，白牌等杂项公费或沿明制归入均平杂办银，或归入州县备用银，但无论哪种归类，其州县存留的归属都十分明确，且多有"裁扣"或"全裁"的记载。

其三，各州县置办白牌等杂项银数额差异较大。

白牌本身置办费用甚微。万历间，宛平县为刑部置办白牌五十面，费银二两，平均每面白牌价银四分。顺治《温县志》记载："又大小白牌十面，每面用银五分，官为置造，听候各上司取用。"[④] 可见明清时，白牌的置办费用并无太大波动，每面白牌大约耗银四分到五分之间，然而，地方志所见各州县备办"白牌"等杂项银数却有较大差别。如表二中，同为明代府衙，嘉兴府"卷箱架扛锁索棕罩白牌银"为"二十两"，而衢州府为五十八两。万历时，景宁县"卷箱架扛锁索棕罩白牌等项银"仅一两，而常山县为二十两。

明清以来，府州县官借公费而谋私利的情况非常突出，即使赋属额征之数，亦有虚报不实之弊。由于置办"白牌"等公杂项银属于行政办公经费，可归入州县赋税系统，向民众设额摊派，不免有官吏从中作假谋私。

万历时，扬州兵备道副使熊尚文为了"清钱粮、杜冒虚、以宽民力"，而对扬州十属每年派征钱粮进行核查，共裁银"二万六百有奇"。在此基础上，熊尚文又对《赋役成规》中"额内应核之虚数"和"公费"进行了仔细盘查，至于白牌、刑具、卷箱等杂项银两，则按其"里治大小不同，所费多寡之异"为之酌定。例如，泰州原本对白牌刑具等项审银二十二两一钱，而熊尚文依高邮、通州例，裁去四两一钱，留征十八两。江都县原本对白牌卷箱等项审银四十两，熊尚文比照高邮县，认为其"委属冗滥"，议留十两足用，其余三十两相应免征。此次核查共裁去扬州十属包括置办白牌在内的杂项银共二百八十六两，盘查所暴露的诸多钱粮之弊，使熊尚文发出了"吏弊多端"的感慨。[⑤]

其实，各州县置办白牌等公杂项银数额还与其地理形势密切相关。如表二所示，明代各府州县置办白牌除少量为"本州县取用"外，主要是"供上司按临或过往使客取用"

---

① 元官修：《元典章》，元刻本，第 27 卷。

② 丁亮：《明代浙江地区存留钱粮的财政功能与杂办银的成立》，《古代文明》2014 年第 1 期，第 68—77 页。

③ 张一英：（天启）《同州志》，明天启五年（1625）刻本，第 5 卷。

④ 李若廙：（顺治）《温县志》，清顺治十五年（1658）补修本，第 121 页。

⑤ 熊尚文：《赋役成规》，万历四十三年（1615）刻本，第 5 页。

及“查盘所需”。倘若州县狭小，地理位置偏远，事务稀疏，上司按临和使客往来较少，白牌等公杂项银就少。若州县广大，地理位置重要、事务繁多，上司按临、使客往来频繁，则白牌等公杂项银就多。如泰州府作为“水路要津，苏中门户”，其白牌等项银有二十两之多，而衢州府是“川路所会，四省通衢”，其白牌等公杂项银则高达五十八两。

熊尚文在核查扬州十属公费时，将置办“白牌”等杂项银两称为“上司按临并过往使客备用白牌卷箱银”或“上司白牌箱架银”，甚至直接称其为“上司按临白牌等银”。倘若发现上司使客“水程往来”而不经由陆路，如宝应县，则将箱架白牌等银由四两裁为二两；倘若该县县治偏远，如泰兴县“治在僻里，上司并不经临取用白牌等物”，则视此项银两为虚设，相应全裁；倘若该县并无上司取用白牌，如有所费，另有银项名目动支，如海门县，则白牌等项银亦可全裁。① 由此可知，地方州县“白牌”主要是为“上司按临、使客往来”而置办，这一点毋庸置疑。

总之，在明代，“白牌”即“粉白木牌”，上可写刻文字，与刑具、卷箱等同属于地方政府办公杂项。白牌均由州县官办，以备“州县自用”“过往使客”或“上级按临”取用，日常收入仓库之中。白牌的置办费用虽微，但其属于地方行政公费，归入府州县赋税系统，向民众设额征收。明代各州县普遍备办白牌，从全国范围来看，其置办数量不容小觑。白牌可写刻文字，是公文的载体，在吏佥官押之后，才具有信牌的性质。不能将“白牌”直接称为“信牌”，更不能将史料中的所有“白牌”都视为官文书。

二、白牌与明代监察巡视制度

如前所述，明代各府州县置办白牌除少量为自用外，主要备“往来使者”和“上司按临”取用，倘若上司并不经临，白牌等杂项则无须备办，相应杂费亦可裁撤，因此，白牌也被称为“上司白牌”。实际上，“白牌”的广泛置办与明朝的监察巡视制度有密切联系。

首先，“白牌”一词率先出现于明朝的中央监察系统之中。

元代的信牌制度始于中统二年（1261），是以木质信牌黏连文字的形式通行，“若虽有文字无信牌，或有信牌无文字，并不准用”。信牌在元代地方政府中使用普遍，官吏、衙役以及公使人等，甚至里正、主首等差役均有权使用。②“万国珍木牌”显示，至少在元朝末年，就出现以白木为牌，刻文于上，髹以黑漆后颁发的情况③。白牌作为文书载体的情况或许早已存在，但“白牌”一词最早见诸史料，却始于明太祖。据《元明事类钞》：

① 熊尚文：《赋役成规》，万历四十三年（1615）刻本，第342页。

② 杜立辉：《黑水城所出元代信牌文书考》，《中华文史论丛》2015年第3期，第223—240页。

③ 罗振玉：《历代符牌图录》，北京：中国书店，1998年，第100页。

置白牌。《泳化编》：太祖虑朝政有失，无人敢言。乃立执法议理官，置白牌，于上书“执法议理”四字，如有失，许将牌极谏。后竟废之。[①]

自此以后，掌道御史必建白牌，轮及遇事乃言，其余不过附名牍中而已。崇祯五年十一月己酉，掌河南道事御史李日宣上言：“台规原有建白牌，各道轮次主之，凡条陈公议，匡救正言，皆视牌之所在为责成，自祖宗朝相沿至今未之有改，乃今则几为故事矣。”[②] 可见，明代的“白牌”最早出现在中央言谏系统之中，并形成了“据牌进谏”的传统。在此，“白牌”虽然只是“执法议理”四字的载体，却是特权的代表和皇权国威的象征。

宣德九年（1434）正月戊申，应天府尹邝埜上疏皇帝，指出当时巡按直隶监察御史按临时，“遇有公务，辄便追呼府官抄案，甚至呵叱凌辱，及各部清吏司凡有催科，亦书白牌，遣人至府”。他认为，顺天府“旧无御史巡按之仪，而洪武中各部清吏司亦无批牌追呼之事”，要求礼部与都察院议定体式，“各安其分”，禁止巡按御史与各部清吏司“恣肆凌压”应天府。[③] 牌本为下行文，明代各部清吏司侍郎为“正五品”[④]。应天府则“本属京郡，轶正三品，特给银印”，在各部清吏司之上，原只承行六部都察院札付。但宣德九年（1434），各部清吏司对应天府不仅使用下行牌文，还仿效巡按御史，（直接）用白牌追呼，这体现了明代中央集权的进一步增强，也说明“白牌”的使用范围已逐步由中央言谏系统扩大到中枢六部。

其次，明代地方巡察制度促成了“白牌”在州县的普遍备办和使用。

如前所述，明代州县白牌主要为“上司按临、使客往来”而备办。有明一代，能够巡视地方、监督考察者众多，除了巡按御史、巡抚、总督、分巡道之外，还有中官镇守、兵备道及各类钦差公差、专使考察等。[⑤] 他们各以其事专监察，按临地方，往来频繁，是皇权国威的代表，也是中央与地方密切联系的纽带。府州县所置办的白牌、扛箱、刑具等办公杂项，就是为这些巡视监察官员所准备，以满足其频繁往来、临时办公的需要。而其中最为完善、影响最为深远的是御史监察与守巡道制度。

据《大明会典》：“国初，监察御史及按察司分巡官巡历所属各府州县，颉颃行事……迨后，按察司官听御史举劾，而御史始专行出巡之事。”[⑥]

洪武十年（1377），明太祖诏遣监察御史巡按州县，名为巡按御史。洪熙元年（1425）又定，巡按以八月出巡。巡按御史官微权重，代天子巡狩，“所按藩服大臣、府州县官诸考察，举劾尤专，大事奏裁，小事立断。按临所至，必先审录罪囚，吊刷案卷，

① 姚之骃：《元明事类钞》，清文渊阁四库全书本，第4卷第51页。
② 《明崇祯实录》，史语所藏钞本，第3775页
③ 《明宣宗实录》，史语所藏钞本，第2417页
④ 张廷玉：《明史》，长沙：岳麓书社，1996年，第1012页
⑤ 余同怀、柏桦：《明代专差专使巡视考察制度》，《西南大学学报》2019年第5期，第171—179页。
⑥ 申时行：《大明会典》，台湾：文海出版社，1964年影印本，第210卷。

有故出入者理辨之”[①]。巡按御史的管辖范围很广，涉及监临乡会试武举、清军、提督学校、巡盐、茶马、巡漕、巡关等等，其所用白牌的数量之多可想而知正统四年（1439），明朝廷正式制定颁布了《宪纲条例》，对监察官的地位、职权、选用、监察对象以及行使权力的方式和监察纪律均做了详细规定，成为明代有深远影响的监察法规。

明代的巡抚和总督皆由监察御史而来，均有巡察地方的职责和使用白牌的需求。据《明史》，明代十三道监察御史共一百一十人，其在外加都御史或副、佥都御史衔者，有总督，有提督，有巡抚，有总督兼巡抚，提督兼巡抚，及经略、总理、赞理、巡视、抚治等员，皆“事毕复命，即或停遣”[②]。各省专设巡抚，应自宣德五年（1430）始。巡抚初设时，往往在本省“往来巡抚”，景泰、天顺后，各地巡抚陆续开府建衙。[③] 明代的总督则是在巡抚制度普遍推行的前提下逐渐形成的，“巡抚兼军务者加提督，有总兵地方加赞理或参赞，所辖多、事重者加总督”[④]。嘉靖时，总督与巡抚的地方化与制度化已然形成，巡视监察职能也大为削弱，逐步演变为地方军政大员。

在明代，除监察御史外，各地方分守道、分巡道也要按巡各所属府州县。分巡道的设置始于洪武二十九年，[⑤] 而分守道的设置则始于明成祖时期。明代道的设置种类繁多，但分守、分巡道始终是主流，并且逐步形成制度，二者即是布政司、按察司二司的属官，又主要负有考核、监察所属府州县吏治的职责，后来逐步成为固定的地方官，常驻一地或省城，建衙置署。[⑥] 各监察御史与巡守各道对地方的巡察，极大地促进了州县白牌的备办和应用。

明朝中后期，总督、巡抚及守巡道等逐步演变为地方军政长官，其对地方的“巡视监察”职能逐步弱化，反之，御史巡视监察制度却日益完善。嘉靖二十七年（1548），明朝政府要求御史巡按“偏僻州县，俱要一体遍历，纠察官吏、访求民隐”[⑦]。此后，御史巡按每年对地方府州县“八月出巡、一岁更替”，且“偏僻州县，俱要一体遍历”形成定制，使“白牌”的备办和使用范围扩大到每个州县。万历时，州县大多将白牌等公杂费纳入“杂办银”，归入里甲赋税，由里甲人户负担，这使白牌有了稳定的资金来源和制度保障。在频繁而广泛的使用中，白牌的“信牌”特征日益彰显，最终与纸牌一起，成为《信牌律》中“信牌”的注脚。

三、白牌的功用

阿风《明代的“白牌”》一文指出，白牌“吏佥官押”后具有催督公事、提拘人犯、

① 张廷玉：《明史》，长沙：岳麓书社，1996年，第1032页。
② 张廷玉：《明史》，长沙：岳麓书社，1996年，第1032页。
③ 方志远：《明代的巡抚制度》，《中国史研究》1988年第3期，第87—99页。
④ 张廷玉：《明史》，长沙：岳麓书社，1996年，第1032页。
⑤ 张廷玉：《明史》，长沙：岳麓书社，1996年，第1080页。
⑥ 吴吉远：《试论明清时期的守巡道制度》，《社会科学辑刊》1996年第1期，第96—101页。
⑦ 申时行：《大明会典》，台湾：文海出版社，1964年影印本，第210卷

驿递传令与解送公饷等多种功能，笔者对此不再赘述。但是，白牌最基本的功能是“写刻文字”，同时，白牌“告示禁约”的功能亦不容忽视。

作为文字的载体和纸张的有益补充，白牌在明代行政系统繁琐的日常事务中不可或缺。譬如：白牌可开写两造，问审刑名。如嘉靖十九年（1540），黄华守松江，“每日摄原被告俱到听审，开写姓名白牌上，列于左右壁，以甲乙丙丁戊己庚辛壬癸为次第，不时抽一牌，或请府佐，或邀县官公同问断，而华端坐不发言，静观两造之曲直，三尺之重轻，刁猾无敢以游辞进，士大夫亦无从以私牍溷也”[①]。

白牌亦可排比数据，完纳钱粮。如万历二十一年，常州府武进县知县桑学夔建议可用“白牌”征粮，“乃设长柄白牌一十六面，即开限内应完纳米数，各照方向地里，开写市镇乡村，责令该管地方总保□□次传递，遍历乡村，如驿递传牌之制”[②]。

其他如刑部每年“大市曹”公审示众，察院审核案件、监察乡试会试，马厅每年“出巡点马”，顺天府“取进呈本”，马政厅“取造老军册”，理刑厅“取造生员年貌册”，各级官员查盘等，都需取用白牌、写刻文字。

在明代的军队系统中，白牌也是常备常用的办公用具。

白牌可题写姓名，点验士卒。如景泰二年（1451）六月，大同总兵官郭登奏称，大同东西二路挑选士卒时，“年力精壮者，曳弓六十斤以上者为头拨，当先破敌者为二拨。每队白牌一面，道写五十人姓名，以凭试验点闸”[③]。

白牌可挨次编号，选兵练伍。如嘉靖时，戚继光筛选骑兵，命令“预日先将部下官生夙守军令、习知束伍之教者，各分执事，填于白牌或纸上，其填营伍次第者为一号牌，填年貌籍贯者为二号牌，填疤记武艺者为三号牌，总填队伍姓名者为四号牌，抄队伍清册者即随之为五号牌。每一牌用桌一张。缚竖一号即守主将之傍，余号各于空地分设，挨号而下”[④]。其中，“填于白牌或纸上”一句，正可以说明白牌的作用与纸张相同，均为文字的载体。

白牌在写刻文字、吏佥官押后可称为“信牌”。随着书写主体、文书内容和使用方式的改变，白牌的功用也随之丰富。阿风《明代的“白牌”》一文对白牌的功能已有颇多阐述，但对白牌“告示禁约”的功能却尚未提及，故作以下补充。

《清代文书纲要》指出：“示，又称告示。为通告他人使其知晓之意……示作为正式的公文名称，始于明代。清沿明制，它是长官对所属官吏或平民有所告谕、劝诫时使用的下行文书。如果将需告谕内容书写或契刻木牌上悬挂的，则又称为牌示。”[⑤] 白牌形制巨大者尤为引人注目，在上面题字示众，能起到警示禁约、广而告之的作用。如《云间杂志》记载：“万历中，岁饥，人情恟恟。一当事人令人拟告示禁约，俱不称意，乃取一

---

① 方岳贡：(崇祯)《松江府志》，崇祯三年（1630）刻本，第 3125 页。
② 刘广生：(万历)《常州府志》，明万历四十六年（1618）刻本，第 1019 页。
③ 明官修：《明景泰帝实录》，史语所藏钞本，第 4395 页
④ 戚继光：《纪效新书练兵实纪合编》，南京：大陆印书馆，1929 年，第 1929 页。
⑤ 雷荣广，姚乐野：《清代文书纲要》，成都：四川大学出版社，1990 年，第 119 页。

白牌，大书八字曰：饥民必纠，乱民必斩。”八个大字简明扼要，禁约严明，起到了很好的宣传警示作用。[①] 这样的白牌是明代官方告示的一种，可称其为“告示白牌”[②]。

明代白牌用于官方告示禁约的记载也见于《朝鲜李朝实录》。万历二十五年，明兵部尚书邢玠赴朝抗日，曾发出“告示白牌”，禁约南北马步官兵，在“沿途经过地方”和“驻扎朝鲜馆站”的时候，不许抢夺扰害。若有“游荡酗酒生事，淫辱朝鲜妇女，抢夺朝鲜人民一米一菜一草一木，及强住陪臣房屋毁坏民房者，轻则径自捆打，重则呈解本府院斩首示众”[③]。

值得一提的是，白牌写上大字后，由使者持牌往来传示，能在传达政令的同时，最大程度上警示众人，尤其适合在聚众非法、情势紧急的情况下使用。“大字白牌”是特殊的告示白牌。

如嘉靖十八年（1539）七月初一日，佟伏等四五十人军门作乱，巡抚刘都御史白牌出示：“有能斩获叛贼一名者赏银一百两，从者赏银五十两”，并令千总都指挥王朝用分投差人传示。[④] 又如，《粤西丛载》所载：

> 万历七年，庆远卫军忽会集演武场，张旗歃血，口称激变，人情汹汹。知府赵成安闻报，略不动念。报愈紧急，赵曰：“此岂军自为之，必有主使之者。”乃出白牌一面，“仰经历陈坦就赍前去，径逐出境”，内无“召回”字样。陈经历至大漕，各军见牌，股栗不胜。[⑤]

明朝中后期，御史巡按权势高涨，由他们发出的“大字白牌”威风八面，甚至用以震慑神灵。万历间，熊廷弼巡按辽东，“岁大旱，廷弼行部金州，祷城隍神，约七日雨，不雨毁其庙。及至广宁，逾三日，大书白牌，封剑，使使往斩之。未至，风雷大作，雨如注，辽人以为神”[⑥]。

白牌原本是文书的载体，作为一种常见的办公用具，在明代各州县普遍备办。白牌的基本功能是“写刻文字”，同时，其“告示禁约”功能亦不容忽视。白牌广泛应用于明代各级各类军政事务之中。清代，牌文成为官方规定的文武衙门向下级发布政令、指示的主要正式文种，白牌与有力焉。

---

① （明）不著撰人：《云间杂志》，《四库全书存目丛书》子部第244册，第17页。
② 连启元：《明代官方告示的结构与格式》，《明史研究》2014年第十四辑，第44—58页。
③ 吴晗：《朝鲜李朝实录中的中国史料》第7册，北京：中华书局，1980年，第2487页。
④ 万表：《皇明经济文录》，明嘉靖刻本，第33卷，第894页。
⑤ 黄振中：《粤西丛载校注》，南宁：广西民族出版社，2007年，第319页。
⑥ 张廷玉：《明史》，长沙：岳麓书社，1996年，第37页。

四、白牌的消亡

白牌官办官用，广泛应用于明代军务民政之中。但满清入关之时，有唐秀才名景耀，字韬生，亦曾“大书一白牌”，立马桥南，谕成栋降，后为清兵所得，磔于市。[①] 入清以后，白牌继续存在和使用。但“白牌”一词却逐渐在档案中消亡，其原因如下：

（一）御史巡按制度的废除

明朝中后期，御史巡按制度逐渐废弛，御史巡历不遍，甚至不下郡县的情况屡有发生，有个别州县白牌遭到裁撤。但政府“每年出巡、遍历州县”的地方巡察制度仍然是州县置办白牌等办公用具的有力保障。清沿明制，设立巡按御史并完善了考核制度，规定若“在外总督、巡抚、提督、总兵等官，如有蒙蔽专权，擅作威福及纵兵害民、纵贼害良等事”，巡按御史可以“不时纠核”。但之后旋停旋复。顺治十八年，兵部尚书管左都御史事阿思哈请停遣巡按御史，各省巡按将事务交与抚臣，速行来京。[②] 巡按御史制度在清代正式被废除。

雍正三年，清廷临时派出巡察官对各省讳盗进行专项巡察，后又相继对浙江、广东等地派出“观风整俗使”，但未能形成定制，至乾隆元年俱停各省巡察御史。[③] 终清一朝，巡按制度始终未能恢复。与此同时，中央十五道监察御史职务繁多，人员极少，难以实际履行地方监察职责。总督、巡抚已成为地方军政要员，按察使司与驻道监察官员作为属吏，难以对其形成有效监察。中央对地方监察的缺失，尤其是巡按制度的废除，使“白牌”失去了由各州县普遍备办、供“上司按临及往来使客取用”的政治保障。[④]

（二）州县存留银的大幅裁撤

早在明朝万历时期，个别官吏就对所属州县包括置办“白牌”在内的公费开支进行审计，对“上司及过往使客不到”的州县杂项银予以裁撤。清初，由于中央财政紧张，政府对地方财政进行了持续性的削减与紧缩措施。

顺治十三年九月，清政府大规模削减地方财政。“应裁直省每年存留银两：抚按道臣巡历操赏花红银六千二百九十两；预备过往各官供给下程柴碳银一十七万一千六十四两，督抚按巡历造册纸张扛箱银二万八千九百一十六两；衙门桃符门神价值银一千四百二十一两，孤贫口粮柴薪布匹银八万七千七百六十七两，俱应全裁”，其他如“修理察院公馆银一万二千一百五两”裁其半，共裁银“七十五万三千六百四十两六钱”[⑤]。此次裁减，将直省每年存留银两中，督抚按道及过往各官的巡历经费共二十余万两全部裁撤，与上

① 朱子素：《东塘日札》，清《荆驼逸史》本。

② 清官修：《清圣祖实录》，第142卷。

③ 张晋藩：《中国监察法制史稿》，北京：商务印书馆，2007年，第511—512页。

④ 明晨：《反思与借鉴：清代地方监察制度探析》，《法制史评论》2017年第10卷，第155—162页。

⑤ 清官修：《清圣祖实录》，第103卷。

级巡历密切相关的“白牌”等公杂项银自然首当其冲。地方志亦记载，蓝田县本有“上司经临并本县应用白牌卷箱等项”银五两①，扬州府本有“上司按临并过往使客备办白牌箱架银”十两②，舒城县原有“刑具白牌箱抗银”五两③，均于顺治十四年起全部裁撤。

康熙十二年“三藩”乱起，庞大的军费压力，使得地方经费遭到大幅削减。康熙十四年后，从巡抚衙门到州县，各级政府均有大量存留款项被中央裁减，改充军饷，甚至官员俸禄也在裁撤之列。康熙十七年，因征剿吴三桂供应浩繁，又裁减驿站官俸工食及存留各项钱粮。根据地方志，零陵县存留项下原有包括“白牌”等杂支在内的实存银一百四十五两二钱二厘，于康熙十七年全裁。后经恳复，仅存留“府学岁贡花红旗匾”银二十四两，支给岁贡生员。④《宁远县志》亦记载，宁远县存留中原有备用银三十四两，包括如遇审录造册答应卷箱扛架白牌上司经临抄按饭食恤刑公费等项，康熙十七年全裁⑤。即使平定三藩之后，清政府所裁减官员俸禄及各项钱粮，并增加各项银两，也未及时复旧。经过历次裁减，清代各州县存留款大幅缩减，如常熟县，据该县康熙十九年《赋役全书》，经顺治末及康熙朝十余年历次裁减，常熟县实际可支配的“存留银”，还不到顺治十四年时的百分之十八。⑥

清朝中央对督抚按道及过往各官巡历往来经费的裁减，大大弱化了“白牌”等公杂项由州县普遍备办的行政依据，而地方各级政府存留款项的大幅削减，则严重挤占了“白牌”等行政公费赖以存在的经济空间。雍正时，对地方财政进行了改革和整顿，但地方财政的窘迫仍未得到解决。面对地方不断增加的各项支出，州县只得另辟蹊径，寻找规划外的征派。“由是州县掣肘，贪墨无忌，私派公行，不可禁止。百弊之源，皆起于此。”⑦ 清代地方财政的体制内运行与体制外运作共存的特点与局面逐渐形成。

（三）纸牌票与“札文”兴起

明正德时，信牌已经出现纸质倾向。万历三年，兵部照依牌式刊票，将原本木质的“火票”改为纸质，同时规定其他各衙门的纸牌、纸票概不许行。辽东档案中，多次出现“宪牌一纸”的说法。现存徽州文书也显示，明代中后期，府州县拘提人犯、催办公事已广泛使用纸质信牌。“白牌”被更加廉价和便捷的纸牌票所替代，是不可避免的历史趋势。

清代，“牌”是官方规定的文武衙门向下级发布政令指示的主要公文文种。然而，清初，凡遇重要、难办的公务，官员之间常先用书信商洽而后行文，其中上司给属下的称为“札”，下属给上司的则称为“禀”，因是书信，可以不用或少用公文套语，更不必编

---

① 王敛福：（乾隆）《颍州府志》，清乾隆十七年（1752）刊本，第439页。
② 雷应元.：（康熙）《扬州府志》，清康熙三年（1664）刻本，第127页。
③ 李元升：（雍正）《蓝田县志》，清抄本，第127页。
④ 嵇有庆：（光绪）《零陵县志》，清光绪修民国补刊本，第288页。
⑤ 钟人文：（乾隆）《宁远县志》，清乾隆十九年（1754）刻本，第376页。
⑥ 陈桦：《清初的私征私派》，《求是学刊》2013年第3期，第145—155页。
⑦ 陆陇其：《三鱼堂外集》，康熙四十年（1710）刻本，第7卷。

写字号和加盖半印，故使用起来远比法定的牌文方便。因之，约至乾隆初，官员们为简化手续，便在发札之后不再另行公文，札也就由具有公文性质的书信而转化成了常用的下行文种。至此，牌便退居到次要地位，仅在下达例行公文时使用，“白牌”的使用频率自然亦随之减少。

总而言之，清代中央对地方的监察缺失和巡按制度的废除、各级政府经济的窘迫和州县存留款的大量裁减，大大削弱了“白牌”存在和使用的制度保障和经济基础，而纸牌票的兴起与札文的盛行，则使“白牌”在公文运作中日益边缘化。“白牌”的置办数量、使用频率以及附加功能的逐步减少，使“白牌”一词逐渐在史料中消失。

值得一提的是，《福惠全书》记载一种由州县下发给保甲长的“夜行牌”，这种夜行牌“长五寸，阔三寸，涂以白粉，书墨字，盖以油漆”，[①] 上书“本州县正堂谕本保甲知悉，凡本甲居民，昏夜有生产急病、请稳延医者，许领此牌验明，开栅放行。回时即缴。如无此牌者，一概不许放行”等文字，后用官押，上罩桐油，使字不脱落。在清代南部县衙档案中，有许多固定格式为“南部县衙为某事悬牌晓谕……毋违牌示。右牌通知”的牌文，这些文字内容都将写刻于木牌之上，悬挂告谕，这种木牌的形制虽不可知，但其用法却与“告示白牌”颇为类似。

种种迹象表明，入清以后，“白牌”一词虽然逐步在史料中消失踪迹，但“粉白木牌”却仍然在清代州县行政事务中存在和使用，是各类纸质文书的有效补充。

五、余论

明代的“白牌”原本是一种办公用具，可写刻公文文字，是众多官文书的载体。在写刻文字、吏佥官押后，白牌成为信牌的一种，应用于明代繁杂的军政事务中。频繁的使用，使白牌衍生出拘拿人犯、告示禁约、传达政令、驿递往来等多种功能，甚至被学者视为“官文书”的一种。白牌由地方州县公费置办，费用归入州县徭役，向里甲民众征收。明代白牌盛行的背后，是中央对地方严密而完善的巡视监察制度，体现了明代中央对地方的有效监督和控制。清代，中央对地方巡视监察严重缺失，御史巡按地方制度遭到废除，白牌失去了由州县普遍备办、以供上司按临的制度保障。为了解决中央财政的窘迫，清朝政府实施了持续缩减地方财政的政策，包括白牌银等公费在内的州县存留银两遭到大幅裁减。而纸牌票与札文的兴起，挤占了牌文与白牌的使用空间。清中后期，“粉白木牌”仍然在州县日常事务中使用，但较之明代而言，其置办数量、附加功能和使用频率都大为减少，“白牌”一词逐步在史料中消失。

① 黄六鸿：《福惠全书》，扬州：广陵书社，2018年，第21卷。

清代进士金玉麟的“科举诗”

刘先澄*

所谓科举诗，指反映中国古代科举的古体诗词，包括考卷中的诗赋，科举名人诗词，以及吟诵科举场景、事件、人物的各类相关诗作。本文特指并提请重视的，是科举参与者系统描述自己读书、考试、做官经历的诗词。这类诗作是科举制、科举学的诗化诠释，是科举社会中士人生活及精神追求的形象记录，是科举与文化相互关联的鲜活资料，值得收集整理和研究。

清道光间阆中籍进士金玉麟著《二瓦砚斋诗抄》，存诗词一千二百余首，多角度真实地反映了清代士人的生活、情感和应科举的历程。其中相当一部分诗作，形象地记录了他三次赴京应试的历程和心境，从中不仅可以看出他不寻常的科举之路，也可窥知上京赶考的艰辛程度和京城考试的程序制度，更可从传统诗词文化的角度认知清代科举的社会影响。

一、金玉麟其人

金玉麟（1808—1863），字石船，号素臣。其先祖是朝鲜新义州人氏，明万历年间迁居辽宁义县。清初从征有功，遂为内务府镶黄旗汉军人。金玉麟的祖父金成华，为乾隆十五年（1750）庚午科举人，先后授任湖南、江苏知县、州判，终官湖南乾州厅同知。其父金科豫，为乾隆四十八年（1783）癸卯科举人，文武双全，历任四川、贵州等地知县、知州。道光四年（1824）任四川杂谷所（治今四川阿坝州理县薛城）理藩同知时，于戍边战役中阵亡，年七十岁①。金玉麟随父入蜀，父亲死后无依，孤苦飘零，流落到保宁府城阆中。锦屏书院山长黎献（字芹野）收留了他，供养于家中，待之如亲子，让他同自家兄弟子侄一起读书，又让他在书院就学。年仅十六岁的金玉麟遂入籍阆中，从此刻苦攻读，学业优异，被黎献视为得意门生。其成年后，又被黎氏招赘为女婿。在锦屏书院和黎氏书香门第中成长起来的金玉麟，二十岁入学，二十四岁中举，三十岁即道光十八年（1838）高中戊戌科进士，为三甲第一百零二名，与后来赫赫有名的曾国藩同榜。

---

* ［作者简介］刘先澄：四川阆中人，当过知青、教师、工人、干部，高级工艺美术师。多年从事地域文化研究。现任阆中市历史文化名城研究会副主任，阆中市诗词学会会长。曾被聘为中国（南京）科举博物馆学术研究顾问。有《阆苑记考》《贡院春秋》《悟墨斋诗词抄——澄怀集》等多种著作出版。

① 吕文郁：《吾师金景芳教授之家世》，《黑龙江社会科学》2013年第3期。

金玉麟登科后，授兵部主事，兼上谕处行走。主要承担兵部日常政务工作。“上谕处”全称为“稽察钦奉上谕事件处”，负责稽查皇上旨意落实情况并入宫报告。一个初入官场的青年能担任这些职务，说明朝廷看重了他的才能和品行。能在兵部任职，也说明他兼有军事才干。

道光二十二年（1842），金玉麟任陕西乡试同考官，次年在京任武会试同考官。以后调赴陕西，先后任定边、澄城、渭南知县，升任与四川广元接界的宁羌州（今陕西宁强）知州。

《宁羌州志》载他“循声卓著”。所谓“循声”，是说清廉奉公，多有善政。与他同时代的诗人、画家孙兆桂在诗中这样称赞他：“巨细秋毫察，精明风骨坚。”“量移来赤水，爰戴颂青天。”说明金玉麟是一位风骨凛然、才华横溢、勤政爱民、百姓拥戴的好官。

同治二年（1863），太平天国启王梁成富部打到陕南。虽然州城兵弱将寡，但金玉麟没有听从属吏士绅要他退逃的意见，毅然担起守城之责。终因寡不敌众，以身殉职。《宁羌州志》和相关研究文章载：陕西巡抚刘蓉在给朝廷的奏章中说：“……金玉麟自牧宁羌，循声卓著。破城身殒，志节凛然。死后‘贼’（指太平军）将其尸特为具棺以殓，且张伪儆于梓上（写告示贴在棺材上），大书：‘此系陕西好官，该士民应将其灵柩好为照护，妥送回籍。’可见秉彝好德之良，虽‘逆匪’亦未尽泯灭之处……”朝廷根据刘巡抚的奏疏，颁发上谕：以身殉职的宁羌知州金玉麟、南郑知县周蕃寿、西乡知县马彦善“三员均著其于汉中府城建立‘三烈总祠’，将该三员合祀，以彰忠义”①。这在当时，是隆重庄严的褒奖，规格很高的恩遇。

2013年，四川省旅游局转来中国台湾地区“金玉麟武馆”馆长黄东煜先生来信：“惊见清代金玉麟先生之史料，和我玉麟总馆代代口述传承之数据，是那般的相同。特致此信烦劳贵单位为我提供金玉麟之相关史料，以利寻根探源，和他日正本清源之根据。”这封信让人惊讶：金玉麟竟然还是一位武功高强的武术宗师！黄先生介绍，“玉麟武馆”代代相传，金玉麟以武功绝技传授了12位弟子，因为一段不详的原因，其中6名弟子渡海到了中国台湾，并办起了传至今日的“金玉麟武学总馆”。如今在阆中寻到了“根”，使武馆源流研究有了成果，非常庆幸。他将我们赠送的《二瓦砚斋诗抄》复印本捧回台湾武馆，奉为镇馆之宝。其实金玉麟乃文乃武，应在意料之中。他祖上以征伐建功而成旗人，其父是一员戍守边关的老将，武功绝技应是家传。当初他能授任于兵部，能当武会试考官，就与他是将门之后、身怀武艺有关②。

二、诗咏科举路

据《二瓦砚斋诗抄》，道光八年（戊子，1828），在黎家私塾和锦屏书院刻苦攻读四

① （清）马毓华修、郑书香纂：《宁羌州志》附录，《中国方志丛书·华北地方第二六六号》，光绪十四年刊本。
② 刘先澄：《金玉麟和他的诗》，见拙著《阆苑纪考》，成都：巴蜀书社，2011年，第146页。

年后的金玉麟，经县试、府试、院试，入学成为生员（秀才）。有《二月九日纪事》诗：

逐伴桥门亦自怜，藻芹春暖泮池烟。
青衿久立浑如梦，为忆藜厅上学年。①

又经两次赴省乡试，于道光十二年（壬辰，1832），金玉麟在成都中举，有诗《九月初七日榜发先书寄家人》：

相思莫浪悔封侯，琴笈书囊称壮游。
远信劳卿占雀喜，微名许我博蝇头。②

此后，金玉麟开始了上京赴考会试的艰辛历程。清制，文武乡、会试经费中，有“会试盘费银”项目。顺治八年（1651）规定：“举人公车，由布政使给与盘费。”盘费的多少，因路程远近而不同。山东最少，每名白银一两。广东琼州府最多，每名三十两，云南、贵州和新疆每人发给白银三两，还发给火牌，凭牌供给驿马一匹。而四川每名四两余，须越秦栈，翻巴山，遥迢两千里，历时两个月，历尽艰辛才能走到京城。

古代哪有今日飞机、高铁之便，千里进京，只能凭顽强意志，艰难跋涉。

道光十三年（1833）春节甫过，金玉麟骑毛驴从阆中赴京：

小驴惯走平，见之气先怯。
挥策促使行，崎岖历隘狭。③

家中全靠岳父教学糊口，经济并不宽裕，只能雇毛驴代步。巴山险峻，道路崎岖狭窄，驴行缓慢，旅途艰辛可以想见。《宿永林铺》云：

夕照催人倦，茅檐暂假停。
烟迷一村白，山压万重青。
疲马投槽急，寒鸡伴客醒。
征衣尘未浣，何暇问旗亭。④

《龙门阁》说“绝阁倚空起，龙门势壮哉。乱云随地涌，匹练割山开”；《七盘关》说“界分秦蜀洪沟截，险扼河关鸟道通。滩有潜蛟晴作雨，山多伏虎昼生风”。旅途艰危跃

① （清）金玉麟：《二瓦砚斋诗抄》家藏手迹本卷二《青衿集》戊子。
② （清）金玉麟：《二瓦砚斋诗抄》家藏手迹本卷二《青衿集》壬辰。
③ （清）金玉麟：《二瓦砚斋诗抄》家藏手迹本卷三《栈云集》癸巳。
④ （清）金玉麟：《二瓦砚斋诗抄》家藏手迹本卷三《栈云集》癸巳。

然纸上。《凤县旅次》末联“惆怅夜寒眠未得，隔墙宵宴正琵琶”，描写穷书生夜寒难寐，而隔壁正在弹着琵琶宴饮，对比中更显旅途中的艰难、寒酸。然而，金玉麟并未被困难吓倒，而是“小心历尽崎岖路”，“漫着芒鞋叩薜萝”，一步一步顽强地朝着京城前进。

其实最难的还不是旅途艰辛；更大的考验是克服落第失意的心理障碍，坚持励志进取。

金玉麟抵京三场会试后，在《书都门唱和集后留别李云生（步瀛）进士》诗中说：“剪烛谈心两月易，匆匆离绪可如何。”离绪匆匆，是因为人家高中，自己落第了，心情不好。在《礼闱报罢寄树萱甥》诗中告诉外甥：“落第长安市，如君去岁秋。”他冷静分析了落第原因，在《榜后三日李静轩（毓秀）同年来寓作别时余因事少留怅然赋此》中写道：

棘闱倏九日，开榜惊春雷。
诸公多衮衮，天心实爱才。
我无刘蕡策，落第亦其分。①

《新唐书·刘蕡传》载，唐文宗太和二年（828），刘蕡在选拔贤良方正的对策（试卷）中，极力谴责、弹劾宦官的罪行，考官冯宿等虽然叹服其文章才学，却畏惧宦官的权势，不敢录取他。后因以“刘蕡策”用为咏贤士不遇的典故。金玉麟诗中说“落第亦其分”的原因是“我无刘蕡策”，就是说自己策论试卷中的议论，有可能得罪朝臣，故不为考官所取。

转瞬三年过去，道光十五年（1835），踌躇满志的金玉麟大年初一就启程，第二次赴京会试。他写了《正月初一日计偕北上》，经栈道出川，二十三天后到了西安。他在《草凉驿》四首绝句中，描绘了“一角残阳贴地红”“雪满遥峰冰满壑”的雪山美景，“马前鹰犬纷无数，雪后春山正打围”的驻军活动，也透露出“边城半夜吹芦笛，添作还乡梦里愁”的惆怅心里。这次应试结果又将如何呢？

进京后金玉麟没有留下拜会、宴游之诗，许是一心温课应考，无暇吟事。三年苦读，结果又是名落孙山！这次科场失意，心理负担更重，归途中诗也不多。在河南谷水镇，遇到一位同是落第人的四川同年，竟在艰难跋涉中死在归乡路上，这给心情本就不好的金玉麟巨大的刺激，他写了一首《张丹崖国钧同年下第西归殁于河南谷水镇寄衬荒庄哭之以诗》：

素车白马与周旋，回首春明意黯然。
老始登科年五十，病从客死路三千。

① （清）金玉麟：《二瓦砚斋诗抄》家藏手迹本卷三《栈云集》癸巳。

殓凭紫服真成谶，望绝泥金更可怜。
天上张星门第在，因君愁问孝廉船。

第五句后又注：丹崖北上时，行箧携有紫衣一袭，后即以为殓。

这是一幅多么凄惨的场景！不知考过多少回的这位年过半百的四川老乡张国钧（字丹崖），带着病也要千里迢迢再去京城应考，北上时带上一件紫色袍服，原想高中进士即穿上高兴一番。未想又一次下第，备以给家中报喜的泥金书帖子也没用了。绝望之时，病愁交加，死在了归家路上，紫衣却用来装殓遗体。科举史上读过老人病死考舍的记载，崇山峻岭荒村古道上拉着下第士子棺椋的情景，却更令人黯然神伤！难怪金玉麟是“哭之以诗”。

归路走到陕西凤县，竟是十日大雨，阻滞行程。金玉麟在《凤县阻雨》诗中把连日大雨与自己不第的际遇联系起来，感叹“山隔龙门雨易成”，登科的“龙门”没有跳过去，是因为隔着山，故而大雨易成。“少年亦有穷途憾，未肯临风效阮生。”二十多岁的少年忽生穷途之感，然而他不甘沉沦，虽又遭重挫，身处困境，也不效仿阮籍“穷途之哭”。

在《住凤县二日欲游豆积山访冲妙洞雨甚未果怅然赋此》一诗中，金玉麟身临“峰峦秀削耸丹霄，飘飘大有蓬莱气”的仙境，听土人争说张果老“倒骑驴子踏尘寰”的故事，不禁感慨系之：

我今落拓当途穷，每对山灵辄心系。
人生三万六千日，昂藏始见丈夫志。
不为将相不神仙，未免形骸亦虚器。
降心低首多烦忧，移文试与北山寄。
方壶圆峤金银台，神游天外非容易。
分明福地在凡间，争似桃源阻人至。
狂兴一发不可收，快邀伴侣寻芒屐。
顽云作意故相难，雷鞭唤起痴龙睡。
抛玉揉珠顷刻中，惜输黄鹄多双翅。
欲往无由退不甘，遥瞻灵闷心如醉。
一抹斜阳天半明，台楼无数嵌空际。①

“落拓途穷”之际，身处仙乡圣境，想到既然落榜不为将相，如不能潇洒为仙，未免白活了，便狂兴一发，徒生学仙修道之念。然而顽云故相难，雷唤痴龙睡。抛玉揉珠依旧，惜无黄鹄双翅，只能“欲往无由退不甘，遥瞻灵闷心如醉。”其实，该因初心未忘，

① （清）金玉麟：《二瓦砚斋诗抄》家藏手迹本卷三《甲乙集》乙未。

不甘心退却，“达则兼济天下，穷则独善其身”的观念已然根深蒂固，哪能放弃进取呢！天际群山像无数金碧辉煌的凤池楼台，那里才是读书人实现治国安邦理想要去的地方！

金玉麟归回阆中后，更加勤奋攻读，深研学业。

道光十八年（1838），金玉麟第三次赴京应戊戌会试。出发时间更早，不等过春节，年前腊月十八就告别学友出发，正月初一日至广元朝天汛，一路上有《元旦朝天汛偕黄春坡（士元）同年小酌》《宁羌州》《大雪过凤岭》《红花堡》等诗。

大雪过凤岭

雪花如掌打征衫，堠戍危楼画角严。
古洞云连枯树里，悬岩石断板桥嵌。
山容破腊惊春早，诗骨禁寒得酒搀。
涤笔冰瓯成一笑，新从人境判仙凡。①

如掌的雪花，别致的美景。“山容破腊惊春早，诗骨禁寒得酒搀。”严寒见春早，把酒赋新诗，可见心情愉悦，志气轩昂。春早也许是个好兆头，寒窗十载，“涤笔冰瓯”，当笑迎成功。

全力赴考，无暇闲吟。这次路上和抵京留诗很少。

金玉麟这次考试感觉良好，他在第二场答卷之余，于砚台背上题诗一首，描述了在森严如铁的考舍中应试的心境，表达了坚如磐石的求取功名之心。

三月十二日闱中自题砚背

寒鸡三唱天未白，矮屋棘檐森植铁。
拥裘兀坐悄秉笔，烛光红映心头血。
晓筹落尽人鹄立，雪入布帘疑月色。
几辈东风看花客，安得名心坚似石。

终于春风得意，会试春榜有名。他一改忧郁、沉闷、紧张的心情，在四月初十日作七律《春榜放后作》：

一纸泥金焕姓名，天街尘净马蹄轻。
顿安此夕还多梦，曾是当年落第情。
岂有文章追老辈，若论科第亦家声。
灯花倘与深闺兆，香雾清辉忆玉京。

① （清）金玉麟：《二瓦砚斋诗抄》家藏手迹本卷六《出山集》戊戌，本页3首同。

泥金涂饰的报喜笺帖上，自己的姓名熠熠生辉，长年累月郁结的闷气已如风吹云散，真有了唐朝孟郊那种“春风得意马蹄疾”畅快和喜悦！再不会有当年落第的情景在梦中出现，今夕睡得着觉了。哪是自己的文章追上了老一辈呢，能科第胜出，乃是家声的延续，祖先的福荫。远在家乡闺中的黎氏夫人，很可能看到了灯花的预兆，那感觉就像是沐浴在香雾清辉的仙都里吧？

自康熙五十一年（1712）壬辰科开始，订立乡会试复试制度。礼部会试后，还需经过复试。金玉麟写一首七律记录了参加复试的心境：

四月十五日应保和殿复试恭记

望里诸门洞达开，五云楼阁认三台。
十年白屋摊书士，一旦丹墀载笔来。
长乐钟声风远近，慈恩塔影日崔巍。
绿袍鹄立人多少，都向花阴纳卷回。

朝保和殿望去，所有的大门洞开，第一次亲见了皇帝宫殿和阁臣、御史办公的地方。一个在贫民窟中十年苦读的书生，终于带着笔到皇宫来应试了。仿佛风从远处传来了长安的长乐钟声，高天太阳也依稀映射出书写新进士名字的慈恩塔影。多少着绿袍的贡士们，向礼部官员呈交了试卷，延颈而立，盼望期待自己能攻破复试难关。

复试顺利通过，金玉麟取得了“贡士”功名，终于有资格进宫参加皇帝亲自主持的殿试。他又以一首七律诗，记录了亲身经历的殿试盛况：

四月二十二日应保和殿策试恭记

簪裾引队入东华，唱导从容拜命嘉。
焕绿宫袍人立鹄，淡黄题纸字如鸦。
炉云不动当阶鼎，禁漏遥迟隔苑花。
得傍玉皇香案立，彩毫应许染烟霞。

贡士们由冠服显贵的考官引进皇宫东华门，按唱名引导，从容地拜见了皇帝陛下。绿袍幻彩的人们恭恭敬敬引颈鹄立，入座后淡黄色的试卷上很快墨字如鸦。就在皇帝香案旁应试，笔头像蘸着彩色，应该给卷纸染上绚丽的云霞。金玉麟对自己的殿试答卷是很满意的，心中的彩霞已经铺在了呈交的试卷上。

清代沿袭明朝制度，参加殿试的贡士一般不会被黜落，都会取得进士资格，只是择优分定进士及第、进士出身、同进士出身这三级甲第。殿试以后，在太和殿举行隆重的传胪典礼，由皇帝宣布登第进士名次。上传语告下，称为胪，传胪即唱名之意。传胪得知，金玉麟考取了三甲第一百零二名进士，赐同进士出身。至此，金玉麟历经坷坎的科甲之路，由私塾、书院攻读而童试进学，再经乡试中举，到三次入京会试，终于实现了多年夙愿，成就了进士功名。他同样以律诗一首，记载了传胪唱名的盛况：

二十五日传胪恭记

雉尾云移晓漏催，暗昽初日丽蓬莱。
恍如梦听钧天乐，直觉春生绕殿雷。
象辇旌旗仙伏肃，龙楼钟鼓午门开。
支风恭际三巴盛，二百年来育此才。

凌晨，像野鸡尾巴一样的云影飘忽移动，更漏仿佛是在催促时间，从天色朦胧到太阳初升，大地像蓬莱仙境一样美丽。传胪典礼开始，有如梦中听到钧天广乐，只觉得传来阵阵绕殿的春雷。人们肃穆跪迎仪仗旌旗护卫下的皇帝车辇，朝堂（龙楼）的钟鼓齐鸣，午门大开。上天的支配，我金玉麟能恭逢三巴从未有过的盛事，有清二百年来蜀地培育出鼎甲人才。金玉麟在这首诗中，提到本科春榜列名在他之前的探花江国霖，也是四川同乡，他为三巴人才之盛而深感自豪。诗后有注："蜀中自李阁学仙根后，是科江君国霖以第三人及第。"李阁学指李仙根，四川遂宁人，顺治十八年（1661）辛丑科榜眼，曾担任康熙朝首批经筵讲官和起居注官，乃一代帝师，官至户部右侍郎，为清初外交家、书法家、文学家。继李仙根之后，与金玉麟同科即道光十八年（1838）戊戌科的进士第三人（探花）名江国霖，四川大竹人，授翰林院编修，官至广东布政司。此后四川还有光绪二十一年（1895）乙未科状元骆成骧，四川资中人。有清一代，四川获三鼎甲者惟此三人：按时序为榜眼李仙根，探花江国霖，状元骆成骧。

明清制度，在传胪唱名之后，要在新进士中通过考试选拔有潜质者为"庶吉士"，入翰林院任职，为皇帝近臣，负责起草诏书，为皇帝讲解经籍等，是内阁辅臣的重要来源之一。清代俗称"非进士不入翰林，非翰林不得拜相。"特定于殿试传胪后三日（即阴历四月二十八日）在保和殿举行考选庶吉士，称为朝考。金玉麟参加朝考这天，恰好是他三十一岁生日，因有诗二首记事。

二十八日应保和殿朝考，是日适麟三十一岁初度，记事二首

五云三殿敞金华，珥管晨趋晓禁霞。
天露无私沾小草，东风作意飐宫花。
遥知斗面春开席，刚及泥金喜到家。
三十年来余泽在（家四叔以戊辰登弟），重占吉戊向人夸。①

也许因朝考之日恰逢生日吧，金玉麟在诗中没有具体描绘考试情况，只用两句写了

① （清）金玉麟：《二瓦砚斋诗抄》家藏手迹本卷六《出山集》戊戌。本页2首同。

宫殿华丽及晨曦朝霞，多处笔墨都描写喜悦的心情。诗中说：科举择优录取、公平无私，使我这一介草民也得沾皇天的甘露，东风刻意摇动着官帽上的宫花。这时想起远方的家中，可能正以斗面办春宴，高中进士的泥金喜帖刚刚送到家。四川阆中的黎氏家族继岳祖父中举之后，岳父举贤良方正，岳叔父们相继高中举人、进士，门第之盛，川北一时无两。金家三十年来承先祖恩泽，自祖父金成华、父亲金科豫在乾隆年间先后中举，四叔金朝觐又于嘉庆十三年（1808）戊辰恩科中举，自已又在今年戊戌科高中进士，看来逢戊是吉年，金氏重占戊吉，值得向人夸耀。金玉麟的自豪和喜悦，以诗情画意洋溢在字里行间。第二首由喜悦进一步抒发所思所感，要将捷报告慰父亲的在天之灵：

岂是寻常翰墨缘，浃旬三上大罗天。
修来蕊榜名如佛，咏到霓裳骨亦仙。
每抚功名惭马齿，幸承世泽继蝉嫣。
捷音早及唐安郡，好告松楸慰九泉。

这不是一般的翰墨缘啊，浃旬（十天）中经过了复试、殿试和朝考，如同亲历了元始天尊最高级别的“大罗天”道场，终究列名金榜，就如同修成正果，成仙了；咏到霓裳羽衣曲，仿佛身骨也像神仙一样。然而，每当检点学业，都为年龄老大而惭愧；所幸有先祖世泽，才能连接不断地升级功名。快将捷报早点送到唐安郡（今四川崇州）坟头，好告慰九泉之下的父亲。从此诗可知，金玉麟之父金科豫在松潘战事中殉职后，由于任崇州知州的族弟金朝觐的关系，其遗骨运至崇州安葬。

金玉麟的科举之路不算一帆风顺，但历尽艰辛终于高中进士，他应是万千读书人中的幸运儿。全国上千举人赴京会试，戊戌科只录取进士 194 名。金玉麟在诗中总是说，自己高中是因为先祖的恩泽；其实，回顾他的成长过程，他能在书香门第长大成人，能具备扎实的学问功底，能在两次会试不中的挫折中振奋精神自强不息，还多亏金氏家风的熏陶，更多亏阆中岳父救助养育了他，多亏黎氏兄弟和他的黎氏夫人的砥砺扶持。

三、金玉麟科举诗的价值

中华诗词是中国优秀传统文化的重要组成部分。科举作为古代选拔官员的基本制度和读书人无一能避免的社会实践，必然是古代诗词的重要题材内容。事实上科举文化博大精深，与诗词文化关系尤为紧密、难以分开。研究者们关注并收集出版了许多试卷诗、状元诗、名人诗。笔者寡闻，好像反映科举考试过程中考生经历和情感的诗作尚无较系统收集整理的专著。《二瓦砚斋诗抄》的千余首诗词中，相关读书交友、考试做官的“科举诗”内容较多，笔者以为这一部分诗作比起记游诗、应酬诗的价值更高，值得研究者重视。初步分析，金玉麟这类诗作有以下特色和价值：

1. 真实地反映了那个时代读书人的思想情怀。金玉麟的个人遭遇有特殊性，但在苦寒中发奋读书、在困顿中奋发励志，其登科仕进的经历与天下士子却是相同或类似的，具有一定的代表性。“含章美在中，俗眼安得见。”（《美玉篇》）“筋骨虽未强，志已在千里。”（《骏马篇》）“光气上冲霄，英雄勤拂拭。出匣跃且鸣，今为有用地。”（《宝剑篇》）[①] 金玉麟十六岁写的这些诗句，生动地浮现出一个读书修身、奋发图强、志在报效的有为青年形象。他的志向襟抱终其一生，既有“寻山不惜马蹄遥”的进取精神，更有“老农喜事同吾侪”的忧国忧民情怀。他中进士授官后第一次领了俸禄，在“顿饱昂藏七尺身”后，想到的是“风雪如磐滋岁稔，应无菜色到斯民”（《领禄米作》）[②]。他始终在社会底层做官，始终关切民生疾苦，一心想要纾解民困，有所作为。在“春深方解冻”“春无一日不风沙”（《定边春日杂兴十首示诸僚友》）的陕省西北边陲定边县做知县时，给属僚们说：“岩居历落渺烟村，政拙心劳莫漫论。要使官无惭父母，当想我亦有儿孙。毗连蒙汉宜兼顾……敢因边土废耕屯。”[③] 鼓励官民努力，不可荒废耕种。面对灾荒年“干风日日放晴新，多少流亡道上人。饥馑直连三辅遍，经营偏坐一官贫”的困境，他一方面向上“申请由常平仓散给籽种三千石以纾春困。蒙奏入，得旨俞允”；另一方面数次带头捐分微博的俸禄，“鹤俸频分敢自怜”，苦了自家以解百姓饥馑苦困。“入官自信心如水，报国须当鬓未丝。三世相承循史传……广益还应集众思。”[④] 他宁愿清贫为官，也要继承祖父、父亲传下来的家风，做到三代人都是有作为的清官；还要求自己善于听取属僚和百姓的意见，以集思广益安邦裕民。难得的是，金玉麟官做得那么清苦，终不舍读书人的癖好。戊申祭灶日，眼看要过年的时候，他为了购买汉魏名人文集和全唐文，竟典当自己的衣物：“年年避债苦无台，腊酒黄羊岁事催。捡到空箱成一笑，衣裘典尽异书来。”（《祀灶日偶作》）[⑤] 真是爱书如命，文人秉性不移。

2. 较全面地描述了读书人应举考试和登科为官全过程的情感经历。金玉麟诗中多有与阆中文士交往唱酬之作，其吟咏遍及书院、名胜，多是修身自励，或相互勉励。他用形象的诗语描绘了参加童试、乡试、会试、殿试的情景和感怀；也记录了中进士后做京官、做陕西地方官的经历和胸襟抱负；还两次当过考官，客观描述了考场情景氛围。如任武会试同考官时，即事唱与同仁：“几案横陈傍席檐，衣冠列次亦森严。人依雁序东西座，界划鸿沟内外帘。红字衔铃登选卷，绿头吏散出门签。分明登第诗酒记，何忍轻标榜上蓝。”（《闱中即事呈吴清如……比部诸同年》）[⑥] 这样的描写，比之我们在科举论文中读到的有关论述，感受更鲜活，既有亲临其境的感觉，更有从实景实情认知科举制度、程序、社会影响的收获。也许可以说，金玉麟的这类诗作是科举的诗话，或诗化的科举。

3. 以个人经历映照了当时的社会生活、时代特色、地域风情。《二瓦砚斋诗抄》中的“科举诗”和其他游览唱酬、吟事感怀之作，都生动地描绘了清代中后期的社会情景

---

① （清）金玉麟：《二瓦砚斋诗抄》家藏手迹本卷一《芃鸘集》辛巳。
② （清）金玉麟：《二瓦砚斋诗抄》家藏手迹本卷六《出山集》戊戌。
③ （清）金玉麟：《二瓦砚斋诗抄》家藏手迹本卷九《秦吟集》甲辰。
④ （清）金玉麟：《二瓦砚斋诗抄》家藏手迹本卷九《秦吟集》甲辰。
⑤ （清）金玉麟：《二瓦砚斋诗抄》家藏手迹本卷十《北澂集》戊申。
⑥ （清）金玉麟：《二瓦砚斋诗抄》家藏手迹本卷六《出山集》己亥。

和地域风貌。从诗中我们可以了解和感受他的身世、游历、际遇、家庭，可以认知当时的交通情状、名胜古迹、市井风物、民俗文风。而这些，构成了金玉麟的生活环境，关联着他的成长历程、情感生涯，几乎都与他读书成才、登科仕进有不同程度的关系。他少年时由维州（今松潘）流落阆中，游历过这座千古名城的诸多名胜古迹。他热爱这片人文沃土，入籍阆中，在《二瓦砚斋诗抄》每卷之首都工楷写上“阆中·金玉麟·石船”。他游览张飞庙后，描写桓侯墓古柏“……岁寒霜雪无折冲。方知才大贵磨炼，立基有本身乃崇。劲节何关地灵异，正气直与天始终”[①]。张飞的雄强正气深深地感染了他，对古柏的描述其实也是对自己修身进取的鞭策鼓励。金玉麟这类游历诗状景描物吟事，都是把自己摆进去了的，诗中蕴含着自己的襟抱情怀。他曾经由阆中出发，经成都去越西、西昌拜访过父亲任职时的故旧，曾去崇阳（今成都崇州）在叔父任职处教馆，更三次经川陕蜀道上京赶考，授任后又有做京官、外赴陕西任职的游程。他写的大量游历诗作，既可见其雪泥鸿爪，也可领略诗意化的地域风情，字里行间都有他在科举社会环境中，为实现人生价值的奋争旅程和心路印迹。

4. 其诗清新可诵，警奇多姿，在当时已广受诗坛称誉，至今亦堪作学诗范本。金玉麟留下正楷手书遗著《二瓦砚斋诗抄》十卷，收录古体、今体诗作1140余首，另附一卷词作50余首。嘉庆间诗坛名宿、咸宁（今湖北咸宁）知县陈余山说，在当时诗人中，他最推崇金玉麟诗。固始（今河南固始）知县蒋湘南三昼夜读罢《二瓦砚斋诗抄》，感慨不已，为其作序，叹道：“此主持风会之作也。”蒋说：“乾隆以后，诗道渐衰……风会益降。求一得乾坤清气者主持其间，而往往难之。”“石翁（金玉麟字石船）天机清新，自具三味……归大雅而砥中流，其必在石翁也。”[②] 评价之高，所见无二。一位会理籍的名士高显荣题诗写道：“读来诗卷玉华清，珠玉悬知咳唾成。立骨原非矜格调，能传岂止在科名。英雄为客宁无福，才子能诗倍有情。每令小鬟歌一曲，三唐以后又新声。”[③] 这直追三唐的盛赞，令人刮目。可惜金玉麟诗名被风雨烟尘所掩，为官又殉职太早了！如今陕西西安、澄城、宁强和四川成都、阆中的诗文典籍、旅游宣传品中，都可见金玉麟诗作。近代《清诗汇》和《国朝全蜀诗抄》，今编《近代巴蜀诗抄》等经典中，都选载有他的诗篇。《二瓦砚斋诗抄》题材广泛，内涵丰富；而且清气盈卷，法书清雅，艺术品位高，是我们研究金玉麟其人、研究清代士人生活的宝贵资料。其中数百首涉及读书、考试、做官的“科举诗”，堪称是研究清代科举文化的宝库。

在努力弘扬中华优秀传统文化的今天，学习研究古代诗词的热潮方兴未艾，描写新时代的诗词创作也渐趋繁荣。然而，人们共识“作品多、精品少”的现状亟待改变。笔者以为，在当时誉为“引领风会之作”的金玉麟诗，在今天亦堪作学诗的范本之一，多读多研究，会大有裨益。

---

① （清）金玉麟：《二瓦砚斋诗抄》家藏手迹本卷一《艽鷉集》辛巳。

② （清）金玉麟：《二瓦砚斋诗抄》家藏手迹本《蒋湘南序》。

③ （清）金玉麟：《二瓦砚斋诗抄》家藏手迹本序前《会理高显荣题诗》。

清代宪纲册考述

刘艳伟*

宪纲册，也称宪纲文册、宪纲事宜清册，源于明代朝廷制订的规范监察官的行政法规《宪纲》，是下属呈送给按临至地方的监察官员、新到任的上级官员，汇报其主要管辖事务的清册。至清代，宪纲册应用广泛，从知县到总督的地方官员，他们上任之时，下级均可能会呈送宪纲册。清代官箴书，如《未信编》《福惠全书》《州县事宜》等，对宪纲册涉及甚多，可见其在地方治理中的重要作用。但就目前而言，学界对此种文献少有关注，相关研究成果尚属空白。有鉴于此，笔者试对清代宪纲册之来源、体例内容、造报制度，及其在地方治理中的功用做简要探讨。

需要说明的是，宪纲册不仅应用于地方官之中，在武官系统中也有使用记录。据《治平胜算全书》载，主将择吉日会见众兵将时，有中军官呈递宪纲册的环节。① 但是，就文献留存情况而言，除地方州县宪纲册以外，尚未见有其他部门的宪纲册。因此，本文的研究对象，仅涉及记载地方州县事务的宪纲册。

一、宪纲册之起源

“宪纲”一词，最早见于《后汉书·和帝纪》：“市道小民，但且申明宪纲，勿因科令，加虐羸弱。”是法纪、法度之意。至明代，除原意外，还指朝廷修订的专门规范监察系统及其官员群体的法规。明英宗年间制订了行政法规《宪纲》，以明确宪臣职责和管理办法。该书在颁行之时，又附《宪体》15 条、《出巡相见礼仪》4 条、《巡历事例》36 条、《刷卷条格》6 条。《宪纲》规定监察官员内部的职责分配，监察官的选任标准、任职要求、履职方式、履职禁忌、权利义务及礼仪规范等内容。② 其中《巡历事例》部分，规定宪臣“凡巡历所至之处，所有按治事例，合用申明，仰令本府州县衙门，并守御官依上施行，各另回报”，开列农桑、学校、存恤孤老、先贤陵墓、山林隐逸、节孝人物、户口、桥梁道路、印信、钱粮、驿站、皂隶弓兵等有关地方治理的 36 项重要事务。③ 这些内容是监察御史和按察司官员巡历各地的主要监察事项，提前下发给州县衙门知道，

---

* ［作者简介］刘艳伟：西华师范大学历史文化学院讲师，博士。

① （清）年羹尧辑：《治平胜算书》卷 2《仪注》，清钞本。

② 苏嘉靖：《从宪纲修订看明代监察制度的兴衰》，《西南大学学报》（社会科学版）2020 年第 1 期。

③ 《皇明制书》卷 10《宪纲》，《北京图书馆古籍珍本丛刊》第 46 册，北京：书目文献出版社，1998 年，第 310—313 页。

风宪官到达之时，将上述信息上呈。[①] 因上呈内容是根据《宪纲》所开列条款制作，并且是以清册的形式上报，因而称宪纲册。

与朝廷规定相对应，不少官员将《宪纲》所规定地方事项作为治理地方的施政纲领。[②] 宪臣按察至地方时，地方官员则将宪纲册进呈。其后，宪纲册的使用范围扩大，凡上官到任，皆要进呈。《实政录》载："宪纲者，法宪之纪纲，所以课吏治以安民生者也，故新官到任，先递宪纲文册，报修举也。"[③] 其进呈对象已不仅限于风宪官。最低一级的行政之官知县到任，地方吏员也要进呈宪纲册。据《续洪洞县志》载，天启间，赵京仕任洪洞知县，"甫下车，司吏进邑乘、宪纲"[④]。崇祯十五年（1642），刘世治任广昌知县，到任之时，"有礼书往迎之，乃进城图一幅、宪纲一册"[⑤]。

已知对宪纲册最早的记载出现在嘉靖十四年（1535）。据戴璟编纂的《广东通志初稿》记载："一、宪纲册。看得广州左右后三卫各开出巡册十本，纸札工食共用银各二钱一分五厘，前卫七钱七分。清远卫宪纲册银二钱，其余各卫所俱无开报。为照出巡册，系本院巡历一年满日查取造册报，而《宪纲》所开二十八款，多不干预卫所。今查四卫底册，却俱开答有司并各衙门缘由，通行缴报都布守巡等衙门，甚为无谓。查得卫所止该报屯种军余一款，并修过城壕一款，前册应合查革，今后止将二款用文书开申都司，类造册报，再不许仍前通行混造，缴报各衙门，浪费钱粮。如违取究，仰各查照施行。"[⑥] 戴璟以《宪纲》所列条款多与卫所无关[⑦]，卫所只应上报屯种军余、修过城壕两项内容，可以用文书上报都司，以后不准再向各上级衙门造报宪纲册，以节省费用。由此可知，在嘉靖十四年之时，广州的卫所向上级缴报宪纲册已成定例。

其他地方志中记载造报宪纲册的内容也有很多，且造报费用多是以常规支出的形式载入。如万历《福安县志》载，"本县造报朝觐须知、宪纲等册绫袱纸札工食银一十六两，库用公费心红并六房纸札银五十四两"[⑧]，万历《政和县志》在《比征单条鞭则例》中载有"本县造报朝觐须知、宪纲等册绫袱纸札银二十两"一条[⑨]，万历《福宁州志》载

---

① 吴艳红，姜永琳：《明朝法律》，南京：南京出版社，2016年，第67页。

② 张烈于嘉靖十七年（1538）十二月被任命为思南知府，因思南地处边徼，对如何治理地方，他感到"茫然自失"。但联系到自己曾任职安成县，又有在工部、刑部为官的经历，以为"当官守身之法，同守令六事、宪纲三十六条、事神治民之要同，则推而达之，引而伸之耳"，有了信心。可知他是将"守令六事、宪纲三十六条"作为治理地方之纲领（见嘉靖《思南府志·书思南府志后》，明嘉靖刻本）。明人也称："我明之有天下，制仿成周，而郡县小大之政括以宪纲，详以会典，斯亦文、武、周公建官分职、树大夫师长纳民轨物之意。"（见万历《新修南昌府志》卷二十六《艺文》，明万历十六年刻本）

③ 《实政录》风宪约卷六，明万历二十六年赵文炳刻本。

④ 顺治《洪洞县续志·人文志》，清顺治十六年刻本。

⑤ 崇祯《广昌县志》，序，崇祯五年刻本。

⑥ 嘉靖《广东通志初稿》卷三十二《军制》，明嘉靖刻本。

⑦ 引文中称"《宪纲》所开二十八款"，而万历皇明制书本《宪纲事类》与地方有关的《巡历事例》为36款，应是《宪纲事类》在形成的过程中有不同的版本。

⑧ 万历《福安县志》卷3《兵食志》，万历二十五年刻本。

⑨ 万历《政和县志》卷3《赋役》，万历三十七年刻本。

“造报朝觐须知、宪纲等册绫袱工食银二十五两”[①]，万历《邵武府志》载“本县攒造朝觐须知、宪纲等册纸札工食银”[②] 等等。由此可知，最迟在万历年间，地方造报宪纲册已经成为一种制度。至明末之时，已是“各府州县例有宪纲文册”[③]。

二、清代宪纲册之体例、内容

清代宪纲册有不少留存，笔者所知见有 30 余种，今以国家图书馆藏道光二十八年（1848）《陕州直隶州宪纲册》为例，述其体例、内容。

是书封面以红纸装裱，题“陕州直隶州宪纲册”，“册”字后钤有“陕州之印”。正文部分为写本，黑框，四周双边，半叶 11 行，每行字数多寡不一，其纸张左下、右下方盖“陕州之印”半印。其内容，首题“陕州直隶州呈，遵将卑府宪纲事宜各官履历逐一开造清册，须至册者”。其后开列与陕州地方行政相关的各事项，具体内容如下：

1. 坛庙位置。包括文庙、社稷坛、风云雷雨、城隍等。

2. 陕州大小官员履历。依次是陕州知州丁作霖、州判汪颂洋、吏目廖镛、驿丞兼巡检刘培度、署理学正唐素、训导秦焯，其履历包括年岁、籍贯、科第、任职经历、到任日期等。

3. 乡绅。包括各乡绅姓名、科第、任官情形。

4. 文举。开列文举姓名、中式科次。

5. 武举。开列武举姓名、中式科次。

6. 岁贡。开列岁贡姓名。

7. 地丁钱粮数额。

8. 常平、义、社仓储谷数量。

9. 驿站马匹。

10. 递所差夫数量。

11. 广济院。

12. 水渠。

13. 营汛。

14. 监狱。

末题“道光二十八年拾月日知州丁作霖”，钤“陕州之印”。在宪纲册之后，还附有陕州舆图一幅，标明山川、道路、河流、州城、驿站、汛所、州界四至。[④] 其内容与明代《宪纲》中《巡历事例》规定的上报条款相符。

---

① 万历《福宁州志》卷 7《食货志》，明万历四十四年刻本。

② 万历《邵武府志》卷 19《赋役志三》，明万历四十七年刻本。

③ （明）毕自严：《度支奏议・堂稿》卷 1《辽饷不敷济急无奇疏》，明崇祯刻本。

④ 参见国家图书馆藏：《陕州直隶州宪纲册》，索书号：地 150.311/1936。

现存其他州县宪纲册，其形式与该书基本一致。内容方面，既有详略与编排方式的区别，又有具体事项上的差异。以国家图书馆藏《汝州宪纲清册》为例，该书包含汝州、鲁山、郏县、宝丰、伊阳5州县宪纲册，其中汝州宪纲册除开列上述《陕州直隶州宪纲册》所有内容外，尚有课税、社学书院、学田、城池、墩台营房、碑刻、古迹名物等项。鲁山县宪纲册还开列有乡贤、名宦、节妇、烈女等项，与上述《陕州直隶州宪纲册》相较，内容更为丰富。就编纂方式而言，国家图书馆藏光绪十九年（1893）《汝州宪纲清册》中的汝州、郏县、伊阳三州县则是按吏户礼兵刑工六房职掌，开列各项内容。[①] 而在具体事项上，因一些州县辖境内涉及矿务、水利等重要政务，其所造宪纲册也开列有这些内容。如清代冕宁县境内有铅矿、铜矿，道光二十六年（1846）《冕宁县宪纲事宜清册》中开列有“厂务”一项。[②] 浙江西安县石室堰为地方重要水利设施，该县宪纲册也详细记录了石室堰的管理办法。[③] 这在其他宪纲册中是比较少见的。

因宪纲册进呈的对象不同，其开造内容也有差别。清代学政主管州县生童及教官之考校，学政按临，地方官要上呈宪纲册。《学政全书》规定其开造内容：“首开提调正官，次佐贰首领教官，次乡贤名宦，次孝子顺孙、义夫节妇，次先圣先贤祠墓，次乡大夫爵里、进士、举贡科第，次有无山林隐逸，怀才抱德之士，次乡饮宾介行实姓名，次学田地亩廛房租税数目，次本郡州县山川图志、名贤书籍、碑刻古籍，与学校不相关的，不必造入。”[④] 学政主管文教事务，进呈的宪纲册则主要涉及这方面内容。哈佛燕京图书馆藏有《沈邱县呈宪纲文册》，该书只列印信并现任大小官员、吏员人数、学校生员人数、出仕情况、候选训导姓名、贡生（拔贡、恩贡、岁贡）、副榜7项内容，而对人口、赋税、驿站、河渠等地方其他事务没有涉及，与上文所提及的州县宪纲册在内容上有很大差别，很可能其进呈对象是河南学政。[⑤]

实际上，有关清代宪纲册的造报方式，清人潘杓灿《未信编》[⑥]、黄六鸿《福惠全书》均有涉及。《福惠全书》是清代最为著名的官箴书之一[⑦]，也是初入仕途者的官场指南，其中有“文移诸式”一项，开载州县常用公文格式、模板，宪纲册式也在其中。该书所记载的宪纲册格式如下：

某省某府某州县为申送文册事。今将本州县所属宪纲事理依例缮造，理合申送，

① 参见国家图书馆藏：《汝州宪纲清册》，索书号：地150.289/1939。

② 国家民委民族问题五种丛书四川编辑组编写：《四川彝族历史调查资料、档案资料选编》，成都：四川省社会科学院出版社，1987年，第236页。

③ 康熙《西安县志》卷9《水利志》，康熙三十八年刻本。

④ （清）素尔讷等纂修，霍有明、郭海文校注：《钦定学政全书校注》，武汉：武汉大学出版社，2015年，第45页。

⑤ 参见哈佛燕京图书馆藏：《沈邱县呈宪纲文册》，索书号：T 3145 3172.83。

⑥ （清）潘杓灿：《未信编》卷5《几务上》，《官箴书集成》第3册，合肥：黄山书社，1997，第142—143页。

⑦ 有关《福惠全书》的流传与影响，参见周保明：《再读〈福惠全书〉：关于其作者、内容、意义及影响》，《历史教学问题》2018年第4期。

须至册者。

计开：

一、官属掌印知州、县一员凡有职官挨次造入

一、贡赋

征条银若干丁粮、本色挨次造入

一、乡绅

某人或现任某官，或原任某官，挨次造入

一、举人文、武各造

某人某科中式、已未考拣，挨次造入

一、贡生

某人某年某项贡、已未考职，挨次造入

一、监生

某人已未考职挨次造入

一、生员

共若干名

一、节孝

某人孝子节妇挨次造入

一、经制胥役

吏房吏若干名逐房逐班挨次造入

一、急铺递

某铺铺兵若干名挨次造入

一、驿站

某驿夫若干名

马若干匹

夫若干名

驴若干头

一、河渠有则挨造，下同。

一、桥梁

一、坛庙

右具

册

年月日某官某[①]

以上“宪纲册式”在形式上与《陕州直隶州宪纲册》一致，其内容依旧不出明代

① （清）黄六鸿：《福惠全书》卷4《文移诸式》，康熙三十八年金陵濂溪书屋刊本。

《宪纲》中《巡历事例》中所开列36条。只是因时代不同，一些州县所涉及的具体事务不同，而有内容上的差异。

《福惠全书》所载宪纲册开造格式，可以以《陕州直隶州宪纲册》为代表。而以州县衙门六房职掌开造宪纲册者，同样渊源有自。清代学者、方志学奠基者章学诚在其所修《永清县志》中叙述了他主张的宪纲册之编纂方式："（吏房）掌宪纲之册籍，以六条之法序其宪纲，分其节目，而申明见行之事理，一曰吏条，二曰户条，三曰礼条，四曰兵条，五曰刑条，六曰工条。"并细述了各条之下所应开载内容。[①] 上述《汝州宪纲清册》中的汝州、郏县、伊阳三州县宪纲册，即采用此种形式编纂。

三、清代宪纲册之造报制度

明代有关进呈宪纲册的记录，仅涉及地方州县官，未见有州县官以上进呈宪纲册的记载。清代有关宪纲册的造报，只有《学政全书》中提到学政按临至地方之时，要进呈宪纲册。[②] 除此之外，未见清代政书中有明确规定。但就实际情况而言，清代宪纲册广泛应用于上自总督下至知县的地方官员之中。

就省级官员而言，乾隆二十年（1755），陈宏谋任甘肃巡抚，据其年谱记载："新莅甘省，各属将舆图、宪纲事宜册呈送。"[③] 是为向巡抚进呈宪纲册。光绪《余姚县志》"职官志"中，乾隆朝部分知县、县丞、巡检、典史、教谕、训导是根据总督衙门宪纲册补入。[④] 由此可知总督衙门也存有宪纲册，该宪纲册很有可能是总督上任之时下属所进呈。

总督、巡抚以下的布政使、按察使、道员到任，是否有宪纲册进呈，未见史料记载，其情况不得而知。但知府到任，下属州县官进呈宪纲册则于史有据。承德知县徐振鳌在致澹侬的书信中称，"向例新上宪莅任，应造宪纲册呈送"，请地方士绅澹侬为其修订《宪纲册》，"俟新尹宪入境，即可送呈"[⑤]，是为地方知县向新任知府造报宪纲册。

至于最低一级的理民官知州、知县到任，也会令衙门书役提前送呈宪纲册。康熙二十八年（1689），陈朝君任蒙阴知县，其赴任之前即发下谕帖，令衙门书吏开造地丁钱粮清册，并派人将《赋役全书》、各房须知、宪纲等册、仪注、堂规沿途投递。[⑥] 一些官箴书还提醒州县官员到任之前，令书役将宪纲册提前呈送。《州县须知》收录的禀谕条款中有《新任在京谕》《中途谕》两则公文模板，其中要求州县书役将宪纲册、舆图、地方

① 乾隆《永清县志》，吏书第一，乾隆四十四年刻本。

② （清）素尔讷等纂修，霍有明、郭海文校注：《钦定学政全书校注》卷11《学政按临》，武汉：武汉大学出版社，2015年，第45页。

③ （清）陈钟珂编：《先文恭公年谱》卷8，《北京图书馆藏珍本年谱丛刊》第96册，北京：北京图书馆出版社，1999年，第153页。

④ 光绪《余姚县志》卷18《职官志》，光绪二十五年刻本。

⑤ 王明琦：《辽海文物考辨》，沈阳：辽宁大学出版社，2000年版，第290页。

⑥ （清）陈朝君：《莅蒙平政录》，《官箴书集成》第2册，合肥：黄山书社，1997年，第676页。

志、《赋役全书》提前备好，以供入境时查阅。[①]

四、宪纲册与地方治理

朝廷要求官员任职地方，需要对当地情况有相当程度的了解：“受寄民社，而命之曰知州，曰知县，顾名思义，必于此一州一县中，户口几何，钱粮若干，道路之险夷安在，控制之扼塞何方，与夫风俗之奢俭工淫，民生之疾苦休戚，知之悉周，而后处之始当。”[②]及时准确地获取地方信息，是有效治理的前提，宪纲册较为系统地记载了一州县现任官员、吏役、人口、赋税、交通、士绅等有关地方行政的重要事项，是地方官员了解州县情形最为直接的文书，在地方治理中甚为重要。

康熙间，马骏任望江知县，“初莅任，例有宪纲、县志，通阅之，略识于心，一二年间，以公务周历境内，颇遍所见”[③]，可知宪纲册、县志对马骏了解地方情形的指导作用。清代名臣陈宏谋也十分重视宪纲册在提供地方信息方面的功用。乾隆二十年（1755），陈宏谋调任甘肃巡抚，到任后“人地生疏，闻见寡陋，正藉图册以知梗概”，令各属将舆图、宪纲册呈送。但各属所造舆图并不准确，宪纲册也简单草率。因此，陈氏饬令各属，再按规定样式造报，“庶资治理”。在下发的札文中，他提及宪纲册的重要性：“凡境内所有，及地方官应办之事，均宜备载，不但旧例宜然，揆之初次相见之义、上司咨询属员登答，亦莫要于此。”而上官则可以借宪纲册“得悉地方情形、民生利弊，并即以此觇各属办事之虚实勤惰”。[④]

除为初次任职一地的官员提供重要信息外，宪纲册所载内容在地方治理中也能发挥作用。浙江西安县十一都有石室堰，灌田数万亩，自宋至清为地方重要水利设施，地方政府对此也十分重视，但石室堰的管理却弊端甚多。为了清理积弊，振兴水利，明清两代地方官员都曾制订了相应措施，但积久弊生，依旧问题丛丛。至康熙三十六年（1697），知县陈鹏年再行改革办法，在此过程中，陈氏通过查询宪纲册，确定按亩征银数量，请示上级衙门，按田征银，以供堰长雇佣乡夫筑堰，并将这项措施作为定例，使石室堰的积弊得到了清理。[⑤] 这一过程中，宪纲册起到了重要作用。陈宏谋也认为熟悉宪纲册，对州县官治理地方十分有必要。他说：“各官果能于图册各条有一番查考，了然心目之间，不但自己熟悉地方，上司问及可以随事登答，从此因地制宜，随时措置，随事经理，凡有兴革，必协机宜，遇有灾荒查勘等事，缓急必有布置，于地方民生必有裨益，于各官才情识见亦必长进。”[⑥]

---

① （清）佚名：《州县须知》卷2《禀谕条款》，清乾隆刻本。
② （清）田文镜，李卫：《钦颁州县事宜》，《官箴书集成》第3册，合肥：黄山书社，1997年，第682页。
③ 乾隆《望江县志》卷8《艺文》，乾隆三十三年刊本。
④ （清）贺长龄编：《皇朝经世文编》卷20《吏治六》，清光绪十二年思补楼重校本。
⑤ 康熙《西安县志》卷9《水利志》，康熙三十八年刻本。
⑥ （清）贺长龄编：《皇朝经世文编》卷20《吏治六》，清光绪十二年思补楼重校本。

正是因为宪纲册在提供地方信息方面有重要作用，清代州县官员对宪纲册十分重视。康熙二十八年，时任三河知县彭鹏在与林铁山的书信中谈及，顺天府尹许三礼自正月十六日到任之后，即“取宪纲、志书、全书观风”①，其中“宪纲”指宪纲册，“志书”指顺天府地方志书，“全书”则指《赋役全书》，以这些作为了解地方政务的重要资料。上文提及，《未信编》《福惠全书》对如何造报宪纲册有专门的记载，《州县事宜》收录的官员上任之时所发谕令中，有对衙门书役提前准备宪纲册的强调。官箴书中对宪纲册的重视，也充分说明了宪纲册在州县行政中的作用。

五、结语

清代宪纲册源于明代正统年间制订的约束、规范监察官员的行政法规《宪纲》，最初是御史、按察司属官巡视地方、令下级汇报事项的清册，明后期，宪纲册使用范围扩大。发展至清代，从总督、巡抚至知府、知县的地方官，到任之时都有宪纲册进呈。宪纲册记载州县行政的主要内容，较为系统全面地呈现了地方治理的重要信息，地方官员以之作为了解地方信息的重要凭借，具体施政之时，也会参考宪纲册的记载，在地方治理中发挥了重要作用。以往对地方治理的研究，较少关注新任官员如何获取信息，宪纲册及其造报制度，为学者了解这一历史细节提供了史料。而宪纲册作为一种官方文书，其所载内容，较地方志更为具体，可以补地方志之不足，在地方史、区域社会史的研究中，亦有重要价值。

① （清）彭鹏：《古愚心言》卷5《复林铁山书二》，清康熙愚斋刻本。

胡世安及其《易史》考论

肖永贵*

有清一代，易学蓬勃发展①，“史事易”也一度繁荣，出现了胡世安（1593～1663，字处静，别号菊潭）《易史》，叶矫然（1614—1711，字子肃，别号思庵，今福建福州闽县人）《易史参录》，吴曰慎（1622—？字徽仲，号敬庵，今安徽徽州歙县人）《周易本义爻征》，金士升（生卒年不详，字初允）《易内传》等重要史事易学典籍，黄忠天甚至说：“至有清一朝，更以超迈往古之姿，创猗欤盛哉之势，将史事易学推至极盛。”② 在诸多史学易名家中，以胡世安最为特殊，他不仅是明末清初重要的史事易学家，也是巴蜀易学的重要代表。李朝正梳理巴蜀易学源流时称：“清初，除胡世安（井研人）和李开先（长寿人）外，余皆名不见经传。”③ 足见胡世安在清代巴蜀易学中的地位。然而，现有清代易学研究，侧重“朴学易”方面的成就，于“史事易”着墨不足，或许是因为《四库全书总目》未载录时人的史事易学著作，更勿论明末清初巴蜀易学名家胡世安及其《易史》。今人论清代巴蜀易学，均未能绕开胡世安，但仅限于简要介绍《四库全书总目》所录《大易则通》④。至于《易史》，除黄忠天《清初史事易学述要》有寥寥数语简介，几无涉及。⑤ 相反，与胡世安同时代的学者却给予《易史》高度赞誉，白胤谦（1606—1674，字子益，号东谷，又号若水，山西阳城人）称其《大易则通》和《易史》“二编广大精微，确然为继往开来必不可少之书”⑥。赵开心（？—1664，子灵伯，号洞门，湖南长沙人）甚至说：“读先生《易史》，不啻神物之示灵，而木铎之醒聋聩也。”⑦ 若此，则《易史》作为胡世安易学思想的重要载体，其内容、解《易》风格、影响与价值究竟如何，非常值得深入探讨。

---

* ［作者简介］肖永贵：湖南大学岳麓书院博士，现就职于中国军事科学院。

① 据《易学书目·前言》统计：存世易著约有2810种，清人著述达1394种，占“易林三千”近一半，尚不包括清人辑佚著作。（山东省图书馆编：《易学书目》，济南：齐鲁书社，1993年，第3页。）

② 黄忠天：《叶矫然〈易史参录〉述要》，《周易研究》2008年第5期，第22页。

③ 李朝正：《巴蜀易学源流考述》，《社会科学研究》1990年第5期，第64页。

④ 如李朝正：《巴蜀易学源流考述》，《社科科学研究》1990年第5期；金生杨：《巴蜀易学综论》，《儒藏论坛》2007年第1辑；舒大刚、李冬梅：《巴蜀易学源流考》，《周易研究》2011年第4期，等等。

⑤ 黄忠天：《清初史事易学述要》，载刘大钧：《大易集说》，上海：上海科学技术文献出版社，2013年，第460页。

⑥ （清）白胤谦：《秀岩易编序》，载（清）胡世安《易史》卷首，《中国古籍善本丛刊》第3册，北京：国家图书馆出版社，2017年，第3页。

⑦ （清）赵开心：《易史序》，载《易史》卷首，第20页。

一、胡世安的生平与学术

胡世安，四川井研（今乐山市井研县）人，天启四年（1624）中举，崇祯朝戊辰（1628）进士及第，曾师事万历乙未（1595）进士舒其志，以孝事亲。胡世安一生历经明清两朝，仕崇祯、顺治、康熙三帝，历任崇祯朝庶吉士、检讨、赞善，顺治朝少詹事兼翰林侍读学士掌院事、礼部左侍郎、礼部尚书、太子太保、内院大学士、武英殿大学士兼兵部尚书，康熙朝为秘院大学士，以少师兼太师致仕，还曾任李自成任命的弘文馆检讨。终其一生，胡世安的仕途并不平坦，李自成攻破北京城，他曾受两次夹刑，顺治朝他曾受两次降级和一次连坐之罚。[①] 胡世安的一生，颇受争议，曾列入《明忠义别传》“国变难臣”中的“刑辱”类、《明季实录》“刑辱诸臣”，又归入《逆贼奸臣录》《清史稿・贰臣传》。因而，陈康祺评胡世安与其他崇祯朝降清大学士时说：“释褐过早，身事两朝，则又诸公之阙憾也。”[②]

胡世安一生著述丰硕，广涉经、史、子、集，经学以《易》见长，兼综象数与义理于一身，象数易著有《大易则通》十五卷、闰一卷，义理易著有《易史》九卷[③]，又曾为同时代的孙承泽所撰《孔易》作序，批判汉魏以来易学之失，称“汉魏以来，诸儒言易，或畸理，或畸数，或兼理数，或切象，或离象，或审位，或参位时，非不各夸有得”[④]。史学有《禊帖综闻》一卷；方技、艺术之作则有《操缦录》十卷、《异鱼图赞笺》四卷、《异鱼图赞补》三卷、《闰集》一卷；文集则有《秀岩集》三十一卷，由甲申（1644 年，明朝灭亡，清朝入关）以前诗集《秀岩存咏》，以后《石芝轩集》、杂文集《客竹居偶存》和《石芝轩续存》四小集组合而成。据四库馆臣统计，胡氏著述书目有存、逸两种，“逸目凡十六种，存目凡十九种，已刻者十种，今所见者《异鱼图赞笺》《禊帖综闻》《操缦录》数种而已”[⑤]。《四库总目》所载，仅得其一成，未能全面呈现其学术成就，甚至连其义理易学代表作《易史》亦未曾载入，更勿论其主编的峨眉山县志《译峨籁》，但这并不影响他成为一名集文学、历史、艺术、思想、地理知识于一身的文人仕宦。

二、《易史》的版本与内容

因未收入《四库全书》，《易史》一书并不十分流行，仅见《清史稿・艺文志》载一

① 胡世安生平简介，详见王小红：《巴蜀历代文化名人辞典（古代卷）》（成都：四川人民出版社，2018 年，第 267 页）；马子木：《清代大学士传稿 1636—1795》（济南：山东教育出版社，2013 年，第 126 页）。

② （清）陈康祺：《朗潜纪闻二笔》，《笔记小说大观（四十一编）》第 6 册，台北：新兴书局有限公司，1986 年，第 395 页。

③ 按，《清史稿》仅载录一卷，据东北师范大学馆藏《易史》，共有九卷。

④ （清）朱彝尊撰，冯晓庭、许维萍点校：《点校补正经义考》第 2 册，台北“中央研究院”中国文哲研究所，1997 年，第 714 页。

⑤ （清）永瑢等：《四库全书总目》卷一百八十一，北京：中华书局，1965 年，第 1632 页。

卷、朱彝尊《经义考》载八卷，现有可见版本为清顺治十八年（1661）刻本，由国家图书馆出版社影印出版，收入《中国古籍珍本丛刊·东北师范大学馆藏卷》第三、四册。该版四周单边，白口，版心有单黑鱼尾，半页大字10行，行21字，小字20行，行21字，首卷首页钤“东北师范大学图书馆藏书”朱文方印，卷二、卷四、卷五、卷六、卷七首页均钤印三枚，分别为“东北师范大学图书馆藏书”朱文方印，“慕斋监定”朱文圆印，“宛平王氏家藏”白文方印。慕斋，即乾隆朝修撰金德瑛，又字汝白，“工书法，善鉴别金石摹本及古人手绩真赝”①。宛平王氏，系王崇簡（文贞公）藏书印记，好藏书，家藏秘本颇丰。足见《易史》的版本学价值。

《易史》全书共九卷，卷首载白胤谦、赵开心《秀岩易编序》各一篇，金之俊、赵开心《易史序》各一篇，胡世安《自序》与《易史凡例》各一篇。首卷载上下“经卦图”各十八，合计三十六图；卷一首《乾》终《大有》；卷二自《谦》至《贲》；卷三自《剥》至《离》；卷四自《咸》至《解》；卷五自《损》至《鼎》；卷六自《震》至《兑》；卷七自《涣》至《未济》，卷八为“翼传绪摭”。

《易史凡例》系胡世安总结的《易史》体例特色，共有九条，结合全书内容，可归纳为：(1) 卦以立纲，爻以疏目，一卦而六有四之变；(2) 卦消准乎时，爻否衡乎位；(3) 阴阳等重，以阴济阳，善恶互长；(4) 因事予夺，以时褒贬；(5) 不废占筮，以理主之，以达省鉴、惩劝目的；(6) 旁征博引，考索详实，疑古有据等等。既有撰写体例，也有释《易》风格。

所谓“经卦图”，即将经文、卦画圆融一体之图，又可分为“覆卦”经卦图和非“覆卦”经卦图两类。“覆卦”经卦图，两卦正反颠倒，共用一图，两侧载卦辞，中有六爻卦象，爻辞置于爻象之下，如屯和蒙、需和讼、师与比、既济与未济等五十六卦，前卦初、二、三、四、五、上爻象正是后卦上、五、四、三、二、初爻象。非“覆卦”经卦图，一卦一图，如乾、坤、颐、大过、坎、离、中孚、小过诸卦，左侧单列卦辞，爻辞系于爻象之下。

正文六十四卦，首乾、坤，终既济、未济，每卦首书卦名，次总论卦辞、卦旨，再释爻义，系以史事，史有卜筮得卦者，附以卦末，即《凡例》所说“系易以史，卦以立纲，爻以疏目，传象以发明体同而指异，卦无一成，爻有专主，凛凛乎邪正之辩，指异而义同，所以正名分、定一尊也”②。以诠卦旨为纲，释爻义为目，纲举目张。以《乾》卦为例，卦名下载：

> 周子曰：“元亨，诚之通，利贞，诚之复。元者，贞之初，贞者，元之终，异名而同体。亨者，物之生，利者，物之成，异功而同用。”异端以空言性命为元，其究

① （清）陶元藻辑，蒋寅点校：《全浙诗话（外一种）》第5册，杭州：浙江古籍出版社，2017年，第1213—1214页。

② （清）胡世安：《易史》，《中国古籍善本丛刊》第3册，第29页。

室于亨之用；以诡遇事功为利，其究贼于贞之体。儒者求道，求诸乾之四德，而天地圣人之蕴著矣。①

引周敦颐对“元亨利贞”的解释，以及元与贞“异名而同体”，亨与利“异功而同用”的性质，诠释“乾，元亨利贞”的主旨，进而批判佛教异端对“元、亨、利、贞”的阐发，以证儒者求道，乃求天地圣人之蕴的四德，以举乾卦之纲。随后六爻疏目，以配卦旨。如初九爻说：

潜龙勿用。程子谓“舜之侧微是也”。或曰：“舜穷而在下，未尝欲自用；孔子穷而在下，未尝欲勿用，何也?”曰：“治则圣体其常，乱则圣通其变。舜孔易地皆然。”②

以舜与孔子“穷而在下”时，解释“潜龙勿用”当为世乱而圣人通其变之时，即勿用之时。最后附以占筮记录，即历史上占卜所得有涉本卦者，分载诸卦之末。如乾卦末，分别有：《周语》简王十二年所载晋人立君之占，得“乾之否”；《唐书》载回纥朝京师之占，得“乾之同人”；《北史》所载北齐神武帝时期，因室中无火而有光进行的占筮，得“遇乾之大有”；元代李孟劝仁宗（爱育黎拔力八达）定内（平定成宗驾崩后的内乱），迎接卜人占筮，得“乾之睽”。

卷八名为“翼传绪摭”，即将《彖传》《象传》《系辞》《文言》《说卦》《杂卦》中一些易学专业术语、概念，阐释发挥，集为一卷。主要有“象形变化”“摩荡”“鼓润运行”“乾男坤女”“知亲从功”“辞各指其所之”“观文察理知幽明之故”“死生鬼神”“一阴一阳之谓道”“极数知来”“静专动直，静翕动辟”“至赜不恶，至动不乱”“鸣鹤在阴”“同人先号咷”“藉用白茅”“劳谦厚至”“不出户庭”“作易知盗”“天一地二”“天数五”“象闰”“乾策坤策”“至精至变至神”“洗心退藏”“斋戒以神明其德”“阖户辟户”“法象莫天”“存乎其人”“利贞夫一”“确易隤简”“大德曰生”“古者包牺”“象像”“阳卦多阴”“十一爻”“精义入神”“困于石”“公用射隼”“小惩大戒”“危者安其位”“德薄位尊”“知几其神”“颜氏之子”“天地絪缊”“君子安其身”“乾坤易之门”“作易忧患”“易之为书”“原始要终”“广大悉备”“易之兴也”“知险知阻”“设位成能”“将叛者其辞惭”“生蓍倚数”“易顺性命”“天地定位”“数往者顺”“雷以动之”“帝出乎震”“坤以藏之成言乎艮”“神妙万物”“乾马坤牛”“乾首坤腹”“乾父坤母”“乾天”“坤布”“震旉”“坎水兑泽”“序卦”“益夬”等共七十一条。

① （清）胡世安：《易史》，《中国古籍善本丛刊》第3册，第69页。
② （清）胡世安：《易史》，《中国古籍善本丛刊》第3册，第69—70页。

三、《易史》的释《易》风格与特色

《易史》作为明末清初一部极具代表性的“史事易”著作，其释《易》风格和特色，既有对前贤的继承，也有与众不同的独特风格，其主要解《易》特点包括以下几个方面：

一是史易合阐，群经证易。

《易史》，观名可知其为史事易学著作。然而，四库馆臣论在史事宗易学时，称“再变而李光、杨万里，参证史事”[①]，今人以此为据，谈及史事宗，皆侧重阐发前人以史证易的“形证”之法，胡世安则提出了“形证不如合阐”的《易》与史“合阐”之法。他说：

> 昔吾友杨用宾有云：“或问‘读史之法’，曰：‘如读易以事为卦，以人为爻，而吉凶见矣。’问读《易》之法，曰：‘如读史以卦为事，以爻为人，而是非见矣。’”夫人事之不齐贸乎，时域乎？位则拟乎卦之互变、爻之应比，而未有及也。故形证不如合阐之亲切。[②]

即将事与人配卦与爻以读史，将卦与爻配事与人以读《易》，易中可见历史兴衰，史中可明易理是非，如此则史易圆融，并无二致。因此，金之俊说：“先生之为是编也，《易》而史则全易皆史，凡易之理，有一之不足范围乎史，无以成易也；史而《易》则全史皆《易》，凡史之事，有一之不必裁成乎《易》，无以成史也。”[③] 可见，《易史》一书，由《易》观史，则全部易理皆为历史，由史观《易》，则全部历史皆可见易理，且裁史成《易》方能成史，将史实所反映的道理与经验和《周易》所阐发的哲理相为表里。

易史合阐之外，胡世安继承先儒群经注《易》的传统，多采《诗经》《尚书》等经典证明易理，其中引《诗经》8次，引《尚书》10次。如《师》卦引《诗经·小雅·采芑》与“赵去廉颇，败绩长平”的历史，解释《师》卦为何丈人、长子吉。书载：

> 师用丈人、长子何？曰：“丈人积德厚而能服众，长子历事熟而能用众也。赵去廉颇，用赵括，是以败绩于长平。《诗》云：‘方叔元老，克庄其猷。显允方叔，蛮荆来威。’”[④]

又如《谦》卦，胡世安释九三爻辞时，以《尚书·大禹谟》“汝惟不矜，天下莫与汝争能，汝惟不伐，天下莫与汝争功”，阐发“不矜”“不伐”才能天下无人能争，达到

---

① （清）永瑢等：《四库全书总目》，第1页。

② （清）胡世安：《易史》，《中国古籍善本丛刊》第3册，第22页。

③ （清）金之俊：《易史序》，载《易史》，《中国古籍善本丛刊》第3册，第12页。

④ （清）胡世安：《易史》，《中国古籍善本丛刊》第3册，第22页。

"有终而民服以此"的谦德境界，进而佐证为何九三的"劳谦"之德，惟周公足以当之，而孔明、郭子仪只是近乎此爻之德。[①] 此外还引《礼记·月令》《周礼·天官书》《太玄》等注《易》。

二是阴阳等重，以阴济阳，善恶互长。

鉴于前儒论《易》都有"扶阳抑阴"的倾向，胡世安认为，如此便无法达到圆满的盈虚消息之道，且阴阳是一体的两面，阴可申阳、贞阳、尊阳、丽阳、资阳，因而他说：

> 扶阳抑阴，易教也。然而阳太赢则阴必受伤，欲制阴而先以刚折，则亦不达乎盈虚消息之道矣。故或锄群阴以申阳，或包朋阴以贞阳，或牖盛阴以尊阳，固所以全扶之经。即保纯阴以丽阳，养弱阴以资阳，亦所以权扶之用，犹夫《春秋》善善长而恶恶短意也。[②]

以此阐明，阳不可太盛伤阴，否则难以达到"盈虚消息之道"，若要达到盈虚消息畅达，须折刚以制阴。唯有群阴申阳、朋阴贞阳、盛阴尊阳、纯阴丽阳、弱阴咨阳，才似《春秋》"善善长""恶恶短"的大意，达到"以阴济阳"的功效。

因此他对君子、小人之论也不同于前儒尊君子而贬小人的传统，而是认为二者两相助长，善恶转化，才是"水火相息之道"。他说："无小人，则君子失砻错矣"[③]，"天生小人以厉君子，仍责君子以化小人，亦水火相息之道也"[④]。将小人作为历练君子的参照，要求君子感化小人。又说："往往包小人者治，敌小人者乱，以小人攻小人者，得其中策；以君子用小人者，得其上策。"[⑤] 强调君子治国，能用小人，方为上策。至于能将小人视为师友的君子，才是真正地深谙《易》道"极深而研几"之旨。因而他说："身非君子则已，君子而能师友小人，其于体易之撰，可谓极深而研几矣。"[⑥]

三是不废占筮，以理主之，以达省鉴、惩劝目的。

《易史》有二十五卦末尾载录占筮，共计三十五条，既有春秋战国时期的诸侯筮占，也有唐、宋、元、明时期的卜筮，皆附"本卦"之末。如上文《乾》卦末有"乾之否""乾之同人""乾之大有""乾之睽"之筮；不同历史时期、历史人物，占卜得同一卦象，即附本卦之末，如《泰》卦末有卜筮得《泰》的两条记载：《晋语》记载，晋公子返回晋国，"瞽史记曰：'嗣续其祖，如谷之滋，必有晋国。臣筮之，得泰之八'"。《北史·赵辅和传》载，"有人父为刺史，得书云'疾'。其子诣馆托筮，遇泰。筮者曰：此占甚吉，是人出。辅和谓，乾下坤，则父入土矣，岂得吉。果凶"[⑦]。胡世安将其总结为"一爻而

① （清）胡世安：《易史》，《中国古籍善本丛刊》第3册，第177—178页。
② （清）胡世安：《易史》，《中国古籍善本丛刊》第3册，第30页。
③ （清）胡世安：《易史》，《中国古籍善本丛刊》第3册，第21页。
④ （清）胡世安：《易史》，《中国古籍善本丛刊》第3册，第22页。
⑤ （清）胡世安：《易史》，《中国古籍善本丛刊》第3册，第23页。
⑥ （清）胡世安：《易史》，《中国古籍善本丛刊》第3册，第23页。
⑦ （清）胡世安：《易史》，《中国古籍善本丛刊》第3册，第145—146页。

具数说，示人晰所占也。内省外鉴之道，莫详乎是。倘所谓惩一而劝百乎”[①]。其目的是“内省外鉴”“惩一而劝百”。

二十五卦所载三十五条占筮记录，有吉凶“信于既占者”“信于不待占者”，其吉凶以理主之。因而，金之俊为《易史》作序时说：

> 余蠡测是编中，凡是非吉凶信于既占者，什之三；信于不待占者，什之七。占吉而吉，占凶而凶，占非其人事之吉，则理吉而凶；占非其人事之凶，则理凶而吉，此信于既占者也。理，经乎事，故命吉、命凶者，理主之而无俟观于事后。事，纬乎理，故形吉、形凶与夫旋吉、旋凶者，事主之而无俟玩乎理先，此信于不待占者也。[②]

可见，《易史》所载占筮，以诠释义理为主，是非吉凶，以理主之。如《乾》卦所载“乾之睽”之筮，元代李孟劝仁宗平定成帝后的动乱时，为了劝说仁宗，在迎接卜人时就提前告诉他“大事待汝而定，但言其吉”。因此，当获得“乾三、五皆九”乃“乾之睽”之象时，卜者解释：“乾，刚也，睽，外也，以刚处外，乃定内也。君子乾乾，行事也，飞龙在天，上治也”，最终激发“仁宗喜振袖而起”以“定内”，收获“诸臣皆步从，悉收谋者，北迎武宗，中外翕然”的结果。胡世安认为，此次占卜实际是“玩其《易》辞，而执其礼”，其决定性因素是“礼”，仁宗“定内”乃合乎“礼义”之事，故能成事。[③] 相反，《坤》卦所载昭公十二年（前530），南蒯将叛季氏，“枚筮之（泛筮曰枚），遇坤之比。曰‘黄裳元吉。’”以问子服惠伯，惠伯以为“忠信之事，则可。不然，必败”[④]。南蒯所行，乃叛逆之事，并非忠信之事，所以最终失败。

最后，胡世安还说明了如何利用、看待占筮中的吉与凶、利与不利。胡世安借胡一桂之口，间引朱熹的观点说：

> 双湖胡氏曰：“朱文公尝谓《易》中都是正吉，不曾有不正吉，都是利正，不曾说利不正；又云《易》为君子设，非小人盗贼所得窃取而用；又云《易》中言占者有其德，则其占如是吉，无其德而得是占者，却是反说。如南蒯得‘黄裳元吉’之占是也。载其事于坤五爻而曰‘此可以见占法，学者宜有见于斯’。”[⑤]

进一步阐述为何南蒯虽筮得吉，最终得凶，实因《易》为君子谋，不为小人谋，且《易》以正为吉、以利为正，占者有此德则吉，无此德则凶，以此告诫占者当以修德为

① （清）胡世安：《易史》，《中国古籍善本丛刊》第3册，第31页。
② （清）金之俊：《易史序》，载胡世安《易史》，《中国古籍善本丛刊》第3册，第13页。
③ （清）胡世安：《易史》，《中国古籍善本丛刊》第3册，第79页。
④ （清）胡世安：《易史》，《中国古籍善本丛刊》第3册，第86—87页。
⑤ （清）胡世安：《易史》，《中国古籍善本丛刊》第3册，第87页。

重，占卜只为“省鉴”和“惩劝”。

四是旁征博引，涉猎广泛，兼考文字。

《易史》一书，旁征博引，既有前文所述《诗经》《尚书》《周礼》等经典，更有历代易学家的易论，尤以史事易学名家为甚。据统计，《易史》一书援引易学家论说达一百余家，多者有如杨万里（万里）一百四十余条，吕楠（泾野）、杨决（斛山）、崔铣（仲凫）等近五十条，少者仅两、三条，还有如京房、荀爽、虞翻、焦延寿等象数易学家的《易》论。当然，还有《老》《庄》《太玄》等子部与集部文献，其多次提到“孔子曰”“孔子云”，皆出自宋人薛据所辑《孔子集语》，属于“子部”儒家类文献；而其援引邵雍《西晋吟》，属于集部文献。这也与其集“经、史、子、集”于一身的学术成就相合。

至于引用体例，以“曰”“云”“谓”附于所引易学家之后，而援引者姓名，胡世安则以“书爵、书氏、书名、书字之类，传各异标，事无定纪，会而通之，存乎其人”[①] 的方式，以示标记。前儒论说不当或不尽圆满的地方，胡氏以“按语”的形式，或加以申述，或加以辨析，或阐发己见。如《大壮》卦末以《大壮》的义理解“昭公三十二年，季氏代鲁”的历史，后引胡一桂对史墨的批评，胡世安按语说：“按，双湖此说最为严正”[②]，表达他对胡一桂观点的认可。援引内容，也是搜罗宏富，涉猎广泛。他说：“变偏全考诸水旱灾异，有书昆虫草木，有书推之系日于月、系月于年之类。”[③] 由此可见，《易史》搜罗宏富，引证详实。

此外，胡世安还曾考证《周易》经、传的文字，如对《颐》卦六四爻辞的“其欲逐逐”进行了精审的考证，他说：

> 《汉书叙传》：“其欲浟浟（音涤），注欲，利貌。”今《易》作“逐逐”，《子夏》作“攸攸”，颜注以“浟浟”为欲利，辅嗣以“逐逐”为尚实，其义不同，或以“耽耽”“逐逐”，自是不足六四之辞。但以正应乎下贤，专一无他，不以上阳间之，则情不伤义，欲不害理。[④]

依胡氏所考，“浟浟”和“逐逐”所专不同，一为欲利、一为尚实，只要正应初九，向下求贤，自然可以“情不伤义，欲不害理。”

四、《易史》的影响与价值得失

在朴学易盛行的清代，胡世安《易史》作为清代史事易学的重要代表之一，虽未收入《四库全书》，也未载入《四库全书总目》，但其影响与价值不容忽视。

---

① （清）胡世安：《易史》，《中国古籍善本丛刊》第 3 册，第 32 页。
② （清）胡世安：《易史》，《中国古籍善本丛刊》第 3 册，第 410 页。
③ （清）胡世安：《易史》，《中国古籍善本丛刊》第 3 册，第 31 页。
④ （清）胡世安：《易史》，《中国古籍善本丛刊》第 3 册，第 307－308 页。

作为明末清初巴蜀易学的重要代表人物，胡世安易学已获时人的高度赞誉。有称其易学为后天之集大成者，与先天之集大成的文王《易》相媲美，乃开物成务之谟。赵开心说："故《易》作于四圣人，惟文王发明羲画而下开周孔，是以传之者独云《周易》。先天之集大成者，文王也。《易》注于诸家，得秀岩先生纂集群伦，折衷先儒，俨然赞《周易》而修麟经。后天之集大成者，先生也。其继往开来之功，忧世觉民之意，不与蓍龟俱灵、河洛俱永也。"[①] 胡氏易学之所以能当开物成务之谟，乃因"秀岩先生读书中秘有年，既有以窥见画前之易，易简之精，而其涉历乎险夷世，故又有得乎圣贤忧患之旨、吉凶同民之意，其搜讨乎诸子百家，上以究《连山》《归藏》之秘，下以承蜀中谯、苏、郭、李渊源，本其探赜索隐、钩深致远之学，著为开物成务之谟"[②]。"得乎圣贤忧患之旨、吉凶同民之意"也是胡氏易学的宗旨。

至于《易史》，时人也给予了高度的评价。白胤谦称其与《大易则通》为继往开来必不可少之作，并强调其有"体用兼备"之功。他说："先生之学，天人一贯，神明默成，于易盖深有所得，二编（《大易则通》《易史》）广大精微，确然为继往开来必不可少之书。"又说："曰《易史》，贯穿历代之变，以发挥卦爻之藏，斯其明体致用之实，非先生不能兼也。"[③] 将《易史》定为"明体致用"之作，即"体用兼备"之书。赵开心甚至说："读先生《易史》，不啻神物之示灵，而木铎之醒聋聩也。"将《易史》比作足以示灵之神物，能醒聋聩之木铎。

除时人给予的高度评价外，《易史》的主要价值还包括辑存前人旧说、辅助文献校勘，此源于其引证宏富的解《易》特色。前文已述，《易史》全书引用前儒旧说一百余家，其中既有一直流传的前人《易》著，如杨万里的《诚斋易学》、冯椅的《厚斋易学》、杨爵的《周易辨录》等；也有不少已经佚失的《易》论，如全书引"隆山李氏"共8条，此"隆山李氏"即宋代李舜臣，善易说，著有《易本传》三十三卷，其易说大多亡佚，幸赖《易史》与《易史参录》《大易择言》等清代易学著作偶有载入，得以保留其吉光片羽。此外，《易史》还引用了非常多不可考的《易》说，大抵皆为前儒散佚旧说。

《易史》援引前人易说，与今见其他版本颇有出入，而其成书较《四库全书》早，其所引旧说，与四库本不同者，又可资以文献校勘。以其援引最多的杨万里《诚斋易传》为例，《坤》卦载："诚斋曰：臣道一于顺，故欲柔欲静，不顺则为王莽、董卓。"[④] 较宋刻本、明嘉靖刻本、四库全书本多出"王""董"两字，当为胡世安有意增加姓氏。《蒙卦》所引"诚斋曰：近水者未溺，沙倾则溺，近难者未隙，言出则隙。"宋刻本、明嘉靖刻本、四库全书本"未溺"为"末溺"，"沙倾"为"沙颓"。又如《乾》卦所引"双湖胡氏（一桂）曰：乾六爻皆阳，且变动不居，故以为六龙之象，岂得皆真龙也哉然！"[⑤] 与

① （清）赵开心：《秀岩易编序》，载《易史》，《中国古籍善本丛刊》第3册，第10页。
② （清）赵开心：《秀岩易编序》，载《易史》，《中国古籍善本丛刊》第3册，第9页。
③ （清）白胤谦：《秀岩易编序》，载胡世安《易史》，《中国古籍善本丛刊》第3册，第3页。
④ （清）胡世安：《易史》，《中国古籍善本丛刊》第3册，第84—85页。
⑤ （清）胡世安：《易史》，《中国古籍善本丛刊》第3册，第76页。

元刻本、明刻本《周易本义启蒙翼传》略有出入，元、明刻本载："愚谓：'乾六爻皆阳，且变动不居，故以为六龙之象最为的当，岂得皆真龙也哉然！'"较《易史》所引多"最为的当"四字，此当为胡氏引用时删略，又或是刊刻者疏漏，读者当审之。

虽然《易史》获得时人高度赞扬，在文献保存、文献校勘等方面具有价值，但仍有些许瑕疵，值得小心辨析。如前述引用删略、增字情况，又有所引不同《易》说属于同姓不同名的易学家，胡氏以姓氏称道，则易互相混淆。如《小畜卦》引"隆山李氏曰"一条，紧随其后的《履》卦，又引"李氏曰"，前者为宋儒李舜臣易说，后者则出自明代李赀《九正易因》，若不细究，极易混淆为同一人。又全书多引杨万里、杨时等人论说，也多次使用"杨氏曰"等，须仔细辨析。

五、结语

《易史》作为胡世安义理易学的代表作，也是巴蜀易学和清代史事易学一部重要著作，虽未载入《四库全书总目》，却受到时人的高度褒扬。胡世安所创"经卦图"，将卦辞、爻辞、爻象融为一图，简单清晰地将一卦内容展示在图中，给人以最直观的感受。胡氏释易的"易史合阐"风格，将易学与史学圆融一体，平衡了前儒史事易学著作中仅仅注重"援史证易"的倾向。而其易解中的阴阳等重、善恶互长，以理主筮、省鉴劝诫等风格，则奠定了后人对其"明体致用""继往开来""示灵之神物，醒聋聩之木铎"的评价。《易史》旁征博引，涉猎广泛，也为后人研究前人易论提供了线索，其所援引与传世本之差异，可为后人文献校勘资以辅助，其援引存在的瑕疵又不能不为今人所遗恨。综观有清一代，易学兴盛，相较于清代史学易研究的不足，《易史》作为史事易学之一斑，可由此而窥其全豹。

清代川北镇兴废考论

雷步照*

川北镇是清朝内陆地区绿营中的典型个案，设置之初承担着维护川北、稳定四川的重任。此后，因事而变，不断调整驻防、兵额及后勤保障系统。最终，由于自身没落，被新式陆军、巡警取代。其调整与四川治乱有莫大关联。

讨论川北镇的兴废过程，不仅可以窥视清廷利用绿营的手段，更有助于得知绿营兵的演变。研究清代兵制的学者虽注意到绿营兵的兴废，但多以边疆绿营为重点。相形之下，内陆绿营多被忽略。罗尔纲先生以绿营为主题，对清代绿营兵志进行了纵向研究①。秦树才先生以云南绿营为切入点，探讨绿营在镇守西南边疆过程中的作用②。这些学者对川北镇仅是一些简单的介绍，未从内陆绿营的视角研究其建制演变与驻防。由于文献档案的存留，使我们能够较好地厘清川北镇的兴废历史。

一、川北镇的创设与调试

川北镇的创设与清军攻占四川关联甚密。顺治三年（1646），肃亲王豪格征讨四川，张献忠战死，清军准备一举平定四川，却遭到川南抗清武装的抵抗。清军溃败，有识之士认为“以汉治汉”策略比八旗兵还能发挥御敌效果，皆思良策。翌年，清军退守保宁，重整兵力部署，定四川官兵经制，始设保宁镇，辖有总兵官镇标、各旗鼓守备一人，总兵官驻扎在阆中，中、左、右三营各设游击以下将领八人，兵共两千名。与此同时，清廷又令四川巡抚衙门驻扎保宁，保宁成为四川的政治中枢，也是清军深入四川作战的军事桥头堡。保宁镇绿营起着护卫四川中枢，稳定四川的作用。

这一时段，保宁镇绿营兵与大西军形成相持局面。顺治九年（1652），大西政权中的刘文秀率军合围阆中城，虽然最终以刘文秀大败而终，但这给清廷敲响了警钟。顺治十年（1653），清廷将保宁镇更名为川北镇，实控防区扩展为川北道所辖之地区，但主要兵力还是围绕巡抚衙门而部署。

关于保宁镇改为川北镇的时间，检索史籍，记载并不一致。《清史稿·职官四》记载

---

* ［作者简介］雷步照：西华师范大学历史文化学院研究生，现就职于泸州市博物馆。

① 如罗尔纲的《绿营兵志》对绿营构成、职责任务、升迁、奖惩、俸饷、武器等做了全面细致的考察。

② 如秦树才的《清代云南绿营兵研究——以汛塘为中心》《绿营兵“营制总册”管窥》《绿营兵与清代的西南边疆》等文，从微观视角探讨了绿营在镇守西南边疆中的作用。

为顺治十五年[①]。然而，《清文献通考》记为顺治十年[②]。《世祖章皇帝实录》中也记载了顺治十三年："四川川北镇总兵官卢光卒。"[③] 这又佐证了保宁镇确于顺治十五年之前已更名为川北镇。罗尔纲先生的《绿营兵志》据《清文献通考》《大清会典事例》考证，也从顺治十年说[④]。所以，保宁镇更名为川北镇应是顺治十年的事。

康熙时期，西南地区动乱常发。受此影响，清廷对川北镇或增或减，兵额变化很大。顺治十六年（1659），大西军内讧，清军趁机平定川西、川南。为了牵制大西军残部，清廷增加川北镇的兵额，将大西政权投诚的愿为兵者散于各营。至康熙四年（1665），清廷平定四川各地的抗清势力，将原驻扎保宁的巡抚衙门迁往成都，保宁不再作为四川的行政中枢与军事中心，驻防保宁的川北镇兵额有所减少。

四川暂定，为了有效地控扼该地区，震慑西南藩王，朝廷开始有规模地调试川北镇的部署。广元作为川北门户，时四川总督李国英奏请"广元县应于川北镇标三营内，拨发一营官兵驻防"[⑤]。此奏得到清廷兵部许可，但此次的兵力部署调试并未维持许久，因吴三桂反清而被取缔。

康熙十二年（1673），吴三桂举起"兴明讨虏"的大旗，在四川与清军对峙八年，时任四川总督郑蛟麟、巡抚罗森、总兵官吴之茂、川北总兵官潭洪合谋反叛清廷[⑥]，川北镇一时脱离清廷的辖治。为平此乱，康熙十九年（1680）清廷改四川总督为川陕总督，统辖川陕两省的兵力，负责四川地区的平叛事宜。清军很快就攻占了昆明，平定了"吴三桂之乱"。

清廷鉴于"吴三桂之乱"，改广元戍防官兵为轮流驻防，裁督标五营兵丁一千名，每营额定八百名[⑦]。为便管理，川北镇纳入营册管理制度，以此记载各级将官及各营兵丁，作为发放军饷、裁减、征调的依据，提高办事效率。

雍正时期，清廷对川北镇的调试略显踯躅，因事增裁的特点明显。雍正二年（1724），川北镇抽调平定青海叛乱的兵丁回到驻地，清廷改设川北镇副将、都司、守备、千、把等员，裁汰总兵官二员、川北镇协、游击六员。此次对川北镇调整注重在将领层面，并未对兵额进行大规模的裁汰。

雍正八年（1730），乌蒙地区禄鼎、杨承勋等叛乱，川北镇需要抽调兵丁平乱。但是，同一时期西北对准噶尔用兵最为紧要，川北镇也抽部分兵丁前往西北参战。至雍正十一年（1733），抽调西北参战的兵丁才"起程回汛"[⑧]。这加剧了川北镇兵力不足的局

---

① 赵尔巽等修：《清史稿》卷117《职官四》，北京：中华书局，1977年，第3390页。

② 参见《清文献通考》卷187《兵考》，赵尔巽等修：《清史稿》卷5《世祖本纪二》，北京：中华书局，1977年，第124页。

③ 《清实录》第3册《世祖章皇帝实录》卷105，北京：中华书局，1985年，第821页。

④ 罗尔纲：《绿营兵志》，北京：中华书局，1984年，第51页。

⑤ 《清实录》第4册《圣祖仁皇帝实录》卷15，北京：中华书局，1985年，第227页。

⑥ （清）勒德洪等：《平定三逆方略》卷2，上海：商务印书馆，1934年，第89—90页。

⑦ 《清实录》第4册《圣祖仁皇帝实录》卷195，北京：中华书局，1985年，第1057页。

⑧ 《南部档案》1—11—03，雍正十一年一月二十八日。

势。清廷令提督黄廷桂招募，“充补川省各路营兵”①。此次招募新兵共计万余，平定“乌蒙之乱”后，迅速裁撤，川北镇兵额因战事迅速增加，又因战事平定迅速裁减。

雍正十二年（1734），因广元汛长时间由川北镇标派遣兵力轮流驻防，每岁轮换，甚费军饷。清廷调整广元汛轮流驻防制度为永远驻扎，并且撤回镇标部分兵力。川北镇总兵官调整广元汛驻防兵丁戍守制度，仅仅是川北镇管理制度的调整，军事布防并未变动。

清廷对川北、川东地区兵力布防的调整同时进行，目的是要统筹协调两个镇的联防。雍正年间，夔州协辖属达州、太平营，距离夔州遥远，难于控制，有鞭长莫及之患。在这种情况下，四川提督黄廷桂奏请将达州、太平营就近归隶川北镇统辖，清廷同意黄廷桂的奏疏，这两营直接归川北镇总兵官管辖。在一定程度上提高了川北、川东地区的绿营管理水平。

如上，川北镇的创设与调试都体现了因事而变的特点，前期起着护卫四川地区行政中枢与军事中心的作用，所以侧重于平定四川、护卫保宁的军事布防调试。“吴三桂之乱”是调试的一个重要节点，此后，调整侧重于川北镇兵将增减。还纳入营册管理制度，提升了管理效率。至此，川北镇经近百年的流变，兵力部署与兵额方面趋于合理。

二、川北镇的调整与定型

乾隆时期，西南地区已大规模地推行了“改土归流”，经济社会结构都发生了变化，整体相对稳定，尤其是川北地区没有发生大的战事。但川西地区发生了三次动乱，川北镇也奉令抽调兵力参战及参与后勤工作。有鉴于此，清廷对川北镇的调整进一步深化，不仅仅局限于兵额、将领、布防等方面，更多侧重于后勤保障系统方面的调整，使得川北镇渐趋定型。

乾隆九年（1744）川藏交界的瞻对土司叛乱，拒不纳贡，在川藏一带烧杀劫掠。为此，川陕总督庆复、四川巡抚纪山奏请镇压。次年，由四川提督李质粹统率四川各营兵丁征剿，原是以多对少的平叛战事，由于川西山高谷深，骑兵战力大减，加之清军指挥失当，致使瞻对土司首领潜逃、清廷损兵折将。暴露出营马在战事中发挥的作用相对较小，与营马价格却居高极不相称的问题。平定战乱后，清廷仿照驿马旧例议定四川营马价格，每匹营马八两。这次调整营马价格，并非局限于川北镇，只是川北镇营马也在调整范围内。

乾隆十二年（1747），大金川土司沙罗奔反叛清廷。战事初期，清廷企图以小金川、巴旺等周边地区土司镇压，结果并不理想。随即补授贵州总督张广泗为川陕总督，统筹平乱诸事。张广泗统率下清军节节败退，清廷三易主帅。这场平叛战争持续了两年有余，最终以大金川土司首领沙罗奔献降书而告终。这次平叛战事，清廷调集精兵近四万人，

① 《清实录》第8册《世宗宪皇帝实录》卷89，北京：中华书局，1985年，第206页。

加剧了川省军务的繁杂，遂将兵额四百以上绿营皆增置中军守备一职，协助统营官管理营务[①]。此次，由于川北镇本标中、左、右、达州、顺庆等五营兵额都超过四百，所以这五营设置了中军守备一职，进一步完善了川北镇营务管理体系。

这一时期对川北镇的调整不仅受到地方动乱的影响，也受行政区划的影响。由于潼绵营驻扎潼川府，而潼川府属川北道管辖，所以清廷将“潼绵营都司一员、千总一员、把总两员，马步兵三百名改隶川北镇就近统辖”[②]。又在潼绵营管辖的中江县汛、乐至县汛各增设外委一员。此举，使得潼绵营将领设置更趋合理，一定程度上降低了潼绵营的管理成本。

此后十余年，川北地区无大的动乱，裁撤了驻扎保宁府三营的左营将领把总一人，右营将领守备、把总各一人，三营共计裁兵三百一十一名，还裁撤了顺庆营兵六十名，潼绵营兵四十七名，太平营兵四十七名[③]。总体而言，平定大金川土司后，川北镇兵额呈现裁减的趋势。其中，驻扎保宁府政治中心的兵丁裁额较多。

乾隆中期，大小金川再次发生动乱。其实，第一次金川土司平定之后，金川土司之间的争斗纷起，只是并未反抗清廷，所以被纵容。至乾隆三十六年（1771），斗争演化为金川与周围土司之间的争斗，给川西地区的安宁造成了极大的威胁。为维护川西这一孔道的安宁，清廷决定派兵镇压，由此开启了第二次金川之战。这次清军平叛之路更加艰险，几易统帅，数次增兵，提督董天弼、督师温福等重要将领战死。至乾隆四十一年（1776），清军包围叛军大本营刮耳崖，索诺木投降，长达五年的平叛之役才结束。

这次平乱，清廷从全国抽调兵力，前后投入四十万之众[④]。由于地缘因素，川北镇是抽调兵丁的重点绿营之一，这次川北镇内却出现了大量的逃兵，其他地区也出现了逃兵进入川北的现象。由于战事紧迫，清廷并未立即解决逃兵问题，而是战事结束才敕令各州县清查，掀起了震动川北的金川逃兵案。

清廷追查之初，敕令各州县严查涉事的士兵、官员。涉事士兵一律拿获，自首者从宽处理[⑤]。涉事官员一律清备造册，革职留用[⑥]。此案发展到后期，清廷又下令“各省承缉金川逃兵扣至本年（1785）九月，又届限□其拿获□自行投首者，仍不及半。曾经降旨将承缉□之历任州县俱有革职留任，分别八年四年，无过方准开复”[⑦]。朝廷对此案从宽处理，尤其是对滇黔两省的逃兵，清廷特谕对这两省的涉案人员从宽处理[⑧]。川北镇在征调过程中出现逃兵，虽进行缉拿惩办，但是对不良之风的从宽处理，已经埋下了没落的种子。

① 杜家骥：《杜家骥讲清代制度》，天津：天津古籍出版社，2014 年，第 362 页。

② 《清实录》第 13 册《高宗纯皇帝实录》卷 369，北京：中华书局，1985 年，第 1084 页。

③ （清）张廷玉等：《清文献通考》卷 187《兵考》，清文渊阁四库全书本。

④ 彭陟焱：《试论乾隆平定金川之影响》，《西藏研究》2003 年第 1 期。

⑤ 《南部档案》2－34－05，乾隆五十年一月二十日。

⑥ 《南部档案》2－34－21，乾隆五十年五月六日。

⑦ 《南部档案》2－34－14，乾隆五十年一月二十五日。

⑧ 《南部档案》2－34－17，乾隆五十年四月八日。

此后，将士无战，川北镇贪腐渐盛。清廷又对川北镇的俸饷、公廉进行了调整，将改随粮为养廉的政策落到实处，按其原得随粮数，删去奇零，按衔匀给[①]，把长期虚报的养廉银补募了实额。这虽没有从根本上解决川北镇的贪腐问题，但也在一定程度上抑制了川北镇的贪腐之风，进一步完善了对川北镇的俸饷管理。

综上所述，乾隆多次对川北镇的后勤系统进行调整，具有因事而调、因地而改的特征。这一时期，川北地区虽未发生动摇国本的战争，但川西地区发生动乱，也影响到清廷对川北镇的调整。清廷针对所辖各营的军务繁寡情况，设置军中守备一职，进一步完善了川北镇将领设置。此后，又将潼绵营纳入其统辖范围，其营数规模扩大，兵额增加。还根据旧例议定了营马的价格。这些举措使川北镇的营制及后勤保障系统趋于一种定型状态。“大小金川之乱”后，四川地区暂无战事，对逃兵的从宽处理及对战争的松懈已埋下了没落的隐患。

三、川北镇的衰落与取缔

乾隆朝后期，四川地区久无战事，清廷倚重的四川绿营精兵走向没落。在随后爆发的白莲教暴动中体现尤为明显，已不能内平盗贼、外御强敌了。川北镇内吸食鸦片、贪功冒进、逃兵等不良之风愈演愈烈，虽一再整顿，仍无起色，在抗击“李蓝义军”等地方动乱中节节败退。随着清廷内部兵制的改革，新式陆军、巡警逐渐取代川北镇护卫川北的职责。简而言之，川北镇由于自身的腐败及清廷已不再需要其守卫川北，渐次被裁尽。

这一时期，鸦片的输入增加，西南迤西、迤东（今云南）地区，种植鸦片、吸食鸦片已成为风俗首害。地区之间互相流通，川北道也渐渐受到鸦片影响。川北地区种植鸦片的农民相对较少，主要是周围地区流入的鸦片。《南部档案》中保存了大量鸦片流入川北地区的资料，其中尤为典型的“有垫江民邓合兴来民（梁长春）店内站宿，发卖洋烟”[②]。由于邓合兴在鸦片交易过程中使用假银，被状告至南部县衙。还有光绪六年（1880）“民（李春林）合川民籍领乾镒森资本贩土来治”[③]。由于李春林等“串工私买烟土，混账遭退，欺骗欠银，叠讨不给”，也被状告至南部县衙。这表明鸦片在川北地区得到地方官府的纵容。川北镇兵丁在这一过程中渐染鸦片，不思武事，情况却十分严重。

川北镇受鸦片流毒，战事一起则溃不成军。嘉庆元年（1796），爆发了川、陕、楚白莲教反清起义，川东地区白莲教首领徐天寿、徐天德、王三槐等先后举旗反清。清军与“教匪”在川东地区进行了长达十年的战斗，战事波及川北道。川北镇兵丁在围堵西进的“教匪”战事中一再失利，退守嘉陵江沿岸以待援军，最终被教首冉天元部攻破定远（今

① 郭太风：《八旗绿营俸饷制度初探》，《复旦学报》1982年第4期。
② 《南部档案》6—65—5，同治五年四月二十九日。
③ 《南部档案》8—103—2，光绪六年十月十五日。

武胜）嘉陵江防线，进逼蓬溪，虎视成都，震动清廷。

川北镇走向没落，还体现在欺上瞒下的不良风气中。嘉庆元年（1796），达州、东乡两城形势危急，都统德楞泰、将军明亮奉命赴援达州。然而，在这一战事中川北镇陋习逐渐显现。据嘉庆元年（1796）谕：

柯藩奏带兵七十名，并派游击张彪带兵八十名，在漫营地方，杀贼四百余名，生擒数十名，所奏殊不足信。柯藩、张彪仅带兵一百余名，即使贼众束手受缚，以一兵杀二贼，亦不能有杀毙四百余名生擒数十名之多。绿营陋习，往往虚张声势，稍有斩获，以少报多。著传谕该督抚提镇，嗣后务须据实奏报，并转饬各员弁一体遵照，毋得似此负功妄报，以归核实。①

可见川北镇存在虚张声势、欺上瞒下等陋习，严重影响士兵战力。有鉴于此，清廷格外重视对川北镇的镌汰。嘉庆十一年（1806），清廷将驻扎广元的兵力进行调整，将广元旧设的黄杨守备营改设游击营。嘉庆二十五年（1820），又将巴州营旧设通巴营调整为游击营。川北镇的兵额总量减少了。不过，嘉庆年间的裁汰总体呈出留强汰弱的原则，裁汰的大部分是吸食鸦片的兵丁与老弱病残。

道光年间，由于川北镇内捐纳的将领增多，清廷又裁撤了部分将领。道光元年（1821），南部县闻人梁国模捐纳“营千总职衔”②。诸如此类的捐纳武职，在川北镇内并非个案。这给川北镇造成了冗官现象，且将不知兵，将不知战。故而，清廷注重对川北镇将领层面进行裁撤。其中，裁撤中、左两营的游击各一员，裁撤右营游击、守备各两员③。

嘉庆、道光两朝对川北镇兵额进行裁汰，其营册又未及时更换，导致其兵额缺多虚悬，上下通同，将领侵蚀兵饷，贪腐成风。为了解决这些顽疾，咸丰二年（1852），川北镇总兵官将川北绿营中疲弱遣散，并将因病遣发回营兵丁，相应备造清册，一定程度上抑制了川北镇内的不良风气。

咸丰年间，川北地区并不太平。云南的李永和、蓝朝鼎反清，进攻川南，又从富顺向川西进军，清军一败涂地。次年，“李蓝义军”迂回川东北，在定远（今武胜）、顺庆（今南充）与川北镇兵丁交战，川北镇绿营兵再次节节败退。四川总督骆秉章、成都将军崇实、四川提督蒋玉龙招募乡勇，联合增援川北，合围李、蓝义军，致其惨败。

川北镇不仅在抗击李、蓝义军时毫无建树，也在支援广西的过程中表现拙劣。道光末年，太平天国起事，广西地区“匪患”四起，军事力量又薄弱，清廷遂在全国范围抽调兵力平乱。川北镇在咸丰元年（1851）九月之前就已三次调派绿营赴广西，但川北兵

① 中国社会科学院历史研究所清史室、资料室：《清中期五省白莲教起义资料》第3册，南京：江苏人民出版社，1981年，第7—8页。

② 《南部档案》4—03—1，道光元年七月一日。

③ （清）穆彰阿、潘锡恩等：嘉庆《大清一统志》卷383《武职官》，《四部丛刊续编》景旧钞本。

丁或为逃兵，或染病被撤汰委派回营[①]。这导致清廷对川北镇已渐失整顿之心。当清廷期望在全国恢复绿营旧制，谕令各地总督、提督补募实额，提高战力，川北镇并未真正实行，而是推行减兵加饷之策。

同治年间，清廷逐步在各省操练新军，设督练公所，又在中央设练兵处统辖地方练公所，建立起新式陆军三十六镇，绿营维护地方的职责逐渐被取缔。但是川北镇在这一历史背景下兵额并未减少，反而增加了。主要是因为同治元年（1862）石达开率军入川东，图川南，四川局势紧张。镇标直属三营兵额由一千三百五十名增至一千六百名[②]。这仅是因为战事而短暂的增补兵额，战后又迅速裁减。

至光绪初年，川北镇内改名串弊、开设赌场等不良之风逾盛，清廷数次整顿川北镇。光绪五年（1880）川北镇标下中营官兵“曾楷等改名串弊，买顶世职，并有烧会开赌”[③]。官府对此案的处理办法是“曾凯等俸银停给，并通饬各□州县嗣后办理。承袭案件……声明有无顶冒情弊，连保人一并革究”。于此，我们可以得知，这一时期川北镇内上下勾结、卖官鬻爵、串弊聚赌已是普遍现象。不仅如此，川北各地夫马局“官价名目甚多”[④]。针对这种情况，清廷对川北镇内的腐败现象进行了清理，敕令各营“裁革夫马陋规及铺兵”。

历经数十年的留强汰弱的整顿，至光绪二十三年（1897），川北镇兵丁仅剩一成。但将领依旧坐任颓坏，不良风气并未得到有效控制。清廷户部、胡燏棻、刘坤一、张之洞等又先后奏请裁尽绿营。清廷将川北镇在籍兵丁挑改为巡警，以巡警代替汛兵。川北镇既不能战，新建的陆军及巡警，就逐渐取代其职能。光绪三十年（1904），四川议定了十年各营裁尽计划，但宣统三年（1911），“武昌事起，陆军部疏言时局艰危，各省绿营、巡防遂一律缓裁撤”[⑤]。至此，川北镇完全被取缔。

自乾隆后期，川北镇将兵受鸦片所累，不思武事，欺上瞒下，买顶世职，逐渐没落。虽一再整顿仍无起色。嘉庆朝开始裁减，大致又可划分为两个阶段，嘉庆到光绪二十二年（1896），主要裁减的是缺额与疲弱。其后，裁减目的是以新式军队取缔川北镇，裁汰力度较大。川北镇被裁汰的过程是清廷走向近代化的一个缩影，亦是清廷军制改革的一个剖面。

四、结语

川北镇是一个典型的内陆绿营，经历了由创设到定型、再到没落的过程。清军入关，

---

① 《南部档案》5—15—1，咸丰元年二月十日。

② （清）曹绍樾、胡晋熙修，胡辑瑞等纂：同治《仪陇县志》卷5《兵制》，四川省地方志编纂委员会辑：载《四川历代方志集成第三辑》第8册，北京：国家图书馆出版社，2015年，第471页。

③ 《南部档案》7—692—1，光绪五年八月二十七日。

④ 《南部档案》8—21—1，光绪六年九月初六日。

⑤ 赵尔巽等修：《清史稿》卷131《兵二》，北京：中华书局，1977年，第3905页。

三省交界的川北是滋生动乱的渊薮，清廷审时度势，在川北设置保宁镇，后更名川北镇，以维护川北，巩固政权，川北镇在这样的情势下建立起来。

川北镇在护卫川北一隅的过程中发挥过重要作用，但也在“吴三桂之乱”时短暂背离过清廷的统辖。为因应时局变化，清廷对其调试，前期的调试以“吴三桂之乱”为分水岭，此前，侧重于布防的调整。此后，侧重于对兵额进行裁减，调整了川北孔道的布防，纳入营册管理制度，使得管理体系更趋于合理。雍正年间，清廷注重其将领层面的调试，因杨承勋等人的动乱，兵额曾迅速增裁，后勤保障方面也有所调整。此时，川北镇的布防、后勤保障系统、管理体系已趋于成熟。乾隆时期，受“瞻对之乱”“大小金川之乱”影响，清廷继续调整川北镇的兵丁、布防，不过注重于后勤保障系统的调整，使得川北镇渐趋定型。

乾隆后期，川北镇兵将无战，又受鸦片所累，军营内部盛行欺上瞒下之风，战力大减，走向没落。在抗击“教匪”“李蓝义军”的过程中不堪一击，清廷随即着手裁减疲弱兵丁。其后数朝，川北镇仍是腐败，不能护卫地方，随着清廷内部兵制改革速度加快，尤其是光绪二十二年（1896）以后，对川北镇的裁减力度加强，最终川北镇随清王朝一起消失于历史的长河中。

李源澄研究述略

文建刚*

自“五四”到全面抗战爆发，20世纪初的这三十年是近代中国学术转型和发展的黄金时期。李源澄（1909—1958）生逢此时，师承蒙文通、廖平、欧阳渐、章太炎，既学有根柢，又不拘空谈，而南北奔走，讲学著述，创办学刊，将所学所思付诸挽救民族和国家危亡的实践中，故能推陈出新，颇多创建，为时人所重。

虽然近代学术（史）研究一直是学界热点，但对于李源澄的专门研究却由来甚晚，至今不足二十年。其间，台湾学人荟萃李氏文集率先出版，大陆学人亦有年谱、专集、文集新编及相关论文相继问世。在这些资料整理、学术探究的基础上，我们对于李源澄其人其学已有较全面的研究和认识。但李源澄学术的精要之处，李源澄师承蜀学廖门、章黄学派的今古学论辩与交流，以及由李源澄参与民国学术活动中所窥见此期社会、历史与文化的发展等问题，还有许多值得思考与探究之处。由此，本文着眼于李源澄已有研究成果，并作简要梳理①，以便学界对李源澄和民国学术作更深入的研究。敬请指正！

一、李源澄研究资料

辨章学术，首在文献。随着近年来对李源澄关注和研究的增多，搜寻故旧、整理李源澄相关资料的成果不断刊表。现结合已有研究成果②，按内容略分李源澄研究资料为以下四类：

（一）传记

王川《现代学者李源澄的生年小考》一文认为李源澄传记仅二种：一为《犍为县志》本传，一为赖高翔撰写传文。笔者认为蒙默先生《蜀学后劲——李源澄先生》一文对于李源澄生平学术论说较详，且立论甚高，可作第三种传记观之。

---

* ［作者简介］文建刚：四川眉山人，四川大学2019级中国儒学专业在读博士研究生。

① 目前对于李源澄研究成果的专门性综述文章暂无，仅王雪娇《圆而神：李源澄史学思想探析》（河南师范大学硕士学位论文，2016年）的《绪论》中“研究概况综述”，分“学术专著”和“相关文章著述”两部分对2016年之前的已有研究作了简要梳理。另，王川发表有一系列专题性研究，文中多有综摄之论。

② 对于李源澄论著的搜集和整理，目前以台湾“中央研究院”文哲研究所林庆彰的学术团队和四川师范大学王川的研究为主，四川大学古籍整理研究所学人在二者基础上有汇总并增补的文集新编，是目前李源澄研究最全面的资料。其中，林庆彰《研究民国时期经学的检索困难及应对之道》《我搜集李源澄著作之经过》、王川《李源澄先生年谱》《现代学者李源澄的生年小考》等文都对李源澄论著作了分类说明。

1.《犍为县志》李源澄本传[①]

《犍为县志》李源澄本传，共1849字[②]，侧重于李源澄生平，对其生卒年、求学和工作经历、事迹有较全面的记述，在其学术、创办书院、新中国成立后的变化以及为人处事等方面都有介绍。该文虽对李源澄学术和思想的研究与论说还较浅显，另有不确切之记载[③]，但瑕不掩瑜，该文仍是李源澄研究最基础最重要的资料之一。林庆彰编《李源澄著作集》中有收录。

2. 赖高翔《李源澄传》[④]

本文计1698字（案语、跋文共2120字），侧重于李源澄学术，并对李源澄的家庭、年岁、师承、学友，工作及最后受难经过，以及李源澄的性格、为人等都有记述。作者与李源澄同岁，相交相知，对于李源澄了解直接而深刻，传文可信度高，史料价值大，与《犍为县志》所记多有相似及补充之处。王川有评：“虽仅二千字，却堪称字字珠玑。”[⑤] 张学渊校注《赖皋翔文史杂论》（2004）、林庆彰编《李源澄著作集》中亦有收录。

3. 蒙默《蜀学后劲——李源澄先生》[⑥]

李源澄最初师从蒙文通（1894—1968），后又及门廖氏，为关门弟子，与蒙文通有同门之谊；蒙默（1926—2015）乃蒙文通哲嗣，蒙父主张“易子而教”[⑦]，将蒙默托付李源澄教导，蒙默曾停学、追随李源澄到南充西山书院、灌县灵岩书院学习。蒙、李三人的师门渊源极深，蒙默既极富于家学传承，又曾数年朝夕请教于李源澄门下，能得李源澄学问之要领与精髓，故该文记述亦极真实可信，可作传文观之。林庆彰编《李源澄著作集》中亦有收录。

除以上三种传记之外，蒙文通《廖季平先生传》[⑧] 中也有关于李源澄生平与学术的记述。另据王川考证，“李源澄生前曾撰有‘自述’等珍贵文献”[⑨]，惜已失传。又有台版《李源澄著作集》、川大版《李源澄集新编》书前“出版说明”“整理前言”[⑩] 对于李氏生平有简略的介绍，他如学人论著中相关只言词组的论说等，可作一定之补充。

（二）年谱

1. 王川《李源澄先生年谱长编》一册（2012、2016）[⑪]

---

① 四川省犍为县县志编纂委员会编纂：《犍为县志》，成都：四川人民出版社，1991年，第717—718页。

② 王川《现代学者李源澄的生年小考》记此传文“篇幅为五六千字”，似误。

③ 如开篇述李源澄生年“清光绪三十三年（1907）七月生于四川省犍为县今龙究乡”，王川等学人作专文考订。

④ 赖高翔：《李源澄传》，《文史杂志》2012年第4期，第44—45页。

⑤ 王川：《现代学者李源澄的生年小考》，《宜宾学院学报》2011年第4期，第11页。

⑥ 蒙默：《蜀学后劲——李源澄先生》，《西华大学学报》（哲学社会科学版）2008年第5期，第19—24页。西华大学、四川省文史馆主编《蜀学》（2007年第二辑，第42—52页）亦刊此文。

⑦ 陈沫吾：《家学渊源　垂裕后昆——蒙默先生访谈录（上）》，《文史杂志》2014年第2期，第4—5页。

⑧ 蒙文通：《廖季平先生传》，载廖幼平编《廖季平年谱》，成都：巴蜀书社，1985年，第97—106页。

⑨ 李源澄著，王川选编：《李源澄儒学论集》，成都：四川大学出版社，2010年，第1页。

⑩ 李源澄著，林庆彰、蒋秋华主编，李冬梅补编：《李源澄集新编》，成都：四川大学出版社，2017年，第1册。

⑪ 王川：《李源澄先生年谱长编》，北京：中华书局，2012年。2016年中华书局再版。

李源澄年谱仅王川所编此一种。年谱正文共分上（早年篇）、中（中年篇）、下（后期篇）三卷。此外，书前有代序《李源澄的生平事迹及其学术成就》，书后还有“谱后”一卷，即“篇后余编”，附《李源澄著述目录》《李源澄〈学习实践论后对历史学的体会〉》《李源澄〈秦汉史〉钱穆序》《〈吴宓日记续编〉所载李源澄遗物处理简况》《李源澄家族亲属树形图》《李源澄家族主要人物简历》《李守之访谈录》以及《后记》。王川在这两个部分详述了李源澄相关资料，考证了李源澄去世到平反、学术界的相关研究，并对李源澄生平和学术作细致考证，堪称李源澄系列研究中里程碑式的集大成之作。

此书在最终修订完善、正式出版前，还曾作为年谱简编收录于《李源澄著作集》[①]、《儒藏论坛》[②]、《李源澄儒学论集》[③] 之中。自此作刊表以来，学人赵心宪[④]、黄磊[⑤]、张世民[⑥]等先后撰有相关书评文章给予高度评价。

（三）文集

李源澄在世时，已出版专著 3 种：《诸子概论》（上海开明书店，1935 年）、《经学通论》（成都路明书店，1944 年）、《秦汉史》（上海商务印书馆，1947 年）；论文集 1 种：《李源澄学术论著初编》（成都路明书店，1944 年）。其余亡佚手稿资料 4 种：《丧服经传补注》《公羊通释》《魏晋南北朝史》《诸子论集》[⑦]。另有散见于各种期刊、报纸的文章百余篇，如《读易志疑》《读经杂感并评胡适读经平议》等。文不成集是长期以来李源澄未能得到学界广泛关注和系统研究的重要原因。

进入 21 世纪，受蒙默先生启发[⑧]，台湾学人率先开始了对民国经学家论著的整理与

---

① 王川：《李源澄先生（一九〇九一一九五八）学术年谱简编》，附录于林庆彰、蒋秋华主编《李源澄著作集》，台湾“中央研究院”中国文哲研究所，2008 年，第 1823—1948 页。

② 王川：《李源澄先生年谱》，《儒藏论坛》2009 年第 1 期，第 236—331 页。

③ 王川：《李源澄先生（一九〇九一一九五八）学术年谱简编》，收录于氏编《李源澄儒学论集》，成都：四川大学出版社，2010 年，第 556—628 页。

④ 赵心宪：《“以传记寓诸编年”藏往方智——读〈李源澄先生年谱长编〉》，《西南民族大学学报》（人文社会科学版）2013 年第 11 期。

⑤ 黄磊：《史料深处的蜀学先贤李源澄》，《中国社会科学报》2013 年 6 月 19 日 B03 版。

⑥ 张世民：《蜀学一角——〈李源澄先生年谱长编（1909—1958）〉读后》，《蜀学》2014 年总第九辑。

⑦ 按：唐君毅有《李源澄诸子论文集序》一文称是书乃“李先生继其十年前已印行之《诸子概论》而著，其体裁与作风，与其他作乃不相远”。《李源澄著作集》序文中记有“《诸子论集》”一书，但“经‘反右’的整肃运动，书稿大概已荡然无存”（详见是书《编者序》第 4—5 页），据此可知，此书仅为书稿，还未正式出版即已亡佚。

⑧ 21 世纪初学界对于李源澄文集的整理、学术的再关注与研究，实肇始于蒙默先生，如陈沫吾《家学渊源垂裕后昆——蒙默先生访谈录（上）》（第 5 页）载：“台湾‘中央研究院’文哲研究所于 2006 年派了个代表团到川大访问。我在发言中略为介绍了一下李先生的学术。他们返台后就立即收集编写《李源澄著作目录》，计专著六种，论文 104 篇，认为‘所论亦颇为精湛’。”林庆彰《研究民国时期经学的检索困难及应对之道》（《河南社会科学》2007 年第 1 期，第 23 页）亦载：“2006 年 7 月底，笔者为执行‘晚清经学研究计划’第五年分支计划‘晚清四川地区的经学研究’，赴四川考察，与四川大学古籍研究所合开‘晚清蜀学座谈会’时，民国经学家蒙文通先生哲嗣蒙默教授也参加座谈会。蒙默教授发言时，谈蒙文通，也谈向宗鲁，更多谈李源澄，让我们对这几位快被世人遗忘的经学家有了初步的印象。回台后，笔者开始收集李源澄的著作资料，已编成《李源澄著作目录》，收专著条目 7 条，论文条目 111 条，该目录后附有李源澄的相关资料 8 种。这都是受蒙默先生发言所启发的结果。”《李源澄著作目录》刊于台湾“中央研究院”中国文哲研究所《中国文哲研究通讯》（2007 年 12 月，第 17 卷第 4 期，第 61—74 页），收录李源澄学术专著 6 篇、论文 104 篇。因而在李源澄研究史上，蒙默先生的重要作用值得铭记。

研究工作，李源澄文集应运而生。

1.《李源澄著作集》四册（2008）[①]

此书为台湾“中研院”“民国以来经学研究计划”研究成果，繁体竖排，共四册。编者在书前《编者序》[②] 中对整理《李源澄著作集》的原因和李源澄著述的存佚情况做了说明。《著作集》分“经学通论”“秦汉史”“诸子概论”“李源澄学术论著初编”“经学及经学史”“哲学思想”“政治及政治制度”“社会史”“经济史”“杂著”共10个部分，收录李源澄专著4种、论文100多篇。值得注意的是，《著作集》书前不仅有许多重要图片资料，在书后的第11部分“附录”中还收录“传记资料”“师友来函”“著作序跋与评价”“学术研究”4类李源澄研究的重要资料，其中尤其林庆彰辑《民国时期报刊有关李源澄报导》、蒙默《从廖季平先生到李源澄先生的经学片论》（提纲）、王川《李源澄先生（一九〇九一一九五八）学术年谱简编》《李源澄的学术成就》以及师友来函等文章，在李氏文集的基础上，全面再现了李源澄其人其学的真实面貌。这些李源澄论著和研究资料的第一次全面整理出版，为李源澄研究提供了丰富和宝贵的材料。

2.《李源澄儒学论集》一册（2010）[③]

此书侧重李源澄论著中与儒学（经学）相关的部分，由王川选编，繁体横排，共一册。书前序文《李源澄的生平事迹及其学术成就》，全面总结了李源澄生平与学术。正文广采李源澄著述精华，虽题名为“儒学论集”，但并不拘限于儒学（经学）文章，间有诸子（如老子、庄子、淮南子、墨子），杂糅佛道，于政治、历史、学术思想等亦多有涉及，乃至与时人论道辩学之杂文和往来之书信等，凡有关儒学（经学）、体现李源澄思想闪光之处无不包含。此书既是了解李源澄学术的便捷读本，也是民国学术论著的代表之作，可作中国近代历史文化、儒学现代化等问题研究的重要参考。

3.《李源澄集新编》三册（2017）[④]

此书由李冬梅据台版《李源澄著作集》增补而成，繁体横排，共三册，收入四川大学古籍整理研究所编《巴蜀全书》，属项目阶段性成果。《新编》增补新发现李源澄文章4篇：《徐季广〈孟学大义〉跋》《东汉太学之风气》《学习〈实践论〉后对历史学的体会》《灵岩书院李院长源澄致文院长函》[⑤]。增补附录学者文章5篇：《追思往事，缅怀恩师李源澄先生》（李守之）、《李源澄：风雨渝州十载路》（李朝林）、《重庆国学史研究中一位值得重视的人物——李源澄》（李弘毅）、《郑玄校〈周礼〉是以今本为底本——驳李源澄所谓“郑注以故书为主”》（杨天宇）、《李源澄对廖平“今古学”的继承与发展——以〈经学通论〉为中心》（崔海亮）。这些文献的补充与重新校定，使李源澄文集得到了

① 李源澄著，林庆彰、蒋秋华主编：《李源澄著作集》，台北：“中央研究院”中国文哲研究所，2008年。

② 林庆彰还撰有《我搜集李源澄著作之经过》（《经学研究论丛》2008年第15辑，第299－314页）一文，对于此书编纂经过、李氏著述存佚情况等做了说明。

③ 李源澄著，王川选编：《李源澄儒学论集》，成都：四川大学出版社，2010年。

④ 李源澄著，林庆彰、蒋秋华主编，李冬梅补编：《李源澄集新编》，成都：四川大学出版社，2017年。

⑤ 李源澄著，林庆彰、蒋秋华主编，李冬梅补编：《李源澄集新编》，成都：四川大学出版社，2017年，第1册“整理前言”第2页。

进一步的完善。文集在大陆的出版，也大大方便了大陆学人的参阅和研究。

由上，在两岸学人对李源澄文集的共同整理之下，学界对于李源澄的学术研究与交流也逐步走向深入。

二、综合性研究

不同于一般学术研究的由浅到深、由专门到综合，由于李源澄文集编纂者学识学力较高，加之李源澄资料的快速全面整理出版，在诸多有利条件之下，李源澄研究在一开始就出现了一批高水平的综合性研究成果。其中，以王川关于李源澄生平和学术的系列研究论文为代表。

王川对李源澄的系统研究从年谱编纂开始，成果分为两类：一是《李源澄先生年谱长编》，一是《李源澄的生平事迹及其学术成就》系列研究论文①。年谱上文已述，下面简要介绍一下研究论文。

王川首先介绍了李源澄传记相关资料四种：《犍为县志》李源澄本传、赖高翔《李源澄传》、蒙文通《廖季平先传》、蒙默《蜀学后劲——李源澄先生》。并对其他散佚的资料做出说明。正文第一部分分"早年""盛年""后期"三个阶段以编年体式详细考证了李源澄生平重要事迹。正文第二部分分"经学研究（含子学）""史学研究"两方面论述了李源澄学术成就。正文第三部分介绍时人对于李源澄的评价。在以上经、史成就梳理的基础之上，王川敏锐地注意到李氏所处时代和地域背景变化，并借此对李氏学术特点和形成原因做了分析和总结。最后，他详细介绍了所据基本史料、学界研究成果，对年谱长编的具体编纂情况（编撰原则和结构等）做了说明。

总体而言，王川通过年谱编纂，对于李源澄既有研究材料和研究成果做了详细的收集和整理，对李源澄研究的一些基本问题，如生平事迹、治学内容、学术特点和学界评价等的分析与说明，对于我们进一步深入地、专题地、全面地和宏观地研究李源澄学术、巴蜀文化、晚清民国社会与历史等，都极具启发意义。

除王川的这一系列新研究之外，追忆性文章中也不乏综合性的记述，如李守之《李源澄办学与治学》一文，作者李守之从学生视角，对其直接经历过的李源澄先生的部分生平、治学与为人等有较细致的记述。

其他学人的论著中亦或多或少有对李源澄生平与学术的综合性介绍，如台版《李源澄著作集》卷首林庆彰序文、川大版《李源澄集新编》李冬梅撰整理前言、彭华《章太

① 《李源澄的生平事迹及其学术成就》是王川系列文章中最完善之"定稿"，作为《李源澄儒学论集》（2010年）和《李源澄先生年谱长编》（2012年，增补、修改最完善）代序之文弁于卷首。引外，王川早前还有类似初稿刊于学术期刊和台版著作集（附录），如《近代学者李源澄的生平事迹及其学术成就》［《历史教学》（高校版）2008年第11期］、《李源澄先生经史成就述论》（《齐鲁学刊》2009年第3期）、《民国学者李源澄学术简论》（《蜀学》2011年总第六辑）等，但限于期刊版面和字数，并不详尽。本节述论主要参引年谱卷首《李源澄的生平事迹及其学术成就》。

炎与巴蜀学人的交往及其影响》① 等，可以为我们了解与研究李源澄提供一些有益的参考和线索。

在这些体大思精的综合性研究的基础之上，我们有必要再对相关研究中的专门问题做进一步的梳理。以下结合林庆彰李源澄文集目录分类和王川系列论文，对李源澄生平和学术两大方面的专门性研究作简要梳理和分析。

三、生平研究

李源澄生平原始资料主要有四类：一是传记资料，二是时人文章、书信、日记及回忆类文章，三是档案材料，四是年谱。限于篇幅，传记中对生平信息的记述较简略，故时人、后学的相关记述就有相当重要的补充作用。如与李源澄关系极好的吴宓先生，既有学术上的探讨和交流，在平时的生活中也多有走访往来，这些琐碎的日常细节，大都被吴先生很好地记录在他的日记当中（详参《吴宓日记》及《续编》）。此类文章大多被林庆彰辑录于《民国时期报刊有关李源澄报导》② 之中。王川着重参考了以上材料，并查阅了四川及重庆省市、高校档案资料，走访了李守之等李源澄的高足，做了口述史材料搜集，完成了关于李源澄生平的集大成之作——《李源澄先生年谱长编》。有赖于学人们深入细致的研究，李源澄生平的以下几个方面就显得格外清楚。

关于李源澄生卒年，王川结合吴宓、竺可桢等人的日记等资料，在《现代学者李源澄的生年小考》一文中考证了传记之误，证得李氏生卒年为 1909 年 7 月 7 日－1958 年 5 月 4 日。

关于李源澄的求学经历，据传记记载和王川考证，大致经历了由家学到公学三个阶段，即：幼年时期由祖父李富春启蒙，中学时代就读于荣县中学，大学时期则开始了深入的经史学习和走出四川的学术研究与交流。学界一般认为李源澄师从于蒙文通（1894－1968）、廖平（1852－1932）、欧阳渐（字竟无，1871－1943）、章太炎（1869－1936）四位先生③，而王川《李源澄的生平事迹及其学术成就》考证李源澄还曾受学于伍非百（1890—1965）、邵瑞彭（1887—1937）二先生。④

关于李源澄的工作经历，据王川考证，李源澄一生游走南北，学缘广泛，“先后执教于无锡国学专修学校、蜀华中学、四川大学、浙江大学（贵州遵义）、民族文化书院、云南大学、四川教育学院”，“参加或自办书院、学院（西山、灵岩、五华、勉仁），足履无

---

① 彭华：《章太炎与巴蜀学人的交往及其影响》，《淮阴师范学院学报》（哲学社会科学版）2013 年第 4 期，第 475 页。

② 李源澄著，林庆彰、蒋秋华主编：《李源澄著作集》，台北：“中央研究院”中国文哲研究所，2008 年，附录，第 1775－1777 页。

③ 可参王雪娇《圆而神：李源澄史学思想探析》（河南师范大学硕士学位论文，2016 年，第 8－9 页）中对李源澄师承蒙、廖、章三先生的论说。

④ 王川：《李源澄先生年谱长编》，北京：中华书局，2012 年，序文第 2、4 页。

锡、北平、开封、遵义、昆明等地”。[①] 1949—1957年，李源澄任西南师范学院史地系教授兼系主任、校副教务长，主司行政，较少为学。有文章说李源澄中华人民共和国成立前加入了民盟[②]，中华人民共和国成立后加入了中国共产党[③]。但其学生李守之文章中有二人于中华人民共和国成立后在西师里关于是否加入民盟和共产党的谈话，并且直言“先生并没有入党的事”[④]。

关于灵岩书院的研究较为独特。灵岩书院（1945年春—1947年秋）虽存在不足三年时间，却是李源澄教育救国、读经致用思想理念的具体实践，学人多有关注。李氏传记和王国平、徐军《满山红叶读书声》[⑤]，李守之《李源澄办学与治学》[⑥]，王川《李源澄的生平事迹及其学术成就》[⑦]、《民国学者李源澄及其办刊实践》[⑧] 等文章对书院的创办原因、办学特色（无年级、无学籍、无毕业、无文凭、无工作）、教学内容（传统文化为主）、管理规范、课余生活（暑期讲习会、同乐会、读书报告会、旅游）、师生成员及学费、食宿、藏书、学刊等大量相关信息有记载和考证。

另外，学人对李源澄人物性格着笔不多，但从上述文章中亦可见李氏是一个（对学生）爱生如子、（对朋友）仗义疏财、（对亲人）关怀备至、（自觉）“脾气不好”的人。

四、学术研究

李源澄先生学养深厚，治学广泛，其著述遍及经、子、史诸门，《犍为县志》称，“（源澄）治学从经学入手，渐及子、史，考订源流，辨别同异，及秦汉魏晋南北朝典章制度之详情与其利弊得失，务求充分占有材料，言必有据，以矫游误无根，凿空立论之弊”，“受乾嘉学派影响，十分重视考据”，李源澄也曾自述道：“我由经而子，由子而史，

---

① 王川：《李源澄先生年谱长编》，北京：中华书局，2012年，序文第5页。

② 关于李源澄加入民盟时间，据李源澄的学生石琼生回忆：“（1950年8月……）李源澄先生随校迁北碚后，政治热情高，工作积极，讲话言简意赅，颇受学生欢迎，和当年上第一堂课对我们讲话时的情景完全两样，且早就参加了民盟。”（详见石琼生：《跋磁器口纪事》，张紫葛《心香泪酒祭吴宓》，广州：广州出版社，1997年，第448页）按此说，则李源澄加入民盟在1950年以前，具体时间待考。

③ 关于李源澄加入中国共产党的时间，王川《李源澄的生平事迹及其学术成就（代序）》一文据《吴宓日记续编》总结李源澄1949年12月—1958年5月期间从政表现的第一点就是“加入了中国共产党”，且《年谱》“1952年12月6日”条：“先生在此之前，已经以民盟盟员的身份，加入了中国共产党。”可知李源澄加入中国共产党当在1949—1952年之间，具体时间待考。

④ 据李守之回忆，在重庆解放（1949年11月30日）后，20世纪50年代初，曾三次看望其师李源澄：“第三次见先生仍是在西南师范学院。……据我所知，先生并没有入党的事。”李守之并没有详细记述二人这次见面、聊天的时间。详见李守之：《李源澄办学与治学》，《蜀学》2012年总第七辑，第151页。

⑤ 王国平、徐军：《满山红叶读书声——小记李源澄和灵岩书院》，《文史杂志》2008年第6期，第56—57页。

⑥ 李守之：《李源澄办学与治学》，《蜀学》2012年总第七辑，第139页。

⑦ 王川：《李源澄先生年谱长编》，北京：中华书局，2012年，序文第10页。

⑧ 此文中王川梳理了李源澄创办、参编的学术期刊：独办《论学》《灵岩学报》，合办《重光》《史学季刊》等。据王川统计，通过学刊，李源澄结交了当时学界的知名学者，如张森楷、唐君毅、吕洪年、陈兆年、沈延国、汤炳正、韩文畦、周辅成、龚道耕、马一浮、熊十力等师友，不仅探讨了学术，更为其创办灵岩书院提供很好的学术氛围。

但治史目前尚在考证阶段，至于全面而系统地论证中国历史，当待晚年条件成熟之后。”[①]《李源澄集新编》（第1册）整理前言中所介绍的李源澄生平：“其治学，首入经学，次及子、史，尤精于秦汉魏晋南北朝史。”[②]

除上文所述王川、李守之等综合性研究与论述中所涉及的李源澄学术部分，其他学人也从多方面对李源澄学术做了深入的探究。

（一）经学研究

蒙默《蜀学后劲》一文将李氏学术置于清世经学史的大背景中观察，认为李源澄先生在经学方面（“礼学”、《春秋》学）的研究是“承廖氏及先君子之说而又更进”[③]，于章太炎等非蜀学之学术亦有交流、承继与吸收。李源澄先生“固亦承廖氏之传讲论著述不息，固未可仍言经学已终结”[④]，以此驳范文澜先生认为廖平乃“经学之终结”之说。

杨天宇《郑玄校〈周礼〉是以今本为底本——驳李源澄所谓“郑注以故书为主”说》一文据郑氏《周礼》注文中“故书”二字，即判定其所引材料来今书（今文经），列举七例以证明“李源澄所谓郑玄校《周礼》以故书为主的说法，确实是武断而经不起推敲的”[⑤]。

崔海亮《李源澄对廖平“今古学”的继承与发展——以〈经学通论〉为中心》[⑥]一文分“定位经学之性质”“划分经学之范围”“明确经学之正路”“区分今学与古学”四部分对李源澄经学思想作具体分析论说，并从民国学术史和近代中国传统文化转型的视角，对李源澄继承和发展廖平今古学思想作了简要总结，既承认了李源澄在学术史上的重要贡献，也指出了其今文学立场上结论的片面性和“并未从根本上解决今古学问题”的不足。

马琛《正名与重建：论李源澄〈经学通论〉对民国时期经学消亡之回应》[⑦]一文也以李源澄《经学通论》为研究中心，从晚清民国经学消亡、“经学边缘化与史学走向中心”的大背景出发，着重关注李源澄从正名和重建两方面应对经学之消亡的努力。

（二）子学研究

对李源澄诸子学研究较少，前有唐君毅《李源澄诸子论文集序》论述李源澄学术承

---

① 四川省犍为县县志编纂委员会编纂：《犍为县志》，成都：四川人民出版社，1991年，第717页。

② 李源澄著，林庆彰、蒋秋华主编，李冬梅补编：《李源澄集新编》，成都：四川大学出版社，2017年，第1册“整理前言”第1页。

③ 蒙默：《蜀学后劲——李源澄先生》，《蜀学》2007年总第二辑，第45页。

④ 蒙默：《蜀学后劲——李源澄先生》，《蜀学》2007年总第二辑，第51页。

⑤ 杨天宇：《郑玄校〈周礼〉是以今本为底本——驳李源澄所谓“郑注以故书为主”说》，《齐鲁文化研究》2006年总第五辑，第126页。

⑥ 崔海亮：《李源澄对廖平“今古学”的继承与发展——以〈经学通论〉为中心》，《宜宾学院学报》2011年第7期。

⑦ 马琛：《正名与重建：论李源澄〈经学通论〉对民国时期经学消亡之回应》，《金犍为》2019年第1期。

于中国古代先贤“圆而神”之风，并直析其著述特质：“无佚愚之喋喋。”[①] 今有王川《李源澄的生平事迹及其学术成就》[②] 综论李源澄学术成就中子学部分的研究，对李源澄在墨学等诸子学方面的深厚学养、不凡成果以及巨大学界影响做了论述。

（三）史学研究

目前以李源澄史学论著和思想为研究对象的，仅王雪娇硕士学位论文《圆而神：李源澄史学思想探析》[③] 一文。该文第一章主要是从家学、师承和论学方面对李源澄史学思想渊源做了回顾，第二、三、四章则分别从史学致用、史事辨析和历史变化（规律）三大方面对李源澄史学思想做了梳理和评说。通过对李源澄史学论著的仔细阅读、梳理分析，并引用大量李氏论著中的资料为例证，作者对于李源澄史学研究的目标（史学致用）、方法（史事辨析）和理论认识（历史变化、历史规律）做了细致探究。在最后的结语部分，作者从民国时代学术背景出发，并援引当时学人评价，对李源澄学术做了总结。在褒扬的同时，作者还对于李氏史学研究中的一些“问题”做了评说。

（四）民国学术转型研究

学界对于李源澄的研究并不局限于其个人的、微观的学术思想层面，将李源澄置于近代学术空间分布下以探求其独特地域流派特色（蜀学、廖门），由晚清民国经学今古学之变的学术互动中以发现李源澄对廖学的继承与发展，以及经史异位的民国学术转型潮流与李源澄经史研究的相互影响，这些超越个人和时间、空间的更为广泛也更为深层次的研究，则在研究中国文化走向近代化的过程中，将李源澄研究推向深入。

张凯《经今古文之争与国难之际儒学走向》[④] 一文从章黄学派与廖平门生两种截然不同的儒学观念的交流互动中间涉李源澄经学思想。该文着眼于晚清民国学术转型，从“今古分合”“‘尊戴’与‘攻戴’”“国学之正途”等四个方面论述了学术转型时代思想论战与变化。其中，李源澄作为廖门与章太炎交流与论辩的主要学者，二人就如何认知中国哲学与儒家义理、对戴震之学的不同旨趣和认识、孟子性善之说、国学发展道路等问题做了深入的探讨和论辩。该文超越了个案单一研究的地域（空间）和学派局限，走向大时代、大思潮下的学人群体动态学术发展研究，从中观、宏观层面观照多方学术关系、多种学说思想，使李源澄研究更加深入，同时也更具思想高度。

张凯另一文章《“超今文学”与近现代经史转型》[⑤] 从更为宏大的时代学术背景和学术思想潮流的研究中，对民国学术转型中李源澄思想做了解读。该文认为，李源澄作为廖平门人弟子中的佼佼者和民国学术的重要参与者，既很好地继承和发展了廖氏经学，

① 本文原作于1947年左右，收入《唐君毅全集》卷8《哲思辑录与人物纪念》（北京：九州出版社，2016年，第141—143页），今新刊于西华大学主办《蜀学》（2012年总第七辑，第287—288页）。

② 王川《李源澄的生平事迹及其学术成就》，《李源澄先生年谱长编》，北京：中华书局，2012年。

③ 王雪娇：《圆而神：李源澄史学思想探析》，河南师范大学硕士学位论文，2016年。

④ 张凯：《经今古文之争与国难之际儒学走向》，《浙江大学学报》（人文社会科学版）2013年第3期。

⑤ 张凯：《“超今文学”与近现代经史转型》，《浙江大学学报》（人文社会科学版）2019年第2期。

又能由经入史，“预流”于当时学术潮流。在“超今文学”“回到廖平”的论辩中，李源澄“站在今文学立场，贯通义理、制度与史事，实践以国故整理科学，重新认识中西文明的高下之分”，“以秦汉新儒学重塑立国精神与文化主体”，以“析学”的方式超越今文学。

刘复生《转型与坚守：晚清以来蜀中学人的经学本位观》① 一文则着眼于李源澄等蜀中学人的经学本位思想。该文对李氏《经学通论》写作旨趣、经学在中国文化史上的重要性及《论今古学》中区分今古为“文本”“义理”等观点所反映的经学思想有细致论述，认为李源澄并不赞同“六经皆史”说，对民国时期经学“边缘化”也颇不以为然等主张，显现出廖门学术的一脉相承。虽然蒙、李二人治学的重心也随时代学术由经转史，但经学本位始终没有动摇。在“六经皆史，还是经史两途”部分，刘复生认为，李源澄的经学研究善于“从经学史的角度来加以审视”，“将学术思想与历史大势联系起来考察”，“有一种对祖国历史文化深厚的使命感”，故其学史研究成果能得到学人“圆而神”的高度评价。这些观点集中反映了李源澄等蜀中学人“学术思想的核心，仍然是他们推崇备至的‘经学’”。

五、小结

综上，通过李源澄文集整理和编纂，学界对于李源澄生平和学术的研究愈发走向深入。学人们有的着眼于李源澄人物生平经历，有的专注于李源澄学术的某一方面，有的则综观博览地对李源澄其人其学做了全面研究，还有学人已突破李源澄的个体局限，从更为宏观的时间和空间层面，在地域学术差异、近代学术转型等大背景下做了更为细致和深入的比较分析研究，取得了许多重要学术成果。

当然，对李源澄的研究还有不少值得深入之处。

首先，对李源澄学术思想研究仍有不足。虽然李氏论著业已集结，学人研究不断深入，但目前尚无对李源澄学术思想专题性或专书性的深入钩沉发挥，对李源澄学术思想体系的建构更是付之阙如。② 另外，《李氏家谱》、重庆市档案馆、西南大学档案室以及港台和海外等新资料、新研究成果还有待发掘、利用。

其次，作为“蜀学后劲”、廖门高足，地域学术（蜀学）视域下的李源澄研究也有不足。当前学界对蜀学学案式的钩连与传承式的系统研究有待加强。李源澄对于廖、蒙学术继承和发扬的内在理路，乃至蜀学传承的脉络中的因果与矛盾、分流与融合，这些廖氏学派、蜀学（西南学系）学术史上的内在关联还有诸多空白。③ 对地域学派的内在学理研究属于中观的群体性研究，既有一定高度的思想性、思辨性，也是一个大时代前后赓

① 刘复生承担有国家社科基金《近代蜀学的兴起和演变》（2006），书稿已于2017年在四川大学出版社出版。本文系该书第四章抽出并加修改而成。

② 按：这可能确实与李氏年寿不祚、学术大厦未能真正完成有关，但仍值得思考与尝试。

③ 按：民国学者对此颇多心得和见解，可参见相关札记、论著等资料。

续的中长段历史背景的折射，对于学术、学人的研究又不可忽视时代性，对于李源澄所处时代政治、民生及巴蜀人文风尚的关注，在现有研究中并没有很好地表现，更难以有相得益彰的研究。以人证史、以史证人，历史与文化从来是不可分割的。如何将李源澄与廖门、蜀学及西南地区近代政治文化结合起来研究还很值得思考和尝试。

再次，应以整体、动态的眼光，重新审视近代学术史上巴蜀学人（廖门）与章黄学派、康梁学派等异域学术群体的互动与交流。研究李源澄及其廖门学派不能局限于、满足于西南一隅，民国时期蒙、李等巴蜀学人出川游学论道，章太炎等学人也曾来蜀访学交流，这样互动的、全国性的学术活动，既体现了近代中国学术的鲜活性，也反映了在西方文化冲击之下的中国文化所具有的强大生命力。因此，不仅可以将巴蜀学人的学术动态和思想演变作为中国近代化、儒学现代化的独特案例，与西方近代历史文化发展做横向对比研究，也可以对读经运动、古史辨运动、整理国故运动等近代历史文化进程中巴蜀学人既前后相因、传承有序，又不拘一格、推陈出新的学理学脉做纵向对比研究，并由巴蜀及之于全国，将学人、学派和整个中国文化的发展做点一线一面式的深度交叉研究。在传统与西化、经学与史学之间，巴蜀学人做出的思考与尝试对于百年之后的当代中国仍然具有重要的参考价值、规鉴作用。

总之，李源澄研究既不能局限于文献的搜集与整理，也不应只是个人生平与学术的标本式解剖和再认识，而应当对李源澄个人、学派和近代中国文化做多角度、多层次的审视，从学理、学说和学人论辩交流，再到学术体系建构和学术思想对于中国近代社会的能动作用的双向研究，突破静态的个人学术解构，将李源澄融入新时代文化之中，并且将这些群体的社会性发展变化联系、作用于当代，使其思想精华在新时代文化的新陈代谢中再获新生。

“第二届地方档案与社会治理学术研讨会”会议综述

唐琳述*

党的十八届三中全会通过了《中共中央关于全面深化改革若干重大问题的决定》，明确指出了全面深化改革的总目标是“完善和发展中国特色社会主义制度，推进国家治理体系和治理能力的现代化”。[①] 社会治理作为国家治理体系的重要组成，当前社会治理正经历着深刻的变革，如何建立起符合当下的社会治理路径是我国目前面临的重大问题。

1930年，陈寅恪在《陈垣〈敦煌劫余录〉序》有言：“一时代之学术，必有其新材料与新问题。取用此材料，以研求问题，则为此时代学术之新潮流。治学之士，得预此潮流者，谓之预流。其未得预者，谓之未入流。此古今学术之通义。非彼闭门造车之徒，所能同喻者也。”[②] 近年来国内相继发掘的地方档案，引起了学界的广泛关注。如何充分挖掘地方档案研究在社会治理中的作用是我们关注档案的“古为今用”的实践价值所在。中国传统社会历经几千年的发展，积淀了丰富的文明成果，也蕴含着丰富的社会治理思想，对中国传统社会治理思想的挖掘与创新是中国社会治理思想形成的本土化基础。因此很有必要通过对地方档案的研究，寻求历史上社会治理的经验教训，为当今社会治理提供借鉴。

基于此，2020年11月21日由西华师范大学主办，历史文化学院、地方档案与文献研究中心、区域文化研究中心共同承办的“第二届地方档案与社会治理学术研讨会”在四川南充举行。来自中央财经大学、四川大学、中南政法大学、扬州大学、云南大学、四川轻化工大学、北方工业大学等36所高校、科研单位的70余名专家学者参加了本次研讨会，会议收到学术论文共69篇。与会专家分三个会场六个小组，围绕地方档案的开发利用与社会治理、地方档案中有关社会治理问题、地方文献与社会治理问题等主题进行了广泛深入的学术研讨，学者的分享、专家的点评，以及学者间的互动，形成了良好的学术交流氛围。与会学者通过对地方档案的不同理解，展开了关于构建社会治理话语权、基层社会制度、社会治理路径、基层社会群体等多方面的探究。

---

* ［作者简介］唐琳述：西华师范大学历史文化学院研究生，现就职于剑阁县委党校。

① 《中共中央关于全面深化改革若干重大问题的决定》，《人民日报》2013年11月16日。

② 陈寅恪：《陈垣敦煌劫余录序》，《金明馆丛稿二编》，北京：生活·读书·新知三联书店，2001年，第266页。

一、如何运用地方档案构建社会治理话语权

来自中央财经大学的任国征教授从学理、历史、现实角度对话语体系研究进行了梳理，针对目前我国话语权体系存在的问题，他认为有必要从地方历史档案中去寻求当前社会治理话语权的建构，地方历史档案是中国传统文化、马克思主义、西方思想文化的关系重构的突破；地方历史档案是精英文化与世俗文化区隔的润滑剂；地方历史档案能为理论与实践的不恰切提供准确的表达。作者还指出了我国当前社会治理话语权、话语传播方面存在的四个问题：未能建立起一套系统完整的当代中国话语学理论，未能阐明当代中国话语的基本性质和规律；政治、传媒等诸多领域的“国家话语体系”研究多是“喻化式”的，还停留在“国家话语体系”等概念的阐释层面，缺少实质性的“话语”层面的研究，缺乏一贯性、系统性；政治性界定多于学术性阐发；缺乏对国家话语能力特别是国家修辞能力的深入系统研究。同时，他还认为地方历史档案应从内容、载体、系统三个层面推进社会治理话语权影响力建设。

二、利用地方档案对基层社会治理制度进行研究

西华师范大学的苟德仪教授聚焦史料中对保甲制不同的评论。他认为要客观公正评价保甲制，必须从清代的一些史料泥潭中走出来，从悲观的论调中走出来，要看到保甲在基层社会管理中实际承担的任务，不回避弊端和承认保甲的局限，就当时特定历史背景下，给予保甲制应有的肯定，确立保甲乃“庶政之纲”的历史地位。西华师范大学的周兴以朱熹《增损吕氏乡约》与黄佐《泰泉乡礼》为例，探讨了宋明乡约从礼仪到礼制的转变。湖南科技大学的刘鄂根据在湖北省档案馆查阅到的一份武汉巡警教练所毕业文凭入手，以巡警教练所的开办为视角，对清末湖北巡警道中的官场纠葛、巡警道与巡警教练所的关系、教练所的课程及师资、警政办理的中央法令与地方实践的衔接等问题上进行个案分析。江汉大学的何林锋利用绵阳市档案馆（局）馆藏的《绵阳盐场公署档案》对抗战胜利前后绵阳盐场的管理制度做了论述。

三、从地方档案入手探讨基层社会治理问题

1. 清代基层社会治理情况及社会治理范式

中南财经政法大学的洪洋以《徐公谳词》为考察对象，依次从乡民自治与官府控制两个维度阐述了清代基层社会具体的治理范式，认为清代官僚体制下的“案多人少”、商品经济与农耕经济之间的张力依旧、德治路径的推崇与宗族组织的支撑是清代基层社会实现乡民自治与官府控制相结合的社会治理路径的主要原因。贵州师范大学程泽时依据

《清水江文书》和清代民国贵州地方志，认为官府借助士绅阶层控制义仓、社仓的目的，在于控制与汲敛钱粮税赋之外的更多财富，其政治意图不明显也不现实。

遵义师范学院土司文化研究院郗玉松对《清代武定彝族那氏土司档案史料校编》中的一百余件土司档案进行研究，深入探讨了改土归流后民族地方社会政治军事概况，民族社会经济发展及存在的问题，改土归流后司法案件及其办理等情形。作者认为改土归流后，地方社会治理的实质是流官控制下的流土并治，在基层社会中推行保甲制度，依靠土目和保甲长，维护地方社会的稳定，流官和土目合作，开展地方社会治理。四川外国语大学的惠科博士从社会治理的角度，利用《清代巴县衙门档案》中保存的与救生活动相关的资料，考察了清末国家权力、民间力量与慈善救济事业的关系、官绅之间的“角力”，以及地方救生活动的变迁等问题。华中师范大学的李升涛博士对清代南部县城桓王会的治理结构、收支结构与职能范围进行了研究。西南民族大学的王兴文以漠南蒙古卓索图盟作为研究主体，通过利用史志资料、文史资料、田野调查资料等，将卓索图盟作为独立主体进行研究，按照时间发展为主线，将卓索图盟政区演变历史进行梳理和研究。西华师大的左平教授等基于《清代南部县衙档案》考察了南部县县城议事会筹办以及成立情况。西华师大的雷步照利用《清代南部县衙档案》，并结合其他资料厘清了川北镇兴废的历史。扬州大学的左攀利用清末广西谘议局的相关档案，以清末广西谘议局反腐事件为切入点，探析清末议会反腐的历史教训与启示。西华师范大学的张燕玲、罗小霞以四川东乡县《东乡县志》为史料支撑，对知县徐陈谟的政绩进行了梳理，探讨了清代中期地方基层治理以官制与族治、绅治相结合的治理模式。

2. 抗战时期的基层社会治理范式

延安大学的崔海亮、白梦姣探析了抗战时期处于陕甘宁蒙四省交界的三边分区地区的匪患问题。新疆师范大学的张伟以陕甘宁边区的二流子改造运动为例，探析了抗战时期中共农村社会治理的范式。作者认为出于陕北客观的生产条件及统合抗日力量时势所需，中国共产党采用的社会管治为主、政府管控为辅，对社会二流子进行改造教育，形成的特殊治理模式取得了显著成绩。在历史实践中，映射出在革命年代社会治理模式兼具统治和管理的双重性。陕甘宁边区政府开展的社会治理工作，整治二流子，对于当下如何进一步正确处理新形势下人民内部矛盾、完善社会治安防控体系、构建基层社会治理新格局具有借鉴意义。

3. 从法学角度探析基层社会治理问题

地方档内容广泛，多学科交叉的研究路径更能充分的发掘这些档案的价值。从法学的视角入手是近年来地方档案研究的一大特色。中南政法大学樊硕祥以《孔府档案》中有关高利贷的史料记载为基本材料，对清代鲁西南地区高利贷的界定、利息及返还方式，返还问题中的法律表达与实践差距，高利贷返还中的情理法等问题进行了探讨。中南财经政法大学吴运时以宋代司法档案《名公书判清明集》一书中收集的13件关于淫祠邪祀治理的案例，通过对留有姓名的4位“名公”即司法官员治理淫祠邪祀的判书为切入点，探讨了古代社会治理控制过程中是依情还是依法的问题。作者通过对南宋“名公”们判书的研究，认为中国传统社会是礼法并重的控制思维。中南财经政法大学法学院巩哲通过对《孟府档案全编》中司法案件的梳理，探析清代孟府在州县司法活动的参与互动过程，以此窥探了整个王朝司法乱象与潜在危机，也警示了当下应当注意避免基层组织异化为干涉诉讼案件裁判的介入性组织，注意司法公正性价值的实现。

4. 研究地方社会不同群体理解社会治理的复杂性

对地方不同群体之间关系的研究是理解地方社会形态的基础。兰州大学的张蓉梳理了晚清政府对前来甘青藏地区洋人的管理办法，探析了官方对甘青藏地区外事冲突的应对态度。河南大学杜明鑫对清代豫东南平原地区的水事纠纷进行了系统梳理，探寻该地区水事纠纷产生的原因及解决机制，进一步探析了地方政府、乡村精英与普通民众之间围绕水利问题而形成的复杂关系。云南大学的谢太芳以民国报刊为中心，结合其他资料，梳理了民国云南政府对水灾治理政令的变化、政府与民众之间以报刊为联系的关系、民众对水利事业的实际行动，讨论了民国云南由政府主导、民众积极参与的水利事业开发与官民共建的边疆社会治理之间的关系。华中科技大学的刘陈皓在《龙泉诉讼档案》中选取了 1913 年李兴唐等控卓识等纵警仇学一案，通过对案情的梳理，探析了民初地方社会中以士绅为核心的地方权力，和以警察为代表的公权力之间的对抗关系。乐山师范学院的杨田华利用《南阆盐场公署档案》，围绕民国时期川北盐场基层盐务治理的若干历史事实，探析了盐务官方与地方精英之间的权力博弈与互动，透视了川北盐场社会的结构及其运作规律，并对黄宗智的“集权的简约治理”进行了反思。四川轻化工大学的董正平以 1928 年春自贡盐业工人罢工为个案，将盐工罢工事件置于其背后中共、商会、军阀等力量角逐和博弈的格局下来探讨，剖析了与该事件相关的中共、盐工、商会、军阀等之间复杂的关系。西华师范大学的董清平探析了全面抗战前期新盐制在四川施行过程中的困境，揭示了新盐制实施背后的人事互动、官商博弈等深层原因，反映了全面抗战前期新盐制在四川施行过程中的复杂历史面相和多维样态。

专家学者们通过“第二届地方档案与社会治理学术研讨会”相互交流了研究地方档案的经验，进一步打开了地方档案的研究视野。会议讨论过程中不同学科、学者之间展现的多视角、跨学科的讨论，显示出了多视角、跨学科交融下研究地方档案的优点。在当前背景下，我们期望研究者在研究地方档案过程中，在凸显地方档案研究特性的同时，也能在地方档案中去寻求一些社会共性问题的探究，为寻求具有中国特色的社会治理范式贡献力量。